袁世凱｜趙秉鈞｜孫中山｜宋教仁｜黃　興｜陳其美

宋教仁案與國民黨　懸案百年

張耀杰　著

是誰殺了宋教仁？袁世凱還是陳其美？

在這刑事案件的背後又隱藏了多少當年國民黨內的

政治秘辛？

宋教仁像

《真相畫報》刊登洪述祖、袁世凱、趙秉鈞、武士英、應夔丞照片

推薦張耀杰著：
《懸案百年：宋教仁案與國民黨》

　　宋教仁案和接踵而至的「二次革命」是辛亥革命失敗的標誌，
民國歷史的重大轉捩點。多年來史家都歸罪於袁世凱。張耀杰先生
以史家的敏銳，拋棄黨派史觀，全面系統地梳理史料，用史實說話，
解疑釋惑，以全新的視角得出嶄新的結論，不管人們是否同意他的
結論，都不能不承認這部書不愧是 20 世紀中國研究的新收穫。

袁偉時，2010 年 10 月 7 日星期四。

*袁偉時，男，1931 年生，廣東
興寧人。中山大學哲學系教
授，中國近代史專家。主要著
作包括《中國現代哲學史稿》、
《晚清大變局中的思潮與人
物》、《路標與靈魂的拷問》等。*

推薦張耀杰著：
《懸案百年：宋教仁案與國民黨》

多少年來，正直的國人無不對宋教仁案抱以惋惜和痛憤。惋惜宋教仁滿腔民主政治理想，在即將出任內閣總理之際，竟被刺客暗殺於上海滬寧火車站站臺上；痛憤袁世凱政府指使兇犯野蠻行刺，用殘暴手法阻斷了中國本來可能出現的民主政治進程。

多少年來，革命黨人也因此得出了一個顛撲不破的「真理」：在中國，必須堅持革命，而且只能是槍桿子裏面出政權，只能靠戰爭解決問題。因為，反動的傢伙，就像「景陽崗上的老虎，刺激它也是那樣，不刺激它也是那樣，總之是要吃人的，或者把老虎打死，或者被老虎吃掉，二者必居其一」。卻不料，張耀傑先生於蛛絲馬跡中苦心爬梳，竟將百年宋案一舉翻了過來。依據他的考證，謀刺者竟然是革命黨人自己！

記得宋教仁墓碑上于右任先生當年的題詞，就已經曲筆透露了這一秘密。題曰：

> 先生之死，天下惜之。先生之行，天下知之，吾又何紀，為直筆手？直筆人戮。為曲筆手？曲筆天誅。嗟嗟九泉之淚，天下之血，老友之筆，賊人之鐵。勒之空山，期之良史，銘諸心肝，質諸天地。嗚呼！

「為直筆乎？直筆人戮。為曲筆乎？曲筆天誅。」這十六個字不恰好反映出於右任為老友冤死又不能直言的椎心之痛嗎？當時國民黨人已經把矛頭指向了袁世凱手下的總理大臣，如果真是袁氏或北方所為，身為國民黨人的于右任又有什麼不敢直筆而怕人戮的擔憂呢？

因此，張耀杰先生的這本書，恐怕很值得關心中國近百年革命史的讀者讀一讀。因為，如果宋教仁真是死於革命派自己的手下，我們過去得出的有些結論，恐怕就得重新考慮了。

楊奎松

楊奎松，1953 年生於北京，籍貫重慶，現為北京大學教授及華東師範大學特聘教授。主要著作有《毛澤東與莫斯科的恩恩怨怨》、《開卷有疑：中國現代史讀書劄記》、《學問有道：中國現代史研究訪談錄》、《西安事變新探：張學良與中共關係之謎》、《「中間地帶」的革命──國際大背景下看中共成功之道》等。

自序：辛亥革命的制度反思

　　2011 年是辛亥革命爆發 100 周年。在 100 年的歷史進程中，有太多的事情值得紀念和反思。但是，對於我自己來說，最願意紀念和反思的，是辛亥革命期間的制度設計。

一、孫中山的制度意識

　　就整個人類歷史來看，第一個在世俗層面初步實現自我擔當、人人平等、政教分離、大同博愛的現代個人，是基督教所信仰的耶穌基督。他的自我健全主要表現在相輔相成的三個方面。

　　第一是自我擔當、自我犧牲的救贖意識。也就是以犧牲自己的肉體生命為代價，為全人類承擔罪責，從而在上帝與人類之間締結新一輪的契約關係。《聖經》中的所謂「新約」，就是這樣得名的。

　　第二是上帝面前人人平等的契約規則。也就是以上帝的名義，突破遊牧農耕社會裏面等級森嚴的身份歧視、身份奴役和身份特權，從而在人類歷史上第一次吶喊出人與人之間平等博愛的文明意識和契約規則。隨著基督教作為世界性宗教的廣泛普及，工商契約社會最為基本的甲、乙雙方平等自願的誠實信用，以及憲政民主的制度規則與法律程序面前人人平等的普適公理，才得以確立奠定。

　　第三是公共領域內形而下的政府權力和國家權威，與形而上的信仰教育、道德精神以及靈魂追求之間政教分離的契約規則。也就

是耶穌在《馬太福音》第 22 章中所說的「凱撒的物當歸給凱撒，上帝的物當歸給上帝」。

繼耶穌基督之後，正是基於人人平等與政教分離的契約規則，以英國和美國為代表的擁有足夠多的健全個人的西方社會，逐步制訂完善了立法、行政、司法三權分立的憲政民主制度，從而為每一位個人最為基本的人身自由權、精神自由權和私有財產權提供了制度保障。作為信仰之主，耶穌基督與前文明社會的主宰者、統治者之間的根本區別就在於，他是以承擔罪責的姿態為全社會以及全人類奉獻服務的；而前文明社會的主宰者、統治者對於全社會以及全人類的最高追求，卻是既天下為公又化公為私的征服霸佔和專制奴役，也就是中國的《詩經・小雅・北山》中所歌頌的「普天之下，莫非王土。率土之濱，莫非王臣。」

需要特別說明的是，對於中國人來說，基督教所提倡的平等博愛意識，絕對不是讀了聖經、受了洗禮就可以具備的。以孫中山為例，1883 年底，他與同鄉好友陸皓東一起在香港受洗成為基督徒，教名為「日新」，後來又改為「逸仙」。1884 年 5 月 26 日，18 歲的孫中山與 17 歲的盧慕貞結婚。

1891 年 10 月 20 日，盧慕貞為 26 歲的香港西醫書院四年級學生孫中山生育了長子孫科。同樣是在這一年，孫中山經香港西醫書院同學陳少白介紹，與 19 歲的教友陳粹芬在屯門基督教堂（美國紀慎會）相識並開始同居。父母雙亡的陳粹芬，在此後將近 20 年的時間裏，一直追隨比自己大 7 歲的孫中山從事革命活動，成為革命先驅孫中山的第一位革命情侶。但是，孫中山與陳粹芬的婚外同居，明顯違背了基督教所提倡的一夫一妻制。作為一名基督徒，孫中山在中國特色的男性特權與基督教所提倡的一夫一妻制之間，所選擇的是前者而不是後者。

　　孫中山在日本流亡期間，一方面與陳粹芬婚外同居，與此同時還先後迎娶了多名日本妻妾。其中一個是出生於 1888 年的大月薰。1898 年，孫中山在日本橫濱初次見到大月薰時，她才剛滿 10 周歲。孫中山向大月薰的父母求婚時，對方以女兒年齡太小為由加以拒絕。1903 年，38 歲的孫中山與 16 歲的大月薰結婚。婚後不久，孫中山離開日本前往東南亞及歐美各國宣傳革命。1905 年，孫中山回到日本看望大月薰並參與組織同盟會。1906 年，大月薰生育了孫中山的女兒宮川富美子。在與大月薰結婚生育期間，不僅陳粹芬陪伴在孫中山身邊，而且還有一位名叫淺田春的少女，與孫中山保持著情愛關係。

　　孫中山雖然既不是中國同盟會的第一組織者和第一推動力，也不是一名合格的基督徒；但是，在同盟會內部他仍然是最具有制度意識和世界眼光的一個人。

　　在 1905 年 12 月出版的《民報》第 2 號中，汪精衛以〈民族的國民〉為標題，記錄了孫中山關於約法的談話：「革命以民權為目的，而其結果，不逮所蘄者非必本願，勢使然也。……中國革命成功之英雄，若漢高祖、唐太宗、宋太祖、明太祖之流，一丘之貉。不尋其所以致此之由，而徒斥一二人之專制，後之革命者，雖有高尚之目的，而其結果將不免仍蹈前轍，此宜早為計者也。」

　　這段話的意思是說，革命的目的雖然是爭取和保障民權，但是，革命的結果往往是背道而馳。像漢高祖劉邦、唐太宗李世民、宋太祖趙匡胤、明太祖朱元璋這樣的專制皇帝，在這個方面都是一丘之貉。假如不找到其中的原因，同盟會也難免要重蹈前轍。

　　孫中山認為，「君權、民權之轉捩，其樞機所在，為革命之際先定兵權與民權之關係。……定此關係厥為約法。」在他看來，「革命之始，必立軍政府，此軍政府既有軍兵專權，復秉政權。譬如既定一縣，則軍政府與人民相約，凡軍政府對於人民之權利義務，人

民對於軍政府之權利義務,其犖犖大者悉規定之。軍政府發命令組織地方行政官廳,遣吏治之;而人民組織地方議會,其議會非邃若今共和國之議會也,第監視軍政府之果循約法與否,是其重職。他日既定乙縣,則甲縣與之相聯,而共守約法;復定丙縣,則甲、乙縣又與丙縣相聯,而共守約法。推之各省各府亦如是。使國民而背約法,則軍政府可以強制;使軍政府而背約法,則所得之地咸相聯合,不負當履行之義務,而不認軍政府所有之權利。……泊乎功成,則十八省之議會,盾乎其後,軍政府即欲專擅,其道無繇。而發難以來,國民瘁力于地方自治,其繕性操心之日已久,有以陶冶其成共和國民之資格,一旦根本約法以為憲法,民權立憲政體有磐石之安,無漂搖之慮矣。」

　　這是孫中山關於中國的憲政民主建設與縣級政權建設最為經典的制度設想,正是沿著這一思路,1906 年秋冬之間,孫中山、黃興、章太炎、汪精衛、胡漢民等人,在〈同盟會革命方略〉中設計了更加具體的革命建國路線圖:「革命措施之序,則分三期:第一期為軍法之治。……第二期為約法之治:每縣既解軍法之後,軍政府以地方自治權歸之其地之人民,地方議會議員及地方行政官,皆由人民選舉。凡軍政府對於人民之權利義務,及人民對於政府之權利義務,悉規定於約法,軍政府與地方議會及人民皆循守之,有違者負其責任,以天下定後六年為限,始解約法布憲法。第三期為憲法之治:全國行約法六年後,制訂憲法。」

　　但是,於 1912 年 1 月 1 日出任中華民國第一任臨時大總統的孫中山,既沒有能力掌握軍權,也沒有耐心落實民權,而是於 4 個月後被迫讓位給比他更加具有軍政實力也更加人心所向的袁世凱。孫中山即使在讓出總統權位之後,也從來沒有領導同盟會及國民黨深入到縣級以下的底層民間,去貫徹落實縣級政權的三權分立與地方自治,以便真正實現他自己所設想的約法之治。

　　到了 1924 年，在蘇俄支持下重新改造國民黨的孫中山，在〈制訂建國大綱宣言〉中反而明確取消了用來防範獨裁專制的「約法之治」，代之以國民黨的一黨訓政：「辛亥之役，汲汲于制訂臨時約法，以為可以奠民國之基礎，而不知乃適得其反。論者見臨時約法施行之後，不能有益於民國，甚至並臨時約法之本身效力亦已消失無餘，則紛紛然議臨時約法之未善，且斤斤然從事於憲法之制訂，以為藉此可以救臨時約法之窮。曾不知癥結所在，非由於臨時約法之未善，乃由於未經軍政、訓政兩時期，而即入于憲政。……軍政時代已能肅清反側，訓政時代已能扶植民治，雖無憲政之名，而人人所得權利與幸福，已非口憲法而行專政者所可同日而語。」

　　針對取消了「約法之治」的「建國大綱」，胡適後來在〈我們什麼時候才可有憲法？──對於建國大綱的疑問〉中批評說：「中山先生也曾主張頒佈約法『以規定人民之權利義務，與革命政府之統治權』。這便是一種憲法了。我們實在不懂這樣一部約法或憲法何以不能和訓政同時存在。我們須要明白，憲法的大功用不但在於規定人民的權利，更重要的是規定政府各機關的許可權。立一個根本大法，使政府的各機關不得逾越他們的法定許可權，使他們不得侵犯人民的權利，──這才是民主政治的訓練。程度幼稚的民族，人民固然需要訓練，政府也需要訓練。人民需要『入塾讀書』，然而蔣介石先生，馮玉祥先生，以至於許多長衫同志和小同志，生平不曾夢見共和政體是什麼樣子的，也不可不早日『入塾讀書』罷？」

　　孫中山去世之後，在一黨訓政的國民黨極力推行黨魁崇拜和黨魁專制的背景下，反而成為比「漢高祖、唐太宗、宋太祖、明太祖之流」更加神聖不可侵犯的專制偶像，這種現象與基督教嚴格禁止政教合一、偶像崇拜的基本教義，是格格不入和背道而馳的。借用胡適在〈新文化運動與國民黨〉一文中的話說，「上帝可以否認，而孫中山不許批評。禮拜可以不做，而總理遺囑不可不讀，紀念周

不可不做。」有趣的是，孫中山的接班人蔣介石，是比孫中山更加虔誠的基督徒，他幾乎每天都要單獨或者與他的妻子宋美齡一起向上帝祈禱，甚至於把《聖經》當作中國的《易經》來運用，也就是用《聖經》給自己占卜吉凶禍福。西方的上帝耶穌當然不會保佑半真半假的基督徒，到了 1949 年，蔣介石及其國民黨被毛澤東及其共產黨趕到了臺灣。

1945 年 4 月 25 日，毛澤東在中國共產黨第七次全國代表大會上的政治報告中表示說：「因為我們被國民黨一下子打倒在地，爬起來也紅眼了。蔣介石手裏打著孫中山的招牌到處亂殺人。這時候，群眾對孫中山也就不喜歡。在十年內戰中不要孫中山，這也很難怪，因為我們的力量小得很。」

與胡適的反對偶像崇拜不同，毛澤東著重強調的是孫中山可以充當共產黨方面的政治旗幟的另一種偶像價值：「孫中山這位先生，要把他講完全。我們是馬克思主義者，是講歷史辯證法的。孫中山的確做過些好事，說過些好話，我在報告裏儘量把這些好東西抓出來了。這是我們應該抓住死也不放的，就是我們死了，還要交給我們的兒子、孫子。但是我們和孫中山還有區別，孫中山的三民主義比我們的新民主主義差，新民主主義的確比三民主義更進步，更發展，更完整。現在的新民主主義在將來還會發展得更加完整。……將來我們的力量越大，我們就越要孫中山，就越有好處，沒有壞處。我們應該有清醒的頭腦來舉起孫中山這面旗幟。」

二、各省都督府代表聯合會

1911 年 10 月 10 日辛亥革命在武昌爆發之後，滯留上海的宋教仁於 10 月 15 日發表〈湖北形勢地理說〉，認為「今日之形勢，

以天下言之，則重在武昌；以東南言之，則重在金陵」，從而把革命之後全國性的政治中心，預設在了位於長江中游的武昌。

10月23日，黃興與第二位妻子徐宗漢由香港抵達上海，當即在陳其美家中召開緊急會議。宋教仁在會上勸說黃興前往南京率領第九鎮新軍發動起義，而不是前往武昌擔任黎元洪的部將。黃興拒絕了這項建議，只是安排柏文蔚、范鴻仙等人前往南京發動起義，他自己與徐宗漢、宋教仁、劉揆一、陳果夫、北輝次郎等人以及朱家驊率領的辛亥敢死隊成員，混在女醫師張竹君出面組織的紅十字救傷隊中乘船西上，於10月28日抵達武昌。

黃興等人的到來，正值漢口保衛戰的關鍵時刻。黎元洪為了表示歡迎，下令製作一面大旗，上寫「黃興到」三個大字，派人舉著大旗騎馬到前線四處通知。黃興與黎元洪會商之後被推舉為總司令，當即從武昌渡江赴漢口前線督師，設臨時指揮部于滿春茶園。

11月2日，清軍攻陷漢口並圍攻漢陽，同一天，湖北軍政府召開緊急會議，由黃興報告漢口戰事失利的原因，其中談到當地的軍隊不願聽從黃興的指揮，軍隊裏面的新兵不會打仗，另一條是民軍方面沒有在人海戰術中最具有殺傷力的機關槍。

據曹亞伯《武昌革命真史》介紹，同盟會方面的居正、田桐，隨後邀請一些人開秘密會議，由居正提議公舉黃興為湖北、湖南大都督，位居黎元洪之上。武昌起義後由湖北新軍工程第八營左隊隊官，升任第一協統領兼參謀部副部長的吳兆麟表示反對。他的理由是，黎元洪雖然不是同盟會的同志，但在湖北軍界資深望重，此次大家公舉他出任都督，並不是他的本意。外國人是依據黎元洪的名義，承認民軍為交戰團體的。各省也是因為黎元洪出任都督才紛紛響應，並且來電加以推崇。如果把黎元洪推倒，中外人士必生疑心，認為我們這些人不顧大局爭權奪利。

宋教仁見黎元洪的地位已經不可動搖，只好妥協說：「此事不過徵求大眾同意，原無成見。蓋因黃慶午實行革命多年，聲望甚好，諸同志擬推其為首領，籍以號召，以達迅速成功之目的，並無他意。我們初來湖北，對於湖北軍隊情形不熟。既有利害衝突，即作罷論可也。」

11 月 3 日，在居正等人的要求之下，湖北軍政府在閱馬場舉行隆重的拜將儀式，由黎元洪授予黃興戰時總司令印信、委任狀和令箭，全權指揮漢陽保衛戰。閱讀漢陽保衛戰相關的材料，最令人觸目驚心的是革命軍隊內部的殺人與被殺。黃興是與日本浪人一起練習過劍術的一個人，他指揮戰鬥最常用的辦法，就是高舉指揮刀殘殺戰敗逃跑的官兵。由於黃興不敢殘殺湖北當地的抗命軍官，他就把從長沙帶兵增援的湘軍第二協統領甘興典臨陣斬殺。湘軍第一協統領王隆中率部敗退之後害怕再一次帶兵前往前線，竟然給黃興的參謀長李書城當眾下跪。

11 月 10 日晚上，宋教仁給正在前線督戰的黃興留下一張便條，與北輝次郎等人乘日本輪船大利丸離開武昌。在滯留武昌的半個月裏，宋教仁最為重要的貢獻，是執筆起草了辛亥革命後第一套包含公民權利法案和政府權力架構的憲法文本《中華民國鄂州約法及官制草案》。該草案於 11 月 9 日由黎元洪頒佈實施，並於 12 月 2 至 6 日在上海《民立報》連載。其中包括相對獨立的八份文件，第一份是《臨時約法草案》，也就是通常所說的「鄂州約法」；第二份是《政務省官職令草案》；第三份是《政務省管轄各官署官職令草案》；第四份是《各部官職令通則草案》；第五份是《軍謀府官職令草案》；第六份是《參議府官職令草案》；第七份是《都督府附屬員官職令草案》；第八份是《地方官職令草案》。

《臨時約法草案》與宋教仁幾個月前擬定的《中國同盟會中部總會章程》一樣，直接汲取了法國的議會政黨責任內閣制和英國的君主立憲責任內閣制的憲政原理。該項約法共七章六十條，第一條

首先規定以人為本、主權在民的憲政原則：「中華鄂州人民，以已取得之鄂州土地為境域，組織鄂州政府統治之。」在其他相關條款裏，另有「人民一律平等」；「人民自由言論著作刊行並集會結社」；「人民自由保有財產」；「人民自由營業」；「人民自由保有身體，非依法律所定，不得逮捕審問處罰」；「都督由人民公舉，任期三年，續舉時得連任；但連任以一次為限」之類的規定。

關於政府權力，《臨時約法草案》明確規定了立法、行政、司法三權分立的制度框架，都督與議會之間的權力大致平衡，政務長及政務委員相當於一個省的責任內閣，負責行使行政權力。在規定「都督代表鄂州政府，總攬政務」的同時，宋教仁為都督規定了兩條限制性條款：「都督公佈法律；但對於議會議決之法律，有不以為然時，得以政務委員全體之署名，說明理由，付議會再議，以一次為限。」「都督于緊急必要時，得以政務委員全體之署名，發佈可代法律之制令；但事後仍須提出議會，歸其承諾。」

這兩條限制性條款，直接來源於法國第三共和國憲法關於責任內閣的兩項規定：「共和國總統的每項命令須經由各部部長一人之副署。」「各部部長，關於政府的一般政策對兩院負連帶責任。」

辛亥革命期間最具實質性意義的制度創舉，是仿照美國的制憲會議，組織成立了具有臨時國會性質的各省都督府代表聯合會。

早在 1911 年 6 月 7 日，與袁世凱有師友之誼的科舉狀元、立憲派領袖人物、江蘇諮議局議長張謇，從漢口赴北京途中在河南彰德（今安陽）下車，拜會罷官歸隱的袁世凱，希望袁世凱在必要的時候挺身而出，承擔起救國救民的歷史重任。

10 月 14 日，清政府起用袁世凱為湖廣總督，負責鎮壓武昌方面的革命軍隊。趙鳳昌于當天召集雷奮、楊廷棟、沈恩孚、黃炎培等人，到位於上海南陽路的惜陰堂私宅商議應付局勢的辦法。10

月下旬，在上海活動的福建諮議局書記長林長民，致函湖北諮議局議長、鄂軍都督府政事部部長湯化龍，倡議獨立各省籌建聯合政府。隨著獨立省份不斷增多，立憲派一邊打出擁護共和的旗號，一邊與袁世凱保持聯絡，積極籌備憲政民主的新政權。

11 月 4 日，上海在光復會方面的李燮和、同盟會方面的陳其美，以及當地軍政要人、商團會黨的共同努力下勝利光復。

11 月 5 日，江蘇巡撫程德全在蘇州宣佈獨立，成立軍政府並自任蘇軍都督，由張謇任民政長。

11 月 6 日，陳其美以恐怖暴力手段搶奪地方政權，成立滬軍都督府並自任都督。

11 月 7 日，湖北都督黎元洪以「義軍四應，大局略定，唯未建設政府，各國不能承認交戰團體」為由，致電蘇軍都督程德全，建議「起義各省共同組織政府」。

11 月 9 日，黎元洪為請獨立各省組織臨時中央政府一事通電各省都督。考慮到各省代表「一時未能全到」，他隨後又通電各省提出變通辦法：「先由各省電舉各部政務長，擇其得多數票者，聘請來鄂，以政府成立」；並且告知「現除外交首長多數省份已舉伍廷芳、溫宗堯二君外，其餘各首長，應請協舉電知」；「再財政首長，敝處擬舉張謇」。

由於蕪湖至九江的電纜發生故障，上海方面沒有及時收到黎元洪於 11 月 9 日從武昌發出的電報。11 月 11 日，蘇軍都督程德全、浙軍都督湯壽潛以聯名致電滬軍都督陳其美的方式，把聚集在上海的立憲派人士草擬的〈組織全國議會團通告書稿〉從蘇州發出，全文如下：

> 「自武漢事起，各省回應，共和政治已為全國輿論所公認。
> 然事必有所取，則功乃易於觀成。美利堅合眾之制度，當為
> 吾國他日之模範。美之建國，其初各部頗起爭端，外揭合眾

之幟，內伏渙散之機。其所以苦戰八年，卒收最後之成功者，賴十三州會議總機關有統一進行、維持秩序之力也。考其第一、二次會議，均僅以襄助各州議會為宗旨，至第三次會議，始能確定國會長治久安，是亦歷史必經之階級。吾國上海一埠，為中外耳目所寄，又為交通便利、不受兵禍之地，急宜仿照第一次會議方法，于上海設立臨時會議機關，磋商對內對外妥善之方法，以期保疆土之統一，復人道之和平。務請各省舉派代表，迅即蒞滬集議。」

這裏所說的「第一次會議」，指的是 1774 年 9 月 5 日，在美國費城召開的英屬北美十三個殖民地的代表會議，即第一屆大陸會議。「第二次會議」，即 1775 年獨立戰爭爆發後，於 5 月 10 日在費城召開的第二屆大陸會議。此次會議通過以武力對抗英國的宣言，建立了由華盛頓任總司令的大陸軍，大陸會議也因此成為政權機構。「第三次會議」，指的是 1776 年 7 月通過《獨立宣言》，成立美利堅合眾國的第三屆大陸會議。1781 年，大陸會議的作用被邦聯政府所替代。1787 年 5 月 25 日至 9 月 17 日，各邦代表又在費城召開制憲會議，制訂了使美國社會 200 多年來一直繁榮穩定的現行憲法。由此可知，當年的立憲派是打算依照美國的方式建立新中國的。

11 月 15 日，經各省都督委派的在滬代表在上海江蘇教育總會正式集會，議決該代表團的正式名稱為「各省都督府代表聯合會」。與此同時，湖南、廣東、廣西等省都督府接到黎元洪電邀，已經派代表赴武昌集議，這樣便在南方獨立各省形成了兩個政治中心。

11 月 25 日，各省代表會議正式議決：「各省代表赴鄂，宜各省一人留滬，赴鄂者組織臨時政府事，留滬者聯絡聲氣以為鄂會後援。」

11 月 30 日，佔領漢陽的馮國璋部隊以龜山為制高點炮擊武昌。來自 11 省的 23 名代表在戰爭失利的情況下，只好在漢口英租界的順昌洋行召開第一次會議，公推譚人鳳為臨時議長。

12 月 2 日，各省代表會議決定，由雷奮、馬君武、王正廷負責起草《中華民國臨時政府組織大綱》。第二天即 12 月 3 日，代表會議表決通過了這份大綱，經獨立各省代表 22 人簽名後予以公佈。僅僅用一天時間倉促制訂的這份大綱，總體上是對於宋教仁此前執筆起草的「鄂州約法」的大倒退。其中雖然仿照美國總統制的制度框架，規定臨時政府採用總統制，臨時大總統由各省都督府代表選舉；設參議院為立法機關，參議員由各省都督府派遣，以每省三人為限，每省限投一票；卻沒有明確規定主權在民、三權分立的憲政原則，關於司法權僅有一句話：「臨時大總統得參議院之同意，有設立臨時中央審判所之權。」

12 月 11 日，上海《民立報》在全文刊登《中華民國臨時政府組織大綱草案》的同時，由宋教仁加寫了編者按：「此草案不適合者頗多。如人民權利義務毫不規定，行政官廳之分部則反載入，以制限其隨時伸縮之便利。又如法律之提案權不明，大總統對於部長以下文官之任免權不具，皆其失處也。聞赴鄂各代表不日當會合留滬代表再開議于南京，甚望其反復審定，不使貽笑大方也。」

中國人歷來都是熱愛面子遠遠超過熱愛真理，宋教仁把這份大綱冠以「草案」的名稱並且加以「貽笑大方」的評語，對於湖北方面的各省代表，特別是該草案的執筆人雷奮、馬君武、王正廷，直接構成精神上的刺激與名譽上的傷害。馬君武等人因此與宋教仁結下了勢不兩立的仇怨。到了 1912 年 9 月 13 日，于右任在《民立報》連載〈答某君書〉，其中專門介紹了宋教仁（漁父）在同盟會內部所遭受的排擠清算：

「當南京政府時，本黨中一種人挾舊日之恨，拼命攻擊，聲
言非驅逐宋某出同盟會不可。竟因反對宋君，廢去國務總
理。……及其後宋作法制局長，亦岌岌不能自存。複因宋系
社中人，遂波及於我。」

三、「臨時約法」的違法立法

最近，上海文彙出版社出版了張社生半圖半文的文史著作《絕
版袁世凱》，書中採用大量來自外文報刊的圖片資料、訪談記錄，
配以歷史親歷者的日記文獻和反思回憶，立體化地展現了袁世凱的
一部分真相。在我看來，這本書中最有價值的地方，是詳細論證了
袁世凱在辛亥革命時期的眾望所歸和人心所向。

張社生認為，當年的袁世凱確實有諸多好條件：

其一，漢人（革命党主張驅除韃虜，袁世凱逼清帝退位，于革
命有功）。

其二，帶過一支最好的軍隊（穩定因素的保證）。

其三，官僚隊伍中的改革派（各省諮議局議員喜歡）。

其四，和清廷有千絲萬縷的聯繫（清貴指著他得到退位優厚待
遇）。

其五，列強的不二人選（能保護人家在華利益）。

其六，能幹（工作經驗豐富）。

其七，受過不公正對待（為漢人受過）。

其八，人緣好（為他說好話的人多）。

其九，不極端，不保守，各方都能接受（最大公約數）。

需要強調的是，早在孫中山回國之前，南北雙方的和談代表已經達成推舉袁世凱為第一任總統的秘密協議。在這種情況下，公然違背雙方協議單方面選舉孫中山為臨時大總統的，是南京方面由同盟會員佔據壓倒性多數的各省都督府代表會議。正是由於自己一方的背信棄義，12 月 29 日當選臨時大總統的孫中山，才會于當天致電袁世凱尋求諒解：「文雖暫承乏，而虛位以待之心，終可大白於將來。」幕後主持南北雙方和平談判的張謇，也只好在密電中向袁世凱保證說：「甲日滿退，乙日擁公，東南諸公，一切通過。」

辛亥年臘月二十五日即 1912 年 2 月 12 日，剛剛 6 歲的宣統皇帝溥儀奉隆裕太后懿旨下詔辭位，授權袁世凱組織臨時共和政府，並與南方的「民軍」協商統一辦法。2 月 13 日，滿心希望以租讓東北為代價換取日本方面的巨額軍費的孫中山，在又一次借款失敗的情況下，不得不向南京臨時政府參議院提出辭呈，推薦袁世凱為繼任總統；同時在辭職諮文中附加了三項條件：

其一，臨時政府地點設于南京，為各省代表所議定，不能更改。

其二，辭職後，俟參議院舉定新總統親到南京受任之時，大總統及國務各員乃行解職。

其三，臨時政府約法，為參議院所制訂，新總統必須遵守；頒佈之一切法制章程，非經參議院改訂，仍繼續有效。

2 月 15 日，臨時參議院以十七省共十七票的結果，全票選舉袁世凱為臨時政府大總統。孫中山于當天給袁世凱發去賀電：「今日三點鐘由參議院舉公為臨時大總統，臨時政府地點定在南京。現派專使奉請我公來寧接事。民國大定，選舉得人，敬賀。」

隨後，孫中山在致袁世凱的另一份電文中表示說：「查世界歷史，選舉大總統，滿場一致者只有華盛頓一人，公為再現。同人深幸公為世界之第二華盛頓，我中華民國第一華盛頓。」

同年 8 月 29 日，應袁世凱邀請到北京協商國家大事的孫中山，在致黃興電中進一步表示說：「今日之中國，惟有交項城治理。」

由此可知，袁世凱繼孫中山之後接任中華民國第二任臨時大總統，並不是出於孫中山心甘情願的主動退讓，更不是出於袁世凱竊國大盜的陰謀詭計，而是出於人心所向、眾望所歸的歷史選擇。

1912 年 1 月 12 日，孫中山向各省代表會議提交諮文，認為「臨時政府成立，所有一切法律命令，在在須行編訂，法制局之設，刻不容緩」。該諮文經代表會議討論通過後，孫中山任命宋教仁為法制局局長、原湖北諮議局議長湯化龍為副局長。宋教仁對於法制局局長的職務很不滿意，他自己對外的稱謂不是法制局而是法制院。

1 月 27 日，上海《民立報》刊登由宋教仁執筆改寫的《中華民國臨時政府組織法》全文。第二天，法制院致電《民立報》予以更正：「沁日貴報所載《中華民國臨時政府組織法》仙本院提出供參考之草案，現尚未經參議院議決。請更正為《中華民國臨時政府組織法草案》。」

1 月 28 日上午，臨時參議院在南京正式成立，此前代理參議院職權的各省都督府代表聯合會自行解散。1 月 30 日，孫中山諮文臨時參議院：「查臨時政府現已成立，而民國組織之法尚未制訂，應請貴院迅為編定頒佈，以固民國之基。茲據法制局局長宋教仁呈擬《中華民國臨時組織法草案》五十五條前來，合併咨送貴院，以資參敘。」

1 月 31 日，臨時參議院議事日程中列入「政府交議中華民國臨時組織法案」，當天上午議決：「公議由秘書長起草，咨複政府，並將原案退回。」

2 月 1 日，臨時參議院在退回該法案的諮文中，給出的是自相矛盾的兩條理由：其一，「組織法」既為組織臨時政府之用，便不能包括「人權」等憲法內容，因而主張另訂一部法律，取名《中華

民國臨時約法》；其二，「憲法發案權應歸國會獨有。而國會未召集以前，本院為惟一立法機關。故臨時組織法應由本院編定。今遽由法制局纂擬，未免逾越許可權。」

明明是法制局卻偏偏要自封為法制院；明明是「尚未經參議院議決」的法律草案，卻偏偏要搶先一步公開發表。諸如此類的表現，足以證明宋教仁並不具備法律制訂者所必須具備的嚴格遵守法律程序和制度規則的文明素質。臨時參議院為了否定宋教仁，在第一條諮文中認為「組織法」不是憲法；在第二條諮文中又反過來自相矛盾地承認「組織法」是「應由本院編定」的憲法。像這樣「因人立法」或者說是「對人立法」的參議院，是從根本上違背憲政民主的現代法理的，也是無論如何制訂不出真正意義上的憲法條文的。

更加荒唐的是，由參議員景耀月、馬君武、王有蘭、呂志伊、張一鵬參與起草的《大中華民國臨時約法草案》，還以唱對臺戲的方式，在《申報》2月1、2日公開連載。2月6日，該草案提交給由張繼等九人組成的特別審查會予以審查，之後又交付王有蘭、王正廷、趙士北等九人組成的法律審查會修改。據《參議院議事錄》記載，該草案於2月7日列入議程。2月9日下午，「主席請贊成增設責任內閣者起立表決，多數可決」，從而以臨時動議的方式，把該草案中已經公開發表的總統制條文，改變成為「實行責任內閣制」、「任命國務員須得參議院同意」。經過修改的《中華民國臨時約法》，經過17、19、20、21、22、23、26、27、28、29日及3月1、2、4、5、8日特別會議審查，在基本上沒有爭議的情況下，最後以全體起立方式表決通過。

在「臨時約法」表決通過之前，宋教仁已經於2月21日作為歡迎專員前往北京。但是，宋教仁此前被退回的《中華民國臨時組織法草案》中關於責任內閣制的條款，還是被「臨時約法」汲取採

納。據遲雲飛在《宋教仁與中國民主憲政》一書中考證，最終通過的「臨時約法」，是由宋教仁的《鄂州約法》、《組織法草案》以及景耀月、馬君武等人的《大中華民國臨時約法草案》綜合而成的。換言之，在一致對付袁世凱方面，同盟會內部的孫中山一派人與宋教仁一派人，在政治立場上是基本統一的。

臨時政府的地點，最初是準備設在武昌的，後因武昌遭到北洋軍隊的攻擊才改設南京。同樣是為了對付袁世凱，孫中山堅持要讓袁世凱離開北京到南京就職。2 月 14 日，谷鍾秀、李肇甫等議員在審議孫中山的辭職諮文時認為，「政府地點為全國人心所繫，前經各省代表指定南京，因大江以北尚為清有。今情勢既異，自應因時制宜，仍在北京，以期統馭全國。」因此建議臨時參議院以記名投票方式，重新表決臨時政府地點。表決的結果是，28 票中有 20票主北京，5 票主南京，2 票主武昌，1 票主天津。

這次投票在程序上完全合法，本應成為定案。孫中山、黃興聞訊後卻大為惱怒。據胡漢民回憶，孫中山召集議員中的同盟會會員黃復生、李伯申、鄧家彥等人加以勸解。而黃興連咨請再議也嫌麻煩，乾脆威脅說：「政府決不為此委曲之手續，議院自動的翻案，盡於今日，否則吾將以憲兵入院，縛所有同盟會員去。」

據當年在總統府秘書處工作的吳玉章回憶，參議院議決建都北京之後，孫、黃「當天晚上把李肇甫找來大罵了一頓，並限次日中午十二時以前必須復議改正過來」。吳玉章因此去找黃興商量，「他也正在穿軍裝，準備起身到明孝陵去。我請他延緩時間，他說：『過了十二點如果還沒有把決議改正過來，我就派兵來！』說完就走了。」在這種情況下，吳玉章只好製作「總統提請復議諮文」，並通知所有同盟會議員「必須按照孫中山先生的意見投票」。

依據《臨時政府組織大綱》的規定，臨時政府應在六個月內，「由臨時大總統召集國民會議」制訂憲法，「臨時政府組織大綱施

行期限以中華民國憲法成立之日為止」。臨時參議院並沒有遵照這一立法程序和立法時間表，而是在新當選的臨時大總統袁世凱還沒有就職、國民會議還沒有召開之前，就擅自「代表國民」制訂了主要用來對付袁世凱的「臨時約法」。最具有話語權的袁世凱，在既沒有參與協商也沒有閱讀文本的情況下，就要宣誓「謹守」孫中山及南京臨時參議院強加給他的「臨時約法」，從根本上違背了當事各方人人平等、相互協商、民主參與、共同遵守的契約規則和憲政法理。從這個意義上說，最早違背和敗壞中華民國憲政民主、統一共和的現代法理的，並不是袁世凱一方，而是孫中山以及由同盟會主導的南京臨時參議院一方。袁世凱後來所有的違法表現，同盟會在南京臨時政府期間都已經預演過。

四、辛亥革命的制度反思

　　制度是由人設計和創造出來的，制度的問題歸根到底是人本身的問題。中國歷史上有法家的人治之術和治人之術；但是，西方意義上的法律面前人人平等的憲政民主制度，在中國歷史上從來都沒有出現過。早在 2010 年之前，西方社會已經誕生了一個真正意義上的現代個人，他就是基督教所信仰的耶穌基督。西方憲政民主社會中的憲政制度與法律程序面前的人人平等，是從耶穌基督所說的「上帝方面人人平等」逐漸演變出來的。在立法權、行政權、司法權三權分立的政權架構之下，憲法與法律的權威與尊嚴就像形而上的上帝一樣神聖不可侵犯。法官在行使憲法與法律賦予的獨立審判權的時候，也同樣是像形而上的上帝那樣神聖不可侵犯。即使君主立憲制國家的世襲君主，所享受的也只是憲法與法律所明確賦予的形而下的有限特權。法律條款和法律程序一旦確定，便成為包括世

襲君主在內的所有個人共同的形而上的信仰，任何個人和組織都沒有權力擅自更改和任意違犯；更不可以把形而上的法律信仰當作形而下的器物工具來加以利用甚至於加以踐踏，而只能像敬畏形而上的上帝一樣人人平等地加以服從和遵守。像這樣的法制觀念，迄今為止依然是中國社會的稀缺常識。

就中國歷史來看，第一個以人為本、人人平等、大同博愛、自我健全、自我擔當、信仰法律、遵守規則的現代個人，要等到辛亥革命之後才能夠成長起來，這個人就是胡適。1918 年 6 月，《新青年》「易卜生號」第一次把易卜生創作的《娜拉》（又譯《玩偶之家》）、《國民之敵》、《小愛友夫》，完整準確地引進了中國社會，這期雜誌的主編就是從美國留學歸來的北京大學教授胡適。

1920 年 5 月 4 日，胡適和他在美國哥倫比亞大學留學時的老同學、北大同事蔣夢麟，應《晨報副鐫》「五四紀念增刊」的約稿，聯名發表了一篇〈我們對於學生的希望〉，其中所強調的正是他們在美國留學期間親自試驗和實踐過的憲政民主的制度規則和法律常識：

「要補救組織的不完備，應注重議會法規（parliamentary law）的重要條件。……此外還須注意團體生活最不可少的兩種精神:（1）容納反對黨的意見。現在學生會議的會場上，對於不肯迎合群眾心理的言論，往往有許多威壓的表示，這是暴民專制，不是民治精神。民治主義的第一個條件，就是要使各方面的意見都可自由發表。（2）人人要負責任。天下有許多事，都是不肯負責任的『好人』弄壞的。好人坐在家裏歎氣，壞人在議場上做戲，天下事所以敗壞了。不肯出頭負責的人，便是團體的罪人，便不配做民治國家的國民。民治主義的第二個條件，是人人要負責任，要尊重自己的主張，要用正當的方法來傳播自己的主張。」

1930 年 12 月，胡適在專門為少年學生編輯的《胡適文選》所寫的自序〈介紹我自己的思想〉中，重點介紹了自己發表在《新青年》「易卜生號」的長篇論文〈易卜生主義〉：「易卜生最可代表 19 世紀歐洲的個人主義的精華，故我這篇文章只寫得一種健全的個人主義的人生觀。」在胡適眼裏，「健全的個人」必須具備兩個條件，「第一，須使個人有自由意志。第二，須使個人擔干係、負責任。」

胡適身上以人為本、人人平等、大同博愛、自我健全、自我擔當、信仰法律、遵守規則的現代文明精神，最為集中地體現在他與錢玄同、陳獨秀、魯迅等人的意見分歧上。

1918 年 5 月 29 日，胡適針對錢玄同為提倡世界語（Esperanto）而主張「廢漢文」的極端態度，以私人信件的方式規勸說：「中國文字問題，我本不配開口，但我仔細想來，總覺得這件事不是簡單的事，須有十二分的耐性，十二分細心，方才可望稍稍找得出一個頭緒出來。若此時想『抄近路』，無論那條『近路』是世界語，還是英文，不但斷斷辦不到，還恐怕挑起許多無謂之紛爭，反把這問題的真相弄糊塗了。」

針對錢玄同的批評指責，胡適在另一封回信中寫道：「我所有的主張，目的並不止於『主張』，乃在『實行這主張』。故我不屑『立異以為高』。我『立異』並不『以為高』。我要人知道我為什麼要『立異』。換言之，我的『立異』的目的在於使人『同』於我的『異』。（老兄的目的，惟恐人『同』於我們的『異』；老兄以為凡贊成我們的都是『假意』而非『真心』的。）」

胡適把創新「立異」的大目標，限定於造福全社會甚至於全人類的「使人『同』於我的『異』」的大同博愛、人人平等、公平競爭；而不是像錢玄同、陳獨秀、魯迅等人那樣，總是想用自己一方自以為理直氣壯的正確力量去排斥壓倒另一方所謂的反動勢力或錯誤力量。1925 年 12 月 29 日，魯迅在〈論「費厄潑賴」應該緩行〉中理直

氣壯地表示說：「土紳士或洋紳士們不是常常說，中國自有特別國情，外國的平等自由等等，不能適用麼？我以為這『費厄潑賴』也是其一。……倘有人要普遍施行『費厄潑賴』精神，我以為至少須俟所謂『落水狗』者帶有人氣之後。……一言以蔽之：『黨同伐異』而已矣。」

魯迅所說的「土紳士或洋紳士們」，指的是以更加文明先進的英美留學生為主體的胡適、陳源、徐志摩，以及國民黨右派蔣夢麟、王世傑，共產國際秘密成員陳翰笙，中共秘密黨員高一涵等人，也就是當時所謂的現代評論派成員。所謂的「落水狗」，就是被國共兩黨所組織的遊行示威群眾，通過焚燒房屋、毀壞家俱圖書的方式趕下臺的前教育總長、早年曾經與黃興、宋教仁、劉揆一等人發起組織過華興會的章士釗。當年的魯迅，在北京女子師範大學驅逐校長楊蔭榆的學潮以及隨後變本加厲的政治運動中，是一直站在國民黨左派李石曾、顧孟余、吳稚暉、易培基、沈尹默、沈兼士、許壽裳、許廣平等人一邊進行「黨同伐異」的。

中國人的想「抄近路」也就是陳獨秀念念不忘的「根本解決」，在辛亥革命期間表現得最為突出。從 1774 年 9 月 5 日到 1787 年 9 月 17 日，美國的大陸會議用了整整 13 年的時間才締造了一部比較完善的憲法。仿照美國的大陸會議組織成立的各省都督府代表聯合會，只用一天時間就制訂了《中華民國臨時政府組織大綱》，而且第二天就討論通過了。接下來，由各省都督府代表聯合會改組而成的南京臨時參議院，又違背這份組織大綱明確規定的立法程序和立法時間表，在一個多月的時間裏，臨時性地制訂和通過了所謂的《中華民國臨時約法》，目的主要是為了對付接任總統的袁世凱。

1913 年 3 月 13 日，自己出任臨時大總統時堅決反對宋教仁主張的議會政黨責任內閣制的孫中山，在日本神戶的國民黨交通部歡迎會上公開演講時，明確表示了「己所不欲」卻偏偏要施之於人的雙重標準：

「至於政府之組織，有總統制度，有內閣制度之分。法國則內閣制度，美國則總統制度。內閣制度為內閣負完全責任。內閣若有不善之行為，人民可以推倒之，另行組織內閣。總統制度為總統擔負責任。不但有皇帝性質，其權力且在英、德諸立憲國帝皇之上。美國之所以採取總統制度，以因其政體有聯邦性質，故不得不集權于總統，以謀行政統一。現就中國情形論之，以內閣制度為佳。我的國民，莫不主張政黨內閣。……政黨內閣，可以代表民意。」

直接參與制訂「臨時約法」的袁希洛，在回憶文章〈我在辛亥革命時期的一些經歷和見聞〉中最為自豪的，就是自己根本不把袁世凱當作「民國國民」的政治正確的黨派立場：

「後來南北議和成功，孫總統決定辭職，讓袁世凱任臨時大總統。那時臨時參議會將約法修改為內閣制來減少總統權力，我亦非常贊同，而且是當時積極主張的。因為約法用總統制，孫中山當時可適用；袁世凱的專制行為，則非責任內閣不可，而且非組織國民黨的責任內閣不可。」

長期停滯在等級森嚴的遊牧農耕社會的中國人，從來沒有經受過人人平等的大同博愛教育。包括從農民到大臣的所有個人，面對強權皇帝的時候都要爭先恐後地叩頭效忠。等到他們自己張狂起來的時候，卻又是連國王皇帝和天神上帝都不放在眼裏的。用一句家喻戶曉的語錄，就是與人鬥、與天鬥、與地鬥，其樂無窮。連阿 Q 式的小人物，也同樣擁有凌駕於別人及法律之上，充當老子天下第一的超人皇帝的神聖夢想，以及由此而來的無限特權。義和團的殺洋人，「文化大革命」中的鬥爭打倒地主、富農、反革命右派壞分子，甚至於殺死吃掉這些壞分子，就是這種無限制的特

權意識的極端表現。自以為「善於利用法制……約束敵人，打擊和消滅敵人」的國家主席劉少奇，就是被自己過去的同志和戰友給打擊消滅的。

特別值得一提的是，1911 年 11 月 3 日，清政府迫於辛亥革命爆發之後來自各個方面的強大壓力，接受了資政院擬定的《憲法十九信條》，其中雖然頑固堅持著「大清帝國之皇統萬世不易」、「皇帝神聖不可侵犯」的天命天理，卻在君主立憲的制度框架下明確規定了責任內閣所必須遵守的分權制衡、權責相當的制度原理：「總理大臣，由國會公選，皇帝任命之；其他國務大臣由總理大臣推舉，皇帝任命之；皇族不得為總理大臣，其他國務大臣，並各省行政長官。」「總理大臣受國會之彈劾，非解散國會即內閣總理辭職；但一次內閣不得為兩次國會的解散。」

比起清政府此前頒佈的《憲法十九信條》，由孫中山及南京臨時參議院所制訂的主要用來對付袁世凱的「臨時約法」，至少在責任內閣的制度設計方面，不是更加共和了而是更加專制了，不是更加進步了而是更加落後了。關於這一點，李劍農評論說：

> 「從前修改臨時政府組織大綱時，宋教仁想把它變為責任內閣制，那些對於宋教仁懷疑忌心的代表先生們，因為要打擊宋教仁的原故，拼命地反對，使責任內閣不能實現。現在所制訂的約法，預備在袁世凱臨時總統任內施行，又因為要抑制袁世凱野心的原故，竟把總統制改為責任內閣制了。英法的責任內閣制，不過是以內閣總理取得國會多數為信任條件，總理以外的國務員全由總理擇人組織；臨時約法上的責任內閣，一切國務員，都要先行正式提交參議院征得它的同意，方可任命，實在是『變本加厲』了。這種拘于一時環境的立法精神，是所謂『對人立法』的精神。對人立法，在理

論上是不能贊許的。因為真正的大梟雄，不肯把法律放在眼裏，徒使公正的政治家，失去政治運用應有的活動（後來約法的屢遭破毀，半由於袁氏和北洋軍閥的跋扈，亦半由於約法本身的不良）。但是當時的參議員，大都不明白這種道理，以為只要黑字寫在白紙上經過議會多數通過的法律，便是神聖，可以壓制一切惡魔，便如鐵籠，可以防禦一切猛獸。誰知後來的猛獸惡魔，仍只把它看作一些黑字寫在白紙上，到了妨礙他們的行動的時候，一伸爪便把它撕破了。」

作為曾經的同盟會會員、黃興和宋教仁的湖南同鄉，李劍農的上述議論依然沒有擺脫黨派立場的心理魔障。真正意義上的「臨時約法」，歸根到底應該是一種相關各方人人平等、相互協商、民主參與、共同遵守的普適性的契約框架和價值體系。按照中國傳統的「己所不欲，勿施於人」的道德標準來加以衡量，從根本上敗壞「臨時約法」的，並不是「後來的猛獸惡魔」袁世凱，而是同盟會以及國民黨一方的孫中山、黃興、宋教仁、馬君武這些人。

回顧歷史，美國的開國總統華盛頓參與制訂了一部很好的憲法，所以他當上總統之後就再不需要打內戰了。孫中山參與制訂了一部很壞的憲法，所以他活到老鬥到老。從 1789 年 3 月 4 日美國憲法正式生效到 1912 年中國制訂「臨時約法」，時間已經過去了 123 年。像這樣本國人打本國人的無休止的內戰和革命，無論如何都不是什麼美德，而是對於個人的生命權的大規模毀滅和對於人類文明成果的殘酷敗壞！假如中國當時有足夠多的像胡適那樣的自我健全的個人的話，根據本國的國情把美國 123 年前的憲法拿過來稍微修改調整一樣就完全可以使用。擁有 4 億人口的中國卻偏偏做不到這一點。直到 223 年之後的今天，擁有 14 億人口的中國依然做不到這一點！！

目 次

第一章　宋教仁締造國民黨

　　中華民國的創建，是各派力量反覆較量的結果，其締造者很難鎖定為某個人或某個黨派。而當年最大的議會政黨國民黨，卻是宋教仁堅持不懈地奔走聯絡、苦心經營的成果。國民黨名符其實的締造者，並不是其理事長孫中山，而是代理理事長宋教仁。借用孫中山的話說，為締造現代化的議會政黨而付出寶貴生命的宋教仁，是「為憲政流血」的第一人。

一、桃花源中的宋教仁

　　1600 年前，東晉末期南朝宋初的著名詩人、散文家陶淵明，在《桃花源記》中介紹說：

> 「晉太元中，武陵人捕魚為業，緣溪行，忘路之遠近，忽逢桃花林。夾岸數百步，中無雜樹，芳草鮮美，落英繽紛。漁人甚異之。復前行，欲窮其林。林盡水源，便得一山。山有小口，彷彿若有光。便捨船，從口入。初極狹，才通人；復行數十步，豁然開朗。土地平曠，屋舍儼然。有良田美池桑竹之屬，阡陌交通，雞犬相聞。其中往來種作，男女衣著，悉如外人；黃髮垂髫，並怡然自樂。見漁人，乃大驚，問所從來，具答之。便要還家，設酒殺雞作食。

村中聞有此人，咸來問訊。自云先世避秦時亂，率妻子邑人來此絕境，不復出焉；遂與外人間隔。問今是何世，乃不知有漢，無論魏晉。」

100多年前的1882年4月5日，宋教仁出生在桃花源腹地的湖南省桃源縣上坊村香沖，也就是今天的桃源縣八字路鄉漁父村。這裏山靈水秀、曲徑通幽，風景優美卻又交通不便。即使到了2009年5月21日，假如不是宋教仁的遠房侄孫、桃源縣交通局副局長宋福安先生充當嚮導，我作為一名外鄉人，是很難尋找到宋教仁的故居舊址的。

宋教仁字得尊，號敦初，也寫作遯初、鈍初、遁初，別號漁父，在日本留學期間曾經化名宋鍊。根據新發現的《宋氏族譜》，宋教仁的祖先原居江西，明代嘉靖年間遷居湖南桃源，到宋教仁已經是第15代。宋家子弟不僅經營農商，而且文武雙修。宋教仁6歲時進入宋氏家族的私塾讀書。10歲時，喜愛讀書的父親宋宗泮（魯池）因為用腦過度而病重去世。1887年，16歲的宋教仁在母親安排下與長他4歲的方氏女子結婚。1888年，17歲的宋教仁進入桃源漳江書院，在縣教諭黃壽彝和書院山長瞿方梅等人影響下，開始關心天下大事，萌生反清思想。據漳江書院的老同學朱玉回憶，「宋君獨大言炎炎，好論列天下事，人以是謂之狂生」。[1]

1900年，唐才常、沈藎、林圭等人為回應北方的義和團運動，在上海成立勤王救國的自立軍。自立軍依照江湖秘密會黨的組織形式建立富有山堂，在長江中下游地區通過散發富有票接納會黨、擴充組織。家住桃源縣北門坪的哥老會首領陳猶龍，是唐才常在武漢

---

[1] 宋教仁日記《我之歷史》前序，《宋漁父遺著》，臺灣文海出版社，1970年。見遲雲飛《宋教仁與中國民主憲政》，湖南師範大學出版社，2008年，第6頁。

兩湖書院讀書時的老同學，他在富有山堂系統裏被封為「總堂」，並且在常德設立客棧專門從事秘密聯絡，號稱「桃源三傑」的宋教仁、胡瑛、覃振，先後被發展成為富有山堂的骨幹成員。自立軍遭到鎮壓之後，18 歲的宋教仁躲回老家，遭到清軍連續三次的追蹤緝捕。清軍第三次來到上坊村香沖時，把依山傍水的宋家住宅團團包圍。宋教仁翻越院牆後翻山越嶺逃到附近沅江支流的一個渡口，在當地一名漁民的救助下渡到對岸成功逃脫。他後來在上海《民立報》擔任主筆期間，署名「漁父」以表示對於這位漁民的感恩與紀念。

二、宋教仁與華興會

1901 年即清光緒二十七年，19 歲的宋教仁參加科舉考試考中了秀才。1902 年秋天，他赴湖北武昌投考由兩廣總督張之洞創辦的文普通中學堂，於 1903 年春天正式入學。他的同學中有先後參加革命活動的田桐、吳崑、白逾桓、歐陽瑞驊、蔣作賓、黃侃等人。

1903 年 8 月，從日本回國的湖南同鄉黃興（克強、慶午）來到武昌，與宋教仁等人結為密友。同年 11 月 4 日，宋教仁、劉揆一、張繼、章士釗、胡瑛等人以赴黃興 30 歲壽宴為名，在長沙保甲局巷彭淵恂家裏成立以黃興為會長的華興會。華興會是以湖南同鄉為主體的會黨組織，該會的宗旨是「驅除韃虜，恢復中華」。為避免引起清政府注意，華興會對外採用華興公司的名義發行股票，募集股本，聲稱是興辦礦業。

1904 年 7 月 3 日，宋教仁與黃興在長沙經正學堂教書時的學生、桃源同鄉胡瑛，聯合湖北籍的呂大森、曹亞伯、劉靜庵、時

功璧、易本羲、張難先等人,在武昌創建「科學補習所」,以此
為掩護在新軍及學校中開展革命活動。同年9月,華興會計畫在
陰曆10月10日──即西曆11月16日慈禧太后七十壽辰時,在
長沙、嶽州、衡陽、寶慶、常德分五路同時起義。宋教仁負責常
德一路的組織工作,他聯絡劉復基、胡範庵、蔣翊武、孫安仁,
以及哥老會首領楚義生、游得勝、孫漢臣、晏熊等人,在位於常
德城內的五省客棧設立湘西聯絡總站。10月初,宋教仁、游得
勝、孫漢臣等人在常德筆架城召集會黨聚會,宋教仁被推舉為龍
頭,議定起義時扮作朝五雷山的香客,到筆架城邊的文廟集合聽
候指揮。

在此期間,自任大將的黃興在華興會之外另設同仇會和黃漢
會,委派中將劉揆一與化名鄭浩然回國的陳天華,以及徐佛蘇、
陳福田等人,在瀏陽普跡市牛馬交易大會上授予哥老會大首領馬
福益少將頭銜,並且贈送槍支彈藥。此舉直接導致起義計畫的
洩露,以至於湖南臬司龐鴻書在官方公文中通報說:「此次瀏陽
普跡馬會,竟有著名會匪在該處倡賭抽頭,乘機散放飄布,經常
備軍哨弁拿獲匪首彭太華、羅得勝即羅本璜二名,稟明解縣訊
辦。」[2]

想通過變賣家產籌集起義款項的宋教仁,因家產不能及時出
手,只好於11月2日雇船從常德出發到省城長沙籌措款項。他於
三天後來到省城,卻找不到黃興等人的蹤影,直到在大街上偶然遇
到基督徒革命家曹亞伯,才得知會黨首領游得勝、蕭貴生已經被捕
犧牲,湖南巡撫陸元鼎依據兩個人的口供,正在搜捕黃興、劉揆一、
宋教仁等人。

2　《湖南官報》第806號,甲辰年九月十二日。

三、宋教仁的逃亡與留學

1904 年 11 月 7 日，宋教仁在黃吉亭、曹亞伯的資助下，從長沙乘坐運煤船前往武昌。11 月 10 日途經岳州時，他在日記中賦詩一首，其中寫道：「噫吁嚱！朕沉水流域之一漢人兮，愧手腕之不靈。謀自由獨立於湖湘之一隅兮，事竟敗於垂成。」[3]

這裏的功敗垂成，顯然是宋教仁「大言炎炎」的虛張聲勢，一個連出行路費都籌集不到的鄉村秀才，即使僥倖成功也沒有足夠實力維持起義之後的社會局面。然而，正是在這首《離騷》體古詩中，宋教仁為自己此後的人生路徑奠定了基調：憑藉靈活手腕謀求個人及國家民族的自由獨立。

煤船走了整整十天，於 1904 年 11 月 16 日抵達武昌。這一天恰好是慈禧太后的七十壽辰，也就是華興會原定的起義時間。當地駐軍滿街巡邏，城門嚴查出入。武昌知府兼文普通中學堂提調梁鼎芬，已經宣佈開除宋教仁、歐陽瑞驊的學籍。宋教仁從胡瑛那裏得知，黃興、劉揆一等人逃到上海之後，以啟明譯書局作為秘密據點繼續開展活動。身為逃犯的宋教仁，為了前往上海與黃興等人會合，只能從文普通中學堂的同學們那裏獲取資助：「余欲卻之而又不能，幾乎忸怩無地矣。」

11 月 21 日，宋教仁到達上海。在此之前的 19 日，安徽人萬福華在上海四馬路刺殺前廣西巡撫王之春未遂被捕。20 日，章士釗以朋友身份私自探監，暴露了他與黃興等人在餘慶里的秘密住址，直接導致由江西派往上海購買槍械的新軍統領、湖南同鄉郭人漳，與黃興、章士釗、張繼等人在餘慶里一同被捕。經湖南同鄉、

---

[3] 《宋教仁日記》，1904 年 11 月 10 日。郭漢民編《宋教仁集》第 2 冊，湖南人民出版社，2008 年，第 595 頁。

華興會成員蔡鍔向時任泰興縣令的湖南同鄉龍璋求救，化名李壽芝冒充郭人漳隨員的黃興，於 23 日與郭人漳一起獲釋。章士釗、張繼等人也由龍璋出面陸續保釋出獄。黃興等人出獄之後，立即逃往日本。12 月 5 日，宋教仁也與湖南同鄉楊毓麟（篤生）、楊度（皙子）同船前往日本，於 12 月 13 日抵達東京。

　　1905 年 1 月 3 日下午，宋教仁召集《二十世紀之支那》雜誌發起人會議，與湖北漢陽人張柄標一起被推舉為暫行經理人。1 月 8 日，宋教仁又被推舉為總庶務。該雜誌由湖南籍留學生宋教仁、陳天華（星台）、李和卿（和生）、吳景鴻（紹先）、雷光宇（道亨）、李柏宏（仲卿）、戴渭卿，以及湖北籍留學生田桐（梓琴）、吳崑（壽田）、劉公（炳標，仲文）、白逾桓（楚香）、郭定安（堯階，也作瑤皆）、陳於九（蔭南）、黃立猷（毅侯）、張柄標（步青）等人共同發起。與當年以省別命名的留學生雜誌《湖北學生界》、《新湖南》、《浙江潮》、《江蘇》、《河南》相比，該雜誌的發起可以看作是宋教仁等人，自覺突破地域鄉黨觀念從事革命宣傳的嘗試性努力。

　　1 月 24 日，宋教仁到湖南同鄉黃篤謐（續臣）住處參加組織速成陸軍的會議，第一次見到日本帝國大學的農科留學生、安徽休寧人程家檉（韻蓀，又寫作潤生），以及他的日本朋友平山周。2 月 1 日，宋教仁進入東京順天中學校學習日語和英語，正式開始了他的留學生涯。3 月 19 日，《二十世紀之支那》雜誌發起人再次集會，宋教仁首先介紹了既收不到股金又收不到稿件的現實困境。已經以《猛回頭》、《警世鐘》聞名遐邇的湖南同鄉陳天華，表示要辭去總編輯之職，致使該雜誌陷入僵局。該雜誌的起死回生得力於程家檉的主動參與。3 月 26 日，宋教仁、田桐、郭定安等人推舉程家檉為總編輯，宋教仁當場辭去總庶務之職，由黃瀛元（育庵，也作益庵）接任。在此後的一段時間內，程家檉扮演的是宋教仁的精神導師的角色。

四、程家檉「組織」同盟會

在迄今為止的歷史敘述中，孫中山等同於同盟會，同盟會等同於孫中山幾乎成為不容置疑的常識定論。而在事實上，中國同盟會的第一組織者和第一推動力並不是孫中山，而是已經被公眾遺忘的程家檉。

1912 年 2 月 4 日，程家檉從北京來到南京，請求臨時政府大總統孫中山為北方的革命活動提供資助。孫中山與陸軍總長黃興商議後，任命程家檉為幽燕招討使。由於同盟會內部有人指責程家檉是北方間諜，宋教仁、于右任、瞿方書、梁維嶽聯名致電上海《民立報》為他辯護說：「程家檉來寧，本報告北方軍情，並非偵探。各界反間之說，實係傳聞之誤。請即更正。」[4]

1913 年 1 月，國民黨代理理事長宋教仁寫作長篇傳記文章〈程家檉革命大事略〉，被馮自由稱之為「全在為君辯誣釋謠，以正視聽」。其中介紹說，程家檉，字韻蓀，又寫作潤生，別署下齋，齋名轟天隱，安徽休寧人。1899 年 9 月，由張之洞創辦的兩湖書院選送為湖北省官費留學生，赴日本後考入帝國大學農科。當時在日本留學的中國學生不過 200 人，他們中間只有談維新的而沒有談革命的。

1915 年 2 月 4 日，陳其美遵照孫中山的旨意，從日本東京給遠在美國的黃興（克強）寫信，其中介紹說，辛亥革命之前，「二三同志如譚、宋輩過滬上時，談及吾黨健者，必交推足下，以為孫氏理想，黃氏實行。」[5]

在陳其美看來，正是譚人鳳、宋教仁等人所說的「孫氏理想，黃氏實行」，直接誤導了包括他自己在內的革命黨人，從而架空虛

---

[4] 《致民立報電》，郭漢民編《宋教仁集》第 2 冊，第 448 頁。
[5] 《陳英士致黃克強書》，孫中山著《建國方略之一，孫文學說——行易知難（心理建設）》附錄，《孫中山全集》第 6 卷，中華書局，1985 年，第 215 頁。

置了孫中山的黨內權威，造成了同盟會及國民黨違背「中山先生之
理想」的「重大之失敗」。

查閱宋教仁的《程家檉革命大事略》，陳其美所謂「孫氏理想，
黃氏實行」的原始表述，其實是出自程家檉之口。1904 年底，因
為起義計畫夭折而先後逃亡日本的華興會成員黃興、劉揆一、宋教
仁等人，打算聯合田桐、白逾桓、但燾等人重新建立革命組織，被
程家檉出面阻止。他的理由是：「革命者陰謀也，事務其實弗惟其
名，近得孫文自美洲來書，不久將遊日本，孫文於革命名已大震，
腳跡不能履中國一步，盍緩時日以俟其來，以設會之名奉之孫文，
而吾輩得以歸國，相機起義，事在必成。」[6]

以孫中山聞名於世的孫文（逸仙），是 1903 年 10 月從日本橫
濱出發前往美屬檀香山的。他在檀香山加入洪門致公堂，被封為洪
棍，然後在三藩市致公堂首領黃三德陪同下遊歷美國及加拿大。
1904 年底，孫中山應歐洲方面的中國留學生邀請前往英國，並且
遊歷了比利時、德國、法國等國。1905 年 6 月 11 日，他從法國馬
賽啟程，於 7 月 19 日抵達日本橫濱。7 月 25 日，宋教仁在日記中
寫道：「至程潤生寓，孫逸仙已至東京，君可與晤面云。余允之。」

7 月 29 日，宋教仁邀請湖南同鄉、華興會成員陳天華（星台）
一起到黃興住處聚會，「商議對於孫逸仙之問題」。商議過程中，陳
天華的意見是「以吾團體與之聯合」。黃興的意見是「形式上入孫逸
仙會，而精神上仍存吾團體」。劉揆一（霖生）的意見是「不入孫會」。
宋教仁的意見是「既有入會不入會者之別，則當研究將來入會者與
不入會者關係如何」。結果是「以『個人自由』一言了結而罷」。

關於同盟會的成立，宋教仁在《程家檉革命大事略》中回憶說，
程家檉在自己居住的北辰寓廬召集陳天華、黃克強、宋教仁、白逾

6　宋教仁：《程家檉革命大事略》，郭漢民編《宋教仁集》第 2 冊，第 519 頁。

桓、田桐、張繼、但燾、吳暘谷與孫中山聚會商議，孫中山「所斤
斤者，仍以二十人為事」。為了讓孫中山振作起來充當革命黨名義
上的黨魁，程家檉專門聯絡宋教仁等人，於 8 月 13 日在富士見樓
組織了一場 3000 多人的歡迎大會。程家檉在會上「痛言革命之理，
鼓掌之聲，上震屋瓦，孫文大悅」。

與宋教仁的敘述相印證，張繼在為《程家檉革命大事略》一文
題寫的跋語中介紹說：「余常有言：中山提倡革命者也，克強實行
革命者也，韻蓀組織革命者也。向使學界而無韻蓀，則中國同盟會
必不能以成，北京而無韻蓀，則吾同志死者必不可勝數。完全終始，
一手維持，韻蓀大矣，然而韻蓀不言矣。」[7]

五、同盟會的理想與現實

1905 年 7 月 30 日下午，宋教仁應邀來到赤阪區檜町三番內田
良平住宅兼黑龍會事務所時，同盟會的第一次集會已經開始。他
在當天日記中為同盟會的成立留下了最為原始也最為準確的文字
記錄：

> 「到者七十餘人。孫逸仙先演說革命之理由及革命之形勢與
> 革命之方法，約一時許，訖，黃慶午乃宣告今日開會原所以
> 結會，即請各人簽名云。乃皆簽名於一紙，訖。孫逸仙復告
> 此會宗旨，訖。復由各人自書誓書傳授手號，卒乃舉起草員，
> 規定章程，舉得黃慶午等八人，訖，乃閉會。」

[7] 據吳相湘介紹，《程家檉革命大事略》民國二年一月油印本有張繼跋。吳相
湘著《宋教仁傳——中國民主憲政的先驅》，臺北傳記文學出版社，1985
年 9 月 15 日新版，第 277 頁。

　　同盟會在黃興的倡議之下，沒有經過正式的選舉流程就推舉孫中山為總理，是 8 月 20 日第二次會議上的事情。據宋教仁在當天日記中記載，與會人士仿照歐美各國三權分立的憲政原理，當場選舉司法部職員 8 名，評議部議員 20 名；然後沒有經過評議儀式，就由孫中山當場任命執行部職員 8 名。

　　由於宋教仁在日記中略去了相關人等的姓氏名字，依據相關文獻資料能夠初步核實的，有 8 月 20 日被孫中山當場任命的執行部庶務黃興、書記馬君武、內務朱炳麟、外務程家檉、會計劉維燾、經理谷思慎等人；以及隨後才陸續選舉確定的司法部判事長鄧家彥，判事張繼、何天瀚，檢事宋教仁；評議部議長汪兆銘（精衛）、議員田桐、曹亞伯、馮自由、梁慕光、熊克武、周來蘇、但懋辛、朱大符（執信）、吳崑、胡瑛、康寶忠等人。隨著任事諸人先後離職，負責「司法」的司法部一年之後便無形取消；負責「立法」的評議部，也因為各議員先後回國，一年之後便形同虛設。所謂三權分立的憲政制度，最終依然落實為總理孫中山的黨魁專制。

　　儘管如此，同盟會成立之後，大部分會員一直在基於「個人自由」而自行其事。1906 年春天，華興會與同盟會的雙重會員劉道一、蔡紹南從日本回國，在江西萍鄉和湖南瀏陽、醴陵等地聯合會黨首領龔春台等人發動的萍瀏醴起義，就是基於「個人自由」的獨立行動。孫中山後來在《建國方略》第八章「有志竟成」中回憶說：「獨惜萍鄉一舉為會員之自動，本部於事前一無所知，故臨時無所備。然而會員之紛紛回國從軍者，已相望於道矣。」[8]

　　由此可知，由同盟會內部的其他會員在保持「個人自由」的前提下，秘密回國從事實質性的革命活動，是在同盟會成立之前，已經由程家檉、黃興、張繼、宋教仁、陳天華等人初步確立的組黨方

---

[8]　《孫中山選集》上卷，第 168—185 頁，人民出版社，1957 年。

案。名聲遠揚卻不能夠回國從事革命活動的孫中山，所充當的只是同盟會內部名實分離的名義黨魁，而不是傳統會黨內部絕對服從並且要人身依附的專制黨魁。此後的歷史事實充分證明，程家檉等人選擇孫中山充當名實分離的名義黨魁，是一項十分嚴重的決策失誤。孫中山所要充當的並不是尊重「個人自由」的名義黨魁，而是像傳統會黨一樣要求內部成員犧牲「個人自由」以絕對服從並且人身依附的實權黨魁。1914 年 5 月 29 日，因「二次革命」失敗而再一次流亡日本的孫中山，在致黃興信中表示說：「弟所望黨人者，今後若仍承認弟為黨魁者，必當完全服從黨魁之命令。因第二次之失敗，全在不聽我之號令耳。所以，今後弟欲為真黨魁，不欲為假黨魁，庶幾事權統一，中國尚有救藥也。」[9]

　　就在逃亡日本的孫中山忙於重建黨魁崇拜加黨魁專制的中華革命黨的時候，選擇留在北京與袁世凱政府進行周旋的程家檉，於1914 年 9 月 23 日被執行死刑。關於程家檉的為人處世，同盟會元老吳稚暉，在 1939 年專門宣傳介紹孫中山的《總理行誼》中，曾經給出過十分形象的點評：學農科的安徽程家檉是「一個最大膽粗莽的革命家，民國三年被袁世凱騙了，殺在北京彰儀門」。[10]

六、宋教仁與孫中山的路徑歧異

　　在同盟會內部，宋教仁是最早也最為堅定地否定孫中山「作事近於專制跋扈」的第一人，同時也是「為憲政流血」的第一人。但是，他既沒有像章太炎、陶成章等人那樣公開反對孫中山；也沒有

9 《孫中山覆黃興書》(1914 年 5 月 29 日)，湖南省社會科學院編《黃興集》，中華書局，1981 年，第 358 頁。
10 陳錫祺主編《孫中山年譜長編》上冊，中華書局，1991 年，第 270 頁。

像張百祥、劉公、孫武、焦達峰等人那樣另行組織共進會；而是侷限在同盟會內部對孫中山實施架空虛置。宋教仁所從事的政治活動的成功與失敗都在於此，借用譚人鳳的話說，宋教仁是「英而不雄」的一個人。

1905 年 6 月 12 日，宋教仁報名參加日本東京的法政大學法政速成科，於 15 日開始上課。1906 年 2 月 1 日，宋教仁進入早稻田大學留學部預科壬班學習，不久通過中國駐日本大使館的審查批准，用宋鍊的化名取得了官費留學生的資格。同年 7 月 20 日，宋教仁以壬班第一名的成績，畢業於早稻田大學留學部預科。這是宋教仁在日本取得的最高學歷，在此後的兩年時間裏，他雖然繼續從中國大使館領取留學官費，卻再也沒有接受正規的學歷教育。

1906 年 9 月 25 日，宋教仁在日記中介紹說，他當面向黃興指出，孫中山等人一心要在中國南部邊疆起義，是「冒險心、激進心太甚，將來恐有孤注之勢」。接下來，他又給黃興談到前往吉林南部的延邊地區，爭取武裝割據的山東人韓登舉的初步設想。

同年 8 月 20 日，宋教仁因為用腦過度患上了嚴重的神經衰弱症，不得到東京腦病醫院住院治療。11 月 5 日，宋教仁按照黃興的建議，辦理出院手續後直接搬到宮崎滔天家裏休養。

1907 年 1 月 4 日，黃興準備到香港等地從事革命活動，委託宋教仁代理他的同盟會庶務的職責，並且邀請宋教仁從宮崎寅藏家裏搬到他的伊勢屋寓所繼續養病。當天晚上，宋教仁來到孫中山（逸仙）的住所辦理交接手續：「逸仙與余言代理庶務事，余問其一切事務如何？逸仙不多言及。余坐良久，遂辭去，至《民報》社宿焉。」

2 月 15 日，黃興因為「廣東近日非常戒嚴，香港亦難居」，只好從香港返回日本。2 月 24 日晚上，宋教仁先與黃興、末永節、古河清、張繼等人商議前往東北的計畫，然後來到孫中山的住處。孫中山告訴他說，「明日內田良平接余等至赤阪三河屋開晚餐會」。

2 月 25 日，宋教仁與孫中山、章太炎、劉師培、魯文卿、胡漢民、內田良平、宮崎寅藏、清滕幸七郎、和田三郎等人，在「藝妓七八人輪流奉酒……歌舞並作」的情況下歡聚一堂。在當天日記裏，宋教仁並沒有提到自己最為熟悉的黃興（慶午）的名字。到了 2 月 28 日，宋教仁在日記中記錄了發生在孫中山與黃興之間的激烈衝突：

> 「七時至《民報》社與黃慶午言余辭職事，慶午不應。良久，慶午忽言，欲退會，斷絕關係，其原因則以□□□以己意製一新國旗，而慶午以為不善，請其改之，逸仙固執不改，並出不遜之言，故慶午怒而退會。時諸人均在，皆勸之。余則細思慶午不快之原因，其遠者當另有一種不可推測之惡感情漸積於心，以致借是而發，實則此猶小問題。蓋□□素日不能開誠佈公、虛心坦懷以待人，作事近於專制跋扈，有令人難堪處故也。今既如是，則兩者感情萬難調和，且無益耳，遂不勸止之。又思□會自成立以來，會員多疑心疑德，余久厭之，今又如是，則將來之不能有所為，或亦意中事，不如另外早自為計，以免燒炭黨人之譏，遂決明日即向逸仙辭職，慶午事亦聽之。」

另據馮自由、章太炎等人回憶，青天白日旗由 1895 年廣州起義時犧牲的孫中山同鄉好友、興中會會員陸皓東設計。孫中山把該旗張掛在《民報》社的牆壁上，黃興看到後提出異議，認為既不美觀又接近於日本國旗。孫中山厲聲斥責道：「僕在南洋，託命於是旗者數萬人。欲毀之，先擯僕可也。」黃興惱羞成怒，當場表示要脫離同盟會。

孫中山前往發動起義的地方是南洋的菲律賓、新加坡、安南等地，而宋教仁前往發動起義的地方，偏偏是孫中山一再承諾要贈送

給日本黑龍會的東北地區;而且自始至終都沒有就此事與孫中山商議過。代理庶務的宋教仁通過一個多月的頻繁接觸,對於孫中山有了更加真切的認識,黃興與孫中山的激烈衝突進一步堅定了他與孫中山分道揚鑣的決心。3 月 1 日,他在日記中寫道:「十時,至孫逸仙寓,言辭職事,並以一切文件交之。逸仙初猶不允,余固言之乃已,遂皆交代清楚。……至《民報》社,知黃慶午事尚未調和,閱報良久而回。」

過了一段時間,黃興與孫中山言歸於好。胡漢民在自傳中為此事提供的解釋是:「先生力主青天白日之徽幟;克強欲用井字徽幟,謂以井田為社會主義之象徵。先生謂既不美術,又嫌有復古思想。黨眾悉從先生。克強爭之不能得,則意頗怏怏。余既與克強分道行,克強猶有書致余,謂『名不必自我成,功不必自我立,其次亦功成而不居;先生何定須執著第一次起義之旗?然余今為黨與大局,已勉強從先生意耳。』」[11]

黃興與孫中山委曲求全的言歸於好,意味著他對於加入同盟會時所堅持的「個人自由」的自我放棄,以及對於中國歷史上公天下、救天下、打天下、坐天下、治天下、私天下的專制型革命會黨,所奉行的以犧牲個人權利及寶貴生命為代價效忠於黨派及黨魁的專制型道德的慣性回歸。宋教仁所追求的卻是變中國傳統的暴力破壞、無序競爭的專制型革命會黨,為陽光參政、依法競爭的現代議會政黨的憲政民主道路。換言之,在孫中山的從革命專制到憲政民主的路徑選擇,與宋教仁的從革命民主到憲政民主的路徑選擇之間,黃興一直處於既左右搖擺又委曲求全的思維混亂之中。

---

[11] 《胡漢民自傳》,丘權政、杜春和選編《辛亥革命史料選輯》上冊,湖南人民出版社,1981 年,第 179 頁。

七、同盟會的內鬥與分裂

在此之前，清政府方面的慶親王奕劻，親筆寫信給時任韓國統監的伊藤博文，要求日本政府將孫中山驅逐出境。當時的西園寺內閣，考慮到壓制中國的革命派，將來會對日本在華擴張勢力不利，決定由內田良平出面與外務省協商解決。內田與外務省政務局長山座圓次郎協商後決定，以孫中山三年以後重返日本為條件，給予7000 元的離開費用。內田與宮崎寅藏徵求孫中山的意見，孫中山同意自行離開，並且收取 6000 元的贈款，剩餘 1000 元用於 1907年 2 月 25 日與 60 多名同盟會會員的告別宴會。除此之外，孫中山還收取了證券商鈴木久五郎的一萬元贈款。

1907 年 3 月 4 日，孫中山帶領汪精衛、胡漢民、池亨吉、萱野長知等人，乘坐德國籍阿里斯王子號輪船離開橫濱，經上海、香港海面前往南洋的新加坡、安南（越南）等地開展活動。臨行前，他給《民報》社留下 2000 元的辦刊經費。幾天後，西園寺內閣通知清政府已經把孫中山驅逐出境。同盟會內部的日本人，也把孫中山與日本政府之間的秘密交易，告訴給章太炎、張繼、劉師培、譚人鳳、宋教仁、田桐等人。在同盟會內部的司法部與評議部形同虛設以至於無形取消的情況下，章太炎只好採取個人行動，把掛在《民報》社的孫中山照片撕下來，批上「賣《民報》之孫文應即撤去」的字樣寄往香港。章太炎的結拜兄弟張繼，認為孫中山「受賄」有損同盟會的威信，聲言「革命之前，必先革革命黨之命」。據譚人鳳在《石叟牌詞》中回憶，同盟會內部的這次糾紛，「幸同人調停解釋，表面尚得曲全，惟同志之精神，則由此稍形渙散矣。」[12]

---

[12] 譚人鳳：《石叟牌詞》十九，石芳勤編《譚人鳳集》，湖南人民出版社，2008年，第 332 頁。

1907 年 8 月，主要來自長江流域的一部分同盟會會員，以及洪門系統的哥老會、孝義會、三合會、三點會的會黨首領，在日本東京發起成立共進會，其中較為重要的代表人物是四川人張百祥、湖北人劉公（仲文）、彭漢遺、孫武、居正，湖南人焦達峰、楊任、江西人鄧文翬，廣東人熊越山，雲南人趙伸。1908 年冬天，孫武、焦達峰等人先後回國，於 1909 年春天設立共進會湖北分會，積極聯絡長江兩岸會黨，秘密編成五鎮軍隊，由孫武任正督統，每鎮設副督統分別統率。焦達峰隨後在長沙設共進會湘部總會，並親往瀏陽、醴陵及江西萍鄉等地與江湖會黨廣泛聯絡。1911 年 10 月 10 日在湖北武漢率先爆發的辛亥革命，就是由共進會與當地的另一個革命團體文學社共同發起的。

1909 年秋天，黃興在林文（時爽）協助下，撇開章太炎等人秘密邀請汪精衛到東京編輯《民報》25 號，假借李石曾、吳稚暉、蔡元培等人在巴黎編輯的《新世紀》為發行所。章太炎得知此事後，在陶成章等人鼓動下憤然寫下〈偽《民報》之檢舉狀〉，指責孫中山「懷挾鉅資，而用之公務者十不及一，《民報》所求補助，無過三四千金，亦竟不為籌畫，其千沒可知已」。1910 年 2 月，章太炎、陶成章、李燮和等人在日本東京設立光復會總部，一邊與同盟會共同致力於反對滿清政府的革命活動，一邊相互爭奪著極其有限的革命資源。

八、同盟會中部總會的成立

1910 年 5 月 30 日，孫中山由檀香山乘蒙古號輪船前往日本，於 6 月 10 日化名 Dokas 抵達橫濱，11 日又改名阿羅哈（Dr.Alaha）入住宮崎寅藏的東京小石川寓所。在此之前的 6 月 7 日，化名李經

田的黃興已經由香港抵達東京。6 月 25 日，孫中山應日本當局的
要求，離開東京經香港前往南洋。7 月 17 日，黃興也應日本當局
的要求離開東京前往香港。

　　據譚人鳳在《石叟牌詞》中回憶，回到日本東京同盟會本部的
孫中山，曾經當面答應他要改良同盟會的黨務，等到宋教仁就此事
與孫中山進行協商時，孫中山回答說：「黨員攻擊總理，無總理安有
同盟會？經費由我籌集，黨員無過問之權，何得執以抨擊？」第二
天，譚人鳳與宋教仁一起來見孫中山，孫中山依然堅持這種態度。
譚人鳳當場駁斥道：「同盟會由全國志士結合組織，何得一人言取
消？總理無處罰黨員之規條；陶成章所持理由，東京亦無人附和，
何得怪黨人？款項即係直接運動，然用公家名義籌來，有所開銷，
應使全體與知，何云不得過問？」孫中山一時語塞，只好表態說：「過
幾天約齊各分會長再討論這件事情吧。」沒有想到孫中山「暗地而來
者，又暗地而去」。譚人鳳因此「大不慊於中山」，便與趙聲（伯先）、
張懋隆、林時爽、李伯中、陳策（勤宣）、周瑟鏗、鄒永成、劉承烈、
張斗樞等人，在宋教仁所住的寒香園商議另組同盟會中部總會。

　　關於孫中山與他的廣東同鄉胡漢民的處世為人，譚人鳳給出的
評語是：「中山以總理資格，放棄責任，而又不自請辭職，同人不
得已商議改組。非同盟會負中山，實中山負同盟會也。胡漢民以竊
權固寵之心，欲奉中山為終身總理，並敢藐視東京同志，不足言辦
事。今試問，滿廷之顛覆，東京人為之耶，抑南部人為之耶？長江
光復五六省，張鳴歧捲款而逃，李准畏罪邀功，漢民始得入為廣督，
是東京人且大有造於胡氏，胡氏究竟有何力能？南部前後靡款不
資，究竟有何效果？吾當日謂『天下事斷非珠江流域所能成』，蓋
輕視其人，而因輕視其地也。」

　　比起譚人鳳，宋教仁對於孫中山的否定態度表現得更加堅決。
關於這一點，在日本外務省政務局跟蹤宋教仁的秘密檔案中，保存

有較為確切的文字記錄。1908 年 11 月 23 日，宋教仁表示說：「像
孫逸仙那樣的野心家做領導人，中國革命要達目的，無論如何也是
不可能的。我們相信，在真正的大首領出現之前，努力鑽研有關的
政治的書籍是得體的。」[13]

隨後，宋教仁在談到《每日新聞》所刊登的日本經濟學家根津
一在東亞同文會的演講時，再一次表示說，根津一「根本不瞭解清
國情形」，「無論是孫（逸仙）的勢力或是康（有為）的勢力，都難
望得到永遠存續。到國會終於開設時，肯定會有新人物出現，代表
漢族抵制滿族，這是必須的趨勢。」

1910 年 12 月，宋教仁在與日本朋友串戶真左樹的談話中次表
示：「孫逸仙已是落後於時代的人物，不足以指導革命運動。」

同年 12 月 31 日，宋教仁突然離開東京經神戶前往上海。秘密
跟蹤他的日本情報人員介紹說，宋教仁在東京期間欠下巨額債務。「僅
僅作為在日本的革命黨的中心，宋就需要各種費用，而且去年孫中山
來日時的費用全由宋負擔，自然負債不少，目前所借最多的是牛入
區內的高利貸者姓塚本的，約 4000 元。上年除夕，已到了得不到 600
元左右現金就過不了關的境地。因此，籌款應是這次到上海旅行的
目的。宋曾為籌措旅費而奔走，但沒有得到資金。最後，串戶不忍
看其窘狀，借給他 300 元。有這筆款作旅費，宋才得以到上海旅行。」

這裏所說的「去年孫中山來日時的費用全由宋負擔」，指的是
1910 年 6 月孫中山、黃興、趙聲等人秘密來到日本東京會商革命
計畫。宋教仁對於孫中山的怨恨，應該包含有他因此欠下巨額債務
的經濟因素。宋教仁此次回國的主要目的，是打算以中間人的身份
把湖南新化的銻礦出賣給日本商人，以便從中得到一些手續費，用

---

[13] 《清國革命黨員宋教仁的談話》，1908 年 11 月 23 日。郭漢民編《宋教仁
集》第一冊第 69 頁。

以償還在東京期間欠下的數千元債務。由於事情沒有辦成，他只好接受《民立報》社長于右任的邀請擔任主筆。

1911 年 4 月，與譚人鳳一同趕到香港的宋教仁，繼陳炯明之後擔任黃花崗起義機關的編制部部長。黃花崗起義失敗後，黃興心灰意冷，打算專門從事暗殺活動。譚人鳳見黃興「無可為」，便要求把香港所存的槍械帶到長江流域。「克強覆以未經手，轉托當日辦理庶務之巴傑臣問漢民，巴君則曰：『胖子與漢民同住，何必再問漢民。』」

譚人鳳因此「心志俱灰」，於 5 月 25 日與宋教仁一起離開香港。宋教仁仍然回上海《民立報》擔任主筆。「決志歸家，不願再問黨事」的譚人鳳，在由上海返回湖南途中，在漢口見到焦達峰、楊晉康、謝介僧、劉承烈、劉文錦、鄒永成、李安甫、曾伯興以及他的兒子譚二式。這些人正在與孫武等人會商「乘湖南鐵路風潮相繼暴動」。譚人鳳堅決反對焦達峰等人的暴動計畫，焦達峰反而勸阻譚人鳳返回湖南。譚人鳳聽從焦達峰的勸告，於當天晚上會見孫武，並於第二天由孫武出面約集蔡濟民、高尚志、鄧玉麟、蔡漢卿、徐萬年、潘公復、李作棟、王炳楚、楊玉如、楊時傑、居正等人聚會。這次會議的直接成果，是湖北中部同盟分會的成立。

接下來，譚人鳳與焦達峰等人商定了在湖南分三路準備起義的計畫。在沿長江返回上海途中，他又前往江西、安徽、江蘇等地，與當地的革命黨人建立聯繫。回到上海之後，他積極推動同盟會中部總會的成立。

1911 年 7 月 31 日，同盟會中部總會在上海正式成立，年齡最長的譚人鳳被推舉為交通部幹事，陳其美為庶務部幹事，宋教仁為文事部幹事，潘祖彝為財務部幹事，楊譜笙為會計部幹事。候補庶務史家麟，財務呂天民，文事范鴻仙，交通譚毅君，會計史家麟。8 月 2 日，譚人鳳被選舉為總務會議長。

在譚人鳳起草的〈中國同盟會中部總會成立宣言〉中，對於中部總會的性質界定說：「定名同盟會中部總會者，奉東京本部為主體，認南部分會為友邦，而以中部別之，名義上自可無衝突也」；「總理暫虛不設，留以待賢豪」。

在由宋教仁執筆撰寫的《中國同盟會中部總會章程》、《中國同盟會中部總會總務會暫行章程》和《中國同盟會中部總會分會章程》中，一方面確立了現代憲法中公民權利法案加政府權力架構的制度性框架，明確規定「本會以推翻清政府，建設民主的立憲政體為主義」；「凡中國同盟會會員依本會法律入會者，皆為本會會員」；「會員皆一律平等」；「會員得於法律範圍內，保持身體、財產、職業、居住、信仰之自由」。與此同時，又借鑑法國及英國式的議會政黨內閣制的原理，明確規定「本會置會長一人，代表本會，總理會務，任免職員，並發佈一切法律命令；但暫時虛位以待，將來由總務會議決其時期及選舉法選舉之」；「總務幹事互選一人為議長，掌召集開會、保管文書、印信之事；其開會議事時，遇有可否同數者，由其決」；「總務會須依總務幹事全體之署名，行其職權；其有因故不能視事時，則托同幹事一人代理之」。

同盟會中部總會雖然冠以同盟會的名義，卻不再接受孫中山以及名存實亡的同盟會東京本部的支配領導，從而成為把同盟會的內部資源重新進行優化組合的會中之會。它所虛置的會長不僅需要選舉產生，而且在行使職權時必須經過「總務幹事全體之署名」，從而在制度層面杜絕了像孫中山那樣「作事近於專制跋扈」的現象。程家檉在同盟會成立之前所確定的由孫中山公開擁有名實分離的黨魁虛名，由同盟會內部的其他人秘密從事實際活動的組織原則，至此才得到明晰化、格式化、程序化、制度化的正式表述。假如沒有「會員須保守本會一切秘密」的特殊規定，該章程完全適用於憲政民主社會的議會政黨。正是在這樣的制度設計中，宋教仁為辛亥

革命之後堅決主張議會政黨的責任內閣制，並且致力於締造作為現代議會政黨的國民黨，進行了初步的鋪墊和預演。也正是由於這個原因，孫中山在宋教仁遇刺之後所寫的輓聯中，意味深長地承認宋教仁是「為憲政流血」的第一人。

九、中部總會與辛亥革命

　　同盟會中部總會成立之後，積極致力於長江流域和內地省份的組織活動，先後組建了由范鴻仙、鄭贊丞等人負責的江蘇、安徽分會；由居正等人負責的湖北分會；由焦達峰、曾傑等人負責的湖南分會；由張懋隆、吳玉章等人負責的四川分會；由井勿幕等人負責的陝西分會。到了 1913 年 1 月 9 日，《長沙日報》在〈國民黨湘支部歡迎宋教仁先生大會紀事〉中，記錄了宋教仁關於同盟會中部總會與辛亥革命的概括總結：

> 「自從廣東兵變之後，漸知新軍可用，故廣州之役欲聯新軍。然倉卒之間，死事者多，咸謂當改變方法，乃在上海設立中部同盟會，譚君石屏、陳君英士及兄弟主持其事。……原擬預完善，方在武昌發難，因黃先生病在香港，乃派譚先生與兄弟往鄂。適鄂省炸彈轟裂，事機敗露，不得已而倉卒舉事。時孫武炸傷，居正乃推黎副總統主持一切。然因佈置未善，北軍捲地而來，遂至屢挫。幸湖南首先回應，得為後援。然漢陽之失，外人譏訕，心已北傾。南京光復之後，民軍始振，顧其時出師援應者，僅有湘粵兩省。幸袁總統深明時局，方能刻期統一。」

　　在這段話中，宋教仁談到了自己與譚人鳳（石屏）、陳其美（英士）、黃興、孫武、居正、黎元洪、袁世凱對於辛亥革命的貢獻，卻絕口不提與辛亥革命幾乎沒有直接關係的孫中山。

　　1913 年 7 月 8 日，極力發動「二次革命」的前滬軍都督陳其美，在與日本駐上海領事有吉明的秘密談話中，同樣否定了孫中山及黃興與辛亥革命的直接關係：「孫、黃二君多年流浪於外國，實際上見機不敏。觀去年之革命，亦係按我等人之手所計畫者，孫、黃不過中途返國而已。因而孫此次廣東之行，與其預期相反，因兩三旅團長被收買而喪膽，透露完全失望之口吻。黃則徒然多疑，坐失良機。此無非不通曉國內之情況而已。余等實際當事者，尚未十分悲觀。」[14]

　　1915 年 2 月 28 日，「二次革命」失敗後再一次逃亡日本並且另行組織中華革命黨的孫中山，在寫給三藩市中華民國總會的公函中，也頗為坦誠地承認自己與辛亥革命的爆發並沒有直接關係：「兄等要知第一次革命，政治問題並未解決，實不能謂為革命成功。弟從海外歸來，他人皆有兵有權，惟以民心所向，舉我為總統；而各種組織俱不能如意，各種政策不能實行。蓋居中國，當此時會，徒以道德，徒以名義，不能收拾政治之實效也。」[15]

　　在孫中山沒有回國之前，出任江蘇都督府政務廳長的宋教仁，繼擁立黃興為「暫定大元帥」失敗之後，還曾經有過擁立黃興為臨時大總統的計畫。1911 年 12 月 7 日，受梁啟超派遣從日本回國從事聯絡活動的盛先覺，在寫給梁啟超的書信中介紹說：「前數日（十四日乎）上海已開國民會，公舉黃興為假大元帥，而黎副之，以宋教仁為總理，現均已往南京。覺屢訪黃、宋均未遇，今擬與熊先生略一商議後，再往南京一遊說也。」[16]

---

[14] 陳錫祺主編《孫中山年譜長編》上冊，中華書局，1991 年，第 826 頁。

[15] 邵雍著《中國近代會黨史》，合肥工業大學出版社，2009 年，第 169 頁。

[16] 丁文江、趙豐田編《梁任公先生年譜長編》，中華書局，2010 年，第 298 頁。

　　這裡所說的十四日指的是舊曆辛亥年10月14日也就是陽曆的12月4日。熊先生指的是立憲派領袖人物、黃興和宋教仁的湖南同鄉熊希齡字秉三。另據日本駐南京領事鈴木榮作寫給外務省的報告記錄，1911年12月23日晚上，宋教仁秘密訪問鈴木榮作時表示：「各省代表年齡思想甚懸隔，過激急進者有之，折衷緩和之溫和派亦有之，統一意見自然困難。但這些議員（代表）無論何人皆不願袁（世凱）為大總統，而均推戴黃興。」宋教仁認為袁世凱是個老奸巨猾之人，革命派將來可能會受其害。鈴木據此猜測說，宋教仁所表達的應該是「純粹革命派」即同盟會內部的黨派意見。[17]

　　由於孫中山在黃興準備赴南京組織臨時政府的時候適時回國，從而為中華民國的政權建設帶來新的變數和新的局面。宋教仁想通過擁戴黃興出任大元帥及大總統而由他自己出任內閣總理的政治夢想，也宣告破滅。隨之而來的是各個方面尤其是同盟會及國民黨內部對於他的排擠與仇恨，直至兇手武士英對於他的奪命刺殺。

十、宋教仁與孫中山的政制之爭

　　辛亥革命爆發之後，在英國及日本式的「虛君共和」的君主立憲制度不被接受的情況下，中國社會只剩下兩種可供選擇的共和路徑，其一是已經基本上成熟完善的美國式總統共和制，或者說是總統及議會共和制，簡稱總統制。其二是一直處於動盪變化之中的法國式議會共和制，或者說是議會政黨的內閣共和制，簡稱內閣制。出任中華民國南京臨時政府大總統的孫中山，是同盟會內部主張總統制的代表人物，宋教仁是同盟會內部主張內閣制的代表人物。

---

[17] 《日本外務省保管記錄》，遲雲飛著《宋教仁與中國民主憲政》，第113頁。

　　1911 年 12 月 25 日上午 9 時，孫中山、胡漢民、謝良牧、李曉生、黃子蔭、陳琴航、朱本定、余森郎、朱卓文、陸文輝、黃菊生，以及美國友人咸馬里夫婦和日本友人宮崎寅藏、池亭吉、山田純三郎、太田三次郎、群島忠次郎、緒方二三等人，乘坐英國籍郵輪地灣夏號抵達上海。12 月 26 日上午，孫中山在接受法文報紙《中法新彙報》總編輯莫乃斯梯埃的採訪時，對於中華民國的政制模式發表意見說：「我個人贊同汲取美利堅合眾國和法蘭西共和國的各自長處，選擇一種間於二者的共和體制。我們很想借鑒其他民族的經驗。」[18]

　　據居正（覺生）回憶，12 月 26 日當天，同盟會假哈同花園公宴孫中山。宋教仁（鈍初）專程從南京趕來參加。「克強與英士、鈍初密商，舉總理為大總統。分途向各代表示意，計已成。晚間復集總理寓所，會商政府組織方案。宋鈍初主張內閣制，總理力持不可。克強勸鈍初取消提議，未決。克強定期赴甯，向代表會商定。」第二天即 12 月 27 日，黃興與宋教仁一同來到南京，向各省代表會提議選舉臨時大總統。「鈍初猶持前議，討論頗久。克強說明提案理由，多數贊成總統制，照提案通過矣。」[19]

　　據同盟會會員、江蘇代表袁希洛在《我在辛亥革命時期的一些經歷和見聞》中回憶，他與馬君武等人堅決主張總統制，並且堅決抵制宋教仁主張的責任內閣制。其理由是想擔任第一任內閣總理的宋教仁年紀輕、聲望淺，而革命黨內部的蔡元培、王正廷、王寵惠等人，以及回應辛亥革命的程德全、張謇、湯壽潛等社會名人，不應該屈居宋教仁之下。[20]

18　李廷江著《日本財界與辛亥革命》，中國社會科學出版社，1994 年，第 200 頁。
19　居正：《辛亥箚記》，《辛亥革命在湖北史料選輯》，湖北人民出版社，1981 年，第 171 頁。
20　《辛亥革命回憶錄》第 6 集，文史資料出版社，1963 年 6 月，第 289 頁。

　　另據《胡漢民自傳》回憶，宋教仁（鈍初）在日本期間，學習了政黨縱橫之術。辛亥革命期間，他「內挾克強為重，外亦與趙、張、湯化龍、熊希齡相結納，立憲派人因樂之以進，宋之聲譽驟起，故章炳麟才之。然終以黨人故，克強不敢奪首領之地位，鈍初始欲戴為總統，已為總理，至是亦不得不服從黨議，然仍主張內閣制。」孫中山的主張是「內閣制乃平時不使元首當政治之衝，故以總理對國會負責，斷非此非常時代所宜。吾人不能對於惟一置信推舉之人，而復設防制之法度。余亦不肯徇諸人意見，自居於神聖贅疣，以誤革命之大計。」[21]

　　這裏的「趙、張」，指的是立憲派方面的靈魂人物趙鳳昌和張謇。孫中山所謂「不肯徇諸人意見，自居於神聖贅疣」，正是宋教仁在日記中指責他「作事近於專制跋扈」的最好注解。稍有憲政常識的人都應該知道，西方社會的憲法條款、制度框架及法律程序所要實現的第一目標，就是對公共權力特別是最高權力實施監督制約。十七世紀的英國大詩人、清教徒約翰・彌爾頓（John Milton）說過：「國王和行政長官，他們既然是人，就可能犯罪過，因此他們也必須被置於人民所制訂的法律和管制之下。」十九世紀末的英國著名歷史學家阿克頓勳爵（John Emerich Edward Dalberg-Acton, 1st Baron Acton）進一步指出：「大人物幾乎都是壞人」；「權力容易使人腐敗。絕對的權力絕對會使人腐敗。」胡漢民所謂「以黨人故，克強不敢奪首領之地位」，所張揚的顯然不是現代文明社會的憲政常識，反而是中國歷史上利用奉天承運、替天行道、天下為公、改朝換代的神聖名義，自相矛盾、自欺欺人地從事公天下、救天下、打天下、坐天下、治天下、私天下的專制型革命事業的傳統會黨，

---

[21] 丘權政、杜春和選編《辛亥革命史料選輯》上冊，湖南人民出版社，1981年，第179頁。

所奉行的以犧牲個人權利及寶貴生命為代價效忠於黨派及黨魁的專制道德。

1912 年 9 月 13 日，《民立報》社長于右任在該報連載〈答某君書〉，其中專門介紹了同盟會及國民黨內部的孫中山、胡漢民、馬君武一派人，與宋教仁、黃興、譚人鳳一派人尖銳對立以至於相互仇視的政制之爭：

> 「如漁父者，才、學、識三者俱備，……今日為黨聲嘶、嘴腫，奮鬥而未已，是對於黨，亦不可謂其不忠。不意當南京政府時，本黨中一種人挾舊日之恨，拼命攻擊，聲言非驅逐宋某出同盟會不可。竟因反對宋君，廢去國務總理。自宋內務總長未通過後，弟見中山，謂政府初成立，何苦先使同盟會分裂，中山謂我當調和。及其後宋作法制局長，亦岌岌不能自存。復因宋係社中人，遂波及於我。」

1911 年 12 月 28 日晚上，臨時大總統選舉流程開始啟動，第一輪進行的是候選人投票。投票後沒有開箱，留待第二天正式選舉時揭曉。12 月 29 日，各省代表在南京召開全體會議，由議長湯爾和擔任會議主席，副議長王寵惠為副主席，袁希洛為書記，劉之潔為監選員。會議首先揭曉臨時大總統候選人，結果是孫中山、黃興、黎元洪。接下來，到會十七省代表以每省一票進行選舉。在三名候選人中，孫中山以十六票當選臨時大總統，另一票由譚人鳳投給了湖南同鄉黃興。

1912 年 1 月 1 日，孫中山帶領胡漢民、莊思緘、咸馬李等人乘坐專列前往南京，並於當天深夜 11 時宣誓就任臨時大總統之職。1 月 3 日，代表會議選舉黎元洪為副總統，並且投票否決了由孫中山提交的第一份內閣名單。1 月 4 日，上海《申報》在「要聞」欄刊登了這份被否決的內閣名單，其中黃興的職位是內閣總理兼陸

軍卿，宋教仁的職位是內務卿。據《胡漢民自傳》回憶：「先生以余為總統府秘書長，各部之組織，則採納克強意見。……部長只陸軍、外交、教育為同盟會黨員，余則清末大官，新同情革命者也。惟次長悉為黨員。內務初鈍初，以其嘗主內閣制，並欲自為總理，故參議院不予通過（初，由各省代表會行參議院職權，閣員須得其同意，著為約法，其後因之），而改用程德全。」

就宋教仁來說，他為了堅持議會政黨的責任內閣制所要付出的代價，並不限於丟掉內務卿或內務總長的官職，一年之後他還將為此付出寶貴生命。明白了宋教仁複雜曲折的心路歷程，以及他與孫中山之間難以調和的路徑歧異，他在遭受暗殺之後，給袁世凱而不是孫中山留下「開誠心布公道，竭力保障民權，俾國家得確定不拔之憲法」的政制遺言，完全可以理解為水到渠成的真實意願。

十一、同盟會本部的北遷

辛亥年臘月二十五日即 1912 年 2 月 12 日，剛剛六歲的清帝溥儀（宣統）奉隆裕太后懿旨下詔辭位，命袁世凱以全權組織臨時共和政府，並與南方的「民軍」即革命黨人所掌握的軍隊協商統一辦法。

1912 年 2 月 13 日上午 10 時，孫中山依照自己就職時宣讀的誓詞，向南京臨時政府參議院提出辭呈，推薦袁世凱為繼任總統。3 月 10 日，53 歲的袁世凱在北京宣誓就任臨時大總統。蔡元培代表參議院接受誓文並代表孫中山致詞。3 月 11 日，孫中山把袁世凱根本沒有看到過卻已經宣誓「謹守」的「憲法」即《中華民國臨時約法》正式公佈。

3 月 29 日，孫中山陪同被袁世凱任命為內閣總理的廣東同鄉唐紹儀，到參議院提交經袁世凱認可的內閣成員名單，除交通總長

梁如浩之外，其他候選人都獲得通過。中華民國中央政府第一屆內閣的正式名單如下：

外交：陸徵祥。內務：趙秉鈞。財政：熊希齡。陸軍：段祺瑞。海軍：劉冠雄。教育：蔡元培。司法：王寵惠。農林：宋教仁。工商：陳其美（王正廷代理）。交通：唐紹儀（兼，後由唐侄婿施肇基接任）。

隨著臨時政府與參議院的北遷，已經由主要從事地下活動的秘密會黨初步轉型為議會政黨的同盟會本部，於4月25日遷往北京。由於總理孫中山、協理黃興以及總務部主任幹事汪精衛，對於議會政黨和政黨議會沒有足夠的經營興趣和操作能力，同盟會本部只好由代理總務部主任幹事魏宸組勉強維持，同盟會的政黨建設一度陷入停頓狀態。

5月9日，由統一黨、民社、國民協進會聯合成立的共和黨，在上海張園召開成立大會，投票選舉黎元洪為理事長，章太炎、張謇、伍廷芳、那彥圖為理事。程德全、藍天蔚、李經羲等54人為幹事。5月17日，章太炎在北京召集統一黨會議宣佈該黨獨立，由他自己出任暫行總理。

按照「臨時約法」的規定，北遷後的參議院議員由各行省、內蒙古、外蒙古及西藏各選派五人，青海選派一人組成。當時的各省諮議局紛紛改為省議會，在由省議會選出的參議員中，同盟會會員的比例大大減少，新成立的共和黨和其他派系的人員大大增加。據統計，在5月中旬到會的89人中，同盟會33席，共和黨26席，統一共和黨13席，共和建設討論會6席，其餘11席無黨派。同盟會雖然仍然是參議院第一大黨，卻已經不占絕對多數。5月1日，參議院改選議長，由前清時期的奉天諮議局長、統一共和黨成員吳景濂當選議長；前清時期的湖北諮議局長、共和建設討論會成員湯化龍當選副議長，同盟會在參議院中開始處於相對

弱勢。在這種情況下，同盟會的重新組織和重新定位，已經變得日益迫切。

十二、宋教仁締造國民黨

　　中華民國第一屆內閣的國務院總理唐紹儀，由於在與臨時大總統袁世凱以及臨時參議院的政權之爭中一再受辱，於 1912 年 6 月 14 日早晨乘火車離開北京前往天津，並於 6 月 17 日提出因病請假五日的呈文。6 月 27 日，袁世凱批准唐紹儀辭職。7 月 14 日，袁世凱又批准與唐紹儀同為同盟會會員的蔡元培、宋教仁、王寵惠、王正廷辭職。

　　1912 年 7 月 14 日，同盟會本部召開全體職員會，代理總務部主任幹事魏宸組提議「改定名稱，組織完全政黨」，遭到多數職員反對。連與宋教仁關係密切的老同學白逾桓、田桐，也「痛陳同盟會係數十年流血所成，今日當以生命擁護此名與民國同休，奈何提及改組？」在這種情況下，只好決定在下一個星期日召開本部大會另行表決。

　　7 月 21 日，同盟會北京本部召開夏季大會，在代理總幹事魏宸組主持下，用記名投票的方式改選總務、財政、政治三部的主任幹事。已經辭去農林總長的宋教仁以 203 票當選為總務部主任幹事，孫毓筠以 163 票當選為財政部主任幹事，張耀曾以 150 票當選為政治部主任幹事。關於同盟會的政制意見，宋教仁在演說中表示：「本黨對於統一臨時政府內閣，已決定，如不能達政黨內閣，寧甘退讓；如可改組政黨內閣，雖他黨出為總理，亦贊助之。」[22]

---

[22] 《民立報》，1912 年 7 月 23 日。

關於同盟會改名之事，魏宸組剛一提出就遭到前教育總長蔡元培的帶頭反對，說是不能捨己從人，名稱萬不能改。與會人士對此報以熱烈掌聲，表決一事因此夭折。

7 月 24 日，帶頭反對同盟會改名的蔡元培離開北京前往上海。8 月 10 日，同盟會本部召開職員會，宋教仁首先宣讀孫中山、黃興與上海機關部同意改變黨名並且與統一共和黨進行合併的電報，然後又介紹了自己與作為參議院第三大黨的統一共和黨及其他小黨之間進行談判的情況。會議討論通過了宋教仁合併改組同盟會的提議，並且推舉張繼等人為交涉委員。《亞細亞日報》於當天發表評論予以支持：「宋遁初氏專選優秀穩健一派而遺其暴烈分子，且欲犧牲其民生主義，以冀有完全之政黨出現，此吾所深歡迎者也。」

8 月 11 日，來自同盟會、統一共和黨、國民公黨、國民共進會、共和實進會的代表，在北京的安慶會館召開國民黨籌備大會，會議確定了各黨合併辦法，設立籌備事務所具體負責，同時推舉宋教仁、張耀曾和國民公黨的張南生負責起草《國民黨宣言》。

8 月 13 日，中國同盟會本部、統一共和黨本部、國民公黨本部、國民共進會本部、共和實進會本部聯合發表《國民黨宣言》，其中寫道：「共和之制，國民為國主體。吾黨欲使人不忘斯義也，故顏其名曰：『國民黨』。黨有宗旨，所以定眾志。吾黨以求完全共和立憲政治為志者也，故標其義曰：鞏固共和，實行平民政治。」8 月 13 日當天，統一共和黨的吳景濂等人致電上海國民公黨的岑春煊等人表示：「名雖合黨，實係新造，……同盟會犧牲一切，從我主張，尤為難得。」[23]

23　《民權報》，1912 年 8 月 14 日。

同樣是在 8 月 13 日，遠在上海的孫文（中山）、黃興（克強）聯名致電同盟會各支部，對於同盟會「改為政黨」表示「深為贊成」，同時表示「文等屢承袁大總統遣使持函來邀，已定十七日起程北上」。[24]

關於國民黨改組的複雜背景，著名記者黃遠庸在《政談竊聽錄》中介紹說：

「國民黨之改組也，實係遁初一人主持，而胡瑛、張耀曾、李肇甫、魏宸組及某某君等為之奔走密謀，皆與有大力。當未改組前，記者一日面詢胡君以改組之事，胡君答稱在南京時，以孫中山、汪精衛等不甚主持，故致中止，可見此中阻力之大。宋君居京既久，政治思想，異於他人，實為國民黨政界運動之中心，諸同盟會議員既親附之，與之連名，附於贊成改組之列，及改組事定，則國民黨之議員，尤親附之。」

關於同盟會內部的嚴重分歧，黃遠庸接下來介紹說：「其先同盟會中諸激烈分子不滿意於改組者，事定後乃議排斥宋君，不舉為理事。於是同盟會之議員某某有力者，乃暗中鼓動統一共和黨出頭，謂不舉宋君為理事，則我等合併之事可作罷。因是宋君乃始得為理事。」[25]

作為參議院第三大黨的統一共和黨，1912 年 4 月由共和統一會、國民共進會、政治談話會聯合成立於南京，當時選舉蔡鍔、張鳳翽、王芝祥、孫毓筠、沈秉堃為總務幹事。殷汝驪、袁家普、陳陶怡、張樹森、彭允彝為常務幹事，景耀月、劉彥、歐陽振聲、沈鈞儒、蕭堃等 20 人為參議。其中不少人是同盟會的跨黨會員。等到該黨本部遷到北京後，參議院長吳景濂、參議院全院委員長谷鍾秀逐漸成為核心人物。宋教仁隨後在《程家檉革命大事略》中專門介紹說，程家檉就任京師大學堂農科教授期間，經常向自己的學生宣傳孫中

24　《民立報》，1912 年 8 月 15 日。
25　遠生：《政談竊聽錄》，《時報》，1912 年 10 月 5 日。

山的民族、民權、民生的三大主義，他的學生中「識大義者最多，今參議院議長吳景濂其尤著者也」。景梅九（定成）在《〈程家檉革命大事略〉事後》中也談到，1912 年 3 月，宋教仁邀請程家檉出任農林次長，程家檉因為不願意與袁世凱合作而拒絕接受，反而帶著家人來到北京主要從事新聞事業。種種跡象顯示，黃遠生所說「某某君等為之奔走密謀」，很有可能指的是在北京擁有一定潛勢力的程家檉。

十三、袁世凱與孫中山的政治協議

1912 年 8 月 24 日下午，孫中山應袁世凱邀請抵達北京正陽門火車站，隨行人員包括他的夫人盧慕貞以及魏宸組、居正、王君復等人。火車站上彩棚炫目，軍樂齊鳴。孫中山出站後，在袁世凱專門委派的代表、內務部總長趙秉鈞的陪同下，乘坐袁世凱專門預備的朱漆金輪馬車，沿著前清皇帝出入的御道，由正陽門入城，前往石大人胡同（今外交部街）的迎賓館下榻。然後又在趙秉鈞等人陪同之下，前往鐵獅子胡同的總統府拜會袁世凱。兩個人初次見面，「歡若平生，恨相見晚」，從白天一直談深夜。據上海《民立報》8 月 27 日報導，孫中山離開總統府後，告誡自己的隨行人員說：「袁總統可與為善，絕無不忠民國之意，國民對袁總統萬不可存猜疑心，妄肆攻訐，使彼此誠意不孚，一事不可辦，轉至激迫袁總統為惡。」

1912 年 8 月 25 日，國民黨成立大會在湖廣會館舉行，公推張繼為臨時主席。孫中山中途到會發表演說，重點闡述了他自己一直提倡的民族、民權、民生三大主義。孫中山的演說大概持續了兩個小時，他在演說結束後休息幾分鐘便離開會場。與會人士當場推舉九名理事：孫中山、黃興、王人文、王芝祥、宋教仁、張鳳翽、吳景濂、王寵惠、貢桑諾爾布。

　　9月3日，由黃興、宋教仁、吳景濂、王寵惠、王芝祥、王人文、貢桑諾爾布七名理事共同推舉孫中山為理事長，孫中山請宋教仁擔任代理理事長。

　　孫中山在京25天，先後與袁世凱會談13次。8月28日晚上，袁世凱在總統府舉行盛大宴會，招待孫中山和夫人盧慕貞，他在致詞中對孫中山備加讚揚，宣佈雙方會談「極其誠懇」，並且在舉杯祝酒時高呼「中山先生萬歲！」孫中山在樂聲中起立答謝，頌揚袁世凱「富於政治經驗」，「善於練兵」；表示自己將「極力振興實業，講求民生主義」，希望十年後使中國成為「世界第一強國」。然後在一片掌聲中舉杯高呼：「袁大總統萬歲！中華民國萬歲！五大民族萬歲！」

　　9月5日，黃興在孫中山敦促下由上海搭乘銘新輪北上，於9月11日抵達北京。隨行人員有陳其美、李書城、張孝准、何成浚、趙鐵、徐少秋、徐申伯、梅同生、楊譜笙、陸惠生、龔禁侵、孫棣山等人。

　　9月25日，經過袁世凱、孫中山、黃興反覆討論，並且徵得副總統黎元洪同意，由總統府秘書廳正式公佈「孫、黃、袁、黎協定之八大政策」：（一）立國採統一制度；（二）主持是非善惡之真公道以正民俗；（三）暫時收束武備，先儲備陸軍人才；（四）開放門戶，輸入外資，興辦鐵路礦山，建置鋼鐵工廠以厚民生；（五）提倡資助國民實業，先著手於農林工商；（六）軍事、外交、財政、司法、交通皆取中央集權主義，其餘斟酌地方情形，兼採地方分權主義；（七）迅速整理財政；（八）竭力調和黨見，維持秩序，為承認之根本。

　　根據這八大政策，袁世凱還與孫中山、黃興達成了四項政治協定：其一，實行統一。各省軍政府尚未取消者，電飭其限期取消。一面派員分赴各省調查情形，軍事、外交、交通各司長皆由中央委任，一切事宜均直隸於中央各部，以期統一。其二，整頓海陸軍。擬籌集的款，速組織陸軍大學，並組織海軍學校，飭由海陸軍部選

派人員，赴各國考察。其三，興辦鐵道。已歸孫中山先生辦理，請黃興先生擔任開礦事宜，於北京、南京兩處建設鋼鐵工廠，以能達到全國軍械皆出於自造之目的。其四，資助國民組織實業銀行，農林、工商諸事，官督紳辦，以救政府不及之患。

作為上述政策與協議的具體落實，孫中山公開宣稱自己十年內不參加總統競選，中華民國十年內不撤換大總統。袁世凱投桃報李，於 1912 年 9 月 9 日特授孫中山籌畫全國鐵路全權並組織鐵路總公司，每月為鐵路總公司提供三萬元的辦公經費。還在前往北京途中的黃興，也於 9 月 9 日與黎元洪、段祺瑞一起被授予陸軍上將軍銜，隨後又被任命為漢粵川鐵路督辦。按照唐德剛《袁氏當國》一書中的誅心之論，孫中山在袁世凱慫恿之下，「竟率領大批失業黨人，乘了豪華專車，到全國視察去了。等到後來孫、袁交惡，當局要清查鐵道公司的賬目，始發現鐵道一寸未建，而視察公帑卻浪費百十萬兩。政府就要下令通緝了。……時至今日，中國鐵路營運里程，還未突破 7 萬公里，中山先生要在民國初年建 20 萬里鐵路，豈非大炮哉？袁氏是知其不可而故意使其浪費國帑，設阱以陷之，這就是袁之大奸巨猾的表現了，中山因無行政經驗，故有此失。」[26]

從憲政民主的制度層面著眼，被當時報刊稱譽為「南北調和」重大成果的「孫、黃、袁、黎協定之八大政策」，其實是凌駕於「臨時約法」明確規定的憲法條款、制度框架和法律條文之上的非法「協定」。偌大一個中華民國，在袁世凱、黎元洪、孫中山、黃興的眼裏，竟然變成了私相授受、包辦瓜分的盤中餐和囊中物。更加不堪的是，在孫中山與袁世凱的政治交易中，還包含著被袁世凱違法殺害的革命功勳張振武、方維的血淚冤案。孫中山在與袁世凱會談時表示，他自己「頗主張表彰張振武之功以為和解，免得小題大做，

[26] 唐德剛著《袁氏當國》，廣西師範大學出版社，2004 年，第 60 頁。

致誤要政」。在催促黃興北上的電報中，孫中山進一步表示說：「以弟所見，項城實陷於可悲之境遇，絕無可疑之餘地。張振武一案，實迫於黎之急電，不能不照辦。……一時不察，竟以至此。」[27]

在接受《亞細亞日報》採訪時，孫中山進一步表示說：「據我觀之，張、方不得謂無罪。但在鄂都督，似當就地捕拿，誅之於武昌，即不生此問題。假手於中央，未免自無肩膀。而民國草創時代，法律不完，中央政府即接電報，若無依據，以致惹起反對。吾謂中央政府當日應將張、方拿獲，解去武昌為上策；否則，亦當依法審判。而中央政府又不在行，故吾謂鄂、京兩方皆有不當處。」在談到參議員針對袁世凱、黎元洪及國務院的彈劾提案時，孫中山的批評是：「蓋於事實毫無補救，徒費良好時光。」[28]

十四、趙秉鈞的「國民黨內閣」

與孫中山、黃興既不遵守憲政民主的制度規則和程序正義，又缺乏議會政黨的經營操作能力不同，代理理事長宋教仁在隨後的幾個月裏，在憲政民主的制度框架內把國民黨經營得有聲有色。但是，他由此而來的居功自傲和盲目樂觀，首先在國民黨內部引起嚴重分歧和激烈反彈。1912 年 9 月，宋教仁在寫給各報館的公開信中，所要化解的正是他所面臨的國民黨內部的權利之爭：「連日各報載國民黨事諸多失當，甚且如《民視報》等謂孫中山先生辭理事職出於鄙人之排斥，《新紀元報》等謂孫、黃有衝突，皆不勝駭異。」[29]

---

[27] 《亞細亞日報》，1912 年 8 月 29 日。《民立報》，1912 年 9 月 6 日。
[28] 《與〈亞細亞日報〉記者的談話》，《孫中山全集》第 2 卷，第 418 頁。
[29] 郭漢民編《宋教仁集》，第 501、502 頁，錄自姜泣群編《宋漁父林頌亭書牘》，中華藝文社，1913 年 6 月。

關於自己與孫中山的關係，早在 1907 年 2 月 28 日的日記裏就認定孫中山「作事近於專制跋扈」的宋教仁，言不由衷地解釋說：「此次國民黨之合併成立，全出於孫、黃二公之發意，鄙人等不過執行之，故黨員無論新舊，對於孫、黃二公皆非常愛戴。……鄙人與孫先生從事革命幾及十年，何至有意見之爭，且國民黨新立，正賴有功高望重如孫先生者為之主持，亦何至有內訌之原因耶？」

關於孫中山與黃興的關係，宋教仁表示說：「黃克強先生與孫中山先生同為吾黨泰斗，關係之親切，天下皆知，此次北來調和南北意見，主持大計，兩公無絲毫之歧異，更何至有衝突之事，如各報所云云乎。」

宋教仁的這封公開信，並沒有平息和化解相關的輿論宣傳。10月 3 日，上海《申報》在〈國民黨競爭之暗潮〉中報導說：「國民黨中之舊同盟會，其人物之分系，原分為孫文、黃興、宋教仁三派。」關於宋教仁與黃興之間的派系鬥爭，該報介紹說，黃興在北京期間，內閣總理陸徵祥告病辭職，黃興向袁世凱推舉國民黨方面的沈秉堃和宋教仁出任內閣總理，袁世凱從中選擇了沈秉堃。宋教仁暗中運作參議員及國民黨骨幹出面反對，從而引起黃興一派人的憤恨。

沈秉堃與黃興、宋教仁同為湖南人，清朝末年任廣西巡撫，辛亥革命期間被推舉為廣西都督。由於遭到副都督陸榮廷的強力排擠，他只好以帶兵援鄂的名義離開桂林。孫中山的南京臨時政府被袁世凱的北京臨時政府取代之後，沈秉堃曾在南京擔任黃興的留守府高等顧問和國民捐督辦。

10 月 7 日，上海《民立報》刊登孫中山在上海國民黨歡迎會上的演講記錄，其中高度評價袁世凱說：「余在京與袁總統時相晤談，討論國家大政策，亦頗入於精微。故余信袁之為人，很有肩膀，其頭腦亦甚清楚，見天下事均能明徹，而思想亦很新。……欲治民國，非具新思想、舊經練、舊手段者不可，而袁總統適足當之。」

關於內閣成員加入國民黨一事，孫中山高調肯定說：「是今日內閣，已為國民黨內閣，民黨與政府之調和，可謂躋於成功」；他因此號召國民黨全體黨員，全力贊助袁世凱政府。

在同一天的《民立報》中，還刊登有一篇〈追記政局之變遷——宋漁父談話〉，其中談到袁世凱於 6 月 20 日前後，曾經委託湖南同鄉范源濂、劉揆一勸說宋教仁接替唐紹儀的總理職務；孫中山到北京後也向袁世凱推薦宋教仁出任總理；黃興還從上海打電報勸說宋教仁就職；都被宋教仁堅決予以拒絕。其理由是，第一，臨時政府期內為時太促，不能充分發揮自己的才幹；第二，調和南北感情，需要德高望重之人，所以他極力推薦黃興出任內閣總理，當時曾有黃內閣之說。

在被問到為什麼贊成趙秉鈞而不贊成沈秉堃出任總理時，宋教仁回答說，當時「國民黨多數不贊成沈。我不同意沈者並不是反對個人，而是擔心沈任總理，國民黨政黨內閣的黨議必然要被破壞，而且對於沈的提名在參議院也不一定能夠通過。」

宋教仁擔心湖南同鄉、國民黨員沈秉堃出任總理是對於「國民黨政黨內閣的黨議」的必然破壞。但是，黃興向袁世凱提議由從同盟會員轉為國民黨黨員的內務部總長趙秉鈞出任臨時內閣總理，從而組成孫中山所說的「國民黨內閣」，宋教仁並沒有表示出同樣性質的「不同意」，反而自相矛盾甚至於自欺欺人地解釋說：「趙雖入國民黨，與袁總統實有密切關係，可云袁派內閣；且政府經驗甚富，力量亦較厚於各方面，易收效，當得孫、黃兩先生及國民黨多數之同意，此所以贊成之也。」

相比之下，共和黨方面的著名記者黃遠庸（遠生），對於「臨時現湊」的趙秉鈞內閣，另有更加準確的介紹說明：「人多非笑之，謂此非政黨內閣，乃係內閣政黨。」[30]

---

[30] 《政談竊聽錄》，《時報》，1912 年 10 月 5 日。

宋教仁為了堅持自己主張的完全政黨內閣進而由自己出任內閣總理，寧願接受名為「國民黨內閣」實為「袁派內閣」的趙秉鈞出任內閣總理，也不願意接受與黃興親近的湖南同鄉沈秉堃出任內閣總理，從而在國民黨內部製造了分裂與敵意。從這個意義上說，締造國民黨的宋教仁，在很大程度上恰恰是死於他自私狹隘的黨派立場和政治抱負。

十五、國民黨的選舉勝利

由南京臨時政府參議院制定的《中華民國臨時約法》規定，在臨時參議院成立後 10 個月內，臨時大總統應該根據臨時參議院制訂的國會選舉法組織國會選舉。國會成立後應該進行正式總統的選舉，並制訂憲法以代替「臨時約法」。1912 年 1 月 5 日，臨時參議院決定國會採取兩院制，參議員採取地域代表制，眾議員按「人口比例主義」選舉。8 月 10 日，袁世凱以總統名義頒佈《國會組織法》及《參議院、眾議院議員選舉法》，下令在全國範圍內進行國會議員選舉。

按照議員選舉法的規定，選舉人與被選舉人都有財產和社會地位的限制，工農大眾被嚴格排斥在憲政民主的制度框架之外。在擁有四億人口的國家裏，擁有選舉權的「公民」僅占全部人口的 10% 左右。儘管如此，憲政民主的制度框架已經在中國大地初步確立，是在憲政民主的制度框架內從事議會政黨非暴力的民主選舉、陽光參政、和平競爭；還是退出憲政民主的制度框架之外，繼續從事中國傳統的公天下、救天下、打天下、坐天下、治天下、私天下的專制型暴力革命；成為判斷每一位個人及其黨派是不是具備文明意識與憲政理念的公共底線。

為了配合全國範圍內的國會議員競選活動，1912 年 10 月 15 日，國民黨參議員會在北京成立。10 月 19 日，宋教仁、王寵惠等人乘火車沿京漢路南下從事選舉活動。12 月 29 日，宋教仁給留守北京的劉揆臣寫信，大致介紹了自己的活動情況：在桃源老家為老母親祝壽，「空消十餘日，屢接京中電促，亦未能出山也」。寫下這封信時已經離開家鄉抵達常德，「為調和西路選舉事，小住數日，擬即赴長沙，再赴漢口，與克強商議一切，然後定行止，或赴日本，或來北京，尚未定」。[31]

在這封私人信件中，值得注意的是宋教仁對於黨內鬥爭表現出的盲目樂觀：「政黨形勢，聞本黨有內哄，前日兄來電警告弟以危象，然弟總料其未必有如是之甚，縱小有波瀾，當不至於成大風潮，放眼觀察人才之高下，有此能力者固不多也；……但目下究竟詳情如何，尚乞電示。」

這段話可以從兩個方面來解讀。其一、在憲政民主的制度框架之內從事議會政黨非暴力的議會選舉、陽光參政、和平競爭方面，宋教仁在國民黨內佔有當仁不讓的明顯優勢。其二、在憲政民主的制度框架之內從事議會政黨活動的宋教仁，不僅架空虛置了最具有革命精神的國民黨黨魁孫中山，而且把國民黨內擁有最大勢力的革命派人士置於「英雄無用武之地」的被動局面，從而造成「本黨有內哄」的危險局面。正是宋教仁過於自信的盲目樂觀和疏於防範，直接導致了他自己「為憲政流血」的悲慘結局。

這是宋教仁自 1904 年 10 月離開家鄉繼而又逃亡日本之後第一次也是最後一次衣錦還鄉。1913 年 1 月 8 日，宋教仁從常德來到長沙。1 月 29 日是舊曆臘月二十三日，宋教仁沒有選擇返回家鄉與家人共度春節，而是離開長沙前往武漢。2 月 1 日，宋教仁在

---

[31]　《與劉揆臣書》，郭漢民編《宋教仁集》第 2 冊，第 515 頁。

寫給北京同黨的書信中，明確介紹了與袁世凱方面進行合作的基本策略：

> 「吾黨形勢，以此次選舉觀之，大約尚任。惟可慮者，即將來與袁總統之關係耳。袁總統雄才大略，為國之心亦忠，惟全賴之以任建設事業，恐尚不足，此必吾黨早已認定，故主張政黨內閣。近聞頗有主張不要內閣者，此最危險之事也。又以袁氏之經驗觀之，如大借款，如庫倫事件，現象如何，此二事皆足以亡吾國者，而袁氏一年以來不能了之（且無人掣肘），且使更壞其事。是皆使吾人不能全信袁氏可任建設新國事業之證據。」[32]

2 月 10 日，宋教仁在國民黨湖北交通部歡迎會上發表演說，對中央政府在財政、外交等方面的措置失當提出批評，其中特別提到臨時大總統袁世凱、國務總理趙秉鈞在外交方面的重大失誤：「溯自去歲三四月後，庫倫事起，桂太郎往俄締結第三次協約，兄弟彼時亦在北京，見事情重大，曾屢次警告袁總統及趙總理，促其從速設法解決此問題，……無如說者諄諄，聽者藐藐，至今日外蒙將非我有，而政府猶日處歌舞太平之中，不知是何思想。」[33]

與宋教仁的極端高調不同，國民黨理事長孫中山在 1912 年 11 月 16 日發給袁世凱的密電中，所提出的卻是完全相反的外交主張：「俄蒙之舉，不過一二好大喜功之徒欲乘我之不備以博功勳，實非俄政府之本意，故對此事以遷延為第一辦法。」[34]

---

[32] 宋教仁：《與國民黨諸公書》（1913 年 2 月 1 日），原載日本雜誌《支那和日本》，錄自郭漢民編《宋教仁集》第 2 冊，第 543 頁。

[33] 《宋遯初之危言》，《民立報》，1913 年 2 月 13 日。

[34] 陳錫祺主編《孫中山年譜長編》上冊，中華書局，1991 年，第 749 頁。

這裏所說的「俄蒙」之事，指的是一些蒙古王公一年前在俄羅斯政府的支持下，趁著辛亥革命所引起的社會動亂，武力驅逐了滿清政府派駐庫倫的辦事大臣三多，並於 1911 年 12 月 16 日宣佈成立大蒙古國。1912 年 11 月，俄羅斯政府又與外蒙當局私自簽訂《俄蒙協約》和《俄蒙商務專約》，全面控制了外蒙古的政治、軍事和經濟大權。

1913 年 2 月 13 日，宋教仁自漢口沿江東下，於 2 月 15 日抵達上海，寄住在同孚路 21 號黃興家中。國民黨理事長孫中山已經於 2 月 10 日乘山城丸赴日本考察。

2 月 19 日，宋教仁在國民黨上海交通部發表演講，撇開孫中山發明的五權憲法大講自己三權分立的憲政設想：「國會初開第一件事，則為憲法。憲法者，共和政體之保障也。……討論憲法，行政、立法、司法三權應如何分配，中央與地方之關係及許可權應如何規定，是皆當依法理，據事實，以極細密心思研究者。」接下來，宋教仁再一次以激烈言辭全盤否定了中央政府的內政外交，認為只有國民黨的政黨內閣，才是救治「不良政府」的「醫生」。[35]

1913 年 3 月，中華民國第一屆國會選舉基本結束，在宋教仁的主持經營下，國民黨取得重大勝利。眾議院議員 596 人，國民黨得 269 議席，共和黨得 120 議席，統一黨得 18 議席，民主黨得 16 議席，跨黨者得 147 議席，無黨派 26 席。參議院議員 274 人，國民黨得 123 席，共和黨得 55 席，統一黨得 6 席，民主黨得 8 席，跨黨者 38 席，無黨派 44 席。國民黨在參、眾兩院 870 議席中佔有 392 席，雖然沒有超過半數，由於共和、民主、統一三黨加起來只有 223 席，國民黨依然可以憑藉其絕對優勢影響操縱參、眾兩院。

---

[35]　《宋鈍初先生演說辭》，《民立報》，1913 年 2 月 20、21 日。

十六、宋教仁生前的最後衝刺

　　國民黨的選舉勝利，進一步抬高了宋教仁的政權預期和政治熱情。到處演講自己理想中的完全政黨內閣的宋教仁，實際上是在從事著一生中的最後衝刺。

　　1913 年 2 月 21 日，宋教仁與于右任、陳其美一同前往杭州巡迴演講。3 月 8 日，宋教仁又從上海抵達南京。3 月 9 日，他在江蘇南京的國民黨交通部公宴會上發表演說，再一次尖銳批評中央政府是「不如民意之政府，退步之政府。……中華民國之基礎，極為動搖，皆現之惡政府所造成者也。」在談到未來的政治體制與權力架構時，他所強調的依然是完全政黨內閣：

> 「現正式國會將成立，所紛爭之最要點為總統問題，憲法問題，地方問題。總統當為不負責任，由國務院負責。內閣制之精神，實為共和國之良好制也。國務院宜以完全政黨組織之。混合、超然諸內閣之弊既已發露，無庸贅述。」[36]

　　宋教仁的相關言論，特別是他在國民黨上海交通部的長篇演講，招來北京方面的匿名批評。3 月 12 日，宋教仁從南京返回上海，再一次入住同孚路 21 號黃興家中。3 月 15 日，宋教仁在《民立報》發表長文〈答匿名氏駁詞〉，其中坦然承認了自己爭當總理的政治抱負：「世人誣吾運動總理，由來已久。吾雖無其事，實不欲辨（辯），且因以自勵，蓋已久矣。」

　　3 月 18 日，宋教仁在國民黨上海交通部公宴會上最後一次發表演說，其中所闡述的同樣是他一直主張的完全政黨內閣。宋教仁遇難之後才於 4 月 2 至 7 日在《民立報》連載發表的〈代草國民黨

---

[36] 《苦口婆心醫國手》，《民立報》1913 年 3 月 11 日。

之大政見〉中，關於完全政黨內閣另有更加全面的分析說明：其一、
「責任內閣制之精義，世之闡明者已多，無俟彈述，蓋總統不負責
任，而內閣代總統對於議會負責任是也。」其二、「主張國務總理
由眾議院推出。臨時約法規定，國務員須得參議院同意，其事行之，
多所窒礙，固急宜修正者。」

　　在英、法、美等近現代的代議制國家中，法國一直是政局最為
動盪的一個國家。從 1848 年憲法制訂開始，法國先後經歷了秩序
黨的議會專制、路易‧波拿巴的專制政變、第二帝國的崩潰、布朗
熱事件等一系列的復辟與反復辟事件。在 1870 年至 1914 年的 45
年之間，法國更換了 52 屆內閣，平均每屆內閣的執政時間僅有 10
個月，最短的不足兩個月。對於滿懷信心要出任完全政黨內閣總理
的宋教仁來說，這種短命內閣當然不是他的理想選擇。英國式的架
空虛置最高權力的虛君共和、君主立憲並且限制國會同意權的完全
政黨內閣，才是他一往情深的理想模式。為宋教仁所不明白的是，
英國人之所以能夠相對完美地實現完全政黨內閣，是由於他們在歷
次革命中保留了架空虛置的世襲君主，並且在世襲君主既架空虛置
又不容侵犯的最高權威之下，保持了立法、行政、司法三權分立的
權力格局和制度框架的持續穩定。當年的中國社會，尤其是以「驅
逐韃虜，恢復中華」相號召的同盟會，偏偏容不下只有 6 歲的溥儀
皇帝。先後就任中華民國臨時大總統的孫中山和袁世凱，也不是甘
心情願地充當被架空虛置為「虛君共和」式的虛權總統的合適人
選。在這種情況，宋教仁僅僅憑藉著多數黨領袖的身份，就想在未
來的議會選舉中組織完全政黨內閣並且出任內閣總理，是完全不切
實際的癡人說夢和癡心妄想。

　　1913 年 3 月 20 日，上海滬寧火車站的一聲槍響，既奪去了宋
教仁個人的寶貴生命，也打斷了中國社會剛剛啟動的憲政民主的現
代化道路。在將近 100 年的時間裏，「暗殺宋教仁」一直是一樁雲

遮霧罩、疑點重重的歷史懸案。舊事重提，本書的目的只是為了接近和還原歷史真相，而不是繼續重複政治正確的標準答案。

第二章　宋教仁案的歷史現場

　　1913 年 1 月 10 日，袁世凱下達正式國會召集令，命令所有當選的參、眾議員，於本年三月齊集北京。3 月 19 日，袁世凱又通電全國，宣佈於 4 月 8 日舉行國會開會禮。3 月 20 日晚上，32 歲的國民黨代理理事長宋教仁（鈍初，也寫作遁初、遯初），應袁世凱的邀請前往北京，在上海滬寧火車站乘車時遭遇槍擊，於 3 月 22 日凌晨在靶子路滬寧鐵路醫院去世。凶案發生後，國民黨方面在上海地區擁有最大份額的軍政實力和情報系統的前滬軍都督陳其美（英士）一派人，緊急展開針對應夔丞和武士英的緝凶活動，並且調動報刊資源宣傳造勢，從而把這樁並不複雜的刑事案件，逐步升級為號稱「二次革命」的國內戰爭。案件本身的證據鏈條及事實真相，反而被人為地掩蓋遮罩了起來。

一、《民立報》報導的歷史現場

　　宋教仁案發生後，國民黨方面的第一大報上海《民立報》，逐日報導了相關方面對於這樁政治凶殺案的調查取證情況。

　　1913 年 3 月 20 日晚上，「即有人往滬寧車站，即宋先生遇刺客地點察看情形，並訪問站中人役。」

　　這裏所說的「有人」，如果不是《民立報》直接派遣的調查記者，就是與《民立報》關係密切的國民黨偵探。這個人從滬寧車站

站內酒吧的洋人服務員那裏得到這樣的資訊:「當時刺客似不止一人,因上車前,宋先生與議員諸君聚談於國會議員招待室,其時曾有三人頻頻在室外窺探,……」[1]

宋教仁遇刺後的第二天即 3 月 21 日,「又有某君就地察看,將當時情形繪入圖中」。這位「某君」,既是國民黨方面派遣的更加專業的職業偵探,同時也是《民立報》的資深記者。按照他的調查圖示,宋教仁先與送行諸人在接待議員室談話,等到將要開車時,拓魯生、黃克強(興)、陳策(勤宣)由正門出來,宋教仁與廖仲愷由偏門到售票室購票。五個人會合之後,按照拓魯生第一,黃興第二,陳策第三,宋教仁第四,廖仲愷第五的次序並排往剪票處走去。其中黃興的背後「尚有一茶房跟隨」,而且宋教仁的身子恰好比其他人落後了半步,這樣就給兇手行刺提供了方便。兇手的第一槍「其聲甚微」,當「同人方驚惶四望」時,中彈後的宋教仁先是在旁邊的鐵椅上靠了一下,然後便振作精神急忙趕往剪票處。正在不遠處的月臺上談話的于右任和吳鐵城,聽到槍聲急忙趕到宋教仁身邊,宋教仁呼喊道:「我已中槍矣!」兇手見第一槍已經打中,便側身向圖示中的「未」點逃跑,逃跑途中又連放兩槍。接下來,「某君」以記者身份表示說:「記者觀察至(未)點處,頗滋疑竇,蓋此處是鐵欄,雖茶點處之旁有一小門,乃公司內之門,並非普通出入之門,何以兇手奔逃之至此,而其跡遂杳耶?」

上海地方檢察廳對於宋教仁案的兇案現場進行調查取證,已經是案發第二天的下午:「地方檢察廳,於二十一日下午二時始得信,即以人至車站檢查,同行者為檢察官危道濟、錄事陶中牧、法醫王長春,三人至站後,即與華站長袁某共同調查。」這次調查得出的初步判斷是:

---

[1] 徐血兒等編,蔚庭、張勇整理:《宋教仁血案》,嶽麓書社,1986 年,第 38 頁。本書中有許多報刊文獻資料引自該書,不再逐一加注,特此說明。

其一，兇手行刺時，距離被刺者僅數步，必其面目無多人認識。

其二，以素不相識之人，行此極殘忍之事，必非宿怨私仇。

其三，刺客一槍後，即匍匐於地，再左右連放兩槍，以拒捕者，必係行刺之老手。

其四，就行刺時情形，刺客舉止甚是從容，其旁必尚有同黨。

其五，刺客行刺後，尚攜其手槍以逃，不畏累贅，必其附近有機關部或接應之人。

根據以上五點，危道濟等人給出的結論是：該案是「為人買通行刺，故就性質而論，破案獲凶或非難事也。」

當年的滬寧火車站由中英雙方共同管理經營。危道濟等人詢問滬寧火車站的中方站長「袁某」，宋教仁遇刺時有沒有巡警在場？「袁某」回答說：「事出後即通電話至閘北警局，乃該局答稱非其權力所及，繼又通電至總巡捕房，至二十分鐘後，曾派包探至站。」

3月24日，《民立報》報導了上海地方檢察廳在宋教仁去世之後進行的醫療調查：「二十三日午後一時後，上海地方檢察官王言綸同錄事黃君、譯員蔣君及檢驗吏，前至醫院，又王長春君等亦繼至，驗視一周，又赴西醫克爾品處，取醫生之傷證事一通。」

由主治醫生克爾品出具的醫檢報告介紹說，他在上海滬寧火車站醫院第一次見到宋教仁的時間，是3月20日晚上的11時15分。他通過剖腹手術為宋教仁取出子彈時，宋教仁的幾個朋友都在場。第二天下午2時，他又主刀為宋教仁做了腸道縫補手術。到了3月22日早晨5時，宋教仁已經疼痛而死。「總之，宋君身體素來強健過人，可決其別無他病，確係因受槍彈，傷及小腹及大腸而死。又驗視所中之槍彈，乃由後面平側經過腰際方達腹部，此種槍彈，乃係極新式之手槍所發者。」

二、《申報》報導的歷史現場

1913 年 3 月 22 日，作為沒有明確黨派色彩的全國第一大報，上海《申報》以〈宋教仁被刺紀詳〉為標題，較為翔實地報導了凶案發生時的歷史現場。據該文介紹，宋教仁是奉袁世凱電召「赴京會商要政」的。在此之前，他已經「疊接友人密函，謂宋君前在南京時即有人潛隨其後，希圖行刺，請其謹慎自衛。宋君以為謠言不足信，仍夷然處之。」

3 月 20 日晚上 6 時，國會議員歐陽成等 14 人在一品香宴客，宋教仁應邀出席。9 時過後，宋教仁起身告辭：「議員諸君此次取道申江，弟未盡招待之責，已極抱愧，今轉蒙諸君招待，益覺不安。弟今晚即須啟行，俟到京時再行領教，並借主人之酒為主人壽，請同盡此杯……」

10 時 30 分，宋教仁一行乘馬車抵達滬寧火車站，在議員接待室休息到 10 時 40 分，由國民黨上海交通部交際員吳頌華引導，依照拓魯生、黃興（克強）、陳策（勤宣）、宋教仁、廖仲愷的次序走向檢票口，「突於宋君背後閃出一人，出手槍連發三出，第一出中宋君右後肋斜入腹部，第二出向黃君克強身邊掠過，第三出從吳君頌華胯下而過，幸未傷人。」

關於行刺之人，該文報導說：「刺客身軀甚短，視之若十五六歲之少年，著黑色常服（或云軍服）。放第一槍後，急向賣票房逃竄，倉遽之中滑倒在地（車站內均鋪花石甚滑），即在地上再放兩槍，然後躍起沿車站鐵欄向東而逃。雖經巡捕追逐，已不及矣。」

凶案發生後，在不遠處與吳鐵城閒談的《民立報》社長于右任匆匆趕到，急借「某君」汽車，把宋教仁送往靶子路滬寧鐵路醫院。由於醫生不在，宋教仁「撫於君之首，至其胸際告之曰：我痛甚，

殆將不起。所有在南京、北京及東京寄存之書籍悉捐入南京圖書館。惟我本寒士，老母尚在，如我死後，請克強與公及諸友人為我照料。」

關於緝凶事宜，該文介紹說，凡是與宋教仁關係密切的人士都異常憤激。「除用電話報告各警區、各捕房協拿凶徒外，並將宋君被擊情形電告袁大總統及各處國民黨機關。黃克強、于右任、拓魯生諸君將宋君扶上汽車送至醫院後，即報警區，立飭警探四出，緝凶未獲，因恐該凶手逃匿公共租界，並由閘北巡警局移請英美總巡卜羅斯君，通飭各捕房中西探捕一體協輯。又因該凶手係鎮江口音，昨晨已由警局特派偵探長警數名搭車赴鎮江站守候，未識能弋獲否。」

這裏所說的「係鎮江口音」的「凶手」，指的並不是開槍刺殺宋教仁的武士英，而是在滬寧火車站現場指揮武士英開槍刺殺宋教仁的陳玉生。至於到底是什麼人向中國方面的閘北巡警局提供了陳玉生的涉案線索，當年的所有報刊採取的都是諱莫如深、避而不談的態度。

該文最後一段的小標題是「醫院之慎重」：「昨日本埠風聲所播，幾與宋有舊者均至醫院探望，車水車龍，整日不絕。惟醫生以宋君所中之彈雖經檢出，流血過多神氣大喪，縱與宋君密切者亦不便多談。又鑒於前年陶煥卿君在法租界廣慈醫院被人暗殺之失於防範，故來院探望者，無論交誼若何，必須先將來人名刺傳入，經宋君許可後，始准入內探望，否則概行謝絕。」

三、作為前車之鑒的陶成章案

陶成章，字煥卿，浙江紹興人，是與同盟會勢不兩立的另一派革命會黨光復會的副會長和實際負責人。同樣發生在上海租界區的陶成章案，是宋教仁案的前車之鑒。

　　1910 年 2 月，陶成章聯合章太炎、李燮和等人在日本東京重新成立光復會總部，由章太炎任會長，陶成章任副會長。1911 年 11 月 4 日的上海光復，是光復會方面的李燮和、同盟會方面的陳其美以及當地軍政要人、商團會黨共同努力的結果。11 月 6 日，陳其美以恐怖暴力手段搶奪地方政權，成立滬軍都督府並自任都督。光復會方面有人主張逮捕陳其美，治以違令起事、篡竊名義之罪。光復軍總司令李燮和考慮再三，以為武昌起義不久，上海剛剛光復，全國形勢尚未穩定，如果兄弟鬩牆，不但引人恥笑，而且要貽誤革命全局。於是，李燮和率部由上海市區的江南製造局轉移到吳淞，在中國公學院內成立吳淞軍政分府，公開宣佈只承認蘇軍都督程德全的蘇州軍政府，所有上海地方民政、外交等事，均歸蘇州軍政府處理。[2]

　　同年 11 月 5 日杭州光復後，從南洋回國的陶成章被推舉為浙江都督府總參議。11 月 9 日，陶成章護送前浙江巡撫增韞及其家人來到上海，買好船票後命其於 10 日返回東北。11 月 13 日，同盟會方面的《民立報》報導說：「增韞允浙軍政府，籌贈經費二十萬。」陶成章認為這條消息意在影射，於 11 月 27 日在該報刊登廣告，針對「杭城謠言疊出，對於僕咸有猜疑，甚有謂僕挾有南洋鉅資二十五萬，往紹興練兵謀獨立之舉」公開闢謠說：「今南北未下，戰爭方興，僕何敢自昧生平，而爭區區之權利？謂僕得增韞款二十萬及紹興謀獨立，其視僕不亦左乎？」

　　12 月 20 日，馬君武在《民立報》發表社論〈記孫文之最近運動及其人之價值〉，在極力讚美即將回國的孫中山的同時，還以不點名的方式，對光復會方面的章太炎、陶成章等人痛加詆毀：「今見反對孫君之人大肆旗鼓，煽惑軍隊，此事與革命前途關係至大，又孫君於數日內將歸國。故不能已於言。」

---

[2]　《中華民國駐吳淞軍政分府李宣言》，《民立報》，1911 年 11 月 17 日。

　　12 月 29 日，同盟會員在彙中旅館宴請從海外回國的孫中山，已經聽說陳其美要採取暗殺行動的陶成章，在飯廳裏遇到投靠陳其美並且加入同盟會的前光復會員、紹興軍政府都督王金發及褚輔成等人。第二天，陶成章以治病為藉口躲進上海法租界的廣慈醫院。

　　1912 年 1 月 12 日下午，滬軍都督陳其美的結拜弟兄、滬軍第五團團長蔣介石（志清），通過陶成章的親信張偉文、曹錫爵，在光復會機關見到陶成章。兩個人的會談非常融洽，陶成章應蔣介石的要求，當場寫下了自己在廣慈醫院的住址。

　　1 月 14 日凌晨，35 歲的陶成章在上海法租界廣慈醫院被蔣介石夥同以光復會內奸王竹卿持槍暗殺。由外國人主辦的上海《字林西報》於當天發行特大號外，以〈廣慈醫院發生暗殺大案，陶成章被刺身亡〉的黑色大字標題報導說：

> 「革命鉅子陶成章養病於本部法租界廣慈醫院，今晨二時許，突有穿西裝兩人，推門入房，趁陶臥床，以短槍擊之，破腦裂腹，慘不忍睹，兇手迄未抓獲，惜一代英豪，天不予壽，太可哀矣！」

　　1 月 15 日，上海《民立報》以〈陶先生死不瞑目〉為標題發表社論，其中報導說：

> 「會稽陶煥卿先生成章，盡瘁革命事業，歷有年所。此次浙省光復，功績在人耳目。最近浙湯督改任交通總長，浙督頗有與公者，而公推讓不退，其謙德尤可欽佩。昨晚二時許，公在廣慈醫院醫室靜宿；忽有二人呼陶先生，公寤而外視，二人即出手槍，擊中公太陽部。」

關於殺人兇手，《民立報》利用傳播流言的方式轉移目標、嫁禍於人說：「惟近日盛傳滿州暗殺黨南下，謀刺民國要人，公或其一也，聞軍政府刻已嚴密查究，法捕房亦嚴飭探捕緝獲云。」

接下來，該報又介紹說，同盟會總理、南京臨時政府大總統孫中山聞訊後「不勝駭異」、「非常痛悼」，立即給滬軍都督陳其美發來緝凶電報：

> 「萬急，滬軍陳都督鑒：閱報載光復軍司令陶成章君，於元月十四號上午兩點鐘，在上海法租界廣慈醫院被人暗刺，槍中頸、腹部，兇手逃走，陶君遂於是日身死，不勝駭異。陶君抱革命宗旨十有餘年，奔走運動，不遺餘力，光復之際，陶君實有巨功，猝遭慘禍，可為我民國前途痛悼。法界咫尺在滬，豈容不軌橫行，賊我良士。即由滬督嚴速究緝，務令凶徒就獲，明正其罪，以慰陶君之靈，泄天下之憤。切切。總統孫文。」

1月17日，陸軍總長黃興也致電陳其美說：「聞陶君煥卿被刺，據報云是滿探。請照會法領事根緝嚴究，以慰死友，並設法保護章太炎君為幸。」

被黃興點名保護的光復會長章太炎並不領情。1月17日當天，由章太炎主編的《大共和日報》發表評論說：「彈丸匕首者威敵之具，所以濟軍隊之不足地。若以纖芥微嫌，循環報復，甚至片言齟齬，亦借此以泄忿，甚懼亂之無涯矣。」

1月19日，該報是以不點名的方式，把殺人兇犯鎖定為掌握政權的同盟會方面：「恃拳銃之威而強人以從我，否則必殺之，拳銃之專制。執拳銃者，嘗願革專制而希共和者也。」

由於章太炎是光復會中從來不注重黨務經營的掛名會長，更由於當年的同盟會過於強勢，孫中山這種命令兇手緝拿兇手的電文，

自然不會有任何結果。1 月 21 日下午，指使蔣介石刺殺陶成章的
幕後主凶陳其美，竟然聯合紹興旅滬同鄉會，在永錫堂召開「徐伯
蓀、陳墨峰、馬子畦三烈士及陶煥卿先生追悼大會」。先由臨時主
席許默齋宣告開會，次由孫德卿報告徐錫麟、陳伯平、馬宗漢、陶
成章的生平事蹟，然後是陳其美的代表「宣讀祭文」，接下來是陳
其美本人發表演說。與會的同盟會會員沈劍侯表示說：「陶公之死，
非死於漢奴，非死於私仇，必死於懷挾意見之纖豎，吾同胞當必代
為雪仇。」光復會會員孫鐵舟更是「擲手槍於案，頗為激烈」。但
是，他們在慷慨激昂地發洩一番之後，並沒有表現出依法偵緝、依
法結案的正當意願；該案也一直沒有進入依法偵緝、依法結案的法
律程序。[3]

　　4 月 14 日，章太炎在《大共和日報》公開發表〈與黃季剛書〉，
其中斥罵黃興（克強）及同盟會說：

> 「昨聞述黃克強語云：章太炎反對同盟會，同盟會人欲暗殺
> 焉。以其所反對者，乃國利民福也，賴我抑止之耳！咄哉克
> 強，所善者獨有恫疑虛喝耶？往者，陶煥卿死，彼即電陳其
> 美保護，今又以斯言見恬，如是伎倆，但可於南洋土生間行
> 之，何能施諸揚子江流域耶？暗殺本與盜賊同科，假令同盟
> 會人誠有此志，則始終不脫鼠竊狗偷之域。」

　　據光復軍總司令李燮和的參謀長兼顧問部長楊鎮毅回憶，「這
件凶殺案，當時廣慈醫院曾有詳細記錄，事後總司令部偵知兇手，
一個是蔣介石，另一個是湖州人（姓名記不起來），兇手謀主是篡
奪『滬軍都督』的陳其美。那個湖州人後來被總部捕獲，判處死
刑。」[4]

3　　《永錫堂追悼會》，《民立報》，1912 年 1 月 22 日。
4　　鎮毅述、楊福祥記《光復會與光復軍》，《浙江辛亥革命回憶錄》，浙江人民

隨著國民黨於 1927 年通過北伐戰爭奪取全國政權，並且實施黨在國上的一黨訓政，陶成章案的黑幕真相在很長時間裏成為禁忌話題。1928 年，章太炎在《自定年譜》1912 年項下寫道：「煥卿不從，果被刺死。或言英士為之也。」章太炎去世之後，《自定年譜》雖然得以公開出版，「或言英士為之也」七個字卻慘遭刪除。在不久前由美國史丹佛大學對外公開的蔣介石日記原本中，蔣介石寫於 1943 年 7 月 26 日的一段話，把他所奉行的中國傳統會黨以犧牲自己尤其是別人的個人權利及寶貴生命為代價，效忠於黨魁及黨派的「存天理，滅人欲」式的專制美德，表達得淋漓盡致：

> 「看總理致吳稚暉先生書，益憤陶成章之罪不容誅。余之誅陶，乃出於為革命、為本黨之大義，由余一人自任其責，毫無求功、求知之意。然而總理最後信我與重我者，亦未始非由此事而起，但余與總理始終未提及此事也。」[5]

四、宋教仁的政治遺囑

宋教仁遇刺後被送進滬寧鐵路醫院，上海《民立報》專門派出記者周錫三住院陪護。據該報 1913 年 3 月 21 日報導，曾經擔任該報主筆的宋教仁，留給該報社長、國民黨北京本部參議于右任的遺囑是：「諸公皆當勉力進行，勿以我為念，而放棄責任心。我為調和南北事費盡心力，造謠者及一班人民不知原委，每多誤解，我受痛苦也是應當的，死亦何悔？」

出版社，1981 年 8 月。
[5] 楊天石著《找尋真實的蔣介石：蔣介石日記解讀》，山西人民出版社，2008 年，第 12 頁。

當黃興來到醫院病房時，宋教仁另有「如我死後，諸公總要往前做」的遺囑；並且委託黃興代擬一電，把更加正式的遺囑留給了袁世凱：

> 「北京袁大總統鑒：仁本夜乘滬寧車赴京敬謁鈞座，十時四十五分在車站突被奸人自背後施槍，彈由腰上部入腹下部，勢必至死。竊思仁自受教以來，即束身自愛，雖寡過之未獲，從未結怨於私人。清政不良，起任改革，亦重人道，守公理，不敢有一毫權利之見存。今國本未固，民福不增，遽爾撒手，死有餘恨。伏冀大總統開誠心布公道，竭力保障民權，俾國家得確定不拔之憲法，則雖死之日，猶生之年。臨死哀言，尚祈鑒納。宋教仁。」

宋教仁在神智清醒時還向周錫三表白說：「吾不料南北調合之事，乃若是之難，時事如斯，奈何！奈何！」「罷了，罷了，惜兇手在逃，不知被誤會吾者，乃何許人？」

與 3 月 22 日上海《申報》報導的「疊接友人密函，謂宋君前在南京時即有人潛隨其後，希圖行刺」相印證，3 月 21 日的《民立報》在〈宋教仁之被狙擊〉中報導說：

> 「當暗殺未發生數日以前，即傳說有人謀來滬行刺宋先生，宋先生親聞此說，並得友人警告書多通，謂宋前至寧時，即有人潛隨其後，意欲行刺，因勸宋先生戒備，而宋先生夷然處之，曾親告記者謂：『光天化日之政客競爭，豈容有此種卑劣殘忍之手段，吾意異黨及官僚中人，未必有此，此特謠言耳。且即使非謠，吾豈以此懈吾責任心哉！』記者聞此，方深服宋先生之淵量，而不意暗殺之事居然實現也。」

另據楊思義在《宋案見聞》中回憶，有一天他和于右任、陳其美、宋教仁（鈍初）等人在一起聚談，陳其美插話說：「鈍初，你不要快活，仔細他們會用暗殺的手段來對付你。」宋教仁回答說：「只有我們革命黨人會暗殺人，那裏還怕他們來暗殺我們呢？」[6]

在「宋先生親聞此說，並得友人警告書多通」的情況下，國民黨方面在上海地區擁有最大份額的軍政實力和情報系統的陳其美，不是採取措施嚴密保護有望出任內閣總理的本黨代理理事長宋教仁，反而當面向宋教仁提出警告，這是極不正常的一種現象。以宋教仁對於國民黨的深刻理解，最有可能暗殺他的並不是在獨裁專制與憲政民主之間做出偏多偏少、偏左偏右的有限選擇的臨時大總統袁世凱，反而是一心想退出憲政民主的制度框架從事新一輪的秘密暗殺及暴力革命的一部分國民黨人士。宋教仁在臨死之前，絕口不提正在日本訪問的本黨理事長孫中山，反而把「開誠心布公道，竭力保障民權，俾國家得確定不拔之憲法」的政制遺囑，留給國民黨之外的袁世凱，正是出於他對於國民黨的深刻理解。

五、政府當局的善後表現

1913 年 3 月 21 日，袁世凱得知宋教仁遇刺的消息後，當即發來慰問電報，並且在發給江蘇都督程德全、民政長應德閎、上海通商交涉使陳貽範、上海縣知事吳馨、滬寧鐵路總辦鍾文耀的電報中明確要求：「立懸重賞，限期破獲，按法重懲。一面由該交涉使、縣知事親蒞醫院慰問宋君，切勸靜心調治，以期速愈。」

---

[6] 《辛亥革命回憶錄》第八輯，文史資料出版社，1982 年 4 月，第 579 頁。

　　國民黨籍的國務總理趙秉鈞，也於當天致電北京《民立報》代轉宋教仁（鈍初）：「聞公遇險，無任驚駭。默相吉人，幸加珍重。」

　　3 月 22 日凌晨，宋教仁在上海靶子路滬寧鐵路醫院去世，上海各報於當天紛紛刊登相關方面的緝凶賞格——

　　其一，陳其美（英士）、黃興（克強）致函公共租界的總巡捕房總巡說：「茲有良友宋教仁君，於廿號午後十時四十五分，在滬寧車站被奸人槍傷，今晨四時四十七分去世。此案發現雖在內地，難保該兇手不藏匿租界，應請執事嚴飭得力探捕，加意偵緝。如能拿獲正兇，徹清全案，準備賞銀一萬元，以為酬勞。宋君為民國要人，執事亦熱心贊成民國，想當允如所請也。」

　　其二，閘北巡警局在「賞格」中表示說：「宋鈍初先生通才碩望，冠絕一時。此番入都，滿擬得假斧柯，宏杼抱負，謀國民之福，為吾黨之光榮。乃倉猝變生，挽回無術。雖被刺地點不在所屬巡緝範圍，究屬防衛有疏，責無可諉，慟惜之下，歉仄殊深。該兇手戕我偉人，尤為不法，能將兇手就縛，即賞洋一萬元，如或通風報信，因而拿獲者，給洋五千元。函請上憲各官廳、英、法兩公廨，一體趕緊偵緝，俾早從嚴懲治，以伸國法而慰英魂。」這裏的「為吾黨之光榮」，是上海閘北巡警局自覺自願地隸屬於上海國民黨的自供狀。

　　其三，上海縣知事代表江蘇都督程德全公佈的賞格是：「如兇手就縛，當立予確賞洋一萬元。其通風報信、身充眼線因而拿獲者，給洋五千元款。由都督署給發，……」

　　其四，上海地方檢察廳給出的賞格是：「如果能將此案兇犯緝獲送案，即由本廳給予厚賞，知風報信因而拿獲者，亦當酌量給。」

　　其五，滬寧鐵路局的賞格是賞洋五千元。

　　這裏的陳其美、黃興代表的是國民黨一方。閘北巡警局代表的是中國政府的治安當局。上海縣知事吳馨是中國政府設在上海地區的行政首腦。地方檢察廳是中國政府設在上海的司法機關。滬寧鐵

路局是應該為旅客的生命安全提供切實保障的服務商。除此之外，在上海租界區另有以英國領事館為首的公共租界當局和相對獨立的法國租界當局。

宋教仁於 3 月 22 日凌晨去世後，袁世凱覆電陳貽範說：「宋君竟爾溘逝，曷勝浩歎！目前緊要關鍵，惟有重懸賞格，迅緝真凶，徹底根究。宋君才識卓越，服務民國，功績尤多，知與不知，皆為悲痛。所有身後事，望乞會同鍾文耀妥為料理。其治喪費用，應即作正開銷，以彰崇報。」與此同時還「責成江蘇都督、民政長迅緝真凶，窮追主名，務得確情，按法嚴辦，以維國紀而慰英魂。」[7]

4 月 2 日，著名記者黃遠庸（遠生）在發表於上海《時報》的〈宋遁初君死後之觀察〉中介紹說：

> 「袁總統於二十一日得宋被刺消息，大為驚詫。至二十二午後四時，袁方午睡初起，秘書等走告宋逝消息，袁愕然曰：『有此事乎？』即命拿電報來。及捧電報至，則陳貽範一電，黃克強一電，江孔殷一電。袁愕然曰：『確矣，這是怎麼好！國民黨失去宋遁初，少了一個大主腦，以後越難說話。』遂命擬電報，擬優恤命令。此袁總統得消息後之確情也。」

袁世凱所說的「治喪費用，應即作正開銷，以彰崇報」，意味著最高當局已經公開承諾要對宋教仁實施國葬。國民黨籍的臨時稽勳局局長馮自由，在為宋教仁撰寫的稽勳呈文中，希望按照暫行賞恤章程中的甲等條例，給予「一次恤金三千元，遺族年撫金一千六百元，以慰勳人而安忠裔」。袁世凱接到呈文後親筆批示道：「據呈已悉。該故總長締造共和，勳勤卓著。猝罹慘變，愴惻實深。應如

---

[7]　《袁世凱窮究刺宋主名令》，《政府公報》，1913 年 3 月 23 日。見朱宗震、楊光輝編，《中華民國史資料叢稿‧民初政爭與二次革命》上編，上海人民出版社，1983 年，第 234 頁。

該局所擬，優予撫恤，並將生平勳績交國史館立傳。仍由該局查明
該故總長有子幾人，派遣留學，俾資造就。」

　　但是，在宋教仁遇刺之前幾乎是毫無作為的上海國民黨方面，
在宋教仁去世之後反而表現出極其強大的快速反應及社會動員能力，
並且置臨時大總統的電令於不顧，化中華民國的國葬為一黨一派的私
葬，既搶先一步擅權包辦殯葬儀式，又搶先一步越權展開法外緝凶。

六、國民黨方面的隆重出殯

　　關於宋教仁在滬寧鐵路醫院去世之前的情況，《民立報》於 1913
年 3 月 23 日報導說，當時在場的有黃興、陳其美、于右任、居正、
曾鏞，以及宋教仁的秘書劉白等十餘人。黃興表示說：「鈍初你放心
去吧！」陳其美在一旁哭得最為哀慟，連連高呼：「此事真不甘心！」
　　3 月 25 日，《民立報》進一步報導說：

> 「宋先生被刺次日，已有確切報告於國民黨，謂係武士英所
> 為。又各方面偵查，知與應有關，故宋先生臨終之際，彌留
> 未絕，於君在旁大呼：『鈍初，此事兇手已十分之八可以破
> 案。』而宋先生亦遂氣絕矣。」

　　這裏所說的「應」，指的是應夔丞。3 月 22 日下午，在宋教仁
的主要家屬沒有趕到上海，江蘇都督程德全、民政長應德閎，以及
上海通商交涉使陳貽範、上海縣知事吳馨等政府官員都沒有到場的
情況下，宋教仁的遺體被國民黨方面匆匆殮入陳其美出錢選購的楠
木棺材之中。入殮之前由照相師傅拍照，黃興主張衣冠整齊，以符
合宋教仁的光明正大。范鴻仙和居正認為宋教仁遭此慘禍，不可不
留歷史上之哀慟紀念，於是又拍攝一張赤身露傷痕的照片。除黃

興、陳其美、范鴻仙、居正、于右任、沈縵雲、周錫三、劉白、夏紹笙、葉惠鈞等國民黨人士之外，親臨入殮現場的有上海名流伍廷芳、趙鳳昌，日本友人北輝次郎、宮崎寅藏，滬寧鐵路總辦鍾文耀，以及女界名人張昭漢、楊季威、陳鴻璧、舒惠楨和各報記者。國民黨上海交通部部長居正，當場宣佈將於 3 月 23 日下午 3 時舉行出殯儀式，把宋教仁的棺材移送到湖南會館。

據 3 月 24 日《民立報》報導，3 月 23 日下午，國民黨方面為宋教仁隆重舉辦出殯儀式，把他的棺材從靶子路滬寧鐵路醫院移送到湖南會館。當天的送殯隊伍由十二部分構成：（一）旗幟前導。（二）軍樂隊。（二）遺像作花亭式。（四）靈位用油壁雙馬車，四周頂上紮花彩。（五）軍樂隊海軍細樂。（六）花圈。（七）軍隊。（八）黨員及送殯來賓，步行執紼約千五百人。（九）靈櫬。（十）又為送殯者步行護送。（十一）軍樂隊。（十二）為賓客乘車者，隨行約二百餘輛。

> 「然皆為空車，蓋是日午後雖天雨，而來賓均在靈櫬前後步行相隨也。……每段有巡警兵荷槍隨行，故是日之殯儀中，軍隊之多，為從前所未有；而送殯者之哀戚，又為上海所未見也。」

等到宋教仁的棺材送入湖南會館之後，與陳其美一起等待在那裏的黃興，站在宋教仁的靈前發表演說道：「宋先生不幸遭此奇禍，今日蒙各界團體及本黨黨員勞步親送，鄙人代表宋先生家屬道謝。惟宋先生未竟事業，想諸同志極願與聞，尚擬改日開追悼大會，屆時仍望諸君到會，共表哀悼之意。」

據 3 月 24 日《民權報》報導：

> 「英、美、法捕房，亦均預派探捕隨路妥為照料，閘北巡警局長龔玉輝偕同馬隊長李華田、巡邏隊長蔡伯勳、偵探隊長祁性初等排警各長，一率沿途保送。」

據 3 月 24 日《新聞報》報導：

> 「下午二時半，舉行出殯，前導由國民黨派吳鐵城、陳雨潮、
> 周然、鄭熊丞、吳頌華、曾孟鳴策騎開導，王漢江四面照料
> 前導，有令字旗二面交叉而行，繼以商團馬隊、軍樂隊、第
> 一師範學堂全體學生隊。……混成第三旅兵士及海軍隊等，
> 均排隊恭送，因格於租界定章，不攜軍械，徒手隨行。……
> 是日，黃克強、陳英士、于右任三君，均在湖南會館照料，
> 沿途路祭者甚眾。」

　另據 4 月 1 日上海《時報》報導，應夔丞（桂馨）被捕之後，
聘請外籍律師羅禮士為他辯護。羅禮士於 3 月 30 日下午 3 時來到
公共租界巡捕房，在英美總巡卜羅斯親自安排下與應夔丞見面。應
夔丞向羅禮士介紹說：「平日與宋教仁毫無嫌隙，並無唆使行刺，
亦無暗殺政客思想，宋教仁為何人行刺，均屬不知。余入國民黨多
年，（國民黨才有幾年，國民黨認你否？）與宋同黨，自前日得宋
被刺之耗，嗟歎不已，彼時由醫院扶柩至湖南會館，余亦執紼致送。
至販古董人出為證人，更屬不合。余買字畫，果曾有之，至王阿法，
平素均不往來，亦不認識，如果心存行刺，此等機密事，豈肯洩漏
於人，而武士英更不知為何人也。」

　由此可知，參與策劃暗殺陰謀的國民黨人士應夔丞，曾經在 3
月 23 日下午與黃興（克強）、陳其美（英士）、于右任等人，一同
出現在停放宋教仁棺材的湖南會館。當天晚上，他就在前滬軍都督
陳其美派遣的本黨人士王金發、陸惠生等人的協助配合之下，被租
界巡捕抓捕歸案。

七、國民黨方面的第一線索

宋教仁案的主要嫌疑犯應夔丞和武士英分別於 1913 年 3 月 23 日晚上和 24 日早晨被抓捕歸案之後,《民立報》於 1913 年 3 月 25 日報導說,「就我人偵探,得兩線索」。第一線索「為獲武之張本」,也就是主要指向武士英:

> 「先是有同寓於寶善街六野旅館者,武士英以售花瓶為名,亦寓於此。旅館見其舉止可疑,且宋先生被刺後,武君翌晨即算清旅費,乘黃包車至西門去,某君以事適巧合,即報告於國民黨,國民黨得此資訊,以證兇手身材短小精悍,遂知已為頭緒,乃分道偵緝,此為一線索。」

第二線索「為獲應之張本」,也就是主要指向應夔丞:「鄧某與王某平日談話,鄧為張君之保,曾為其主人言此事真相,張君以告於國民黨,因而得之者。」

關於第一線索,《民立報》進一步介紹說:「此次破獲兇犯,為時甚速,憶自宋先生被刺之次日(二十一日),五馬路六野旅館,即發現極可疑之旅客。」住在該旅館 14 號房中的山西人武士英,面目兇惡,身材短小,自稱是雲南軍隊的管帶。但是,他的生活非常拮据,經常外出向上海的名人乞討路費和生活費。3 月 20 日上午,忽然有一個姓馮的人帶著另外三、四個人,來到旅館與武士英附耳密談。「此姓馮者,自稱光復軍二營營長,繼調查係當過光復軍軍需長」。這幾個人來過之後,武士英便面露喜悅。他當即向住在隔壁房間的「某客」借錢外出。「某客」因為與武士英日夕相見而難以拒絕,只好借給武士英小洋一角。武士英說:「不夠,將至西門,路甚遠也。」「某客」便把小洋三角借給了武士英。晚上八時左右,武士

英返回旅館時，已經換上了一身鮮西裝。他匆忙地找到「某客」，炫耀般拿出幾十元錢的鈔票說：「我今已有錢。」隨即抽出一元錢的鈔票還給「某客」，「某客」吃驚地問到：「你何必還給我這麼多呢？」武士英回答說：「我事成尚有千元。」說完就出門離開。同住在這家旅館的許多人都懷疑武士英有神經病，等到第二天得知宋教仁被刺的消息，「同居者乃注意其人，急詢此人行蹤，則知二十夜並未回棧，並於二十一日之早七時許，曾來棧結付店賬，攜其破碎皮夾匆匆去矣。此一極可疑之旅客，不謂二十四日，乃於應桂馨家獲之。」

　　作為公開參與議會選舉活動的現代政黨，國民黨方面是沒有偵緝權和執法權的。假如生活在租界區裏的「某君」，不是國民黨方面預先埋伏的職業偵探的話，他的報案並且領取賞金的對象就不應該是國民黨，而是租界區的巡捕房，以及中國政府方面負責社會治安的閘北巡警局。假如國民黨方面稍有法治觀念和愛國意識的話，就應該把舉報線人先帶到中國方面的閘北巡警局正式報案，然後由閘北巡警局聯合租界區的巡捕房共同採取執法行動；國民黨方面只能協助警方依法從事的偵緝活動，而不是撇開司法當局獨立從事「分道偵緝」活動。

　　而在事實上，《民立報》在相關報導中指向明確並且反覆強調的「西門」，恰好是應夔丞位於上海縣城小西門（拱宸門）外法租界的徐家滙路文元坊住宅。直接買兇殺人的前上海光復軍少將總司令、青幫「大」字輩大佬李徵五的軍需長「姓馮者」，在與武士英附耳密談之後，竟然沒有按照青幫會黨的規矩，預先付給武士英一些雇車外出的路費。作為已經受雇的殺人兇手，曾經充當過職業軍人的武士英，不僅不隱瞞自己的行蹤，而且還要故意炫耀自己已經和即將得到的殺人報酬。與武士英同居六野旅館的「某君」，在獲得宋教仁遭遇刺殺的消息之後，更是積極主動地調查武士英的「行蹤」，並且於第一時間的 3 月 21 日，直接向國民黨方面而不是司法當局

報告自己所發現的「極可疑之旅客」，報告之後卻沒有公開身份去領取相應的賞金。上海國民黨方面得到「某君」提供的第一線索之後，同樣沒有及時向司法當局正式報案，反而搶先一步擅自展開了法律之外的偵探緝凶活動，於是便有了 3 月 25 日《民立報》的上述報導。

八、周南陔的事後回憶

1938 年 8 月，上海《錫報》逐日連載由「半老書生」筆錄的〈宋教仁先生被刺之秘密〉，據該文的「卷頭語」介紹：

> 「癸丑（1913）討袁是民國一件大事。討袁的原因很多，而促成最力的卻是刺宋教仁先生一案。……可惜當時有種種原因，致本案許多秘密不能盡情宣佈。昨晤周南陔先生，特將當年破案時的實際情形，各種秘聞軼事，都是海內報紙及我國民黨黨史未及採入的詳述無隱。」[8]

按照「半老書生」筆錄的周南陔口述，國民黨上海交通部當時設在南京路拋球場沿馬路的通運公司樓上，部長是居正（覺生），副部長是溫某和姚勇忱。下設總務、財務、交際、文書等各部門，總務長是龐青城，財務長是王一亭，交際長是周南陔，文書長是邵元沖的夫人張默君。陪同宋教仁等人前往上海滬寧火車站的國民黨上海交通部交際員吳頌華，恰好是周南陔的下屬職員。在該文第二節「北站鐵柵旁槍聲突起」中，周南陔以知情人的口吻介紹說：「刺宋的詳細計畫，事前十分秘密。參預機密的人甚多，袁世凱、趙智

---

[8] 周南陔口述、半老書生筆錄：《宋教仁先生被刺之秘密》，章伯鋒統編、吉迪編《閒話民國》，成都：四川人民出版社，1999 年出版，第 156 頁。

庵、洪述祖外，其餘亦不便多說。至應桂馨，乃負實行之責者，應利用他手下殺人不眨眼的羽黨，將諸事預備好了。」

袁世凱、趙秉鈞（智庵）、洪述祖、應夔丞（桂馨）等人早已死去，就連周南陔的結拜兄弟、在《辛丙秘苑》中指證陳其美與應夔丞合謀殺害宋教仁的袁克文，也於1931年去世。袁世凱方面自然不需要隱瞞任何秘密。周南陔「不便多說」的「其餘」，只能是被當年的國民黨總裁蔣介石，以及CC系的陳立夫、陳果夫兄弟奉為偶像的陳其美等人見不得陽光的暗箱黑幕活動。凶案發生時的上海地方審判廳廳長黃鎮磐，就曾經指出蔣介石（中正）與宋教仁案有直接關係：「如無蔣中正之協助破案，凶手武士英等實難於短期內在租界中順利捕獲。」

關於黃鎮磐，周南陔的回憶是：「自從發現了密電證據，雖然案情大白，但審訊經過、引渡手續，因有種種原因，發生了不少困難周折，才得實行引渡。黨方律師之一是黃鎮磐，湖北人，後任最高法院刑庭長，黃先生對於本案，出力甚巨。」

黃鎮磐，名涵之，字慶瀾，時任上海地方審判廳廳長。他在公共租界連續七次的公堂會審中，充當的並不是周南陔所說的「黨方律師之一」，而是主審法官之一。值得注意的是，對於「事前十分秘密」的「刺宋的詳細計畫」，以及遠在北京的袁世凱等人的所謂「詭計」瞭若指掌的周南陔，偏偏對於發生在自己身邊的暗殺行動及凶殺現場含糊其辭、模稜兩可：

> 「應桂馨經趙、洪二人催促，看事勢已急，便命他手下人臨時雇傭的刺客武士英等三人，到北站去實行暗殺。據說，刺客三人中，除在監獄被毒死斃命的武士英外，還有兩人，一是小寧波，一是某某（其人久已去世，小寧波不知所終），開槍卻是武士英一人，其餘二人僅在車站望風罷了。又傳小寧波也曾開槍，但未命中。此點無從細考。」

　　所謂「小寧波」，自然是指上海國民黨方面的李徵五、應夔丞、蔣介石的某一個寧波同鄉。以國民黨無處不在的會黨勢力，要想抓捕一個有家庭籍貫的寧波人，是完全能夠辦得到的。這個直接參與刺殺宋教仁的行動計畫的「小寧波」，之所以始終沒有被抓捕歸案，唯一可能的解釋，是國民黨方面的包庇縱容。

　　按照周南陔的口述，國民黨方面獲得第一線索的時間是 3 月 23 日的晚上：「在宋先生出殯的那一天晚上，忽有兩個潦倒不堪的四川學生親到交通部所屬的交際處，要謁看要人，有秘密報告。遂由主任周先生接談，……」周南陔得到線索後「立即報告陳英士，一面派人隨同學生到旅館去守候武士英，準備等他回來，相機探察」。陳其美（英士）和周南陔派出幹員在武士英對門開了房間，守候一天一夜沒有結果，便「決定先行搜查武士英的房間，不料搜查結果，什麼證據都沒有，只發見一張『應桂馨』的名片，這才恍然大悟，原來姓有一撇的就是此人。」

　　但是，據 1913 年 3 月 25 日的《民立報》報導，在宋教仁遇刺的次日即 3 月 21 日，「已有確切報告於國民黨，謂係武士英所為，知與應有關」。《民立報》社長于右任在宋教仁彌留之際，甚至向死者大聲呼喊道：「鈍初，此事兇手已十分之八可以破案。」到了宋教仁出殯的 3 月 23 日晚上，應夔丞已經被抓捕歸案。由此可知，周南陔的事後回憶，至少在一些關鍵性細節方面，是經不起認真推敲的。他對於宋教仁「被刺之秘密」，遠遠沒有做到所謂的「詳述無隱」。

九、國民黨方面的第二線索

　　關於國民黨方面所得到的主要指向應夔丞的第二線索，1913年 3 月 25 日的《民立報》介紹說：「鄧某」的朋友「王某」以賣字

畫為生，曾經到過應夔丞家裏。有一天，「王某」到應夔丞家裏出賣字畫時，應夔丞問道：「我想殺一個人，你能為我做這件事嗎？」王回答說不能。應說：「你是河南人，同鄉裏面一定有能做這種事的人。」王說：「也許有人可以做，只是你要殺的是什麼人呢？」應拿出商務印書館印有宋教仁照片的明信片，剪去四周給王看。王就去找曾經在東北三省當過馬賊、當時正在給「張君」充當保鏢的河南同鄉「鄧某」。鄧跟隨王來到應夔丞家裏，由於應不在家而沒有見面。當天晚上，鄧對王反悔說：「我客居他鄉，怎麼能無故殺人呢？」兩個人的談話恰好被鄧的主人「張君」聽到，張便把此事報告給了國民黨方面。「國民黨得種種報告，派員於二十二晚十二時，令鄧引王某至鄧之寓所，迫王某登車，送至某公司，由某洋行大班覓得包探頭目二人，在旁脅王某說出原委」。

按照《民立報》的說法，「鄧某」當時懷疑刺殺宋教仁是「王某」所為。他自己雖然與「王某」一起到過應夔丞家裏，「然並不知其名姓。斯時王某乃說出應夔丞，曾令其覓人，並未允所請，此次實未與聞。國民黨某君乃取出照片多張，令王辨認，孰為應某所欲辦者，王乃指出宋先生之照片，眾知決非虛誣，乃偕告卜總巡，要求其捕獲兇手。總巡初尚不允，後因證據已確鑿，總巡始允捕人，率探捕與國民黨某君同往。」

但是，就在《民立報》的同一篇報導中，關於應夔丞的被捕還有自相矛盾的另一種介紹：3 月 23 日晚上，「由國民黨某君，偕售賣古董、字畫之河南人王阿法，向卜總巡報稱：一星期前，因售字畫至小西門外應桂馨處，應出一照片云，謀辦照上之人，如能辦到，願酬洋一千元。我因無此能力，未曾允許，當將照片交還，今見各報所登宋教仁之照，付與所看之照片相同，特來報告。卜總巡乃親率五十號西探總目安姆斯脫郎，協同一百三十六號西探等，至迎春坊李妓處，將應拘獲，帶回收押。」

67

　　王阿法在國民黨「某君」的陪同下，向公共租界的英國籍總巡捕卜羅斯當面舉報犯罪嫌疑人應夔丞（桂馨），其實是國民黨方面的「某君」通過「張君」找到「鄧某」，再由「鄧某」找到王阿法；然後把王阿法送到「某洋行大班」所在的「某公司」，由「某洋行大班」通過私人關係，找到上海租界區專門為巡捕房服務的兩名包探頭目，在「某公司」裏私設刑堂，對王阿法實施明顯違法的脅迫逼供的結果。王阿法向卜羅斯報案舉證時提供的說法，卻變成了他自己的主動作為，這顯然是國民黨「某君」為他刻意編造的一套虛假證詞。王阿法其實只是國民黨方面精心安排的一個虛假報案的虛假線人。

　　在專門為租界巡捕房服務的兩名包探頭目與國民黨方面密切合作的情況下，接下來的抓捕行動自然是易如反掌：「先是國民黨特派員某君，出外偵察，知應夔丞近常在妓女胡翡雲家吸食鴉片，乃由總巡率領巡捕多名至其處，先去胡翡雲家詢問，胡謂應未到該處，現在迎春坊三弄李桂玉家吃酒，係蔡爾卿所請者。密訪不得，乃復由總巡令巡捕至迎春坊，先將該弄弄口派人把守，以防逃竄，國民黨特派員入內，上樓問：『應君夔丞在座否？』應答曰：『我在。』某君曰：『樓下有人與君會話。』應乃匆匆隨某君下樓，至門首，即被捕。總巡曰：『去！去！去！』應面色已如死灰矣。」

　　另據國民黨黨員、南社詩人陳去病（巢南）在《王逸姚勇忱合傳》中介紹，專門負責偵察應夔丞行蹤的「國民黨特派員某君」，其實是與應夔丞（桂馨）同為前滬軍都督陳其美重要助手的王逸字季高。以小名金發名揚天下的王逸字季高，「以緝匪自任，期於必獲，未幾，果偵得賊為應桂馨，而案乃大白，逸之功也。」[9]

9　王小安、章念馳：《陳英士與王金發》，浙江文史資料選輯第 36 輯《陳英士》，浙江人民出版社，1987 年，第 136 頁。

十、應夔丞與王阿法的當面對質

　　據 1913 年 3 月 25 日的《民立報》報導，3 月 24 日是星期一，同時也是基督教的耶穌復活節，公共租界的會審公堂照例放假。只是由於案情特別重大，才由總巡卜羅斯呈請英國副領事翰壘德（又譯康斯定），於當天下午二點半來到會審公堂，與襄讞即助理會審官聶榕卿一起主持對於應夔丞的初步審訊。

　　審訊開始，先由巡捕房代表侃克律師出庭，「譯述見證王阿法自投捕房報告情形。並稱尚有法捕房在被告應桂馨家內，拘獲武士英一名，業已供認，殊與被告大有關係」。

　　然後是證人王阿法出庭，由侃克律師訊問。據王阿法供稱，自己住在打狗橋，「售賣古董、字畫度日，因兜售字畫，曾往應桂馨處二次。」侃克律師問道：「爾既到應處二次，伊與照片爾看，欲辦照上之人，是否第一次去或是第二次？」王稱：「在第二次。此後，我即未曾去過。」

　　接下來是應夔丞出庭與王阿法當面對質。應夔丞問道：「爾至我處兜售字畫，第一次究在何時？第二次與第一次相隔幾天？」

　　王阿法回答說：「第一次約有十天，第二次距離第一次大約三天。」

　　應問道：「爾來兜售之字畫，是何種字畫，畫係何人手筆？所畫抑是山水，還是人物？抑是松竹？」

　　王答稱：「所售乃係手卷，為仇英石所繪，乃係山水，亦有人物、松竹。」

　　應即向堂上聲稱：「請堂上注意，仇英石乃中國畫家名人，然所畫只人物，從無山水，至松竹更非所長，今王所供如是，請為注意。」

　　應接著質問說：「此畫爾從何處得來？」

王答稱：「從在東清鐵路之覺魯生處得來。」

應又向堂上聲稱：「東清鐵路乃拓魯生，今王所供姓名不清，應請堂上注意。」

應問王：「爾第二次至我處，所說甚話？」

王答稱：「第二次至你處，因你不在，沒有會面，以後亦未會晤。」

應即向堂上聲稱：「頃間，捕房律師向詰時云，第二次至我處，伊看照片欲辦一人，今伊云，第二次至我處，未曾會面，此種供詞，應請堂上注意，並請將頃間捕房向王所問供詞宣讀，我亦無別語。」

應夔丞與王阿法質證完畢，由聶榕卿對王阿法問話：「你與被告何時認識？被告與爾看照片欲謀一人，究在何時？是否即係兜售手卷之日？」

王供稱：「與被告在一月前，由友人、前在漢口為洋行買辦之吳乃文介紹，始與相識。與我看照，只說明辦一人，並未言明謀殺，大約離今日已有半月，即係兜售手卷之日。」

這次初審的結果，聶榕卿認為王阿法「前後所供情節略有不符，且尚有見證未齊」，因此與英國副領事翰璽德商議，「判應帶回捕房，候查明，下禮拜一傳齊見證再訊，王阿法著交保候質。」

十一、張秀泉與武士英

前面已經談到過，當年的上海公共租界主要由英國人負責管理，在公共租界之外另有法國人獨立經營的法租界。應夔丞於 1913 年 3 月 23 日深夜在公共租界被英國巡捕抓獲歸案之後，兇手武士英於第二天上午，在國民黨特派員陸惠生等人的指認下，在位於法租界的應夔丞家中被法國巡捕抓獲歸案。關於此事，3 月 25 日的《民立報》報導說：

「應夔丞既獲，隨即抄其家屋，凡來訪者皆被拘留。派巡捕多人，與其眷屬異室看守，來客中逐一審認，見有一短身著新服者，乃特別注意，疑為真兇，一面派人至滬寧車站，覓得當時曾見兇手面目者一人至，及寓六野旅館者，帶至應家，認明短身者，果為手刺先生之兇手，乃捕之。此兇手姓武名士英，字玉生，山西人，毫無知識，其刺宋先生也，得應一千元。應與以照片，使之刺宋先生，武貪財為之，究亦不知宋為何許人。武就捕後，一一供認不諱，親自簽字。武在六野旅館所託賣之花瓶，亦發現於應夔丞家。武之所以就捕者，以同妓女胡翡雲至應家，雙雙送信，遂不能走脫，胡翡雲亦被拘留，殆亦宋先生在天之英靈，有以使兇犯投網乎！」

這裏所謂的「在天之英靈」，在中國民間另有更加通俗的說法，叫做「神仙指路」。只是指引租界巡捕抓捕應夔丞、武士英的「神仙」，並不是宋教仁的「在天之英靈」，而是國民黨方面的陳其美、王金發、陸惠生、周南陔、張秀泉、鄧文斌等人。關於武士英，3月25日的《民強報》報導得最為翔實：

「武士英係山西平陽府龍門縣人，其名片上無龍門二字，而其官銜則大書曰：『雲南七十四標（昨誤載四十二標）二營管帶代理本標標統』。於二個月以前來滬，住五馬路女丹桂戲園對門弄內金台六野旅館。其人雖身材短小，兇悍異常，然非與宋先生有仇，其刺宋先生，係廣東人□□□（此人尚未弋獲，姑隱其名）所介紹。聞張秀泉君言，武士英亦曾到過彼處二次，而□□則於武去後屢來尋武。據□□自稱，伊係前清攝政王府帶衛隊者，曾與汪精衛謀下獄，數月得釋。張君漫應之，尋亦去，惟約略能憶其住址，係北四川路洪吉里耳。現□□已漏網，而據旁面報告，□□確曾往六野旅館

與武相商，而武亦曾於馮去後數日，即見手頭闊綽，以一元還鄰客一角之舊債，且攜有花瓶出賣，且異名曰吳福銘。及案發時，武忽不在旅館，至翌日下午始匆匆回來，以五十元完店帳，叫黃包車一輛，收齊行李、花瓶向小北門而去。及至二十三夜，武同胡翡雲至文元坊報信，同時被擒，然人尚不知其為兇手也。惟是時陸惠生君見其形色倉皇，而身材又與刺客略似，以時已夜半，特囑巡捕格外注意。二十四晨，陸君復至，見武於應公館被擒之眾人中蹲地不起，特喚出之，相逼而認。當夜行兇時，武曾帶有四人，係應夔丞所派者。一葉玉如，一楊□仁，其二則武忘之矣。」

關於「廣東人□□□」，3月25日的《民立報》在介紹國民黨方面的第一線索時，就已經介紹說：「此姓馮者，自稱光復軍二營營長，繼調查係當過光復軍軍需長」。3月26日，《民立報》進一步報導說：「二十日午前，曾有一馮姓與武士英耳語，此馮姓者，自稱光復軍二營營長，繼調查係當過光復軍軍需長，現查得馮姓居北四川路洪吉里四二四號，經派人偵緝，而人已逃去，唯屋內頗留文件，並聞馮號玉山，又名鄂鈞，廣東順德縣人，所居係寄寓人家之樓上。」

這裏的張秀泉，就是3月25日《民立報》所報導的主動向國民黨方面舉報自己的保鏢「鄧某」以及他的河南老鄉王阿法的「張君」。3月26日，《中華民報》在署名民畏的《暗殺案鉤稽之一班》中，率先公開了「鄧某」的真實姓名：「河南鄧州人王發（即王阿法），託鄧文斌辦一事，云係欲害一人性命，其人即從前報館之主筆，革命時之首領，而現今又曾做過官者。因其欲上京，於大總統不利，故須刺殺之。刺殺之地點，則以南京、蘇州、上海火車站為最宜。事成得賞一千元，並有官做。若被官中捉去，定保無事。並以公文隨帶，作為護身之符。」

　　關於宋教仁案中既認識殺人兇犯武士英、馮玉山，又主動出面告發鄧文斌、王阿法以及應夔丞的會黨首領張秀泉，國民黨方面的激進派人士何海鳴，在寫於 1917 年的《金陵紀戰》中回憶說，當年是他「介紹張秀泉及鄧某於陳英士處，為發其秘。於是，袁世凱之罪惡，乃大暴於天下。案破後，張、鄧以未得酬勞，有怨言。予因他事，亦不豫於心。」[10]

　　何海鳴所說的「酬勞」，指的是黃興、陳其美為宋教仁案聯名懸賞一萬元的緝凶賞格，以及上海多家權力機構的緝凶賞格。參與舉報江湖會黨組織中華國民共進會會長應夔丞的何海鳴，隨後被共進會副會長張堯卿以及韓恢、尹仲材、胡俠魂、羅良鑒、柳人環等人推舉為鐵血監視團團長。1913 年 5 月 29日凌晨 1 時，鐵血監視團攻打上海製造局失敗。5 月 31 日，陳其美帶著《民強報》記者來到上海製造局，指責鐵血監視團與應夔丞一樣，是與北京中央政府內務部有秘密聯繫的「南方敗類」。

　　到了三年後的 1916 年 5 月 18 日，陳其美與宋教仁一樣遭到有組織、有預謀的殘忍暗殺。奉張宗昌的命令組織暗殺陳其美的程子安，「本為張秀全、韓恢、胡俠魂等部下」。而會黨首領張秀泉的保鏢鄧文斌，與張宗昌一樣有過在東北三省充當土匪馬賊，辛亥革命期間應上海光復軍總司令李徵五的招募，到上海參加革命的經歷。作為上海光復軍總司令、青幫「大」字輩大佬李徵五的老部下，張宗昌、張秀全、韓恢、胡俠魂、鄧文斌、程子安等人，其實也是另一位青幫「大」字輩大佬、前滬軍都督陳其美的間接下屬。按照朱宗震的說法，「（陳其美）案的黑幕沒有充分暴露。……張秀全究竟是否即前文所述何海鳴所介紹之『張秀泉』尚待考證；而韓恢、胡

10　何海鳴：《金陵紀戰》，《寸心雜誌》（北京），1917 年 1 月，第 1 期。

俠魂則都是鐵血監視團成員，韓並始終參加革命。他們的部下程子安卻參與了暗殺陳其美的罪惡活動。」[11]

十二、武士英的同案幫兇

據 3 月 26 日的《民立報》報導，3 月 23 深夜，公共租界的英美總巡卜羅斯，在國民黨方面的特派員帶領之下，來到迎春坊三弄的妓女李桂玉家裏把應夔丞抓捕歸案。應夔丞當天晚上被押送到公共租界巡捕房關押，與此同時，公共租界的巡捕房還聯合法租界的巡捕房共同封鎖了應夔丞的文元坊住宅，扣押了當時留在應夔丞家中的所有人員。

3 月 24 日早晨，公共租界巡捕押送應夔丞回到拱宸門外文元坊北弄第二號的家裏，與法租界巡捕一起查抄證據。應夔丞家裏共有樓房五幢，廂房兩幢，裝潢華麗，門口掛著三塊牌子，其中又長又大的第一塊牌子是「江蘇巡查公署」；第二塊牌子是「中華國民共進會機關部」；第三塊牌子是「文滙公司經租房」。「既至應家，分派巡捕多人先行把守。入內檢查，有二室最為緊要，查出公文信件甚多，只將信面略閱過，至其中作何語，則未及細閱，由法總巡封完，擔負保存責任。尚有一鐵箱未啟，其餘均存法總巡處。」

到了 3 月 25 日下午 4 時，法捕房捕頭藍君，帶領譯員趙振生以及國民黨人一名、西探三名、華捕四名，再一次來到應夔丞家裏搜查，搜出很多的公文憑據，而且找到一把六響手槍，其中有三粒子彈還沒有射擊，子彈規格與在滬寧火車站找到的刺殺宋教仁的三位子彈相同。

---

[11] 朱宗震：《陳其美與民初遊民社會》，浙江文史資料選輯第 36 輯《陳英士》，浙江人民出版社，1987 年，第 151 頁。

　　同一天的《民立報》中，還有法國租界當局於 5 月 25 日下午 5 時，在法租界的公審公堂初步審訊武士英的報導。參與審訊的有法國領事館李副領事、中國方面派駐租界的會審讞員關炯之、助理會審官聶榕卿以及審判官王慶瑜。武士英當庭供認自己叫吳福銘，山西人，曾在貴州某學堂讀書，後為雲南七十四標二營的管帶。「行刺前一日（十九），有姓陳的來約我入共進會。姓陳的五、六日前，茶店裏認得的，當時陳對我說，現在我們要辦一人，這人與中國前途有非常關係，這人是無政府黨，吾等將替四萬萬同胞除害。我因聽陳說這人與中國有害，所以毅然答應了。這日同陳去吃茶，晚上同陳到六野旅館開一間房。」到了 3 月 20 日，陳玉生邀請武士英到三馬路的半齋吃飯，酒足飯飽之後告訴武士英說：「這人姓宋，今晚就要上火車，故今天就好行事了。」當天與武士英、陳玉生一起到火車站實施謀殺活動的還有兩個人。其中一個在外面望風，其餘三人剛剛購買三張站臺票，就看到宋教仁一行人走過來。「姓陳的就指點我說這就是宋某。後來等宋從客廳出來，走至半途，我即開槍打了一下，往後就逃至門口，見有人來，當即僕地，再在後放了一槍，而逃到門外，坐黃包車到應桂馨家去，及進門，則陳已先至，陳尚對我言：如今好了，我們已替四萬萬同胞除害了。」

　　關於應夔丞（桂馨），武士英供述說，「初入共進會時，即見應一面，行刺後又見應桂馨，應甚稱讚我做得好，且說將來必定設法令我出洋去讀書。至於手槍，於行刺後已經交回姓陳的了。」

　　關於自己刺殺宋教仁所得到的報酬，武士英介紹說，「當時曾經許我一千塊錢，但是我只拿得三十元」。

　　3 月 27 日，《民立報》進一步報導說：

「武士英被捕之時，已經供認『應桂馨所指使，我白天尚不曉得要幹這事』云云。而第二次在法公堂供詞，但云陳玉生

75

如何指導，謂與應桂馨僅見一面，其供詞之狡展，前後不符，純是小賊行徑，概可見矣。」

同一天的《民立報》還報導了上海國民黨交通部準備起訴的情況：「延請德雷斯與哈華託兩大律師承辦此案。德、哈兩律師在滬久著盛名，凡承辦各案，皆以保障民權主持公道為職志，於宋先生被刺一案，亦甚注意，已將逐日所得證據一一研求，深得此案之大概矣。」

3月28日，《民立報》報導了指揮武士英刺殺宋教仁的重要案犯陳玉生的下落：

「陳玉生為何如人，不得其詳，惟知住應桂馨家，事發脫逃，隨由捕房四出偵緝，又通電各處訪拿，昨聞已在鎮江將陳玉生捕獲，定於今日迎提回申矣。」

同一天，該報還報導了中國政府及國民黨方面在公堂會審前的準備工作：江蘇都督程德全一方面命令上海地方審判廳廳長黃涵之到堂會審，一方面與通商交涉使陳貽範共同指派陪審員數人，「會同關讞員詳細研訊，刻正與領事團磋議」。國民黨方面的證人，「除王阿法、鄧文斌外，尚有某某兩人亦曾在應處，由應取出宋君照片，委託謀刺，亦願到堂聲明。」

3月29日，上海《中華民報》又報導說：

「上海公共捕房總巡卜羅斯君，查得該兇犯武士英前堂供涉之陳姓，及另有二人同至車站者，陳姓即係陳玉生，除已偵獲外，另有二人，一係吳乃文，一係張漢彪，茲又研詰該兇犯武士英，供出有一馮嶽君者，亦是應夔丞指使行刺同謀之人。現因該三犯均係案中要犯，未便任令遠揚，故由卜總巡前日函致公廨關讞員，請速出票協同緝拿，吳乃文、張漢彪、馮嶽君三犯，務獲解訊等因，昨經關讞員准即照辦云。」

　　行文至此，親臨現場參與謀殺的主要案犯，已經有了三種版本。其一是 3 月 25 日《民強報》報導的武士英、馮玉山、葉玉如、楊口仁以及忘記名字的另一個人。其二是 3 月 29 日《中華民報》報導的陳玉生、吳乃文、張漢彪、馮嶽君（玉山）。其三是周南陔事後回憶的武士英、「不知所終」的小寧波和久已去世的「某某」。相對而言，《中華民報》所報導的上海公共捕房總巡卜羅斯，根據武士英的口供要求緝拿歸案的吳乃文、張漢彪、馮嶽君（玉山），以及已經抓捕歸案的「案中要犯」陳玉生，可信度最高。

　　特別值得注意的是，「在漢口為洋行買辦」時期就與王阿法認識的吳乃文，既是介紹王阿法與應夔丞認識的介紹人，也是在現場協助武士英刺殺宋教仁的犯罪嫌疑人之一。而在 1911 年 11 月 9 日上海《申報》刊登的〈滬軍都督府各部職員表〉中，諜報科科長應夔丞手下的三名一等科員中，恰好有吳乃文的名字。曾經委託王阿法到應夔丞家裏登門賣畫的「東清鐵路」之拓魯生，又恰好是在滬寧火車站為宋教仁送行的國民黨要員。所有這一切與其說是偶然的巧合，不如說是陳其美等國民黨人士裏應外合的精心安排。正是因為這個原因，在宋教仁案發生之後，於第一時間從六野旅館的「某君」那裏獲得第一線索的國民黨方面，對包括馮玉山在內的涉案人員及涉案線索進行了全面調查。他們在外國人控制的租界區裏雷厲風行地抓捕應夔丞、武士英，在他們勢力所及的上海周邊的本國領土上，卻沒有再接再厲地追捕以吳乃文為首的其他兇犯；反而由公共租界巡捕房的總巡卜羅斯，出面請求公審公堂的會審讞員關炯之，「速出票協同緝拿，吳乃文、張漢彪、馮嶽君三犯」。甚至於連「已偵獲」的陳玉生，無論是在武士英被殺人滅口之前或之後，都沒有出現在法庭之上與應夔丞進行當面對質。

　　換言之，現在能夠看到的歷史事實，是國民黨方面一方面有預謀、有選擇地抓捕應夔丞和武士英；與此同時卻對同一案件的犯罪

嫌疑人吳乃文、陳玉生、馮玉山、張漢彪等人，採取了包庇放縱的另一種態度。宋教仁血案中直接實施謀殺活動的關鍵人證，以及由此而來的證據串連，就是這樣在陳其美及國民黨方面的操縱利用和遮蔽掩蓋下永遠消失的。

十三、武士英的當庭翻供

　　3 月 24 日，翰壘德、聶榕卿、卜羅斯等人初次審訊應夔丞、王阿法時所說的下星期一，指的是 1913 年 3 月 31 日。3 月 31 日下午 2 時 30 分，公共租界的會審公堂第一次開庭預審，由會審讞員關炯之、英國副領事翰壘德、上海地方審判廳廳長黃涵之共同主持。代表公共租界巡捕房出庭的是刑事檢查員侃克律師。代表中國政府出庭的是由江蘇都督程德全與國民黨方面聯合指派的德雷斯律師。代表原告應夔丞出庭的三名外籍律師分別是愛禮思、沃沛、羅禮士。出庭觀審的有湖南司法籌備處處長蕭仲祁，江蘇都督程德全委派的國民黨籍特派專員陸惠生，以及來自多家報刊的媒體記者。由於相關方面的準備不夠充分，這次開庭沒有進行實質性審訊。

　　據杞憂子在《宋漁父》一書中提供的庭審記錄，4 月 4 日下午公審公堂第二次開庭預審時，先由侃克律師介紹此前在法租界的會審公堂初步審訊吳福銘即武士英的情況：吳福銘已承認 1913 年 2 月來到上海，認識陳玉生後，於 3 月 19 日在陳玉生帶領下來到應夔丞（桂馨）家裏，被批准加入共進會。刺殺宋教仁的 3 月 20 日，他與陳玉生再次來到應家看了宋教仁的照片，然後帶著手槍前往火車站。刺殺成功後，他乘坐人力車逃到應家裏與陳玉生見面，並得到應夔丞誇獎。[12]

---

[12] 徐血兒等編，蔚庭、張勇整理：《宋教仁血案》，嶽麓書社，1986 年，第 247 頁。

　　應夔丞的代理律師沃沛辯護道，只說行兇之人已經承認，並且說是某人主使，而沒有第三人可以證明，這樣的證據是不能夠成立的。沃沛雖然沒有點出第三人的名字，他所說的第三人，顯然是指已經被抓獲歸案的陳玉生。令人奇怪的是，在連續七次的法庭預審中，已經被抓獲歸案的陳玉生一次也沒有出現，而且從此再也沒有音訊。

　　接下來，第一個被傳喚到庭的犯罪嫌疑人武士英，當庭進行了翻供。以下是發生在侃克律師與武士英之間的問答——

　　1913 年 4 月 4 日下午，公審公堂第二次開庭預審。當兇犯武士英出庭時，首先由侃克律師提問。

　　侃問：「汝知陳玉生其人否？」

　　答：「乃係陳易仙。本不認識此人，後在茶寮中談話始認識。」

　　侃問：「汝向不識陳易仙麼？」

　　答：「不認識。」

　　語至此，武忽作兇悍狀，大聲言曰：「此次殺宋教仁，乃我一人起意，並無第二個人。」

　　關於自己與應夔丞的交往，武士英在回答會審讞員關炯之提問時表示：「陳易仙曾同我往應家，當時我上樓，有一人自樓梯下來，我以為是應先生，後來知道不是。因聽見人說，應身材甚高，而我所見人甚短小，後來從未見面，打死宋教仁，是我一人主意。」

　　接下來，是應夔丞的外籍律師沃沛與武士英的對話：

　　沃問：「宋教仁是爾所殺麼？」

　　答：「是我一人殺的。」

　　沃問：「爾何以要殺宋教仁？」

　　答：「因宋係四萬萬同胞之罪人。」

　　沃問：「爾何以知道他是四萬萬同胞之罪人？」

　　答：「他做農林總長尚做不了，現在他竟想做總統，這還了得麼。所以我要刺他。」

沃問：「爾知國民黨是何宗旨？」

答：「二次革命，推翻中央政府。」

沃問：「爾何以知道要推翻中央政府？」

答：「即如現在江西，尚不服從中央命令。」

沃問：「爾於中央政府如何？」

答：「我很愛助中央政府。」

值得注意的是，當應夔丞的另一位外籍律師愛禮思詢問武士英「爾到應家時人多不多」時，武士英回答說「很多」，並且指著在座的陸惠生說：「他亦在。」當愛禮思轉向陸惠生發問時，德雷斯律師表示反對，他所提供的理由與其說是意味深長，不如說是暗藏殺機：「陸係江蘇都督特派辦理此案之專員，不應褻瀆，且訊問陸君與被告亦無益處。」

面對會審讞員關炯之的詢問「爾知前後口供不符否？」武士英的回答是：「知，但我此次皆說真情話，前次所言多假。」

武士英退庭之後，被傳喚到庭的證人是火車站腳夫朱小弟。他提供的證言是，腳夫萬阿榮在地上拾到的彈殼，是由他出面交給包探的。隨後出庭的探目楊掌生、華人偵探鍾星南以及白人偵探蓋文司，都證明了朱小弟交出彈殼的事實。會審會堂連續傳喚四名證人出庭證明無關緊要的彈殼，卻沒有任何人提出要傳喚陳玉生出庭證明，花錢雇用武士英刺殺宋教仁的罪魁禍首，到底是不是應夔丞？！

等到五十號西探總目安姆斯脫郎出庭時，沃沛律師把話題引向了由前滬軍都督陳其美主使、由蔣介石負責執行的陶成章案。

沃問：「爾在捕房為總目，一切案件均歸爾查。從前一切暗殺以及拔人拆梢之事，可牽涉及高等官場者乎？」

答：「無。」

沃又言：「從前暗殺及拔人拆梢之案。在牽涉革命黨者乎？」

答：「亦記不清。」

沃又言：「從前法租界醫院暗殺案是否與高等官場有關乎？」
答：「不知。」

沃又言：「今日在滬之高等官場為誰乎？」

安姆斯脫郎還沒有回答，德雷司律師便嚴正駁斥說：「此等案外之事，被告律師不應牽及，西探總目可以不答。」

沃沛律師接著問道：「然則當時至捕房報信及領往應家者是何人？是否即是今日在堂上之陸惠生？」

安姆斯脫郎沒有回答這一問題。代表公共捕房出庭的侃克律師辯護說：「送信之人理宜守秘密，未便公佈。」

名義上是代表中國政府其實是代表國民黨方面的德雷司律師表示說：「英國法律有不宣佈送信人及守秘密之條，明日可呈案。」

代表中國政府的會審讞員關炯之也解釋說，中國法律也有守秘密條文，並且將該條文拿給原、被告律師傳看。

而在事實上，國民黨人陸惠生在案件偵緝過程中所扮演的重要角色，此前已經被報紙公開披露，「秘密」二字已經難以成立。侃克律師、德雷司與會審官讞員關炯之一致表示應該對舉報人保守秘密，反而暴露了公審各方對於國民黨方面一邊倒的偏袒態度。

十四、宋教仁案中的應夔丞

1913 年 4 月 5 日上午，五十號西探總目安姆斯脫郎在公審公堂第三次預審時主動承認，3 月 23 日陪同他們尋找王阿法、抓捕應夔丞，3 月 24 日早晨又當場指認武士英是殺人兇犯的國民黨人，就是陸惠生。

4 月 11 日下午，公審公堂第六次開庭預審，應夔丞與辯護律師愛禮思之間另有如下對話：

愛問:「汝說次晨聞宋被刺,時汝在何處?」

應答:「在我家樓上。」

愛問:「是時汝作何事?」

應答:「吸煙。」

愛問:「信從何來?」

應答:「聞樓上有人盛講此事,我著娘姨去問,回來說聽見車站有人被刺。」

愛問:「汝問娘姨帶說話之人上樓否?」

應答:「是。」

愛問:「汝認識此人否?」

應答:「不識。」

接下來,翰壘德詢問應夔丞:「武說反對宋政見者姓應的亦在內,汝如何問他?」

應夔丞回答說:「我問有何憑據,他說沒有,我說如無人指使,你問問良心,該做這事麼。他說應當的。我問什麼理由。他說宋運動議員,要做國務總理,發表許多政策,都是空話。我問有何證據。他說宋做農林總長時已見一斑。我復問是你自己要打死他否。他說是。我想此種事與政治有關,恐怕有反對黨指使的,或有黨中反對之人指使的,或從前上海暗殺黨黨中刺死的。我心思極亂,想捕他又沒有權力,此種大事更應稟明上官,我就順著他意留住他。」

按照應夔丞的說法,他當時發出三張信票給手下偵探,並且對武士英說,你能到英國讀幾年書,腦筋就更清楚,你若外出可不得了。翰壘德問道:「汝言此何意?」

應回答說,這是要騙武士英,所以才誇獎他。當時武士英就答應留下了。「我本要報捕房,繼因此關中國政治,不能使外國人曉得,因一則違背上官命令,二與案子辦法不對,我要用自己力量辦結此案,我要用我應有之權力報告長官。」

　　對照當年的相關報導，吳乃文、陳玉生等人於 3 月 20 日中午陪同武士英來到應夔丞家裏時，很可能確實沒有見到應夔丞，反而見到了另一位國民黨要人陸惠生。應夔丞直到宋教仁被刺的第二天早晨，才與他此前完全不認識的殺人兇犯武士英第一次見面，並且履行江蘇駐滬巡查長的職責，主動誘騙武士英留在自己家中。武士英就是在這種情況下，於 3 月 21 日早晨返回六野旅館結賬，並且把隨身衣物與古董花瓶一起搬到應夔丞家裏來的。陸惠生親眼見證了武士英等人的可疑活動並且印象深刻，卻沒有在本黨代理理事長宋教仁遭受暗殺之前採取任何防範措施；反而在宋教仁遭受暗殺之後，受陳其美等人的派遣，針對應夔丞和武士英實施了雷厲風行的抓捕行動。應夔丞在宋教仁案中所扮演的，既不是暗殺行動的最高決策者的角色，也不是暗殺行動的操作執行者的角色，而是在中央政府與上海國民黨之間，專門收集用來嫁禍於中央政府的情報資訊和證據材料的雙面間諜的角色。具體操作執行暗殺行動的，是應夔丞在滬軍都督陳其美手下任諜報科長時的一等科員吳乃文，及其同夥王金發、陸惠生、拓魯生、陳玉生、張漢彪、馮玉山等人。吳乃文等人所執行的顯然不是來自應夔丞的命令，而是更高層的陳其美等人的命令。在上海地區擁有最大份額的軍政實力和情報系統的前滬軍都督陳其美，所扮演的既是偵破宋教仁案的總指揮，同時也是製造這一謀殺案件的總指揮的雙重角色。

十五、虛假線人王阿法

　　在 1913 年 4 月 5 日上午的公審公堂第三次預審中，安姆斯脫郎關於國民黨方面的報案與應夔丞（桂馨）的被捕，提供了更加準確的庭審證言：

「逮捕應桂馨在三月二十三號夜約十一點多鐘,會同法捕房派人至應家看守。並言此案於刺死宋教仁之第二日,即有二人到捕房來送信,謂係應桂馨所為。後又有兩人來說,見證王阿法亦知此事。後來的二人內有一人即起先同來。迨至拘捕應桂馨之前二點鐘,又有人到捕房來報信。捕房得此資訊,先去尋獲王阿法,然後拘捕應桂馨。至二十四號(即禮拜一)早晨時,陸惠生亦在場。」

由此可知,國民黨方面曾經先後三次到公共租界的巡捕房報案。第一次是兩名國民黨人,其中應該包括陳其美派遣的「國民黨某君」陸惠生,時間是宋教仁遇刺後的第二天即 3 月 21 日。第二次是陸惠生與王阿法的河南同鄉鄧文斌,時間應該是他們於「二十二晚十二時」在「某公司」裏私設刑堂,秘密脅迫王阿法充當報案線人之後。第三次依然是脅迫王阿法充當報案線人的陸惠生、鄧文斌等人,時間是「拘捕應桂馨之前二點鐘」,也就是 3 月 23 日晚上的 9 時左右。王阿法是在被租界巡捕和國民黨「尋獲」的情況下,完全被動地充當報案線人的。

4 月 7 日下午,王阿法在公審公堂第四次預審時出庭作證,脅迫他充當報案線人的河南同鄉鄧文斌並沒有與他一同出庭。巡捕房代表侃克律師當庭詢問王阿法何時認識的應桂馨?他說是「約在案發前十日」。侃克讓他當庭指出誰是應桂馨,他指著應桂馨說「即此是也」。侃克當庭出示宋教仁的照片讓他辨認,他「審視數四」才說出一個「然」字。接下來,是應夔丞(桂馨)的辯護律師愛禮思,與說「湖北土語」的王阿法之間的當庭問話:

愛問:「汝操何職業?」

王曰:「古董。」

愛問:「未來滬之前在何處?」

王答：「漢口。」

愛問：「在漢口操何職業？」

王答：「太平洋行火險捐客。」

愛問：「汝既為保險捐客，何由職業古董？」

王答：「代客買賣古玩。」

愛問：「是汝通報應事否？」

王答：「然。」言時似甚恐怖者，一若應犯之凶黨旦夕即將報復之狀。既乃大聲言曰：此乃事實，彼雖死，餘亦無怨。

愛問：「汝未通告之前，曾將此事告他人否？」

王答：「有。」

愛問：「誰？」

王答：「國民黨之鄧君。」

在《民立報》3月25日的公開報導中，是鄧文斌的主人張秀泉首先向國民黨方面告發鄧文斌與王阿法，鄧文斌配合其他國民黨人找到王阿法，「由某洋行大班覓得包探頭目二人」，在租界區的「某公司」裏私設刑堂，「脅王某說出原委」。到了此時，遭受脅迫的王阿法，卻完全撇開國民黨方面的陸惠生、張秀泉、鄧文斌等人，充當起積極主動的告發者：「刺宋案發生後，余在報上見宋教仁之肖像，始憶應犯交余之照，因見宋之為人有功民國，乃告鄧君，以應之若何委託，鄧即挽余同往捕房。」

關於自己「約在發案前十日」與應夔丞的第一次見面，王阿法當庭介紹說：「有法界柏林路通清鐵道公司朱君，託余代售字畫，遇友人吳乃文介紹，始識之。」愛禮思律師詢問道：「介紹信內所說何事？」王阿法回答說：「余不知之。」而在3月24日下午會審公堂的初審中，王阿法與應夔丞當面對質時的說法是，他所代售的字畫，是「從在東清鐵路之覺魯生處得來」，也就是應夔丞所糾正的「東清鐵路」職員拓魯生處得來的。3月20日晚上宋教仁在滬

寧火車站遇刺時，拓魯生恰好與黃興、陳策、廖仲愷、吳頌華等人一起在為宋教仁送行。

4月9日下午，公審公堂第五次開庭預審，愛禮思律師再一次向王阿法詢問到應夔丞家裏的情況。王阿法回答說：「第一次去時，係售畫。應犯曾言及有點事情相託，故第二次去時，因問應犯何事相託。余失業後，屢思謀一職業，聞應犯言有事，故欲詢其何事。」

愛問：「汝第一次在堂上曾云二次，今說三次，到底是三次，是二次？」

王答：「余說余自己一人去過二次。第三次是與姓鄧的同去。」

愛問：「姓鄧的曾問汝欲幹何事否？」

王答：「余對他說辦案，他問余是何人，余答以不知，須到應宅後始悉。」

愛問：「汝同姓鄧的去時如何情形？」

王答：「不見應犯就走，後以此事關係太大，遂作罷。」

愛問：「應犯交汝閱看之宋先生明信片與捕房律師上次交汝看之照是一人否？」

王答：「然」

愛問：「汝到應宅之第一次距刺案發生約幾日？」

王答：「十日。」

愛問：「汝幾時方到上海？」

王答：「去年陰曆二月初間。」

愛問：「汝是國民黨黨員否？」

王答：「否。」

愛問：「汝之友人姓鄧的是黨員否？」

王答：「然。」

愛問：「汝是敢死團中人否？」

王答：「否。」

作為上海國民黨方面的著名人物，既是江蘇駐滬巡查長又是共進會會長的應夔丞，不是直接安排像鄧文斌這樣的國民黨內部的職業殺人去從事暗殺活動；反而繞了個圈子，通過不是國民黨黨員的王阿法去尋找國民黨黨員鄧文斌從事暗殺活動。連不是國民黨黨員的王阿法都覺得應夔丞的買兇殺人「關係太大」，國民黨黨員鄧文斌對此卻毫無作為。等到本黨代理理事長宋教仁遇害之後，他反而積極主動地配合陸惠生、王金發等人，脅迫自己的同鄉王阿法充當虛假的報案線人。鄧文斌的這種前後反差，是十分可疑的。

4 月 11 日下午，公審公堂第六次開庭預審，應夔丞當庭介紹說，3 月 1 號或 2 號，並不是古董字畫商人的王阿法，帶著吳乃文的推薦信到他家裏求職。他送走王阿法後，當即吩咐手下人，以後王阿法再來就不要通報接見了。這次見面也因此成為宋教仁案發生之前，他與王阿法之間僅有的一次。案發之後，王阿法留在應夔丞家裏的吳乃文推薦信，被搜查出來保存在巡捕房裏。與《民立報》等國民黨報刊反覆強調武士英在槍殺宋教仁之後，得到一千元的報酬並且換上新衣服一樣，應夔丞關於王阿法也有意味深長的當庭介紹：

> 「第一次我見他，他說住小客棧。彼時他持信來見，欲即刻求事。但是這個人非但我不能收用，無論何人都不能收用，即堂上亦可見其為人。現在他忽穿新衣服，甚奇怪，我想他已在大客棧住了。」

王阿法的「忽穿新衣服」甚至於住進大客棧，說明他充當報案線人既有陸惠生、張秀泉、鄧文斌等人加以脅迫的因素，同時也有陸惠生等人恩威並重加以誘導獎賞的因素。面對愛禮思的詢問：「汝曾叫王阿法辦公事殺人否？」應夔丞回答說：「我就發瘋亦不能說。我共進會人很多，何必找此種人。」

在當年的中國社會裏，最為可靠的人身安全保障，並不是來自於本國政府的依法作為，而是來自於租界當局所堅持的治外法權。這也是長期從事地下秘密活動的孫中山、黃興、陳其美、應夔丞等革命黨人，堅持住在由外國人主宰的租界區的主要原因。對於想抓捕居住在租界區裏的應夔丞，卻又沒有獨立的偵緝權和執法權的國民黨人士來說，最大的瓶頸就是租界當局的治外法權。國民黨方面要想通過擁有治外法權的租界巡捕把應夔丞和武士英抓捕歸案，就必須找到一個足以說服租界巡捕依法抓人的報案線人。對照王阿法與應夔丞（桂馨）的上述供詞，可以得出這樣幾點事實判斷：

第一，王阿法是一名假畫商。一個連自己出售的手卷是什麼人的什麼作品都說不明白的人，是不可能充當畫商的。東清鐵路的拓魯生等人，在正常情況下是不可能把著名畫家仇英石的珍貴手卷，交給王阿法這樣的假畫商去出售的。

第二，王阿法是報假案的假線人。作為曾經擔任過諜報科長的中華國民共進會會長，應夔丞手下不可能缺少專門從事暗殺搶劫、搜集情報之類黑道活動的會黨人士，自然不會向自己既不熟悉更不信任的王阿法買兇殺人。應夔丞與王阿法第一次見面的時間是 3月 1號或 2號，目的並不是為了出賣古董字畫，而是拿著吳乃文的推薦信前來求職。求職失敗的王阿法，在宋教仁案發生之前只見過應夔丞這一次。應夔丞在王阿法麵前拿出宋教仁照片出一千元錢買兇殺人，顯然是國民黨方面的陸惠生、王金發、張秀泉、鄧文斌等人，在「包探頭目二人」的協助配合下，於 3月 23日在租界區的「某公司」裏私設刑堂，脅迫他臨時編造的虛假資訊。

第三，在宋教仁案的涉案幫兇中，吳乃文是最為關鍵也最為神秘的一個人。「在漢口為洋行買辦」時期就與王阿法認識的吳乃文，既是介紹王阿法與應夔丞認識的介紹人，也是在現場協助武士英刺殺宋教仁的犯罪嫌疑人之一。他和他的助手陳玉生、馮玉山、張漢

彪等人，在物色武士英充當殺人兇手的同時，也預先物色了專門充
當虛假報案的虛假線人的王阿法。被推到前臺的武士英和王阿法，
都是剛到上海不久、社會關係單純並且窮困潦倒、急於發財的外地
人。他們用來招搖撞騙的臨時性身份，又都是國民黨上層的黃興、
陳其美、李徵五、應夔丞、王金發、沈翔雲、周南陔、吳乃文、拓
魯生，以及當時正在上海的袁世凱的二公子袁克文，經常交往的古
董字畫商人。國民黨方面脅迫利誘黨外人士王阿法充當並沒有十分
過硬的說服力的虛假線人，而沒有讓國民黨黨員張秀泉與鄧文斌，
以及在六野旅館追蹤調查武士英的「某君」，公開站出來充當更加
具有說服力的報案線人，就是為了在出賣犧牲應夔丞與武士英的同
時，不至於牽涉出更多的黨內人士，尤其是躲藏在應夔丞背後的更
高層級的陳其美等人。到了兩個月後的 5 月 24 日，駐守揚州的第
二軍軍長、青洪幫大佬徐寶山，同樣是被陳其美派出的假扮古董商
人的兇手，用在古董花瓶裏面安裝炸彈的方式成功暗殺的。

　　按照常識理性，從事暗殺活動的兇手武士英，無論如何也不可
能在暗殺之前和之後，明目張膽地反覆暴露自己的行蹤去向，而是
應該像直接出面收買他行兇殺人的吳乃文、陳玉生、馮玉山、張漢
彪那樣迅速逃走。涉嫌買兇殺人的應夔丞，無論如何也不應該把殺
人兇手武士英收留窩藏在自己家中。對於依然掌握著上海地區的軍
政實力和情報系統的前滬軍都督陳其美來說，把曾經在自己手下擔
任過諜報科一等科員的吳乃文抓捕歸案，也並不是什麼難事。只有
明白了上述事實，專門從事諜報工作的應夔丞，在參與謀殺國民黨
代理理事長宋教仁的過程中，敢於把所有的證據材料加蓋印章後保存
在自己家裏；謀殺之後又敢於把自己此前並不認識的兇犯武士英窩藏
在自己家裏的反常現象，才有可能得到一個相對合理的解釋。應夔丞
被自己最為信任的老上司陳其美，作為嫁禍於洪述祖、趙秉鈞、袁世
凱及中央政府的替罪羊出賣犧牲，是他無論如何也想像不到的。

　　查閱當年的文獻資料，國民黨方面在處理宋教仁案的過程中，所採取的一個基本策略，就是依次推出或者說是拋出比較低端的武士英、王阿法、應夔丞、馮玉山、鄧文斌、陳玉生、陸惠生等人，而把真正擁有決策指揮權的吳乃文、王金發、陳其美等高端人士，隱藏在了見不得陽光的暗箱幕後。被迫出面充當報案線人的王阿法，與充當殺人兇手的武士英和充當雙面間諜的應夔丞一樣，是上海國民黨方面的陳其美等人精心佈局的一粒棋子。宋教仁案經過會審公堂連續七次的依法預審，所遺留下來的最大疑點和盲點，就在於原、被告雙方配合默契地避免了武士英與應夔丞的當庭對質。這樣一樁並不十分複雜的謀殺案，只要把已經抓捕歸案的武士英、應夔丞、陳玉生，以及參與或見證謀殺活動的陸惠生、吳乃文、拓魯生、馮玉山、張秀泉、鄧文斌、王阿法、何海鳴等人拉到一起當庭對質，便可以真相大白。但是，國民黨方面所需要的顯然不是宋教仁案的事實真相，反而是通過真假難辯的輿論宣傳，來針對袁世凱、趙秉鈞及中央政府實施道德上的妖魔化，進而退出憲政民主的制度框架挑起發動號稱「二次革命」的國內戰爭。

第三章　宋教仁案中的陳其美與應夔丞

　　在宋教仁案發生之前，上海地區並不是袁世凱及北京中央政府的勢力範圍。在上海地區擁有最大份額的軍政實力和無孔不入的情報系統的，是前滬軍都督陳其美。無論是在針對宋教仁的暗殺活動中，還是在暗殺之後的緝凶及審判過程中，都不難發現陳其美暗箱操縱的幕後黑手。

一、陳其美的涉案嫌疑

　　宋教仁案發生後，在上海地區擁有最大份額的軍政實力並且習慣於從事恐怖暴力活動的陳其美，在派遣王金發、陸惠生、吳乃文、拓魯生、蔣介石、周南陔、張秀泉、鄧文斌等人，協助租界巡捕把應夔丞、武士英抓捕歸案的同時，他自己也被懷疑為涉案嫌疑人。

　　1913 年 3 月 23 日，國民黨方面的第一大報上海《民立報》，在報導「各方面之輿論」時介紹說：

> 「宋先生被刺後，上海全市為之震駭，群情憤慨，……其議論中約略可分為數派：有一派謂發生於黨爭者，國民黨於議院既占優勝，又主張政黨內閣，權利關係，遂有他黨生出齟齬之感想，致產生此兇殘之手段者；有一派謂議員有定昨晚北行者，因宋先生被刺，立即至車站、船埠取回其行李，祝

宋先生傷勢如何，以確定其趣旨者；有一派謂此係宗社黨所
指使者，又有一派謂此意外事，與總統問題極有關係者；又
有一派謂宋先生係極有力之政治家，其北行之職，志在調和
南北，反對黨之加害宋先生者，正以害民國，自此南北統一
之希望，益陷於渺茫之境者；又有一派謂國民黨失一宋教
仁，將有百宋教仁出，前仆後繼，以從事於建設事業，經此
一打擊，國民黨或可益加振作，且打消其從前之蓄氣者，云
云。」

　　1913 年 3 月 25 日，立憲派方面的民主黨的精神領袖梁啟超，
在寫給女兒梁思順（令嫻）的家信中介紹說：「宋氏之死，敵黨總
疑是政敵之所為，聲言必報復，其所指目之人第一為袁，第二則我
云。此間頃加派員警，保護極周，將來入京後更加嚴密，吾亦倍自
攝衛，可勿遠念。」[1]

　　3 月 27 日，梁啟超又在《與嫻兒書》中寫道：「宋氏之亡，促吾
加慎，……刺宋之人（真主使者陳其美也），臚列多人，我即其第二候
補者，今將彼宣告文剪寄，應某謀北來刺我，二十日前蛻丈已電告矣。」

　　梁啟超所說的「宣告文」，指的是應夔丞於 3 月 23 日寄給北京
國務院的〈監督議院政府神聖裁判機關簡明宣告文〉，「蛻丈」指的
是定居上海的麥孟華字孺博，他是廣東順德人，在康有為的眾弟子
中與梁啟超齊名。直到 5 月 2 日，梁啟超還在另一封家信中強調「宋
案確與政府無關」，「係同盟會人自屠」。

　　同樣是在 3 月 27 日，遠在廣東汕頭的《大風日報》刊登署名
菊生的文章〈主謀刺宋教仁果何人乎〉，用不點名的方式把幕後主
凶鎖定在「巍然躋要職，膺上賞」的陳其美身上：

---

[1] 《梁任公先生年譜長編初稿》，歐陽哲生主編《丁文江文集》第六卷，湖南
教育出版社，2008 年，第 521、522 頁。

「記者旅滬，久稔是邦之情狀，……彼輩恃租界為窟穴，復與巡捕包探等相交結，其黨羽甚眾，聲氣甚廣。一案之發生，內而彌縫者有人，外而援救者有人。故殺人之事時有所聞，而殺人之案則十不一破。凡被其毒螫者，無不忍氣吞聲。……乃光復以還，竟至波及上流人士。陶煥卿之被刺也，黃克強之狙擊不中也，……」

關於已經被逮捕歸案的應夔丞，該文介紹說：

「自上海光復後，即為滬軍都督府之某科長，旋孫先生至滬，組織新政府，以其人辦事勤敏，擢為總統府之庶務科長，後以沾染嗜好，為府中同事所知，下令逐之。復還滬軍都督府，迄滬都督取消後，又為江蘇都督府某官，其善於夤緣如此。」

接下來，該文再一次把矛頭指向陳其美：

「有以下流之身而竊居上流之位者乎？有與宋君有權利關係者乎？有曾以爭一己權利之故，而以他人為犧牲者乎？此中有人不啻呼之欲出。觀於應出身之歷史，草蛇灰線，痕跡顯露，從此探索，十可得八九也。前者陶公煥卿之被刺，與宋君之事同出一轍也。以彼輩神通廣大，故事經二年，兇手尚未緝獲。而此次則不及二日，罪犯既得，意者天奪其魄，不欲長其威焰，以遺毒我民國耶！」

5月6日，孫中山、黃興在聯名回復萬國改良會會長、美國長老會教士丁義華的電報中談到，「宋案發現之翌日，北京政界眾口同聲，指為國民黨員所殺」。在他們看來，像這樣的「眾口同聲」，是完全沒有根據的說謊造謠，「蜚短流長，往往類此」。針對丁義華提出的宋教仁案應該法律解決，而不可以利用武力製造南北分裂的

93

勸告，他們希望丁義華「研究真相，發為正論」。[2]而在事實上，包括國民黨第一大報《民立報》在內的所有國民黨報刊，圍繞宋教仁案都沒有做到「研究真相，發為正論」。

二、《民立報》抹黑應夔丞

　　1913 年 3 月 25 日，《民立報》集中刊登一系列妖魔化應夔丞的文章，其中一篇介紹說：

> 「共進會會長應桂馨，前在滬開設祥園煙館，與淫伶李春來開桂仙戲園，嗣與范高頭聯絡一起。范敗，應不能居滬，遂遁至蘇州，捐一候補縣，得朱瞎子提攜，當一釐金差使，又因臟敗不容於蘇，後遁河南，改省候補，再被參革，回到上海。當廣州之役後，在歌舞台編演《廣州血》新劇。武昌起義，應在滬四處偵探，報告事件於同盟會人，因是上海都督府成立，而應得為諜報科長。後聲名狼藉，知為陳英士所覺，南京政府成立，遂至甯自居為衛隊司令。後陳君致函中山，謂此人殊不可靠，遂令至下關兵站，後又撤差。自此與新黨日離日遠，乃又回滬、走杭，組織共進會，聯絡青紅幫，往來滬、漢之間。湖北兵哄哄，應亦在內，為黎所知，將殺之，程德全電保，並電北京，謂應聯絡青紅幫有功，遂獲赦免，並有立功贖罪之語。後不知如何運動，為湖北偵探隊長，又忽有江蘇巡查長之名目。前兩月曾至北京一次。昨日被獲前，曾對人言將去南京，行李已收拾停妥。其家住拱宸門外

2　《孫中山黃興復丁義華電》，《民立報》，1913 年 5 月 12 日。

文元坊，尚有老父，名文生，人極忠厚，不謂有此不肖子。去年父因應在外招搖，已遷回寧波鄉間矣。」

這裏的「朱瞎子」，指的是應夔丞在蘇州當差時的頂頭上司江蘇臬司朱家寶，字經田。辛亥革命爆發後，朱家寶以安徽巡撫改任安徽都督，被同盟會方面的武裝力量所驅逐。1912 年，朱家寶以雲南省參議院議員的身份前往北京，成為袁世凱、趙秉鈞身邊的一名親信。所謂「廣州之役」，指的是發生在 1911 年 4 月 27 日的廣州黃花崗起義。起義失敗後，譚人鳳、宋教仁、陳其美等人從廣州返回上海，發起組織同盟會中部總會，在長江中下游開展革命活動。應夔丞也參與其間，並且演出文明戲《廣州血》以宣傳革命。

這篇文章中最為明顯的詆毀話語，是所謂「後聲名狼藉，知為陳英士所覺，南京政府成立，遂至寧自居為衛隊司令」。一年前的 1912 年 1 月 1 日，中華民國臨時大總統孫中山，率領大批隨員從上海滬寧火車站乘專列前往南京就任。《民立報》在 1 月 2 日的報導中，專門提到過並沒有「聲名狼藉」的「應君」：

「大總統於十一時乘滬寧火車專車起節，送行者如外交總長伍秩庸博士、民政總長李平書君，滬軍都督陳英士君因政躬不豫請假，特派派諜報科長應君並先鋒隊兵士護送至寧。共和憲政會會員、南市商團代表葉惠鈞君及南北各軍士團均至車站相送，……」

同年 2 月 22 日，《民立報》刊登滬軍都督府的〈撤銷諜報科通告〉：

「自武漢倡義，軍務日急，滬上為交通樞紐，逋逃淵藪，故本部組織特設諜報科，偵探要事，以專責成。今共和大局已就底定，南北一統，更無歧視，本部組織不妨略為變更，所

有諜報科已於新曆 2 月 16 日實行裁撤，該科新舊案卷以及
經手未完事件，概移交軍法司接管辦理。」

同年 3 月 23 日，上海《申報》刊登〈應夔丞啟事〉，其中談到
自己「奉滬都督命，隨護孫總統赴寧，……及總統府成立，以率領
警衛軍，並庶務長，兼管內藏庫。」

1984 年，沈鵬年在《臨沂師專學報》發表〈孫中山與王金發〉
一文，其中引用邵力子的回憶說，1912 年 1 月 1 日，陳其美為了保
證前往南京就任臨時大總統的孫中山的絕對安全，專門派遣已經於
1911 年 11 月 10 日出任紹興軍政分府都督的王金發，化裝成「總統
專列隨員」，身佩雙槍暗中保護。陳其美還專門對邵力子解釋說：「我
們革命黨慣用暗殺手段對付清政府的顯要權貴，也要防止他們用暗
殺手段來傷害孫中山先生。有王金發擔任秘密工作，就可以放心了。」

一年前在滬寧火車站護送黨魁孫中山就任臨時大總統的「諜報
科長應君」，在一年後的 1913 年 3 月 20 日，偏偏變成收買武士英
在滬寧火車站刺殺代理黨魁宋教仁的犯罪嫌疑人。一年前為保衛孫
中山的人身安全而密切合作的王金發與應夔丞，一年之後卻在宋教
仁案中變成緝拿與被緝拿的敵對雙方。在當年鋪天蓋地的新聞報導
中，卻又沒有一家報刊公開提到為抓捕應夔丞立下頭功的王金發的
名字。諸如此類的反常現象，為尋求歷史真相的後人，留下了太多
的想像空間。

三、陳其美的自證清白

1913 年 3 月 26 日，《民立報》刊登陳其美（英士）自證清白
的記者專訪，說是「前報紀羅良鑒曾告人言，程德全委應差，係陳

英士保薦，而陳君以並無保舉情事，上海新聞社員曾往黃公館晤陳英士君，據陳君面述應夔丞最近之歷史……」

羅良鑒是中華國民共進會的主要成員之一，也是陳其美與應夔丞之間親密關係的知情人。「黃公館」指的是黃興位於上海同孚路21號的臨時住宅。孫中山、馬君武、何天炯、戴天仇（季陶）等人，於3月25日從日本回國後，幾乎每天都要在這裏與黃興、陳其美、黃郛、范鴻仙、居正等人聚會，商議如何利用宋教仁案挑起發動號稱「二次革命」的國內戰爭。

據陳其美介紹，應文生幾年前拿出五萬元鉅款交給應夔丞回寧波老家辦學，所建校舍很是寬敞，學生有200多人。應夔丞後來因為仗勢欺人、橫行鄉里被族人控告，只好畏罪潛逃。該校學生不願解散，到上海散發傳單。在該校擔任教務的姜姓朋友找到陳其美，陳其美趕赴寧波調解成功，從此與應家父子建立聯繫。「後因應所管文元坊之房屋甚多，余在滬組織革命機關，如有機密事件，借彼房屋住宿。昔于右任君鼓吹革命，為英租界逐出時，亦曾借居其屋，與應文生相識。武昌起義後，應即以關於革命事來機關部報告，以致上海光復後，即以諜報科長相委。迨後孫中山先生未任總統之前，在申，由滬都督府招待一切，即派諜報、庶務二科每日前往照料。孫往南京，即在滬組織衛隊護送到任。初時以為到寧即返，後孫先生即以衛隊司令相委，繼任庶務長。繆姓事出，即任庶務事。應辦菜每席開支銀五元，後減至一元，菜與五元相等，遂知其弊，即斥革。到申後，組織共進會，當時余亦為之贊助，因青紅諸幫革命出力不少，以黑暗之境導入光明，取名共進，亦此主義。後余往北京，袁大總統在余前談及該會時常鬧事，囑南返時便中調查。後過南京，程都督亦談及共進會事。余以該會當初組織之主張固屬純正，近乃大反本旨相對，余到申後，與應亦不相往來。一日應忽來電話，謂由洪述祖介紹到寧見都督等情。應恐有意外事，不敢往，由余致電都督，

請飭應將共進會內容切實整頓，後程都督覆電，云已與應面議取締之策。越數日應由寧來電，謂已得巡查差，可見余並非保薦也。」

對照同一家報紙前後兩天的文章，在與應夔丞關係密切的共進會成員羅良鑒的質疑之下，出自老上司陳其美之口的應夔丞，儘管依然是劣跡昭彰，卻不再是徹底妖魔化的全盤否定。至於「應辦菜每席開支銀五元，後減至一元，菜與五元相等」；其實是同盟會內部陳其美一派人的普遍作風。邵元沖在《陳英士先生革命小史》中承認說：「他部下有幾個不良分子曾攫得多金。」[3]

身歷其事的余芷江也曾經回憶說：「滬軍都督府成立以後混亂得很。經濟帳目，包括許多人的捐獻賬目在內，始終沒有弄清楚。我曾看見過一篇帳，買兩把籐椅竟要二十八元之多。」[4]

關於陳其美所說的「繆姓事出」，上海《時報》曾於 1912 年 1 月 10 日報導說，孫中山因為總統府庶務長繆思敬「招搖撞騙，狐假虎威，種種違法」，於 1 月 6 日宣佈其罪狀，交江蘇都督莊思緘明正典刑。胡漢民後來在自傳中，對於此事另有回憶：「庶務長沈某，自稱內務大臣，招搖於外，又強役民間車馬不予值。余執付江蘇都督莊思緘，誅之。繼者為應夔丞，兼衛隊長，漸跋扈，余欲並誅之，先生不可，乃褫其職，而以朱卓文代。」[5]

這裏的「沈某」顯然是胡漢民對於繆思敬的誤記。繆思敬原本是前清督練公所兵備處的提調，不知道通過什麼關係當上了總統府庶務長，只可惜他上任五天就被處以死刑。與繆思敬相比，接任庶務長的應夔丞，即使在「辦菜每席開支銀五元，後減至一元，菜與五元相等」並且「漸跋扈」的情況下，也沒有被孫中山「明正典刑」，

[3] 何仲蕭編《陳英士先生紀念全集》（一），臺北文海出版社，1970 年，第 160 頁。
[4] 余芷江：《辛亥上海光復前後》，《辛亥革命回憶錄》（四），文史資料出版社 1966 年，第 12 頁。
[5] 《胡漢民自傳》，丘權政、杜春和選編《辛亥革命史料選輯》上冊，湖南人民出版社，1981 年，第 221 頁。

而是另行派遣到陸軍部總長兼大本營兵站總監黃興管轄的南京下關兵站繼續任職。因兵站解散而回到上海之後，應夔丞與孫中山、陳其美、黃興等人之間並沒有「日離日遠」，而是在同為青幫「大」字輩大佬的老上司陳其美的鼎力支持下，於 1912 年 7 月 1 日宣告成立江湖秘密會黨青幫、洪（紅）幫、哥老會公口的聯合組織中華國民共進會，由應夔丞任會長、張堯卿任副會長。

四、陳其美對於應夔丞的鼎力支持

1912 年 6 月 19 日，《民立報》刊登〈中華國民共進會廣告〉，宣稱「本會發起就各地原有同志實行聯合，共議進行，以期交換知識，增進道德，維持國內和平，振興各項實業，聚茲民氣，蔚為國光」；並且已經租定北四川路洪吉裏二弄三層樓洋房為總機關部。名列該廣告的 19 名發起人依次為：陳其美、應夔丞、張紹曾、李厚祁、宋賡平、張光曦、周維山、陳錫恩、陳幹、楊馨一、宋伯飛、胡康、楊子非、柳作屏、楊化南、姬尚忠、姜亦松、徐振英、沙發祥、高士奎。

中華國民共進會是青幫、洪（紅）幫、哥老會公口的聯合組織。在此之前，應夔丞在寫給滬軍都督陳其美的呈文中表示說：「組織純粹民黨，實行取締會員，各處支部成立後，不准在外私開香堂，另立碼頭，剪除其舊染習慣，免致與民國法律相抵觸。總期立圖改良，維持國內和平，增進國民道德。業經三黨公決。」

同年 7 月 1 日，《民立報》刊登第二份〈中華國民共進會廣告〉，除聲明「現已遷移法界八仙橋小菜場西首維爾蒙九十七號門牌為總機關部，並另設招待所二處」之外，其內容與第一份廣告基本相同，名列該廣告的 15 名發起人依次為：李徵五、劉彬、胡知祺、李華

堂、林金標、周銓珊、周幼溪、劉盛魁、萬樹春、龔先第、龔澤芳、王雲華、楊恕之、郭松祺、韓束林。

7月1日是中華國民共進會正式成立的日子。辛亥革命後從湖南出獄來到上海的哥老會首領張堯卿，早在1900年就與孫中山及應夔丞有過合作關係。他在應夔丞、宋伯飛等人陪同下到會講話：「共進會之成於公口及青、紅諸同志之美意。今既三家合而為一，成一大團體，自應協同共濟振作精神，啟沃固有之良能，研求舊遺道德為切要，不可稍存私利之心，破壞團體。……深望同胞痛改前非，從茲為善，共守法律，同享自由。」

7月12日，《民立報》刊登〈中華國民共進會徵求各省設立支部通告〉，其中寫道：「啟者：本會組織，純粹民黨，設立總機關部，已志前報；於陽曆7月1號開成立大會，報名者異常踴躍。茲特佈告各省同志諸君，如願擔任設立支部者，即祈先就所在地點設立通訊處，並祈速派代表來申接洽為幸。特此通告。上海法界維爾蒙路中華國民共進會總機關部啟。」

同年9月12日，上海《申報》報導說，共進會總機關部在上海成立後，江浙一帶的會黨人士四處活動，變本加厲地擾亂社會治安。於同年8月從南京帶兵返回浙江就任都督的朱瑞，一上任就對共進會展開鐵腕鎮壓。他「連日召集政軍兩界密籌對付辦法」，制定出一系列的限制性措施，其中最重要的一條是「全浙新舊軍官無論官弁兵丁一律不得入共進會，先入者限期出會，繳銷黨證」。根據這一規定，共進會杭州機關部會長、洪幫首領闕麟書，共進會杭州機關部總務、青幫「通」字輩杭辛齋等人紛紛辭職。朱瑞還為此事專門「電呈中央請示辦法」。

9月29日，袁世凱發出懲治秘密江湖會黨的《大總統令》：「我國國體甫更，人心未定，此等秘密之集會結社若不事先預防，小之則流毒社會，大之且危及國家，應由各省都督、民政長督飭軍警嚴

行查訪。各該地方如有秘密組織，意圖騷亂者，不問是何名稱，均即按照刑律命令解散。自解散以後倘再秘密組織，意圖聚眾騷擾甚或有陰謀內亂及妨害秩序各情事則刑律均列有專章，盡可隨地逮捕，按法懲辦。」[6]

等到宋教仁案發生後，《民立報》於 1913 年 3 月 31 日報導說，曾任共進會幹事的「王某」向《民立報》爆料說：「該會雖由李徵五、楊勱身、劉福彪等發起，繼因宗旨誤會，三君先後申明出會。應桂馨之任會長，不過借此招搖。」

與陳其美、應夔丞同為青幫「大」字輩大佬的李徵五，曾任上海光復軍總司令，宋教仁案中的涉案人員馮玉山、張秀泉、鄧文斌，都曾是他的部下。既是哥老會天目山聚義堂的當家三爺又是青幫「通」字輩大佬的劉福彪，時任駐守南京的福字營統領。應夔丞在組建共進會的過程中，能夠把擁有軍政實力的李徵五、劉福彪等人排擠出局，沒有陳其美的鼎力支持是完全不可能的。

五、陳其美與應夔丞的後續「往來」

1912 年 8 月 15 日，袁世凱應黎元洪要求，在北京公然捕殺辛亥革命首義將領張振武及教導團團長方維，激起一部分革命黨人尤其是湖北方面的國民黨人士的仇恨。他們仿照傳統秘密會黨的辦法，「散放飄布，為振武會，專招待欲與振武復仇黨人」。革命黨人原計劃於 10 月 10 日即辛亥革命周年紀念日起事，9 月 24 日，設在武昌城內紮珠街 13 號的秘密機關被偵破，顧斌、顧開文、羅子常、于達、阮寶山被捕後，經過審訊在都督府門前被斬首示眾。駐

絮在南湖的馬隊第二團於 9 月 25 日凌晨提前暴動，遭到第一師師長黎本唐、第四師師長蔡漢卿率部鎮壓，數百人死於非命。為首的副官嚴正朝、連長陳起勝，於 9 月 29 日在城外被抓獲歸案，經審訊後也被斬首示眾。

據〈黎元洪鎮壓馬隊暴動致內務部諮文〉介紹：

> 「匪徒之所以勾結者，實恃有著名之亂黨巨魁為之發縱指使，遙相聲援。據嚴正朝、陳起勝兩犯當開軍法審判時供稱，來鄂倡亂係何海鳴、王憲章、凌喬即凌大同、張越、許郁文、應夔丞、萬金標等主謀，凌喬為從。指揮機關本部設在上海，各處分佈黨羽。一面收買報館，肆其簧鼓，敗壞敝都督名譽，以為離間人心之計；一面蠱惑軍隊，聯絡會匪，約其舉事；並一面製造炸彈，實行暗殺。其注重地點則先據武昌，次圖江寧，進攻北京等語，與羅、于、二顧等犯供詞均同。且與前次偵探報告，王憲章等在三洋涇橋同興輪船賣票局組織秘密機關、圖謀不軌等情，足相印證。」[7]

在此之前的 8 月 27 日，黃興率領陳其美、李書城、張孝准、何成浚、趙鐵、徐少秋、徐申伯、梅同生、楊譜笙、陸惠生、龔禁侵、孫棣山等人，由上海搭乘銘新輪北上，於 9 月 11 日抵達北京與孫中山會合，並與袁世凱進行了多輪會談。黎元洪通緝何海鳴、王憲章、應夔丞等人的消息傳到北京後，袁世凱當面向黃興、陳其美詢問應夔丞及共進會的情況，於是就有了陳其美所說的「袁大總統在余前談及該會時常鬧事，屬南返時便中調查」。

---

[7] 朱宗震、楊光輝編《中華民國史資料叢稿・民初政爭與二次革命》上編，上海人民出版社，1983 年，第 165 頁。關於凌喬的重複介紹應該是原文的筆誤。

　　同年 10 月 5 日，黃興、陳其美等人到總統府向袁世凱辭行，並於 10 月 9 日抵達南京拜見江蘇都督程德全。10 月 10 日，黃興在國民黨寧支部歡迎大會上，極力推舉程德全為支部長。在此期間，程德全也向黃興、陳其美等人詢問了應夔丞及共進會的情況，陳其美自證清白的事後解釋是：「余以該會當初組織之主張固屬純正，近乃大反本旨相對，余到申後，與應亦不相往來。」

　　但是，自稱與應夔丞「不相往來」的陳其美，事實上並沒有拒絕應夔丞的「相往來」。他所說的「一日應忽來電話，謂由洪述祖介紹到寧見都督等情」，指的是 10 月 16 日，洪述祖陪同應夔丞前往南京拜見程德全。作為一名通緝犯的應夔丞「恐有意外事，不敢往」，充分證明他在政府當局的程德全、洪述祖與上海國民黨方面的老上司陳其美之間，所信任的依然是後者而不是前者。程德全頒發「委任應夔丞為江蘇駐滬巡查長」的委任狀之後，應夔丞第一個報告的對象依然是陳其美。陳其美在宋教仁被暗殺之後，派遣王金發、陸惠生、周南陔、張秀泉、鄧文斌等人，協助租界巡捕迅速抓捕應夔丞，並且從應夔丞家中以及上海電報局搜出了他與洪述祖、趙秉鈞等人幾乎所有的來往電報及其底稿。應夔丞從南京發給陳其美彙報自己「已得巡查差」的電報底稿，卻再也沒有被人提到過。在陸續公開的涉案證據中，竟然沒有一處提到與應夔丞關係最為密切的陳其美的名字，這種現象實屬反常。

　　3 月 27 日，《民立報》報導說，江蘇都督程德全於 3 月 25 日下午來到上海，在黃興位於上海同孚路 21 號的公館裏，就宋教仁案與國民黨方面進行協商。「在座者為孫中山、黃克強、黃復生、洪承點、陳貽範、陳錦濤、趙鳳昌、陳英士、于右任。英士問程：『應桂馨（夔丞）之江蘇巡查長，是否都督有委任狀？』程答：『有的。』某君問：『何以委他？』程答：『這是內務部洪蔭之……就是洪述祖所保薦……』」

在 3 月 26 日的同一份報紙中,陳其美明確表示自己幾個月前曾經收到過應夔丞從南京發來的電報,得知應夔丞已經得到江蘇巡查長的職位。轉眼之間他偏要在眾人面前向程德全明知故問,所表現出的正是他作為青幫大佬習慣於說謊抵賴的黑道本色。

六、陳果夫的事後演講

比起陳其美說謊抵賴的自證清白,他的侄子陳果夫 1942 年 10 月 12 日在重慶中山學社的演講中,表現得更加拙劣也更加露骨:

> 「宋教仁被殺,這是袁世凱最毒的陰謀,他想挑撥我們同志的感情,故意說是陳某(英士)派人刺殺的。原先宋先生對交出上海這一師兵很不高興。記得英士先生辭職時有一篇宣言,大意說從前單槍匹馬打製造局,現在把軍隊交出來不能得同志諒解,如果同志肯團結,他是可以再起的。這篇宣言是一位湯先生擬稿的。後來許多同志勸著不要發表,所以沒有發表,英士先生聽得外面謠言說是他刺殺宋先生的話以後,便找到了吳佩潢來,吳是替英士先生做情報工作的,在上海當電報局局長。袁和上海方面往來電報,我們都能拿得到,就完全靠吳佩潢的功,宋案能在三小時內破案,也就因在電報往來中找到線索,那幾個人有電報,那些人有關係,所以一索即得,否則是不易破案的。」[8]

吳佩潢,1887 年生人,字承齋,是陳其美的湖州吳興縣同鄉,早年畢業於江蘇電報學堂,1912 年任上海電報局局長。據 1913 年

---

[8] 陳果夫:《陳英士先生與二次革命》,引自吳相湘著《宋教仁傳──中國民主憲政的先驅》,臺北傳記文學出版社,1985 年 9 月 15 日新版,第 267 頁。

3月29日《民立報》報導，在應夔丞與武士英被抓捕歸案之後，「程都督本預約於二十六日會同英、法捕房捕頭及國民黨重要人，同至電報局閱看關於此案緊要秘密電報各底，隨即簽字蓋印，令電局保存，乃於二十六日下午，英總巡卜羅斯君、法總巡藍君及陳英士諸君均到電報局照辦，唯程都督臨時未到。」

同年4月7日，上海公共租界會審公堂第四次預審，當庭「將關係行刺案之電底稿交出，計共四件，均能證明與此案之有關係者」的，並不是吳佩潢，而是上海電報局總辦唐露園（元湛）。

在宋教仁案的審理過程中，吳佩潢的名字最早出現於4月17日。當天上午10時半左右，江蘇都督程德全的「特派代表」陸惠生、吳佩潢，來到會審公堂驗收證據證物。他們隨後與會審讞員關炯之等人一起，把證據證物押送到靜安寺路通商交涉使辦公處，由都督程德全（雪樓）、省長應德閎（季中）、通商交涉使陳貽範（安生）、地方審判廳廳長黃涵之（慶瀾）、地方檢察廳廳長陳英（松生），以及任秩庸（廷芳）、黃興（克強）、陳其美（英士）、王寵惠（亮疇）、黃郛（膺白）等人共同接收。「所有前在公堂訊時，康領當眾揭曉之洪述祖密碼電三通，亦在其內。此外，如都督之委任狀及訓令，與內務部往來之平常信件，與發出電信之底稿一巨冊，並手槍子彈等物。公同研究有二時之久，即逐一拍照畢，並議組織特別法庭審理是案之各種手續而散。」

同年5月12日，北京《國報》刊登署名「良心」的長文〈嗚呼國民黨之自殺政策〉，其中談到了戴天仇（季陶）、何海鳴、吳佩潢（承齋、潤齋）、陸惠生（煒蓀）等人，與孫中山和陳其美之間的複雜關係：

「平心論之，黃之良心尚未喪盡，陳英士以與應有多年密切關係，懼急治之，併發其覆，故力持穩和態度。惟孫文似中

酒發狂，要變因少數人之播弄，日為傀儡而不悟。其人為何？則戴天仇、何海鳴、陸煒藻、吳潤齋等敗類是也。黃膺白意氣亦甚盛。前因武士英暴斃，多人在滬北洋務局會議，處置各項證據事。各項證據俱保存在大鐵櫃內，其鎖匙為吳潤齋所收執。不知何故，陳英士侵吳。吳不懌，即以鎖匙繳還程都督。陸煒藻向程索取，程不與。陸憤然曰：『吾只信吳潤齋，他人俱不可信。』」

關於孫中山的廣東同鄉、上海電報局總辦唐露園（元湛），該文另有「唐元湛奉承國民黨外，尚有打外國紙牌之本領」的介紹。

應該說，為上海國民黨方面的陳其美及孫中山做情報工作的吳佩潢、唐露園等人，不僅嚴密監控著上海電報局的來往密電，而且與陸惠生等人一起參與了宋教仁案偵破審理的全過程。假如陳果夫所說的因為「在電報往來中找到線索」，導致宋教仁案「在三小時內破案」能夠成立的話；上海國民黨方面完全可以依據這些白紙黑字的證據材料，要求租界巡捕依法抓捕犯罪嫌疑人應夔丞。而用不著通過何海鳴、張秀泉、鄧文斌、陸惠生、吳乃文等人，「由某洋行大班覓得包探頭目二人」，在租界區的「某公司」裏興師動眾並且明顯違法地私設刑堂，脅迫王阿法充當虛假報案的虛假線人。反過來說，應夔丞與洪述祖的來往密電及密信中，所涉及的只是紙上談兵的暗殺陰謀，更加複雜縝密的買兇殺人計畫，並不是由應夔丞和洪述祖組織實施的；而是由在六野旅館及滬寧火車站安排指揮武士英槍殺宋教仁，同時又脅迫王阿法充當虛假線人的吳乃文、陳玉生、馮玉山、張漢彪、陸惠生、王金發等人，根據更高層的陳其美等人的決策命令組織實施的。能夠在宋教仁案發生之前及之後精心設計六野旅館的武士英線索和到應夔丞家裏登門賣畫的王阿法線索的陳其美等人，才是幕後操縱暗殺行動的最為重要的犯罪嫌疑人。在上海國

民黨與袁世凱中央政府之間充當雙面間諜的應夔丞，在陳其美等人精心設計的暗殺陰謀中，只不過是用來嫁禍於中央政府的替罪羔羊。

七、應夔丞的人命舊案

1913 年 3 月 30 日，上海《民立報》進一步刊登文章，一方面揭發應夔丞「在都督府供差時，一切開支過於實費，所呈報銷均未核准」；一方面為 3 月 25 日的相關報導添油加醋道：「前記朱瞎子曾委應桂馨差使一節，茲據某君云，應桂馨當日得印刷局一差，係由朱家寶委派。彼時人言嘖嘖，朱竹石亦竭力反對，前蘇撫陳夔龍以告家寶，家寶猶固執己見，謂應實可用，後因輿論攻擊日甚，且風聞上海英領事將出干涉，乃撤應差，此為應桂馨第一次撤差。又因應桂馨與前清安廬道蕭小愚名允文為親串，故因是夤緣得朱家寶歡也。」

同一天的上海《民國新聞》，刊登有關於應夔丞（桂馨）的歷史考證：南京臨時政府成立時，前大總統孫中山由上海赴南京就職，應桂馨以科長資格隨護衛軍隊前往。總統府庶務長因事離職，「暫由桂馨代理，竟復擅作威福，與人忿爭，遽擬開槍轟擊，經人力勸始已，府中人遂為設法善遣，調充下關兵站差使，不久亦即解職。時滬軍府亦已改編，取消諜報科，另組偵探隊。桂馨遂無所事事，招集長江上下游青紅公口三幫，組織共進會，自稱大字輩。（按：大字係幫中行列，大字之上係禮字，現存者無多；大字之下係通字，人數最眾。）略墊開辦費，得充會長。迨鄂省兵變，桂馨又列罪魁，賞經黎副總統通電緝拿，獲即正法，後幸多方運動，得由程都督為之轉圜，註銷通緝，並委為江蘇全省巡查。」

與此同時，《民國新聞》還揭發了應桂馨在辛亥革命期間所犯下的人命舊案：應桂馨在充任滬軍都督府諜報科長時期，種種劣跡

早已昭著人目。浙江平湖縣光復時，他和當時的前清知縣高莊凱
狼狽為奸，「不奉都督命令，妄自帶兵越境，已屬荒謬。到平後，
復逞強偏護高某，大肆兇橫手段，竟將該縣起義健兒張獻貞拘拿，
不問情由，即令槍斃。於是各團體大動公憤，開會質詢理由，應無
奈，則謂限十分鐘以內，有地方紳士十五人聯名具保者，當可釋放，
屆時果至，應則又謂張君勇敢，若偕至上海組織北伐，將功贖罪，
不知此係應桂馨險詐慣技，嗣後行至半路，忽又急問，竟將張獻貞
槍斃。」

應夔丞（桂馨）犯下如此嚴重的人命大案，滬軍都督陳其美不
但不予追究，反而派遣他給臨時大總統孫中山充當衛隊司令，把孫
中山的生命安全委託給這樣一個人。《民國新聞》所謂應夔丞「不
奉都督命令」，顯然是欺軟怕硬、嫁禍於人的欺人之談。應夔丞殺
害張獻貞，與陳其美在滬軍都督任上誘殺江浙聯軍參謀長陶駿葆，
追殺鎮軍都督林述慶，並且派遣蔣介石謀殺光復會副會長陶成章一
樣，是應該把血債記在陳其美頭上的。

1913 年 3 月 27 日，同屬國民黨系統的《中華民報》評論說：

> 「應之為人，毫無宗旨，更無政治思想、種族思想，其唯一之
> 目的，金錢而已。滿解予以金錢，彼即捕革命黨；民軍予以金
> 錢，彼即攻製造局。無所謂同盟會，更無所謂陳英士心腹也。」

而在事實上，與孫中山、黃興、陳其美等人專門拿募捐來的別
人的金錢從事革命活動不同，應夔丞雖然從事過殺人越貨、草菅人
命的罪惡勾當，更多的時候卻是在充當為革命黨人提供活動經費和
活動場所的金主。就在同一篇文章的另一個段落中，就出現了自相
矛盾的另一種介紹：「應桂馨即應夔丞，浙之寧波人也。豐於財。
桂馨性揮霍，好結納，家資耗去十餘萬。在上海開設桂仙茶園為生
活，所有浙江及太湖亡命之徒多樂就之，蓋應不吝接濟若輩也。」

八、國民黨包辦特別法庭

　　1913 年 4 月 12 日上午，會審公堂第七次預審，被告應夔丞的外籍律師沃沛主動提起引渡移交的話題，並且以會審公堂 1903 年審理「蘇報案」為例，請求在租界區特設公堂進行審理，而不是移交給中國政府進行審理：

> 「被告所說一層，可以引從前蘇報之事作為比例。當時因被告避居租界，地方官定要移交過去，故代表律師亦謂如果移交，恐不能有公道辦法。其後特設公堂訊理，至結果只辦兩人，餘均開釋。當時辦理很為公道，故亦無人批評。今此案如交與反對黨之公堂，與法律及公眾均無利益，故如須交出，非有確實公道之保證不可，否則，應請在租界內特設公堂訊理。」[9]

　　1903 年初，《蘇報》老闆陳范欣賞湖南同鄉章士釗的才華，邀請他出任主筆。章士釗在《蘇報》中進一步強化革命宣傳，在引起轟動效應的同時，也引起政府當局的嚴重關注。同年 6 月 30 日，清政府與租界當局合謀逮捕章太炎，鄒容應章太炎的要求於 7 月 1 日投案自首。蔡元培、吳稚暉、陳範等人先後逃走，前陸師學堂學生章士釗，在主辦此案的江蘇候補道、陸師學堂總辦俞明震的庇護下僥倖漏網。7 月 15 日，享有治外法權的上海租界公審公廨額外公堂開始審理章太炎、鄒容案，作為原告出庭的清政府不顧法律面前人人平等的普世法理，控告章太炎「詆毀今上聖諱，呼為小丑，立心犯上，罪無可逭」章太炎同樣不顧國際法常識諷刺道：「噫嘻！

[9]　徐血兒等編，蔚庭、張勇整理：《宋教仁血案》，嶽麓書社，1986 年，第279 頁。

彼自稱為中國政府，以中國政府控告罪人，不在他國法院，而在己
所管轄最小之新衙門，真千古笑柄矣。」[10]

　　就在章太炎和鄒容在上海租界受審的同時，以日本一家報社記
者身份公開披露《中俄密約》草案的著名愛國志士沈藎，於 1903
年 7 月 19 日在北京虎坊橋被清政府逮捕，於 31 日被獄卒杖打 200
餘下後用繩索勒死。沈藎之死對租界當局拒絕引渡章太炎和鄒容產
生了直接影響。1904 年 5 月 21 日，清政府外務部會同各國公使判
決章太炎監禁三年，鄒容監禁兩年，罰作苦工，期滿後逐出租界。

　　針對沃沛律師的請求，代表公共租界出庭的侃克律師當庭批駁
說：「不論有無政治關係，及被告之職任如何，然而終屬暗殺。⋯⋯
被告代表沃律師所說要求，特設公堂以及辦法公道之話，甚為詫
異，如照所說，必另有一中國，方另有一公堂，如照現在只有如此
公堂辦法。」

　　應夔丞的另一代理律師愛禮思，正是當年「蘇報案」中為章太
炎出庭辯護的代理律師，他依據政治案件的定性聲援沃沛說：「因
當時蘇報之案亦敝律師承辦。公堂訊兩次之後始定辦法，此案公堂
有卷可查。當時因謀為不軌，如照尋常辦法不甚妥洽，駐京公使與
領事團均以為不合式，須另特設公堂，幸由駐京公使與領事團主
持，始有特設公堂辦法。今此案亦因政治關係，恐無公道辦法，故
須特設公堂。」

　　隨後，會審讞員關炯之與英國副領事翰壘德會商之後當庭判
決：「預審明確，案係發生車站，應即商明領事團，移交中國內地
法庭，歸案訊辦。」

　　在此之前，中國政府的司法總長許世英，已經在國務會議上表
示，「茲案關係甚大，擬提京交大理院公開審判，以期水落石出」。

---

[10]　《章太炎政論選集》上冊，中華書局，1977 年，第 238 頁。

會審公堂的移交判決下達後，國民黨方面積極行動，孫中山與程雪樓（德全）、陳其美（英士）等人於 4 月 13 日商議，「以此案關係重要，與尋常殺人案件有別。……應係駐滬巡查長，又受中央俸給，與軍官相等，急應組織特別法庭辦理。」[11]

程德全把上述意見電告袁世凱及內務、司法兩部。袁世凱當天回電說：「應犯等既由公堂判交內地法庭辦理，刻外交團已電令上海領事團，即日將人犯證據解歸華官訊究。所擬組織特別法庭，望速籌辦。」

上海方面很快組織了以黃郛為主裁，王寵惠、伍廷芳為承審官的特別法庭，報請中央政府批准。其中的黃郛、王寵惠為國民黨人，伍廷芳是前南京臨時政府的司法總長，與廣東同鄉孫中山關係密切。這個所謂的特別法庭，實際上是國民黨單方面的特別法庭。4 月 17 日，司法部致電上海地方檢察廳廳長陳英，否決了特別法庭的提議：

> 「宋前總長為民國偉人，本案審理自當格外慎重，程都督擬組織特別法庭，即係此意。惟與約法、編制法等不符，礙難照辦。本部斟酌再四，仍應由該廳負完全責任，審理所有一切。證據當加意保存，蘇省行政、司法長官及與宋前總長有關係諸君，盡可特設旁聽席，延請旁聽。程都督對於此案，駐滬交涉，收效良多，深堪欽佩。該廳即速依法進行。」[12]

4 月 21 日，程德全再次致電袁世凱，強調組織特別法庭的必要性。袁世凱在回電中解釋說，司法總長許世英一再力爭，拒絕副署，他無詞駁回，因而無法宣佈該項命令。許世英也在另一份回電中提出折衷方案，請伍廷芳暫署上海地方審判長審理此案，國民黨方面卻不肯接受。就在南北雙方各不相讓的情況下，武士英在陳其美等人的絕對控制下被殺人滅口。

---

[11] 徐血兒等編，蔚庭、張勇整理：《宋教仁血案》，第 280 頁。
[12] 《司法部否定組織特別法庭電》，《政府公報》，1913 年 4 月 20 日。

九、武士英的離奇死亡

　　1913 年 4 月 16 日下午，法國總領事甘世東、捕房總巡藍維藹命令副捕頭紀禮納、探目脫立殺克率領眾偵探，把武士英由法租界的大自鳴鐘捕房拘留所押送到上海地方檢察廳，交給廳長陳英收押。與此同時，應夔丞由公共租界西探總目安姆斯脫郎率領眾偵探送交駐守江蘇海運局的六十一團，由團長陳其蔚（熙甫）負責關押。

　　4 月 18 日，上海地方檢察廳接到程德全的命令，把武士英轉押到應夔丞所在的駐守江蘇海運局倉庫的六十一團兵營。「地方檢察廳甚為不解。有人往程都督處詢問，據云為組織特別法庭，故不得不與上海固有司法機關脫離關係也。」[13]

　　借用侃克律師在會審公堂批駁應夔丞的律師沃沛的話說，程德全等人撇開「上海固有司法機關」而「組織特別法庭」進而另設「特別監獄」的行為，表現出的正是「必另有一中國，方另有一公堂」的非法邏輯。套用半個世紀後「文化大革命」期間的「革命」話語，就是「踢開法律鬧革命」。辛亥革命期間以巡撫身份在蘇州反正的程德全，原本就是在陳其美、宋教仁、黃興等人的強力支持與相互利用下出任江蘇都督的。他在中央政府與國民黨之間一直處於既居中調和又左右搖擺的騎牆地位。關於這一點，浙江第六師師長、光復會會員呂公望，在 1913 年 7 月 3 日寫給他的恩師段祺瑞的信函中評論說：

　　　「江蘇都督程德全，年近老耄，凡事依違，無論對內對外，每為有威力者所迫脅，以致暴勢鴟張，惡潮所趨，浙首波及。現

---

[13] 《武犯死後之疑竇》，《民立報》，1913 年 4 月 26 日。見徐血兒等編，蔚庭、張勇整理：《宋教仁血案》，第 356 頁。

聞其有辭職消息，則趁此時機可另簡有威聲有才望，為中央謀
統一，且與江浙有感情者代之，則江蘇安，兩浙亦安。」[14]

到了 1915 年 11 月 26 日，遠在美國的黃興在寫給親信部下張孝
准的書信中，更加明確地介紹了國民黨方面對於程德全的挾持利用：

「廣設暗殺機關，造成種種恐慌，此節兄等已實行。惟須連
發，不論大小強弱（小弱者更易為力）。昨鄭汝成一擊，最
快人心者也。……馮某未盡可靠，當有先防之心。若能得彼
部下之同情，即急起擁戴之，彼亦無所逃。然須知彼非如程
德全之易與，更須防如程德全之反覆。」[15]

張孝准字閏農，一作韻農，號運隆，湖南長沙人。黃興當時指
派他向日本商人借貸日幣三百萬元，準備在浙江練兵一軍，以柏文
蔚為司令討伐袁世凱。這裏所說的不像前江蘇都督程德全那樣容易
合作的「馮某」，就是「二次革命」後任江蘇都督及宣武上將督理
江蘇軍務的馮國璋。黃興的一句「非如程德全之易與，更須防如程
德全之反覆」，淋漓盡致地展現了程德全在宋教仁案中被黃興、陳
其美等國民黨人包圍挾持的險惡處境。

1913 年 4 月 24 日早晨九點多鐘，武士英突然死亡。上海地方
檢察廳廳長陳英原定於 4 月 25 日下午一時與審判廳聯合主持第一
次預審，在這種情況下，他只好於 25 日早晨趕往程德全位於上海
英租界卡德路的家中當面請示，「程言武犯一死，辦理是案之手續
又為之一變。今日預審只應犯方面，刻應犯之教唆人洪犯尚未解
到，只得暫緩云云。」

---

[14] 江蘇都督秘書處密電密件室抄存件，引自朱宗震著《民國初年政壇風雲》，
河南人民出版社，1990 年，第 168 頁。
[15] 劉泱泱編《黃興集》第二冊，湖南人民出版社，2008 年，第 776 頁。

隨著武士英之死浮出水面的關鍵人物，是前滬軍都督府參謀長兼滬軍第二師師長黃郛（膺白）。看守應桂馨、武士英的滬軍六十一團，是由陳其美、黃郛、蔣介石等人組建的前滬軍第二師特別是第五團整編而來的。團長陳其蔚與陳其美、黃郛、蔣介石同為浙江人，當時直接聽命於還沒有正式成立的「特別法庭主裁」、陸軍中將、江蘇都督府參議黃郛。據 4 月 26 日《民立報》報導，武士英病危時，陳其蔚等人並沒有及時救治，而是「延至天明六點時左右，即趨主裁黃膺白處，報明病重，偕赴程都督處陳明病狀，請示應否延請西醫。」在國民黨方面的要求下雷厲風行地組織特別法庭的程德全，針對既是兇犯又是第一人證的武士英的生命安危，並沒有表現出雷厲風行的辦事效率；而是命令黃膺白、陳其蔚前往通商交涉署，商請陳貽範轉請紅十字會西醫柯司（又譯享司）前往救治。柯司還沒有趕到現場，武士英已經氣絕身亡。

已經完成移交手續的租界當局的快速反應，與江蘇都督程德全對於本國公民武英士之死表現出的冷漠遲緩形成鮮明對比。據 4 月 26 日《民立報》報導，上海租界的法國正副領事得知武士英的死訊後，於 24 日晚上致函通商交涉使陳貽範，以為武士英在法國捕房毫無疾病，移解後遽然暴死，未免可疑，要求派員察看。陳貽範轉告程德全，程德全答應於 4 月 25 日下午 4 時派員陪同查看。第二天下午，法國總領事派出外籍偵探總長石維安帶領譯員石韞瑜、華探黃金榮，如約來到位於半記碼頭的六十一團司令部。石韞瑜向團長陳其蔚說明來意，陳其蔚親自把來人帶到關押武士英的臨時監獄，打開還沒有釘上蓋子的棺材請來人辨認。石維安「用手撫於武額問黃探目曰，此屍是否武福銘？黃等答稱是。遂言別而出。」

這是自稱比「大」字輩還要多一橫的「天」字輩青幫大佬黃金榮，第一次出現在宋教仁案的新聞報導之中。由他出面辨認武士英的正身，恰好說明他此前一直是宋教仁案的主要操辦者之一，協助

國民黨方面私設刑堂脅迫王阿法出面充當虛假報案的虛假線人的「包探頭目二人」，自然是黃金榮的下屬。

清光緒十八年即 1892 年，法租界公董局吸收流氓頭子黃金榮加入巡捕房「以毒制毒」。黃金榮利用自己的特殊地位吞併其他流氓、幫會集團，擴展勢力，先後引薦程子卿、金九齡、丁永昌等數十個幫會成員進入巡捕房，成為法租界最有勢力的流氓大亨，並且形成了警匪一家的局面。在網路版《上海通志》第 46 卷第 4 章中，關於黃金榮等江湖會黨人士是這樣介紹的：

> 「辛亥革命時期，幫會中有的人員同情、資助、參加革命黨人的反清活動。鴉片商徐福生一度跟隨孫中山從事反清活動，黃金榮也表示要協助在法租界活動的革命黨人，並出資資助孫中山。陳其美等革命黨人，為在租界站穩腳跟、減少麻煩、擴充隊伍，暗中聯絡幫會人物。在黃金榮等協助下，陳其美、黃郭等得以在租界建立革命黨秘密聯絡機關天寶客棧。紅幫成員劉福彪、張承櫆，傾向反清，與陳其美等結好。光緒三十四年（1908 年），陳其美建立以幫會分子為骨幹的敢死隊。宣統三年（1911 年）11 月，陳其美率敢死隊 200 餘人攻打江南製造局。經激戰 4 日，攻佔江南製造局，上海光復。1913 年，陳其美組織幫會勢力參加反袁二次革命。7 月，紅幫劉福彪響應，率福字營進攻江南製造局，繼而又不服陳其美增援吳淞炮臺之令，投靠袁世凱勢力。1914 年 7 月，青、紅幫人物徐朗西任中華革命黨黨務部第五局局長。陳其美在上海招楊虎、韓恢、蔣介石等成立十三兄弟組織，主持暗殺和破壞。幫會人物或參與反袁，或為袁世凱所利用，活躍一時。」

在 1913 年 4 月 26 日的《民立報》中，還刊登有一篇標題為《監守者實難辭咎》的短文，其中通過傳播謠言的方式，把謀殺武士英

的犯罪嫌疑,避重就輕地由「監守者」陳其蔚轉移到被「監守」的
應夔丞及共進會的頭上:

> 「武犯於前晨氣絕,檢察廳用電詢問確實,即由廳長帶同西
> 醫亨君往驗。押所外所釘之鐵條距離英尺有三寸之多,棚外
> 即客廳及辦事人、兵丁等往來必經之天井,不但言語可通,
> 即食物亦能出入。聞武於死之二日前有言應桂馨教唆等情,
> 有人轉達於外,為應黨出巨金託人毒斃。此不過昨日各方面
> 所傳說,至究竟真相,非局外人所能知也。」

現代法律制度所堅守的是司法機關獨立辦案、法律面前人人平
等、疑罪從無的罪由法定、程序正義優先於實體正義的普世法理,
武士英無論如何罪大惡極,都必須依照法律程序給予相應懲罰。從
這個意義上說,武士英的被謀殺與宋教仁的被謀殺,在法律意義上
是同等重要的。六十一團兵營並不是司法機關,兵營中人自然不具
備審訊犯人的執法權力。在沒有人審訊的情況下,武士英是不可能
隨便說出「應桂馨教唆等情」的。假如兵營裏面沒有內奸,武士英
即使說出「應桂馨教唆等情」,也不可能「有人轉達於外」,進而「為
應黨出巨金託人毒斃」的。假如國民黨方面確實具備法律常識的
話,就應該像重視宋教仁案一樣重視武士英案,從而雷厲風行地尋
找出隱藏在兵營裏面的涉案兇手,而不是不經縝密調查就把殺人滅
口的罪名,轉嫁給已經被嚴密關押的應夔丞。

十、應夔丞與陳其美的黑道本色

行文至此,有必要綜合現有的文獻資料,對應夔丞與陳其美的
交往秘史及黑道本色,進行一次概括介紹。

　　應夔丞一名秉鈞，初字貴興，後改桂馨，再後來改為夔丞。1864年出生於浙江寧波鎮海縣，比陳其美大 14 歲。他的父親應文生是一名石匠，到上海開辦石器作坊 20 多年也沒有發家致富，在張之洞任兩江總督期間，通過投靠官府炒賣地皮成為暴發戶。應夔丞年輕時中過秀才，到上海後又學過英語。他從小揮霍成性，好結交，在江湖中很有人脈，是秘密會黨青幫中的「大」字輩大佬。他一生中並沒有聚斂多少財富，兩個兒子在他死後生活清苦，十多歲就赴上海充當學徒。長子應野萍後來成為上海著名的畫家兼教授。次子朱學勉後來成為中國共產黨在寧波地區的軍事領導人，犧牲於抗日戰爭。

　　作為由江浙水手行幫與長江下游鹽梟兵痞融為一體的秘密會黨組織，青幫內部歷來師徒相承，最初以二十字定輩分，即「清淨道德，文成佛法，能仁智慧，本來自性，圓明行禮」。這二十個字到清末已經用完，又添上「大通悟覺」四個字，隨著「禮」字輩「老頭子」退居養老，「大」字輩逐漸成為當時最有影響力的青幫大佬。

　　1899 年 11 月，唐才常與湖南留學生林圭（述唐）、秦力山和湖北留學生傅慈祥、吳祿貞等人一同從日本回國，聯合沈藎、畢永年等人在上海組織正氣會。1900 年春天，號稱「扶清滅洋」的義和團運動，在中國北方迅速興起。唐才常等人覺得有機可乘，將正氣會改名為自立會，仿照江湖會黨的辦法建立「富有山堂」，在長江中下游發行富有票，吸收會黨成員組織勤王保皇的自立軍。此前已經通過畢永年與孫中山取得聯繫的湖南哥老會首領楊鴻鈞、李雲彪、辜鴻恩、張堯卿等人，在上海待命期間「浪用無度」。他們聽說唐才常擁有鉅資，便紛紛前來報名領款。當時的應桂馨，通過張堯卿介紹參加了自立會的一些活動。同年 8 月 22 日，唐才常、林圭、傅慈祥、蔡科等 20 多人，在漢口英租界被湖廣總督張之洞派遣武裝人員逮捕殺害。應桂馨因為在上海經營黑道交易，並且給女

戲子小喜鳳創辦桂仙戲園演出淫戲，被巡捕房傳訊，又因為咆哮公堂被移交上海縣拘押。他越獄逃跑後與小喜鳳避往外地，一年後返回上海時已經染上鴉片煙癮，每天到持有股份的望平街祥園煙館吸食鴉片，並且通過老闆陸頌和，與同為「大」字輩的青幫大佬范高頭等人結成利益共同體。

陳其美，字英士，浙江湖州吳興縣人，生於 1878 年，15 歲時到石門鎮典當鋪充當學徒。弟弟陳其采小他兩歲，考中秀才後於 1897 年赴日本留學，1902 年從日本士官學校畢業，回國後在上海擔任新軍統帶，不久又出任湖南武備學堂監督，從而對夢想升官發財的陳其美造成強大的精神刺激。1903 年，陳其美來到上海，擔任同泰康絲棧的助理會計。有一天，范高頭的手下芮德寶在城隍廟看到一名英國人毆打女招待，上前勸解時也遭到毆打，一怒之下反手把英國人痛打一頓。英國領事館要求中國政府懲辦芮德寶，負責處理此案的陳其采據理力爭，英國領事館理屈詞窮，不得不讓肇事者賠禮道歉並且賠償經濟損失。范高頭感激陳其采的義舉，主動與比自己小 30 歲的陳其美結拜為異姓兄弟，從而使陳其美一躍成為上海青幫「大」字輩的一員。

范高頭此前曾被上海租界的巡捕房關押過，他在從事非法活動的同時，總是把矛頭指向外國人。租界當局屢受其擾，自 1904 年起一直與清政府交涉不已。1906 年 6 月，江蘇巡撫陳夔龍派兵從浦東一直追擊到南通（當時稱通州），致使范高頭兵敗被擒。范高頭被處死後，手下同黨四處逃散。43 歲的應桂馨逃回寧波改名應夔丞，通過捐款賑災買到候補知縣的官銜，通過親戚蕭小愚（允文）的關係投身到江蘇督練公所總辦、候補道袁樹勳門下。他會說英語又很會辦事，因此得到江蘇巡撫陳夔龍、藩司陳伯平以及人稱「朱瞎子」的臬司朱家寶的賞識，被委任為江蘇官辦印刷局的坐辦。由於他花天酒地、不務正業，揮霍掉五千兩官銀後畏罪跑到河南，一

邊當官辦差一邊經營古董生意。1908 年初，應夔丞在河南被同僚揭發後再一次逃回寧波。應文生怕他繼續在外面胡鬧，給他五萬大洋創辦新式學堂。

　　1906 年夏天，29 歲的陳其美在弟弟陳其采和表叔楊信之的資助下，與徐錫、謝持等人一起到日本留學。他先在東京警監學校第三班學習員警法律，第二年轉入孫中山與日本人寺屋亨博士聯合創辦的東斌學校學習軍事。1908 年春天，陳其美回國在馬霍路（今黃陂北路）德福裏設立同盟會秘密機關，並且吸收應夔丞加入同盟會，位於法國租界的應家住宅從此成為同盟會的重要據點。在應夔丞等人協助下，陳其美還在妓院酒樓設立秘密機關，於花天酒地中陰謀策劃革命事業。據署名更生的記者回憶說：

　　「斯時清廷對待革命黨手段至嚴厲，一切革命工作，無不以極秘密行之。英公主持江浙兩省革命運動，設總機關馬霍路德福里。此外，則清和坊琴樓別墅，及粵華樓十七號，為附屬機關。表面則酣歌狂飲，花天酒地，以避滿清之耳目。不知者以為醉生夢死之流耳。又孰知革命大事醞釀於此中哉！一部分黨員每於下午一二時後至粵華樓報告工作，及聽候指揮。晚間十時後，則改至琴樓別墅以為常，六時至十時，則或餐於粵華，或宴於琴樓，主要人物討論計畫之時也。主要人物則英公而外，尚有王金發君、姚勇忱君、沈蚪齋君、王孟南君、沈怡中君、應桂馨諸君。記者以筆札之役，亦時相過從。」[16]

　　據陝西籍的同盟會會員張奚若回憶，辛亥革命前，他就是在上海「浙江路清和坊的怡情別墅」認識陳其美的：「第一次彼此就躺

[16] 何仲蕭編《陳英士先生紀念全集》（一），臺北文海出版社，1970 年，第 152、153 頁。

在姑娘屋裏的床上交頭接耳地說話。姑娘當然避開了，老媽子總不時進來倒茶拿瓜子。這是我第一次進堂子，此後還在那裏吃過幾次酒，也是陳其美請的。」[17]

另據楊思義回憶說：「辛亥革命時期的第二流領袖滬軍都督陳其美，是上海青幫的大頭目。上海的戲園裏、茶館裏、澡堂裏、酒樓、妓院裏，無論那個角落裏都有他的黨羽。所以一輩革命同志無論有什麼活動都要拉他入夥，尤其是辛亥年中部同盟會之成立，大家都要依靠他作臺柱子。」[18]

1911 年 10 月 10 日，武昌方面率先爆發辛亥革命，應夔丞憑藉自己的經濟實力以及在上海交結的會黨朋友，多方為同盟會刺探情報。包括青幫、洪（紅）幫、哥老會公口在內的會黨大佬，也紛紛站出來為革命效力。1911 年 10 月下旬，劉福彪、田鑫山、孫紹武、王老九等會黨人士，在法租界萬安茶樓與于右任在上海公學任教時的學生、同盟會會員張承櫺（蓬生）會面，要求同盟會率領他們到武漢參加革命，經陳其美等人說服後組織革命軍敢死隊留在上海。11 月 3 日下午，張承櫺、劉福彪等人率領敢死隊 3000 多人，從南市出發進攻上海製造局，在二次衝鋒中死傷 50 多人，劉福彪被炸去左腳髁骨。在久攻不克的情況下，陳其美、高子白以記者身份進入製造局，試圖勸說總辦張士珩歸順，被張士珩捆綁關押。上海商團公會會長兼製造局參議李平書聞訊，與王一亭趕往該局請求釋放，遭到張士珩拒絕。光復會方面的光復軍總司令李燮和聞訊後率部增援，於 11 月 4 日上午 9 時攻克製造局，救出陳其美。

11 月 6 日，在推選上海軍政官員的聚會上，由劉福彪、王金發等會黨人士用恐怖手段控制會場，會議主持人李平書提出的推舉

[17] 《辛亥革命回憶錄》（一），文史資料出版社，1961 年，第 63 頁。
[18] 楊思義：《二次革命失敗後國民黨人的形形色色》，《文史資料選輯》第 48 輯，文史資料出版社，1964 年年 9 月，第 135 頁。

李燮和任滬軍都督的建議被粗暴否決，改由陳其美取而代之。陳其美為了鞏固自己在上海地區的強勢地位，任命黃郛為都督府參謀長兼滬軍第二師師長，並且利用上海商團的捐款組建滬軍第五團，任命蔣介石為團長、攻浙先鋒隊指揮官。同為浙江籍的陳、黃、蔣，隨後在上海打鐵浜互換蘭譜成為結盟兄弟。

陳其美就任滬軍都督之後，有一位叫徐震的人給他寫信，勸他不要「冶遊」、「狎邪」，充當「楊梅都督」。1912 年 1 月 12 日，陳其美親自在《民立報》發表公開信，說是「軍興以來，大小之事，日數十起」，以至於積勞成病、分身無術，再也沒有在外冶遊。同時他也承認「昔日為秘密結社之故，偶借花間為私議之場，邊幅不修，無須自諱」。

隨後，又有一名叫龍浩池的商人給陳其美寫信，說是當時的街談巷議中，大家都在說陳其美每天在清和坊等處逗留，而且連續迎娶了 4 名小妾。無論陳其美所花費的是「公眾捐助」，還是自己家的銀錢，都不應該這樣做。「吾輩商人節食節衣，勉助餉銀已不在少數，何閣下竟不稍節花酒費以助餉乎？」陳其美收信後，曾經委託黃郛、許葆英在報紙上代為答覆。

1912 年 3 月 30 日，滬軍都督陳其美被任命為唐紹儀內閣的工商總長，由於他拒絕到任，袁世凱於 4 月 15 日任命另一名同盟會會員、工商次長王正廷代行總長職務。辛亥革命期間，陳其美招募的軍隊在三師以上，由於欠餉日增，不得不陸續裁減解散。他為了取代江蘇都督程德全，暗中指使柳承烈等人在蘇州組織「洗程會」，策動朱葆誠任團長的蘇州先鋒營暴動。程德全得到消息後，於 5 月 19 日從南京返回蘇州部署應變措施。5 月 31 日，程德全搶佔先機，派出大批軍隊包圍先鋒營搜捕革命黨人，柳承烈乘亂逃走。第二天，程德全自任審判長，將蒯佐同、蒯際唐、吳壽康、程宏四人判處死刑立即槍斃，隨後繳械遣散了先鋒營。為了不使事態

擴大而進一步得罪陳其美等國民黨人士，程德全在向袁世凱報告時把「洗程會」改稱為「洗城會」，說是「蘇城近日謠言蠭起，少數軍隊密謀作亂，德全於昨今兩日選派得力兵力，極力防範，已拿首要，嚴密審訊。……（先鋒營）假託二次革命，另舉正副總統，改易國旗」。[19]

　　陳其美得到「洗程會」失敗的消息後，竟然致電程德全詢問柳承烈的下落，程德全佯裝不知，輕描淡寫地回復說：「敝處本不知柳承烈蹤跡，蒯案亦未聞及。」[20]

　　「洗程會」的失敗，表明江蘇都督程德全的地位已經相當穩固。1912 年 7 月 31 日，在來自各個方面的強大壓力之下，陳其美被迫取消滬軍都督府，由程德全到上海負責接收。袁世凱於前一天委派陳其美出國考察工商事務，並且預先支付三萬元旅費。陳其美領款之後，始終沒有出國考察。以應夔丞為會長的共進會，正是陳其美辭去滬軍都督之後，在上海及周邊地區繼續維持強勢地位的一個重要籌碼。

　　同年 9 月 13 日，于右任在《民立報》連載〈答某君書〉，其中專門為前滬軍都督陳其美（英士）辯護說：「英士在滬無聊時，匿譜笙家中，客亦不多見，而攻之者謂其日在清和坊、平安里。公試思之，可憐不可憐！」但是，同年 8 月 9 日刊登在《申報》的另一篇報導，所展示的卻是另一番景象：「從前應酬場中，酒菜之一兩元而已。今上海以請客應酬，妓院之事，局菜等費，統計不下百餘元。遇有住客，尤非大菜花酒不足以示誠敬。」陳其美的親信、洪幫大頭目王金發擔任紹興軍政分府都督後，更是貪污巨額公款，在上海租界區為名妓花小寶購置一座叫做「逸廬」的豪宅。

19 中國第二歷史檔案館北洋政府陸軍部檔案，引自朱宗震著《民國初年政壇風雲》，河南人民出版社，1990 年，第 38 頁。
20 《申報》，1912 年 6 月 6 日。

十一、袁克文的歷史見證

1920 年，袁克文在上海《晶報》三日刊以連載形式發表署名寒雲的〈辛丙秘苑〉，其中講述的主要是他自己在 1911 辛亥年至 1915 丙辰年間的所見所聞。在標題為「暗殺宋教仁」的第一節裏，袁克文介紹說，宋教仁被暗殺時他恰好在上海，知道父親袁世凱幾次派遣秘使歡迎宋教仁（遁初）北上，宋教仁欣然啟程。臨行之前，陳其美（英士）、應夔丞（桂馨）等人設宴餞行。宴席進行中間，陳其美詢問宋教仁組織國民黨政黨內閣的辦法，宋教仁表示說：「我只有大公無黨一個辦法！」[21]

陳其美聽了沒有說話。應夔丞在一邊罵道：「你這樣做簡單就是叛黨，我一定要給你一點顏色看看。」他一邊說話，一邊從懷裏掏手槍。在場的其他人勸住了他。

宋教仁說：「死無懼，志不可奪。」大家只好不歡而散。

陳其美和應夔丞在接下來的幾天裏，一直在商議對付宋教仁的事情。袁克文的老朋友沈翔雲（虯齋）是陳其美的重要謀士。他私下告訴袁克文說：宋教仁要出事了！袁克文問怎麼回事，沈翔雲回答說：

> 「國民黨內的許多人都痛恨宋教仁，陳其美、應夔丞尤其痛恨他。這幾天他們兩個人整天都在商議這件事情，即使像我這樣的親近之人，也不能夠參與機密。偶然聽到他們之間的幾句議論，也是關於宋教仁的，而且他們說話的神情語氣都很不好看。」

幾天後的 1913 年 3 月 20 日，宋教仁遇刺身亡。應夔丞知道國務總理兼內務部總長趙秉鈞害怕宋教仁搶奪他的位置，就通過內務

---

[21] 袁寒雲：《辛丙秘苑》，《稗海精粹・閒話民國》，四川人民出版社，1999 年，第 118 頁。

部秘書洪述祖騙取來自趙秉鈞的密電密信。當初的目的只是邀功請賞，沒有想到這些密電密信剛好充當了嫁禍於人的文字證據。

在標題為「沈翔之」的〈辛丙秘苑〉第三十節中，袁克文進一步介紹說：「沈翔之字虯齋，陳其美之謀士也，機警多智，學識亦超，善鑒賞，富藏書畫。予客天津時，識之於舒清阿座中，同有嗜古癖，交遊乃殷。予遊滬，復遇之。」

這裏的沈翔之，是袁克文對於沈翔雲的誤寫。當時的人們一般以字相稱，常常有只記字而不記名的現象發生。滿族人舒清阿是沈翔雲就讀湖北武備學校及留學日本期間的老朋友。1907 年下半年，舒清阿由兩江督練公所總參議兼江南陸軍講武堂總辦調往天津，任陸軍步隊正參領，成為直隸總督袁世凱的下屬。袁克文與沈翔雲在舒清阿那裏相識後，因為都喜歡收集古董字畫，很快就成了好朋友。等到袁克文到上海再一次遇到沈翔雲時，他已經變成陳其美的一名謀士。

宋教仁案發生後，國民黨方面有人指認正在上海尋歡作樂的袁克文是幕後真凶，陳其美和應夔丞也想扣押袁克文充當人質。有一天，應夔丞在家裏請客，沈翔雲事先勸告袁克文不要前去赴宴。當天晚上，應夔丞坐著車來邀請袁克文，並且囑託他帶上怡情、琴言等多名妓女一同前往。當袁克文來到他和陳其美、應夔丞、沈翔雲都喜歡光顧的清和坊邀請怡情時，怡情按照沈翔雲的事先囑託，極力勸阻袁克文不要赴宴。袁克文只好給應夔丞寫了短信，表示自己不能如約前往。「後始知桂馨之謀，誠危矣！」

袁克文明白自己的危險處境之後，很快離開上海返回北京。關於陳其美與應夔丞之間的複雜關係，袁克文分析說：「斯時應已就獄，賴陳英士輩隱為之助，而北方之勢力尚未達於滬，趙、洪又不自承，且為證之電，惟『毀宋酬勳』四字。既云『酬勳』而內閣並無為洪輩請勳事，故先公始終堅持，不使趙就滬獄，令提應等入都，

南中又堅持不許，相持至二次革命，陳始拯應出獄。既謂應貪北方之勳而殺遁初，陳反拯之何也？」

十二、應夔丞的越獄與被刺

據 1913 年的上海《字林西報》報導，有自稱哈佛大學畢業的吳某介紹說，此前他曾任孫中山和陳其美的秘書，知道他們平日的來往函件，其中頗多談論武器裝備之類的事情。應夔丞入獄之後，經常與孫中山溝通資訊。應夔丞越獄逃走是孫中山收取賄賂加以釋放的結果。「二次革命」爆發後，孫中山因為擔心洩露機密，曾經把吳某「幽禁」過幾天。1913 年 8 月 1 日，《民立報》記者就此事採訪孫中山，孫中山在談話中駁斥說：「此種令人齒冷之謠言，殊為可笑。……至幽禁一說，更令人可笑。租界何地，非北京可比，而能行此不法之舉乎？雖然，俟吾人討賊事畢，『宋案』終有水落石出之一日也。」

同年 8 月 20 日，天津《大公報》以《宋案要犯應桂馨與姚榮澤逃矣》為題報導說，7 月 24 日晚上，「宋案要犯應桂馨，並前殺害周、阮二士之山陽縣司法長姚榮澤等，乘南北兩軍開戰之時，由獄逃脫，全獄人犯悉數逃荊。或謂上海地方檢察廳模範監獄獄官吳確生被賄通，所以任由應等由該獄大門而出。江蘇都督程雪樓已飭令上海地方檢察廳汪廳長密查矣。」

到了 1938 年 8 月，上海《錫報》逐日連載當年的國民黨上海交通部交際長周南陔的口述回憶《宋教仁先生被刺之秘密》，其中把應夔丞（桂馨）越獄逃跑的第一責任人，明確鎖定在陳其美（英士）身上：

> 「除武士英已中毒斃命外，直到二次革命起兵時，應桂馨尚未定讞。二次革命在上海方面的主動策劃人，就是陳英士、

鈕惕生諸先生，攻打江南製造局的隆隆炮聲，至今還遺留在上海人的腦海裏。不幸失敗，陳英士先生率領革命軍自南市撤退閘北的一天，周南陔先生是值日高級副官，當時曾向陳請示，說刺宋要犯應桂馨，押在城裏地方監中，這人還是將他帶到閘北軍中，還是就在此時把他槍斃了？那時陳先生正在愛文義路黃克強先生公館裏，因為軍書旁午，晝夜不眠，精神十分疲憊，正患著目疾，雙眼紅腫，不能睜視。周先生請示後，他思索良久，然後回答道：『不必！此案既歸司法辦理，應由司法處理。我輩向來責備袁世凱違法，現在不能自蹈其咎。』說著，因為不能睜眼，用手作勢，指著另一手心道：『放心！放心！總在我們的這裏。』（這裏，即指手掌。）周先生不敢違抗，只得作罷。後來，應桂馨便在兵荒馬亂時，糾合地方監眾囚犯，越獄逃走，不知下落，國民黨重要份子因軍事失敗，袁世凱緹騎四出，紛紛出國遠避，事實上再也不能顧到應桂馨的問題。當時，陳英士先生未在革命軍撤退時，將應桂馨明正典刑，立予槍決，似乎是一小小失著。」[22]

　　周南陔所謂的「我輩向來責備袁世凱違法，現在不能自蹈其咎」，顯然是對於陳其美的片面美化。假如陳其美當真遵守憲政民主的制度框架與法律程序的話，就不會授意蔣介石暗殺光復會副會長陶成章，更不會公然違背宋教仁的政治遺願去發動號稱「二次革命」的國內戰爭，也就不會出現應夔丞（桂馨）與姚榮澤等人越獄逃跑的離奇景象。

　　應夔丞越獄之後逃往青島，在與洪述祖接觸後連續發表「平反冤獄」通電。第一通電報說：「叛變削平，宋實禍首，武士英殺賊受禍，功罪難平，請速頒明令平反冤獄。」第二通電報說：

22　周南陔口述、半老書生筆錄：《宋教仁先生被刺之秘密》，章伯鋒統編、吉迪編《閒話民國》，四川人民出版社，1999年出版，第124頁。

「宋為主謀內亂之人，而竟死有餘榮；武有為民除害之功，而竟冤沉海底。彼國民黨不過實行宋策，而種種戲劇實由宋所編製，當時若無武之一擊，恐今日之域中，未必有具體之民國矣。桂馨棲身窮島，骨肉分離，舊部星散，自念因奔走革命而已破其家，復因維持共和而幾喪其身，伏求迅頒明令，平反斯獄，朝聞夕死，亦所欣慰。」

1913 年 10 月 20 日，應夔丞與虞、蔣、王、吳四名同黨一起由青島來到北京，投宿在著名京劇演員譚鑫培家中。「每天縱酒尋芳、大張花宴。如餘慶堂之胡翡雲、寶貴堂之李步卿、武升班之秦寓、棲鳳園之王凌波（即老秦寓），無不旦夕圍繞。胡翡雲與王凌波大鬧醉瓊林，即為應吃醋也。」

12 月 21 日，應夔丞等人遷居李鐵拐斜街同和旅館，他的父親應文生和妻子薛氏隨後也來到北京，住在驛馬市大街長發棧 33 號、12 號等房間。據瀋陽《盛京時報》於 1914 年 1 月 14 日報導說：「此次應放膽入京，聞者無不咄咄稱怪。不知應夔丞因為何事，於九日乘四點三十五分鐘由京來津。火車行至楊村相近，突有人出刃將其刺死。當應坐在頭等車位時，因房暖只著白綢衫，曾有兩人帶槍保護，而竟出不防。連傷兩刃，且刺客得以免脫。可謂奇矣。」

袁克文在〈辛丙秘苑〉中極力否定宋教仁案與他的「先公」袁世凱有牽連，對於袁世凱主使殺掉應夔丞一事，倒是毫不隱諱：

「及事平，應請洪解說，欲效忠於北，先公佯許之，赦其罪。及應至都入覲，先公俟其退，語雷震春曰：應某狼視，不可留也，且遁初死其手，尤不可不誅之。雷曰：應某遵令投誠，誅之不信，且有以阻後來者，如必殺之，以暗刺為宜。又越數日，先公聞應居旅館，過事招搖，乃令雷速辦。雷一方囑

人告應曰：元首以君居京，易觸人耳目，可赴津暫避。一方遣人伺其行隨之，刺殺於車中。」

接下來，袁克文為袁世凱辯護說：「殺遁初之主謀者，陳、應也，應既誅之，陳亦被刺於滬寓；與聞者，趙、洪也，趙為仇家楊某所毒，洪則絞首於獄；行事者，武某也，入獄未久，即被毒殺以滅口矣。遁初之仇可謂復矣，而先公久冤不白，予既知之詳，則不忍不言，非予祖所親也。先公居位時，執法處殺人多矣，予亦不能為諱。……遁初有靈，當亦不甘使先公長冒殺之之名而弗白也。」

利用包括「執法處」在內的軍警人員，在自己控制的勢力範圍之內從事明殺及暗殺活動，是掌握軍政大權的袁世凱的一貫做法。而利用黑社會性質的秘密會黨從事秘密暗殺甚至於革命暴動，一直是孫中山、黃興、陳其美、汪精衛、胡漢民等革命黨人的路徑依賴。在這個方面表現得最為突出也最為恐怖的，恰好是前滬軍都督陳其美。在擁有足夠多的軍政資源應對宋教仁非暴力的議會選舉及政黨內閣的情況下，袁世凱是不大可能選擇在自己的勢力範圍之外從事暗殺活動的。即使他喪心病狂到非要在上海暗殺宋教仁，也不會把與陳其美、應夔丞、沈翔雲等人一起吃喝嫖賭、尋歡作樂的親生兒子袁克文撇在一邊，既不予以通知也不加以保護。

應夔丞等人初到北京，之所以要投宿在位於宣武門南大街外廊營北口內 1 號的譚鑫培家裏，是因為譚鑫培的大女婿夏月潤，以及他的哥哥夏月珊，既是上海著名的京劇演員，同時也是青幫「通」字輩的大佬。1911 年 11 月 4 日，夏氏兄弟與潘月樵等人率領的主要由青幫演員組成的伶界敢死隊，與李燮和率領的光復軍，以及張承櫃、劉福彪、李徵五、應夔丞等人率領的青洪幫敢死隊，一起參與了攻打上海江南製造局的戰鬥。關鍵時刻，正是夏月珊、潘月樵

等青幫成員憑藉超人武功，翻牆進入製造局打開大門，為及時營救陳其美做出了貢獻。

就在應夔丞住進北京譚鑫培家裏的同時，因為「二次革命」失敗而遭受通緝的陳其美，正躲藏在上海租界裏秘密籌畫新一輪的革命行動。他的主要聯絡對象，依然是像應夔丞、王金發、夏月潤、潘月樵那樣的江湖會黨人士。

十三、鄭逸梅的「欲蓋彌彰」

1975 年，香港大華出版社把袁克文的〈辛丙秘苑〉，與他生前的文友鄭逸梅化名陶拙庵寫作的《「皇二子」袁寒雲》合集出版。鄭逸梅在《「皇二子」袁寒雲》中介紹說：

> 「〈辛丙秘苑〉，是他最負盛名的代表作，他寫這稿，非常鄭重，一再塗乙，乃倩人謄錄，再加修潤，然後付諸手民。但他為親者諱，處處為袁世凱辯護，洗刷盜國的罪名，當然立論是不公允的。當時葉楚傖首先排斥他。有一次宴會，邵力子遇見了克文，不與招呼，原來邵也是反對他顛倒黑白的。但這部書涉及許多人物故事，卻有很多值得研究的史料，那也不能一筆抹煞的。」

到了晚年寫作的《袁寒雲撰〈辛丙秘苑〉的始末》中，鄭逸梅進一步介紹說：

> 「寒雲撰文委罪於陳英士，亦有所借因。原來宋教仁北上，陳英士竭力阻之，恐他受袁世凱的羈縻，……奈宋自信力很強，曰：『皓皓之白，而蒙世之混濁，豈得為大丈夫哉！』

> 不應竟去。陳沒有辦法，只得任之。陳固有醇酒婦人之癖，
> 一天，和諸狎友宴於妓女花雪南家，正酣飲間，忽有人來報
> 宋被刺於北火車站，陳初聞之愕然，既而卻舉杯向諸狎友
> 說：『可乾此一杯。』人們便誤會陳聞宋死，而藉杯酒慶功。
> 實則陳之所以如此，無非有憾宋生前不聽勸告，結果遭此毒
> 手而死於非命。」

作為當事一方，袁克文依據自己所親歷的歷史事實為父親袁世凱提出辯護，是法律賦予他的最為基本的個人權利。與陳其美關係密切的國民黨高層人士葉楚傖、邵力子，完全可以拿出更加翔實的事實證據來正面反駁，以便使宋教仁案像孫中山公開表示過的那樣，「終有水落石出之一日也」。而不是不負責任地採取「排斥」與「反對」的態度，迴避當年的歷史事實。宋教仁作為國民黨代理理事長和國會議員，正大光明地前往北京履行自己的法定職責，是完全談不上「受袁世凱的羈縻」的。更何況國民黨方面的孫中山、黃興、陳其美等人，幾個月前剛剛在北京與袁世凱達成過一系列的政權交易。袁世凱既然要「羈縻」宋教仁，也就完全用不著把他殺死在前往北京接受「羈縻」的上海火車站。晚年鄭逸梅不以超然中立的立場評判是非曲直，反而以政治正確的態度指責袁克文「子為親諱，歪曲了事實，把刺宋教仁一案，委罪於陳英士，欲蓋彌彰」，其實是更加不負責的「欲蓋彌彰」。

袁克文 1920 年在上海寫作並且發表〈辛丙秘苑〉的同時，正在以通譜換帖結拜異姓兄弟的方式，與上海名流周南陔、周瘦鵑、劉山農等人密切交往。假如袁克文的相關回憶嚴重失實的話，與袁克文同為歷史見證人的國民黨元老周南陔，在 1938 年 8 月的口述回憶《宋教仁先生被刺之秘密》中，是不可能不替已經成為國民黨精神偶像的老上司陳其美，進行一些必要的說明與辯護的。

第四章　洪述祖招安應夔丞

　　國民黨代理理事長宋教仁，一心一意要在憲政民主的制度框架內，通過非暴力的議會選舉、陽光參政、和平競爭，爭取政黨內閣的組閣權。就在他勝利在望的時候，直接針對他的一場陰謀暗殺，不僅奪去了他的寶貴生命，而且扭轉了中華民國已經初步奠定的憲政民主、統一共和的發展軌道。這場暗殺陰謀中最為直接的誘因，是中央政府方面的內務部秘書洪述祖，對於上海國民黨方面的中華國民共進會會長應夔丞的奉命招安。

一、唐德剛誤寫應夔丞

　　《袁氏當國》是美籍華裔教授唐德剛的晚年著作，書中貢獻了許多中國大陸的歷史研究者所不具備的獨到見解。只可惜在美國教書育人的唐德剛，既沒有在歷史文獻資料的搜集查證方面做足功課；也沒有認真體會憲政民主的制度原理，以及司法機關獨立辦案、法律面前人人平等、疑罪從無的罪由法定、程序正義優先於實體正義的法理常識；以至於直接把小說演義中的虛構材料寫入歷史，並且據此得出了一系列以訛傳訛的錯誤判斷。對於以歷史學家自居的唐德剛來說，像這樣以「半張紙」的學術功底自鳴得意的學術表現和學術硬傷，是無論如何都不應該出現的。

《袁氏當國》中有一個很不嚴謹的小標題，叫做「民國史上第一個特務機關」。據唐德剛介紹：

> 「如果特務是民國政府裏一種特殊建制的話，應夔丞實在是這行的老祖宗。……應夔丞顯然就是袁所派遣的第一個特務。他的任務首先便是打探國民黨在南方的活動，同時也利用金錢收買文人、創辦報刊為袁氏作宣傳。應夔丞在北京的頂頭上司便是洪述祖，時任內務部秘書，由國務總理趙秉鈞直接指揮。應夔丞原是策動武昌起義的共進會的一個幹部，他和武漢軍政府中的三武顯然都是一夥的。……應夔丞原是張振武的黨羽，因反黎也被黎所通緝，從武漢逃回上海。在同盟會擴大為國民黨之後，應也就在黨部內進進出出，和陳其美、宋教仁、黃興、于右任等都很熟識。所以宋教仁死後，國民黨在上海為宋辦喪事時，應夔丞竟然也是個熱心幫忙的同志，當然他地位太低，與總長級同志是高攀不上的。等到應東窗事發，陳其美等都大為驚異：殺宋的兇手竟是國民黨自己的同志。」[1]

諜報機構自古就是軍事建制中的重要組成部分，作為北洋新軍總頭目的袁世凱，自然有他的諜報系統。他的河南籍同鄉、國民黨籍的國務總理兼內務總長趙秉鈞，就是中國員警及秘密員警制度的主要創始人。但是，唐德剛把應夔丞說成是袁世凱派遣的「第一個特務」，顯然是出於對歷史事實的嚴重無知。

應夔丞並不是中央政府方面的袁世凱、趙秉鈞的派出人員，反而是同盟會方面的前滬軍都督陳其美的諜報科長，隨後又擔任過前臨時大總統孫中山的衛隊司令和庶務長，以及前陸軍總長兼大本營兵站總監黃興手下的重要助手。1911年11月9日，上海《申報》

[1] 唐德剛著《袁氏當國》，廣西師範大學出版社，2004年11月，第75、76頁。

刊登《滬軍都督府各部職員表》，其中所公布的滬軍都督府參謀部諜報科的科長，正是應夔丞。1913 年 4 月 9 日下午，應夔丞在上海公共租界第五次會審公堂出庭受審時，談到自己在臨時大總統府擔任庶務長時管轄有 12 個科，除秘書長胡漢民之外以庶務長職位為最高，「其職守在散發軍餉等事」。

　　至於「應夔丞原是策動武昌起義的共進會的一個幹部」，是唐德剛對於歷史事實更加嚴重的無知。辛亥革命前後，稱共進會或者簡稱共進會的有許多各不相同的團體。「策動武昌起義的共進會」，於 1907 年 8 月成立於日本東京，是由已經加入同盟會的張百祥、焦達峰、劉公、居正、孫武、余晉域、劉英、吳慈祥、彭漢遺等人，出於對同盟會總理孫中山的不滿，仿照江湖秘密會黨開山立堂的辦法另行組織的革命團體。

　　1908 年冬，共進會的孫武、焦達峰、劉公、彭漢遺等人先後回國，並且很快把主要聯絡對象由秘密會黨轉向清政府的新軍。1911 年 9 月 14 日，湖北地區的共進會組織與新軍中的革命團體文學社決定合併，由共進會方面的孫武、劉公、張振武等人與文學社方面的蔣翊武等人共同領導武裝暴動。10 月 10 日，辛亥革命在武漢三鎮率先爆發，飄揚在蛇山黃鶴樓的，正是共進會用來象徵漢族十八省的十八星會旗。

　　由應夔丞任會長、張堯卿任副會長的中華國民共進會，是在前滬軍都督陳其美的強力支持下，成立於 1912 年 7 月 1 日的青幫、洪幫、哥老會公口的江湖秘密會黨聯合組織。應夔丞與辛亥革命期間號稱「三武」的孫武、蔣翊武、張振武，在辛亥革命之前並不是「一夥」，中華國民共進會與「策動武昌起義的共進會」，是互不相干的兩個組織。直到張振武被黎元洪、袁世凱合謀殺害之後，應夔丞才積極參與湖北方面的革命黨人，針對黎元洪的復仇行動。這在很大程度上，又是上海方面的國民黨人，對於首義之地湖北武漢的借機滲透。

二、唐德剛戲說「袁姐丈」

　　比起對於應夔丞及共進會的信口開河、牽強附會，唐德剛接下來對於洪述祖的「姐丈」袁世凱以訛傳訛的戲說演義，就顯得更加不學術甚至於反學術。

　　在談到「民國史上第一個特務機關」時，唐德剛寫道：

> 「根據從應夔丞家中搜獲的頗有系統的材料進行分析和組合，我們所知道他這個小特務機關的形成經過大致是這樣的：在應夔丞有意投靠北京袁黨來做國民黨的反間工作，袁黨亦有意利用他時，洪述祖乃被派南下做應的直接領導。」

　　關於洪述祖，唐德剛介紹說：

> 「洪在政府中的地位雖只是內務部的一個秘書，但他卻是袁世凱六姨太的近親。袁共納有妻妾 15 人之多，以合法妾侍身份住在袁家的共有 9 人。這時從于夫人到五姨太都已年老色衰，不足伴寢，五姨太因長於家務，這時專管袁的日常生活；而六姨太則尚在輪流侍寢之末，還算未完全失寵，枕畔床頭，仍可以替她弟兄拉點裙帶關係。所以洪述祖誇口說他可以晉見『極峰』，或許也有幾分真實性，他確是有所謂通天的特權的。而洪在那個傳統社會裏是一種下流的宵小，則是可以肯定不移的了。替主子幹殺人綁票、貪贓納賄、拉皮條、找女人，是一種『近之則不遜，遠之則怨』的狗腿子的工作。像袁世凱那種傳統士大夫階級出身的人，大太太的弟兄們一般都有相當自尊之心，都不可能替他做這種下流勾當，可是對姨太太的弟兄們來說，那往往（注意『往往』二字）就是他們的專業了。這是中國傳統社會裏所特有的一種

社會行為（social behavior）；它不是外國人，或轉型後期的世紀末華裔中青年知識份子所能輕易瞭解的了。不過關於洪述祖與袁之第六妾的關係，筆者一直存疑。袁之第六妾姓葉，與袁生有二子三女。但袁與洪的關係似甚親密，非比尋常。洪為葉之近親，為葉作些金錢外務，則極有可能也，當續尋之。」

所謂洪述祖是「袁世凱六姨太的近親」，在蔡東藩的《民國通俗演義》第四十六回「情脈脈洪姨進甘言，語詹詹徐相陳苦口」中，另有更加原始也更加完整的敘述：「老袁一妻十五妾，……洪姨是老袁第六妾，貌極妍麗，性尤狡黠，最得老袁寵愛，看官若問她母家，乃是宋案正兇洪述祖的胞妹。」

按照蔡東藩的敘述，袁世凱在天津郊區的小站練兵時，洪述祖成為替北洋新軍採購後勤物資的代理商及「襄辦軍務」的親信。後來因為發軍餉觸怒「老袁至親」某標統，該標統背後向袁世凱說洪述祖的壞話，袁世凱因此起了疑心。洪述祖知道此事後，想出一個補救的辦法，「把同胞妹子，盛飾起來，送入袁第，只說是購諸民間，獻侍巾櫛。美人計最是上著。老袁本登徒後身，見了這個粉妝玉琢的美人兒，那有不愛之理？到口饅頭，拿來就吞，一宵枕席風光，占得人間樂趣。是時洪女年方十九，秀外慧中，能以目聽，以眉視，一張櫻桃小口，尤能粲吐蓮花，每出一語，無不令人解頤。袁氏有時盛怒，但教洪女數言，當即破顏為笑，以故深得袁歡，擅專房寵。」

到了第五十八回「慶紀元於夫人鬧宴，仍正朔唐都督誓師」中，蔡東藩還專門列出「袁家姬妾」清單：

> 其一，閔氏朝鮮人，係閔氏養女，相傳其本姓金氏，寄養朝鮮王妃母家，小名碧蟬。

其二，黃氏綽號小白菜，與袁同里，係豆腐肆中黃氏女。

其三，何氏係蘇州商人女，小名阿桂。

其四，柳氏小名三兒，係天津韓家班名妓，見四十八回。

其五，名紅紅，亦勾欄中人，袁任魯撫時，紅紅與僕私，為袁所殺。

其六，洪氏即洪述祖妹，見四十六回。

其七，范氏與袁同里，係袁氏乳媼女，小名鳳兒。

其八，葉氏揚州人，父葉巽，候補河南知縣。父歿家落，女鬻諸紳家，轉贈袁為妾。

其九，貴兒係盛氏婢女，小名貴兒，亦揚州人，姓名未詳。

其十、十一為大小尹氏，初為第六妾洪氏使女，係同胞姊妹，籍貫未詳。

其十二，汪氏與袁同里，係榜人女。

其十三，周氏本杭州名妓，能詩，別號憶秦樓。

其十四，虞氏本袁家侍婢，小名阿香，姓氏未詳。

其十五，洪氏係洪述祖侄女，小名翠媛，與第六妾洪氏，有姑侄之稱。

　　而在事實上，蔡東藩的歷史演義大都是以訛傳訛的道聽塗說。同樣性質的歷史演義還有蔡寄鷗所寫的《鄂州血史》，其中竟然把「袁世凱謀殺宋教仁」的謀主，直接認定為完全「莫須有」的「洪姨」。根據袁克文 1926 年出版的《洹上私乘》一書，以及袁靜雪寫於 1963 年的〈我的父親袁世凱〉一文的相關記錄，袁世凱的元配妻子于氏是河南一個財主的女兒，不識字，也不大懂得舊禮節，袁世凱不喜歡她，生了長子袁克定後，就不再與她同居，只把她作為主婦看待。除于氏外，袁世凱另有九名如夫人，其中根本不存在洪述祖的同胞妹妹洪氏這個人。

　　袁世凱的大姨太沈氏是蘇州名妓，在袁世凱落魄的時候，曾經資助他獵取功名。袁世凱發跡後，把沈氏作為「太太」看待，並讓兒女們稱呼沒有生育的沈氏為「親媽」。

　　二姨太李氏是朝鮮人，清朝末年袁世凱任駐朝商務代表時，娶陪侍在朝鮮王妃身邊的金氏、李氏、吳氏為妾，並且按照年齡大小排定李氏為二姨太，金氏為三姨太，吳氏為四姨太。

　　三姨太金氏據說是朝鮮王族的後裔，原以為嫁給袁世凱可以充當「正室」，沒想到過門以後只是一名姨太太，所以整天鬱鬱寡歡。她為袁世凱生育了 5 個兒女，第一胎生育的袁克文，又被強行送給大姨太沈氏負責撫養，對於她來說更是雪上加霜。

　　四姨太吳氏，為袁世凱生了 4 個兒女，袁世凱任直隸總督時害月子病而死。

　　五姨太楊氏與大姨太太沈氏最受袁世凱寵愛。她心靈口巧，遇事有決斷，袁世凱不僅讓她管理生活上的一切，還讓她管理袁府整個家務，各房的傭人和丫頭，袁世凱的眾多兒女，以及六、八、九三房姨太太，都要服從她的約束。

　　六姨太葉氏是南京釣魚巷的妓女。袁世凱做直隸總督時，派次子袁克文到南京辦事，袁克文在釣魚巷認識葉氏，兩人一見傾心，互訂嫁娶盟約。克文回北京向父親磕頭復命時，不小心把葉氏的照片從口袋裏滑了出來。他不敢向父親透露自己的兒女私情，急切之中只好謊稱在南京給父親物色了一個美女。

　　七姨太張氏是河南人，沒有生育子女。因為與花匠偷情被袁世凱發現而服毒自殺。袁家也有人說她是因病不治而死。

　　八姨太郭氏原是蘇州妓女，是袁世凱做軍機大臣時，別人從蘇州買來敬獻的。

　　九姨太劉氏是袁世凱最後一個、也是年齡最小的姨太太，她本是五姨太楊氏的小丫頭，成年後受到袁世凱的「臨幸」。

作為歷史學家,唐德剛不到第一手文獻資料中去尋找信史資料,卻偏偏到蔡東藩、蔡寄鷗等人的歷史演義中尋找自己「一直存疑」的無稽之談,並且添油加醋想當然地借題發揮,於是便出現了關於「袁姐丈」的戲說演義:

> 「宋教仁那一系列對政府過激的批評,曾受到北京某要人不具名的反駁。袁世凱當然也會頗為不悅,而形之於顏色(皺皺眉頭)。這一來,當然就被善於觀察人主顏色的內侍們看到了,他們因此就要承旨辦案了。在有意或無意之間,袁姐丈可能也留有殺宋的話柄,據此洪述祖就電囑應夔丞寫幾篇激烈的文章。如此則應氏不但可以得到多至 30 萬元的酬勞,並且還可能有勛位可拿、勛章可佩呢!這樣應就去尋找刺客了,最後找到了一個失業軍人武士英,幹出一記窩囊的刺宋案來。其實際情況,大致和蔣經國晚年的『江南案』,大同小異。」

行文至此,唐德剛頗為得意地自己誇獎自己說:

> 「以上是筆者個人根據數十年來對『宋案』探索的興趣和閱讀數十萬字的一手檔案與二手報導,以及對當年遺老不斷的訪問,所寫下的『半張紙』的宋案案情。自信雖不中,亦不遠也。」

應該說,唐德剛把宋教仁案,與「蔣經國晚年的『江南案』」進行類比,還是有一定道理的。蔣經國晚年對於擅自為他作傳的江南(劉宜良)深惡痛絕。「但是後來曝光的一切證據顯示,蔣經國並沒有直接令令或口令要把江南幹掉。幹掉江南的卻是,不成問題的,蔣下面最最忠誠的特務和黑道。他們在殺人曝光之後,據說蔣經國為他們的愚忠和愚蠢氣得死去活來。」不過,具體到宋教仁案

中的洪述祖，他儘管有為趙秉鈞及袁世凱效忠服務的動機與衝動，卻不是稱袁世凱為「姐丈」的「近親」；更不是專門從事「替主子幹殺人綁票、貪贓納賄、拉皮條、找女人」之類「下流勾當」的「下流的宵小」；反而是與袁世凱、趙秉鈞、孫中山、黃興等人處在同一種精神境界的「愛國者」。

三、張紹曾介紹洪述祖

　　1913 年 4 月 25 日深夜 12 時，江蘇都督程德全、民政長應德閎以長篇通電方式公佈了宋教仁案的部分證據。4 月 26 日，作為國民黨第一大報的《民立報》，以〈程德全應德閎宣佈宋案證據通電〉為標題全文刊登這一長篇通電。4 月 27 日，《民立報》再接再厲，以〈關於宋案證據之披露〉（以下簡稱「宋案證據」）為標題發行臨時增刊，在公開承認「為時太迫，訛誤之處未及細勘」的同時，以加寫編者按的方式披露點評了 44 項書面證據。同年 5 月，另有鉛印本《江蘇都督程德全呈大總統檢查報告──附應夔丞家搜獲之函電文件五十三通》（以下簡稱「檢查報告」）面世。認真閱讀這些證據材料，不難發現這樣一個基本事實：內務部秘書、青幫「大」字輩大佬洪述祖，南下會見另一位青幫「大」字輩大佬應夔丞的最初使命，是對於應夔丞及共進會進行招安。接受招安之後主動向洪述祖及趙秉鈞、袁世凱邀功請賞的應夔丞，最初提出的方案並不是雇用兇手殺害宋教仁，而是要通過「文字鼓吹，金錢聯合」的方式，詆毀敗壞宋教仁及孫中山、黃興的名譽。

　　被程德全列入「檢查報告」第一件的，是張紹曾於 1912 年 9 月 17 日寫給應夔丞的介紹信：

「夑丞仁兄大鑒：敬啟者，前上函電，計登簽閣。每憶道
範，時切神馳。京師自孫、黃惠然而來，與大總統握手言
歡，社會之歡迎日有數起，是為南北感情融洽之證，不勝
為民國前途慶。茲有內務部秘書長洪述祖先生，南下公幹，
因不知臺端住址，特函介紹。洪君於民國之建設，多有規劃，
當道咸依賴之。倘來造訪，或有就商事件，務請照拂一切，
裨益大局，不勝感企之至。弟如恒，栗碌乏善足陳。台從何
日北上，急盼駕臨敘別情也。專此敬請台安。愚弟張紹曾
鞠躬。」[2]

　　張紹曾，字敬輿，直隸大成（今河北省大城縣）張思河人。他
在天津武備學堂學習期間，被清政府選派到日本士官學校第一期炮
兵科學習，與同期同學吳祿貞、二期同學藍天蔚並稱「士官三傑」。
1905 年（清光緒三十一年），張紹曾入直隸督練公所教練處任總監
督。1907 年，從日本回國的宋教仁、白逾桓等人，在奉天即今天
的瀋陽聯合程家檉、吳祿貞、藍天蔚、張紹曾、徐鏡心、吳崑、張
榕等人，創立同盟會遼東支部，積極籌備武裝起義。同年 8 月，白
逾桓因為古河清告密出賣而在城廠被捕，身份暴露的宋教仁只好匆
匆返回東京，籌畫中的城廠起義因此失敗。
　　1910 年，張紹曾（清宣統二年）隨貝勒載濤出洋考察歐美陸
軍，嗣後任陸軍貴胄學堂監督。1911 年，張紹曾調任第二十鎮統
制，駐奉天、新民一線。1911 年 9 月 8 日，張紹曾奉命帶兵入關，
準備與第六鎮在永平舉行秋季會操。當第二十鎮由關外乘火車到達
永平附近的灤州時，辛亥革命在武昌爆發，清政府下令中止秋操，

2　《江蘇都督程德全呈大大總統檢查報告──附應夑丞家搜獲之函電五十三
　　通》，章伯鋒、李宗一主編《北洋軍閥（1912──1928）》第二卷，武漢出
　　版社，1990 年 6 月出版，第 84 頁。

準備調第二十鎮到南方攻打革命軍。在灤州待命的第二十鎮下級軍官，自發截留了從奉天運往漢口的一批軍火。10 月 29 日，張紹曾聯合第三鎮協統盧永祥、第二混成協協統藍天蔚、第三十九協協統吳祿貞、第四十協協統潘渠楹等人，以聯名通電的方式向清政府提出十二項要求，其中包括在辛亥年內召集國會，由國會起草憲法、選舉責任內閣，並宣示皇族不得充當國務大臣。

這份電報名為「兵諫」，其實是一份關於憲政改革的最後通牒，要求清政府把多年來拖延未辦的立憲事業，在兩個月內付諸實施，從而給清政府以近距離地沉重打擊。措手不及的清政府只好採取妥協懷柔政策，於第二天公開宣佈撤銷皇族內閣，命資政院起草憲法，並且嘉獎張紹曾等人「忠勇為國」。資政院以最快速度於 11 月 3 日制定十九款憲法信條，由清政府即日批准公佈，並且宣稱即將宣誓太廟以資信守。包括 1910 年行刺攝政王的汪精衛、黃復生、羅樹勳在內的政治犯也得到赦免。張紹曾隨後被授予侍郎銜，以宣撫大臣身份前往長江一帶宣示朝廷方面的立憲誠意，與張謇、趙鳳昌、孫中山、黃興、宋教仁、陳其美、應夔丞等人密切交往。

張紹曾介紹信中所說的「內務部秘書長洪述祖先生，南下公幹」，指的是洪述祖奉袁世凱、趙秉鈞的命令，以中央特派員身份前往上海等地，對包括共進會在內的江湖秘密會黨進行調查處理。張紹曾於 9 月 17 日寫下這封介紹信時，應袁世凱邀請前往北京的孫中山、黃興、陳其美、陸惠生等人，正像度蜜月一樣與袁世凱「握手言歡」，以謀求南北調和。留在上海的共進會會長應夔丞，卻與來自湖北的國民黨激進派人士何海鳴、王憲章、凌大同等人，共同策劃在武昌暴動。等到洪述祖帶著這封介紹信南下上海時，應夔丞已經與何海鳴、王憲章等犯罪嫌疑人一起，被副總統兼湖北都督黎元洪在全國範圍內明令通緝。

　　據沈雲龍〈暗殺宋教仁的要犯洪述祖〉一文介紹，洪述祖的另一重身份是青幫「大」字輩的大佬。[3]由於有張紹曾居中介紹，54歲的中央特派員、內務部秘書、青幫「大」字輩大佬洪述祖，與49歲的通緝犯、青幫「大」字輩大佬、共進會會長應夔丞一見如故。10月16日，洪述祖陪同應夔丞前往南京會見江蘇都督程德全。程德全當場委任應夔丞為江蘇駐滬巡查長，並且在發給袁世凱的密電中彙報說：

> 「今晨洪述祖挈應夔丞來寧謁見，當即曉以利害，動以大義，應亦自承情願效力，……現已委應夔丞為駐滬巡查長。……惟去年上海光復，應夔丞墊用款項實屬不貲，據稱虧累十七萬餘，即孫中山汽車亦應所製備，其他概可想見，其黨徒厚望孫中山、陳其美量予位置，今皆不克如願，仍復聚而不散，察其情形似非月給三千元不能應付，此間因財政支絀，現僅許月給巡查公費一千元。……此電達，乞密不宣。」[4]

　　10月18日，袁世凱在回電中表示說：「葉電悉。盡籌周至，摻縱咸宜，造福江域，誠非淺鮮，莫名慰佩。不敷之兩千元，可由中央撥付。惟此人迭接武昌文電通緝，須加特赦，統俟洪述祖回京再商辦法。」

　　細節決定歷史，千里之堤潰於蟻穴。作為歷史當事人，無論是袁世凱、程德全，還是洪述祖、應夔丞，當時都不可能意識到，代表中央政府的洪述祖對於負案在逃的會黨首領應夔丞的成功招安，即將改變整個中華民國的前途命運。

---

[3] 《近代中國史料叢刊》第2輯之《現代政治人物述評》中卷，臺灣文海書局，1966年，第119頁。

[4] 《程德全密電稿》（未刊），見李宗一著《袁世凱》，國際文化出版公司，2006年，第209頁。

四、洪述祖「規劃」中華民國

　　張紹曾在介紹信中所說的「洪君於民國之建設，多有規劃」，是中華民國史上的一個重要插曲。

　　辛亥革命在武昌率先爆發後，曾任張之洞首席幕僚的趙鳳昌，成為南北和談的關鍵人物。與袁世凱有師生情誼，並且在政、學、工、商界享有盛譽的江蘇諮議局議長、狀元實業家張謇，從南通到上海辦事時，經常住在趙鳳昌位於南陽路的私家住宅惜陰堂中。與趙鳳昌有姻親關係的直隸候補道兼礦物局總辦洪述祖，因此成為趙鳳昌與北京、天津方面的唐紹儀等人溝通聯絡的中間人。

　　辛亥年十月朔日（初一），也就是 1911 年 11 月 21 日，洪述祖在寫給趙鳳昌的一封密信中，通報了袁世凱進京組閣以及唐紹儀南下議和的相關情況：

　　「竹哥鑒：上月初在少川處讀吾哥密電。次日弟草一詔稿，托人轉說前途，迄未有效。直至項城入京，方以此稿抄兩份分途達之（少川之力）。項城甚為贊成，而難於啟齒，不得已開少川之缺（非開缺不肯行）。於廿七日入都商定辦法。弟廿八日入都。於廿八日少川自往晤老慶，反覆言之。老慶亦談之聲淚並下，然亦不能獨斷，允於次早決定。不料一夜之後（想必與載澧等密商矣），廿九早，全局又翻，說恐怕國民專要共和云云。菊人、項城均力爭不得，項城退直，焦急萬分；少川謀，即以此宗旨由項城奏請施行（約五日即可見）。倘不允，即日辭職，以去就爭之。事機千載一時，南中切勿鬆動（惟到滬議政員，殊難其人，以少川來，南中人願否？乞密示。）。」[5]

---

[5]　《趙鳳昌藏札》，第 108 冊函電稿，《辛亥革命在上海史料選輯》，上海人民出版社，1966 年，第 1069 頁。

　　這裏的「項城」即袁世凱，「老慶」即與袁世凱關係密切的慶親王奕劻，「菊人」即徐世昌。「少川」即趙鳳昌的老朋友唐紹儀。「上月初在少川處讀吾哥密電」，指的是趙鳳昌於舊曆九月初六日即西曆 10 月 27 日發給天津唐紹儀的密電，其中寫道：「大事計旦夕即定，公宜緩到任，如到任，宮廷聞警遷避時，公須對付各使，杜其狡謀，以保將來中國，同深叩禱。」

　　趙鳳昌所說的「大事」，指的是漢民族推翻滿清王朝的光復大業。在此之前的 10 月 26 日，清廷下詔革去郵傳大臣盛宣懷的職務，永不敘用，同時任命與盛宣懷有宿怨的唐紹儀接任郵傳大臣。洪述祖在唐紹儀家中看到這份密電後，同樣勸說唐紹儀不要就任郵傳部大臣，並於第二天以隆裕太后名義草擬一份共和詔書。唐紹儀接受趙鳳昌、洪述祖等人的建議，以生病為由一直沒有到北京就職。11 月 11 日，正在孝感前線指揮戰鬥的袁世凱被任命為內閣總理大臣。11 月 13 日，袁世凱率領衛隊來到北京。11 月 15 日，唐紹儀致電北京內閣，以「連日趕緊醫治，毫不奏效」為藉口，再一次請求「准予開缺」。11 月 16 日，內閣總理大臣袁世凱宣佈內閣名單，唐紹儀的郵傳部大臣改由楊士琦署理。11 月 17 日，也就是袁世凱責任內閣正式成立的第二天，唐紹儀從天津來到北京，洪述祖也於 11 月 18 日來到北京。

　　洪述祖的草詔此前已經由唐紹儀通過兩種途徑轉交袁世凱審閱，11 月 18 日由唐紹儀當面交給慶親王奕劻，由奕劻轉呈清政府最高當局。11 月 19 日，這份草詔被攝政王載灃等人拒絕。正是在這種情況下，洪述祖給遠在上海的趙鳳昌寫信，一方面希望袁世凱「即以此宗旨奏請施行，倘不允，以去就爭之」；一方面希望已經宣告獨立的南方各省堅持憲政民主的共和立場「切勿鬆動」。與此同時，他還建議唐紹儀能夠出任南下上海的議和代表。

　　關於洪述祖在辛亥革命特別是南北議和期間所發揮的作用，曾經跟隨唐紹儀南下議和，後來又擔任袁世凱的總統府秘書以及趙秉

鈞的國務院秘書長的張國淦，在回憶錄中轉述趙秉鈞的話說：「唐
紹儀到京，住東交民巷六國飯店，直隸候補道洪述祖，在北洋時與
唐有舊，力勸其不就郵傳大臣職務，乘此機會，仿照美、法，將中
國帝制，改造民主。其進行，一方面挾北方勢力，與南方接洽；一
方面借南方勢力，以脅制北方。其對於宮廷、新貴、軍隊、外交、
黨人，都有運用方法，照此做去，能使清帝退位。清廷無人，推倒
並不甚難，可與宮保詳密商定，創造共和局面，宮保為第一任大總
統，公為新國內閣總理。」[6]

　　當時的武昌正處於大兵壓境的危難之中，擁兵自重的袁世凱並
不急於打敗以黎元洪、黃興為首的革命武裝，而是通過多種渠道與
革命黨方面溝通聯絡，希望通過和平談判實現社會轉型。在力量懸
殊的情況下，南方的革命黨人同意接受袁世凱的談判條件。於是，
張謇、趙鳳昌等人以第三方身份直接促成了以唐紹儀為清朝政府全
權代表、以伍廷芳為南方獨立各省全權代表的南方議和。由於年老
多病的趙鳳昌行動不便，唐紹儀與伍廷芳之間最具實質性的南北和
談，大都是在惜陰堂裏秘密進行的。據劉厚生回憶說，「議和時，
洪述祖常至鳳昌家中，效奔走之勞」。[7]

　　袁世凱在北京就任臨時大總統之後，由唐紹儀組織中華民國第
一屆內閣，洪述祖論功行賞，原本要出任內務部總長趙秉鈞的秘書
長，因為官制裏沒有這個職位，他只好屈就秘書之職。張紹曾所說
的「當道咸依賴之」，主要是指已經與袁世凱決裂的前國務總理唐
紹儀，以及還沒有接任國務總理的內務總長趙秉鈞。辛亥革命期
間，趙鳳昌和洪述祖一直是通過唐紹儀、張謇與袁世凱進行間接聯
繫的。隨著加入同盟會及國民黨的唐紹儀，以辭去總理職務的方式

---

[6]　張國淦著《辛亥革命史料》，龍門聯合書局，1958 年 3 月，第 289 頁。
[7]　劉厚生：《張謇傳記》，龍門聯合書局，1958 年版，上海書店 1980 年影印
　　出版，第 196 頁。

與袁世凱公開決裂，口碑不佳的洪述祖與袁世凱之間的關係，不可能更加親近而只能是更加疏遠。到了 1913 年 6 月，趙鳳昌再一次出面調和袁世凱中央政府與孫中山、黃興等上海國民黨人之間的關係時，就只剩下通過張謇轉發秘密函電的唯一渠道了。

在江蘇常州的博物館內，收藏有洪述祖的一方「共和硯」。網路中也流傳有洪述祖贈送安徽合肥人李經即「新梧先生」的「共和硯」拓本，其正面題詞是「新梧先生鑒存述祖」。右邊是篆書「共和硯」，落款為「壬子十月觀川居士屬陶心如篆並刻」。硯背墨拓中的跋語是「中華民國三年即甲寅八月吉林宋小濂鐵梅氏獲觀」。

「壬子」即作為中華民國共和元年的 1912 年。「觀川居士」即洪述祖。「陶心如」即陶家瑤，江西南昌人，字星如，一作心如。他的妹妹嫁給洪述祖的長子洪深為妻，後離異。「甲寅」即 1914 年。「宋小濂」是吉林永吉人，字鐵梅，在他的跋語後面另有硯銘墨拓：「辛亥九月，硯得，主共和詔書起於此，勒銘左側志忘，中華男子洪述祖。」

由此可知，這方「共和硯」得之於 1911 年 9 月，同年 12 月 28 日，隆裕太后所頒佈的共和詔諭，最初就是用此硯起草的。直到宋教仁案發生之後，依然以「中華男子」自居的洪述祖，至少在主觀上是有愛國救國的政治抱負的。只是他所選擇的愛國救國的政治路徑，不是像梁啟超、宋教仁那樣在憲政民主的制度框架內，依法從事議會選舉、陽光參政、公平競爭，而是與國民黨方面的黃興、陳其美等人一樣，撇開或退出憲政民主的制度框架和法律程序非法從事秘密暗殺及暴力革命。

1913 年 5 月 3 日，逃到青島德國租界的洪述祖發表通電，為自己在宋教仁案中扮演的「救國」角色辯護說：

> 「述祖於辛亥秋，與唐紹儀在北方贊成共和，本為救國起見。一年以來，黨爭日劇，怪狀百端，使全國陷於無政府地

位，心竊痛之。尤以上年宋教仁等連帶辭職，要脅中央，為黨派專制禍始。中國教育幼稚，人材缺乏，合全國穩健分子，立賢無方，共謀政治，尚虞不濟。宋教仁乃欲借政黨內閣之說，以遂其植黨營私之計，壟斷政界，黨同伐異。一室操戈是共爭，非共和也，是黨派專制也。其弊甚於滿清貴族專制，其禍必至於亡國滅種。」[8]

在談到自己與應夔丞來往函電中的「燬宋」等語時，洪述祖解釋說：「僅欲燬其名，並無奪其生命之意，何得認為謀殺之證據？……述祖宗旨，不過欲暴宋劣跡，燬宋名譽，使國民共棄之，以破其黨派專制之鬼蜮而已。」接下來，洪述祖承認自己因為人微言輕，「不得不假託中央名義，以期達此目的。」

五、洪述祖招安應夔丞

程德全「檢查報告」的第二件，是洪述祖從南京返回北京之後，於1912年10月24日寫給應夔丞的一封密信：

> 「夔臣老弟足下：別後二十日到津，二十二日入都。張紹曾早已出京，吾弟手書，只好交郵局掛號寄去矣。中央加委一層，總理甚贊成，明後弟見大總統後再定。京中報館，前說四家，請開示名目。吾弟可告前途，來通機關。究竟京中設共進會與否，希明白告我。吾弟手函，望補寄，因要敘勳，非如此不可也。嘉興李女士事若何（事成，當往漢口結婚）。手頌大安。小兄述祖手啟。」

---

[8]　《洪述祖否認刺宋陰謀電》，《民立報》，1913年5月8日。

「檢查報告」的第三件，是洪述祖親筆題寫並且蓋有「洪氏觀川居士沽上草堂之印」的「川密電本」，也就是他從南京返回北京時送給應夔丞的密電碼。

同樣是在 10 月 24 日，洪述祖還給應夔丞發去一份密電，被「檢查報告」列為第三十二件，其中寫道：

> 「文元坊應夔丞：川。申事妥，俟黎處取消前電，即當正式委任。張出京，信件郵遞。蟹買寄否。李務期於成。乞電復。蔭。」

這裏的「川」，是「觀川居士」洪述祖的專用密電碼，「蔭」即洪述祖字蔭之的簡稱。

「檢查報告」第五件，是洪述祖於 10 月 29 日寫給應夔丞的密信。前半部分主要是談公事：

> 「二十三日到京，於二十四發電，用川密本，不知足下能查得明白否？連日為足下事，請大總統特下赦令，又請黎副總統取消通緝之案，幸目的均已達到。茲將程督轉來黎電，錄請察閱，即此可見鄙人之苦心矣。至大總統聽見鄙人陳述各節，甚為許可，日昨傳諭，囑鄙人函知足下，將各項成績，可以辦至若何，具一條陳前來。譬如共進會成之處，決無擾害治安一項。如裁兵可以省餉為一項。種種界限，手段效驗，由足下自具說帖，寄由兄處轉陳，大總統可以據此任命或委任。緣說歹話人多，有此則大總統易於措辭也。連前之表敘革命時之一書。分作一淘寄來更好。」

在接下來的後半部分中，洪述祖明確表示說：「前信係公事信，此再加私函。」其中的內容，完全是他在公私分明的前提下假公濟私、收受賄賂的財色雙貪：

其一，蟹到，謝謝。惜已死過半，不便送總統，僅檢送二大簍與總理而已。

其二，程都督相待甚好，相期甚殷，吾弟必須格外做臉。

其三，張紹曾早已出京，足下之信加封郵寄，尚未接伊回信。

其四，最好吾弟來京一行，輕車減從，一見大總統、總理，必能賞識。如必需款成行，可用電來說其所以然，由兄轉呈（此電止說此事，不夾別事及私事），或者能稍發，亦未可知。大總統前說允發，而日來大借款不成，京中窮極，應須原諒。

其五，如夫人同來尤妥，免到京浪費也。

其六，李女士處說過否？倘不成，或別尋一相宜者亦可。

這裏所說的「不便送總統」，恰好證明他在袁世凱與趙秉鈞之間，所親近的只是頂頭上司趙秉鈞。「張紹曾早已出京」，指的是張紹曾於1912年10月12日被袁世凱任命為綏遠將軍兼屯墾督辦而離京赴任。

第二天即1912年10月30日，洪述祖又有一信寄應夔丞：「前信發時，所有電文一紙，匆匆未曾封入，茲再補寄，望查閱。日來情形若何？能北來一行否？至盼復示。手致夔丞仁弟。名心頓首。卅日。」

洪述祖補寄的是他於10月27日收到的江蘇都督程德全的密電，其中寫道：

「北京內務部洪述祖君鑒：華密。前得敬電，當即達知黎公。茲接復電，文曰：『有電悉。應夔丞既願效力自贖，亦能擔保共進會無違背法律、擾害治安之事，且趕速設法解散武漢黨徒，是其悔過自新，實為難得。尊處辦法極是，敝處以前通緝之案，自應取消。除通電外，特此奉復。元洪。宥。』等語，特聞。德全。沁。印。」

洪述祖回京後加緊活動的結果，是國務院於10月29日奉大總統令致程德全電：「準將應夔丞一名特予赦典，取消通緝，嗣後該

149

共進會如有不法，惟應夔丞是問。即由該都督責成擔任，並酌予委用。」

六、洪述祖的「待款孔亟」

程德全「檢查報告」的第八件，是從北京椿樹胡同家中回到天津宿緯路家中的洪述祖，於 1912 年 11 月 1 日致應夔丞信：

> 「夔臣老弟足下：前在京發一快信，諒已收到。吾弟來信如係公言，可由書記繕楷（以便上呈）。（余外均預備送大總統閱）。除你我私信方親筆也。茲專弁劉松送上此函，望再發紀念幣數枚（要者甚多），交伊帶回為要（伊原船即回）。足下何日北上（能來與否，速商辦法），乞示。手頌綺安。小兄述祖再拜。」

洪述祖在這裏所強調的，依然是公事與私事的明確區分。按照他的說法，公事是預備呈送給大總統袁世凱審閱的，需要專門請書記員用正楷抄寫。作為同為青幫「大」字輩的會黨兄弟，他與應夔丞之間的親筆私信，只是用來談假公濟私、不可告人的私密之事。這裏所說的「紀念幣」，是指 1912 年 3 月 9 日經孫中山親自批准，由中華民國南京臨時政府財政部，為慶祝孫中山出任第一期大總統而製作的「中華民國共和紀念章」和「中華民國改元紀念章」。喜歡收藏的洪述祖，一再向應夔丞索要鑴刻有孫中山頭像的紀念章，足以證明他和應夔丞一樣，對於國民黨理事長孫中山並沒有明顯敵意。

針對洪述祖接連發出的上述函電，已經擔任江蘇駐滬巡查長的應夔丞卻顯得既遲鈍又消極。他直到 11 月 2 日才回復了一份四等電文：「北京椿樹胡同洪蔭芝君鑒：頃自浙回，函電均悉，詳情另復。夔叩。」

11 月 29 日，洪述祖致信應夔丞，其中寫道：

> 「劉松回，得手書，並金銀紀念幣等件，謝謝。續又接到金
> 陵所發來函並報告文件，當即先後親呈總統。連日俄蒙事
> 忙，今日國務院會議，始決定三萬元之款准發。至寶山一節，
> 陸軍、參謀兩部，尚須研究，緣頗有人為寶山運動，不獨朱
> 瑞與吾弟反對也。總統極盼吾弟速來。近日莊都督（鄙人之
> 表弟也）到，兄囑其為吾弟揄揚，日象較勝。惟接此信後，
> 望由津浦路克日前來，一謁總統，並領取款項，即行回南，
> 亦無不可（附上總理親筆信一紙，閱後，即帶還鄙人為要），
> 務祈注意為盼。兄亦待款孔亟，並欲設法加一浙江巡查長，
> 以便與朱合而為一，吾弟以為然否？」

　　所謂「三萬元之款」，是洪述祖為應夔丞爭取到的用於招安解
散共進會的款項。「莊都督」指的是前江蘇都督莊蘊寬字思緘。他
是 1866 年生人，比洪述祖小 7 歲，比應夔丞小 2 歲，清朝末年任
廣西平南縣知縣。1912 年 1 月南京臨時政府成立後，一度被孫中
山任命為江蘇都督，同年 4 月改任浦口商埠督辦。洪述祖轉請來自
南京的莊蘊寬在袁世凱面前替應夔丞說好話，從側面證明他自己在
袁世凱面前並不具備足夠的影響力。

　　「寶山」指著名鹽梟、青洪幫大佬徐寶山（懷禮）。他是丹徒
南門人，生於 1866 年，因為身材高大並且敢作敢為，人送綽號「徐
老虎」。他本來是正宗的青幫首領，屬於比「大」字輩還要高一輩
的「禮」字輩，聽說泰州城內有個洪門首領任春山，便主動前往拜
訪並結為異姓兄弟。任春山介紹徐寶山加入洪門，徐寶山介紹任春
山加入青幫，兩個人合開洪門山頭，從兩個人的名字中各取一字作
為山名，曰「春寶山」。徐寶山的這種跨幫運作，使得青洪兩幫的
會黨人士都聚集在他的門下。

　　1912 年 4 月 16 日，揚州軍政分府都督、第二軍軍長徐寶山致電袁世凱，稱大局已定、全國統一，願意率先取消軍政分府，擁護中央政府「統一治權」。4 月 20 日，袁世凱下令取消揚州軍政分府，繼續擔任第二軍軍長的徐寶山，把兒子送到北京充當袁世凱總統府的侍衛武官。宋教仁案發生後，袁世凱為了應對國民黨方面號稱「二次革命」的國內戰爭，在作戰計畫中準備把「徐寶山所部（約步一師）為擾亂寧蘇內部之牽制隊」。徐寶山也主動派兵截留過國民黨從上海運往安徽、江西的過境軍火。1913 年 5 月 24 日，徐寶山被陳其美等人用古董花瓶裏面安裝炸彈的方式予以暗殺。徐寶山被炸死後，第二軍被整編為第四師，由他的弟弟徐寶珍出任師長。「二次革命」期間，第四師配合張勳攻佔南京城，隨後被強行解散。

　　「待款孔亟」的洪述祖，竟然把自己想通過「設法加一浙江巡查長」，以便與強力鎮壓共進會的朱瑞「合而為一」的如意算盤，毫無保留地告訴給作為鎮壓對象的共進會會長、前滬軍都督府諜報科長應夔丞，足以證明他的利令智昏。他所說的「附上總理親筆信一紙」，並沒有出現在程德全的「檢查報告」中。此舉可以看作是他為了證明自己奉命招安的權威性而招搖撞騙的另一種個人私事。在這封信的末尾，還有「再，李事須本人認可，切不可勉強」一句話，指的是應夔丞沒有經過當事人同意，就擅自包辦「嘉興李女士」嫁給洪述祖做妾一事。此舉可以看作是接受招安的應夔丞，對於奉命招安的洪述祖所實施的一種欺騙性的性賄賂。

　　在程德全的「檢查報告」第四件中錄有洪述祖的一份密電，被《民立報》的「宋案證據」列為第三十三項，全文如下：

　　　「文元坊應夔丞：川密敬悉。頗有悉南方有人譏謗，現在張、
　　　徐交鬥，弟如勸（導）（懲）寶山只許解散，正可趁此機會

立功。能否，先電復。總統（盼）（真心）弟北上，允准三
萬。兄到滬同來，於事有濟。初四。」

這裏的「初四」為應夔丞親筆添加。依據前後函電的相關內容，
應該是 1912 年 12 月 4 日。洪述祖第二次南下上海的時間是 12 月
中旬，這次南下的直接成果，是陪同應夔丞和如夫人李氏，以及共
進會副會長張堯卿等人，於 1912 年 12 月下旬抵達北京，入住前門
外的金台旅館。

1912 年 12 月 11 日，應夔丞收到來自北京的一份密電：

「夔丞：電悉，已代陳。調徐、張不能，中央命令出自公個
人感情。於各方面不落著痕跡，至佩服。庵。」

該密電被《民立報》以「趙秉鈞致應夔丞密電」為標題，列為
「宋案證據」第二十一項。在程德全的「檢查報告」中，把該項證
據列為第十一件，並且專門針對應夔丞的誤譯進行了糾錯說明：

「民國元年十二月十一日下午一點五十三分，上海電報局，
收到北京發寄第四等一千八百九十六號電報，計三十四字，
譯文如左：文元坊應夔丞：兩電悉，已代陳。調處徐、張不
能中央命令，出自公個人感情。尤於各方面不落著痕跡，至
佩服。陰。十一。……此電碼抄自電報局，由捕房譯出呈堂。
嗣又檢得應夔丞用鉛筆自譯底稿，上少文元坊應四字，其署
名一係陰字，一係庵字，查原電碼為（一六五八），照川密
本譯，確係陰字。『元年十二月十二日中央來川密。此志』
十五字乃應夔丞所注，並蓋有應夔丞印章。」

由此可知，這份電報是洪述祖用他的「川密」電碼發給應夔丞
的，與國務總理趙秉鈞字智庵之間沒有直接關係。所謂「調徐、張

不能」，就是調解徐寶山的軍隊與張勳的軍隊之間的武裝衝突。兩相對照，以「庵」字替代「蔭」字，一下子把洪述祖與應夔丞之間低層次的相互勾結，升格為國務總理趙秉鈞對於應夔丞的政府指令。應夔丞用鉛筆自譯並且加蓋印章的這份錯誤電報，所折射出的是他急於從北京中央政府那裏攫取重要情報的間諜陰謀。應夔丞被捕之後，這份電報便充當了《民立報》針對趙秉鈞及中央政府展開有罪推定的虛假證據。

七、應夔丞的北京之行

應夔丞等人在北京整整逗留了將近一個月的時間。在此期間，他先後受到國務總理趙秉鈞和大總統袁世凱的接見，洪述祖沒有參加上述會見，而是躲在幕後出謀劃策。其中既有避嫌的成份，更加重要的原因是他作為前國務總理、國民黨人唐紹儀的親信，與袁世凱之間存在著一定的距離，他的官位也不足以參與最高層的相關決策。

1913 年 1 月 14 日，已經接見過應夔丞的趙秉鈞親筆寫下一封公函，被《民立報》列為「宋案證據」第一項：「密碼送請檢收以後，有電直寄國務院趙可也。桂馨先生鑒。鈞手啟。」該項證據還附有「信面」文字：「即送應先生啟。趙緘。川密電本密本三本。」

對照當年多家報刊公開刊登的影印件，以及程德全的「檢查報告」第十八件，這封公函的準確文本是：「密碼送請檢收，以後有電直寄國務院趙可也。桂馨兄鑒。鈞手啟。一月十四日。」「信面」上的原文是：「即送。應先生啟。趙緘。」《民立報》「宋案證據」第一項中的「川密電本密本三本」，是對於密碼本上注明的「北京國務院應密民國二年一月十四日」的錯誤抄錄。

「應密」就是專供應夔丞使用的密電碼。「川密」是「觀川居士」洪述祖此前已經交給應夔丞的另一種密電碼。1913 年 4 月 28日，趙秉鈞在針對《程德全應德閎宣佈宋案證據通電》發表的長篇辯護通電中解釋說：

> 「至本年一月，應將南歸，瀕行求見，面請發給國務院密碼電本。本總理當以奉差各省特派人員向用密電報告，以防漏泄，應夔丞請發密碼，理無固拒，因即許可。又恐其借事招搖，別生枝節，因函囑其以後有電直寄國務院，借示在官言官，語不及私義，而別嫌明微之隱衷，亦可於茲揭示。斯則本年一月十四日之函所由來也。」[9]

事實上，不僅國務總理趙秉鈞與江蘇駐滬巡查長應夔丞之間用密電進行聯繫，袁世凱和他的秘書長梁士詒，與上海國民黨方面的孫中山、黃興之間，也在使用密電聯絡。就連辭職下野的前農林總長、國民黨代理理事長宋教仁，與北京同黨劉夔臣之間，也同樣在通過密電聯絡。值得注意的是，曾經擔任過前滬軍都督陳其美的諜報科科長的應夔丞，在北京期間專門收集了趙秉鈞寫給洪述祖的幾封親筆信件，被程德全的「檢查報告」列入第十二件。現依據時間順序重新排列如下：

其一、趙秉鈞落款時間為「廿九」的致洪述祖短函：「應君事，款准發，所陳條件，陸、參兩部尚有斟酌，日內即定議也。知念布達。蔭之兄台鑒。弟鈞拜啟。」

其二、趙秉鈞落款時間為「二十九」的致洪述祖短函：「應君之款，請署其具呈說明辦法，以便籌撥。鈞啟。」

───────────────
[9] 《趙秉鈞為宋案自辯電》，《政府公報》，1913 年 5 月 1 日。朱宗震、楊光輝編《中華民國史資料叢稿·民初政爭與二次革命》上編，上海人民出版社，1983 年，第 261 頁。

其三、洪述祖寫給應夔丞的短函：「頃歸，接總理函，送閱即請速行照辦可也。兄今晚不出城矣。夔丞仁弟。兄名心啟。卅。」

其四、趙秉鈞致洪述祖短函：「應君領字，不甚接頭，仍請一手經理，與總統說定才行。弟事多，明日會議，恐不暇及此，散會甚晚，此事請於午前辦，尚可不誤晚車也。蔭兄刻到。弟鈞頓首。」應夔丞在這封短函的信紙上，專門進行批註並且加蓋了自己的印章：「二年正月九日。已照辦妥。」

《民立報》的「宋案證據」第二十九項，是洪述祖分別於1913年1月5、9兩日寫給應夔丞的兩封書信。相對準確的文本被程德全的「檢查報告」列為第十三、十四件。第十三件的內容如下：

> 「頃聞總理論，囑吾弟開一南邊辦法手折（即如何解散及取締之法等事），明日面交。又言次長處，明早十鍾往辭為要，此次渠甚力也。大總統處，或星期二早，往稟辭為妥。夔丞棟台，小兄名心啟。二年一月五號。」

第十四件寫道：

> 「連日未晤，甚念。總理處手折，已否面遞，行期約在何日？鄙人明口赴津，一二日耽擱耳。如何情形，示我為荷。夔丞老弟足下，名心。印。九號。」

這裏所說的「開一南邊辦法手折」，指的是1913年4月11日由上海《神州日報》公開披露的應夔丞《條陳如何安排會黨之說帖》，其主要內容是呈請中央政府任命應夔丞為中央特派駐滬巡查長，由他體察各會黨的內部情況，酌定統一章程，使會黨人士的宗旨習慣默化咸歸大道，並且選各省會黨中有權力者分佈要地，偵察各黨行為，由他總其成，隨時向中央政府彙報情況。這裏所說的「言次長」，指的是內務部次長言敦源。據《民立報》加寫的

編者按介紹，言敦源「本與洪有戚誼。觀此函，則與應亦狼狽已久。」

　　1913 年 1 月 12 日，洪述祖再次致信應夔丞，被《民立報》列為「宋案證據」第三十項，被程德全的「檢查報告」列為第十五件。現據「檢查報告」抄錄如下：

> 「昨晚趙總理將原件發回，內中三樣問題。一、領款不接頭，欲兄代辦，兄亦未見明文，須吾弟將雪老電請此數，及中央允准復電原稿，抄附領狀之上，方為合式。茲先將原領紙送回，乞察收。一、總統囑開辦法，已說明禮拜二送去，切勿誤。一、征蒙一件，請自送至參謀處可也。以上三節，俟二鐘時面談一切。弟一見大總統時，可謝其發款，略將以後辦法陳說。夔丞老弟，小兄名心啟。十二半夜。」

　　關於此信，趙秉鈞在同年 4 月 28 日的長篇辯護通電中解釋說：「查此函係因應夔丞擔任解散共進會，除領款五萬元外，其巡輯一差，亦為消彌伏莽，由程都督電請中央每月津貼二千元，大總統照準。應夔丞請領該項津貼之款，本總理飭查，國務院、內務部均無成案，故有致洪之函，聲敘始末。至今應之公文印領，尚存國務院，有案可查也。」

　　這裏所謂的「征蒙一件」，是共進會副會長張堯卿等人參與發起的征討外蒙古叛亂的征蒙團。張堯卿因此領取大筆經費，回到上海後揮霍一空。

　　1913 年 1 月 22 日，洪述祖與應夔丞、張堯卿等人一起，從北京乘火車經南京來到上海，下榻於石路吉升棧。這是他為了招安解散共進會第三次南下上海。就接受招安的應夔丞來說，他這一次的北京之行收穫頗豐。程德全「檢查報告」中的第十九件，是「應夔丞致某某信」，其中寫道：

「洪來電，奉總府特委，與夔改為秘密結約，以便進行。定禮拜三，即正月二十二日由京直南，念三晚抵寧轉申。妾事與棧房速辦定，妾即交慕良去辦。棧定新洋棧，即桂仙底子翻造之處。統照前信一一辦妥，約計千元之譜。夔約禮拜三下午一點快車來滬，或今日晚車來，均不定。此間諸事都大順大吉，百凡如意，另獲款五千，已彙趙菊椒，由寧交其帶申，俟夔范申再收。夔手泐。正月二十一日應夔丞印。」

從該信的內容與口吻判斷，應該是應夔丞從北京寫給妻子的家信。他與洪述祖一樣，一旦從政府當局騙到款項，第一件事就是置房納妾。他們的這種表現，恰好是以殺人放燒受招安為政治宿命的江湖會黨人士，自以為英雄好漢的黑道本色。

所謂「總府特委」，是應夔丞自欺欺人的炫耀話語。他希望中央政府把江蘇都督任命的江蘇駐滬巡查長，改為中央特派駐滬巡查長。中央政府並沒有答應此項要求。趙秉鈞在 4 月 28 日辯護通電中給出的解釋是，中央政府對於應夔丞並不十分信任：

「政府准浙江朱都督電稱，『共進會在蘇滬一帶有不法情事』，十一月二十日奉大總統電飭程都督密查。程都督於十二月五日歌電查復，有『應夔丞投效以來，於蘇境伏莽尚能力求消弭，惟此間裁遣軍隊已近六萬，生計所迫，隱患殊多。必盡責諸一人，或亦力有未逮』等語。是政府於應夔丞使貪、使詐，良非得已，而防閑之意，迄未稍疏。」

由此可知，共進會長應夔丞於 1912 年 12 月下旬在洪述祖陪同下抵達北京之前，浙江都督朱瑞與江蘇都督程德會，一直在奉袁世凱的命令對共進會進行調查處理。10 月下旬，朱瑞在全省範圍內發佈查禁共進會的通令，其中介紹說：

「案查浙江省自共進會發現後，不數月間，匪類蔓延全省，騷擾地方。……查該會發起宗旨，原欲改革舊習，勉為良善，用意無可厚非。無如入此會者，莠多良少，恃眾橫行。如已經辦鑄造偽印聚眾謀逆之俞昆、管偉，私藏炸彈招徒放票之包田芳，偽造旗令文之黃雲，及通令緝拿之劉金蘭等，均或搜有共進會證書，或係共進會員。本都督因不欲以少數人之違法，厚責該會全體，故所獲證書，均不作罪狀宣佈。即如舊嘉湖各屬，每有匪案情節重大者，訊係該會會友，亦僅飭令其一部分解散。……近據滬杭各報所登載，調查員所報告，各處紳商人民所稟訴，暨各路統領管帶、各縣知事所密稟，幾無一處無該會會員之擾亂，更無一案不與該會有關係。小者恃強敲詐，愚弄鄉民，大者開堂放票，聚財斂錢，甚至明目張膽，謀為叛亂。」

在這種情況下，朱瑞表現出的是極其強硬的鐵腕作風：「本都督為大局安危計，為本省秩序計，所有浙江各屬共進會，決計概令解散，以弭巨患而保治安」；如有不遵，「惟有遵照大總統命令，逮捕治罪，以重法權。」[10]

11 月 9 日，袁世凱再次發佈取締秘密會黨的佈告：「近聞各省秘密結會之風仍未消戢，名目繁多，宗旨毫無，並有騙取重資，設會結黨，以圖暗殺破壞大局者。……應再由該都督等飭所屬民政各機關剴切出示，設法勸諭。凡從前秘密集會，如能知悔自首解散者，均准不究既往，其有願改組社會者，但能不違背法律，不擾公安，自應在保護之列。」在接到朱瑞「共進會在蘇滬一帶，有不法情形事」的電報後，袁世凱於 11 月 20 日下令國務總理趙秉鈞「電飭程都督密查」。江蘇都督程德全於 12 月中旬發佈訓令：「中華國民共進會實係青紅幫組織，如果查有共進會會所，著即勒令解散。」

---

[10] 《申報》，1912 年 10 月 26 日。

為取締江蘇境內的共進會，程德全動用軍隊逮捕了一些地方的共進會會長，譬如駐防無錫的步兵團團長秦鐸，就成功逮捕了無錫共進會會長宜大順：「宜大順淮安人，撐糧船為業，無錫共進會初成立時推為會長，徒黨萬餘人，勢力極大。此次在芙蓉山收徒，大開香堂，殺豬數十頭，哄動一時。秦鐸君辦理此案十分慎密，故能雞犬不驚。」浙江方面，截止 11 月 19 日，先後拿獲共進會員會員 53 人，全部處以死刑。[11]

八、應夔丞的效忠信件

「宋案證據」第四十二項，是應夔丞從北京回到上海之後，寫給朱家寶及趙秉鈞的書信，被《民立報》錯誤地冠以「洪述祖致朱家寶信」的標題。該項證據包括三個部分，第一部分是應夔丞寫給北京亮果巷朱家寶的信函，參照程德全「檢查報告」第二十一件摘錄如下：

> 「經田先生足下：還上假款，除現撥外，並向長江總稽查黃漢湘君處劃交千元。曾否收到，為念。洪蔭之老伯今日蒞此，詢以所事，浙未回電，偵之社會，又有小部受人遣使，肆意反對，皆由此公患得患失，出爾反爾所致也。……附上致總理函稿一紙。民國二年一月三十日。(此處蓋應夔丞印圖章。)」

該項證據的第二部分，是應夔丞於 1913 年 1 月 25 日寫給趙秉鈞的效忠信底稿，全文如下：

> 「應○○上言：所事已於寧、申查有實在，頃得湘、鄂回電，其中尚別有舉動，奇離怪誕，十色五光，妙在運用未

---

[11] 《共進會部長被逮詳志》，《神州日報》，1913 年 3 月 12 日。

能一氣，措置尚易為力耳。詳情另密陳。中山先生同馬君武先生遊東瀛，足見高人深致。頃讀《民立》所載，適洪老伯來滬，詢以究竟，彼亦茫然，幸事實相離，但既有是因，不得不始終慎之。因悉府中，每有人員洩露機要，可否要求極峰，於見客時，如有機事商量，總宜屏卻左右為妥，則捉影捕風，盡可消弭矣。浙事介人嗾其機關《民權》亂吠，並令國民黨之一小部張揚反對，未免患得患失，出爾反爾。然禍機已伏，發動不遠，南方為天下人注目者，不得不未雨綢繆。除已會同正紳馳電中央歡迎經田先生外，以此事影響於中央，請迅賜酌裁，大局實幸。此上。正月二十五日晚。」

在上述兩信之後，是刊登於 1 月 25 日《民立報》的兩則專電，其一是「聞內務部秘書洪述祖見袁總統不悅歡迎國會團，說袁出鉅款，交伊赴滬，擔任解散該團。昨已請假，不日南行。」其二是「聞統一黨魁總統府顧問王賡，假招待國會議員為名，向袁總統取洋二萬元。」再後面是應夔丞加蓋印章的注解：「民國二年元月二十七日由申發。」

主動要求「極峰」袁世凱注意保守機密的應夔丞，卻偏偏把自己與中央政府之間的公私函電，加蓋印章後加以保存，以至於在宋教仁遇害之後，直接充當了他自己與洪述祖等人的涉案證據。這種行為本身，是他在上海國民黨與中央政府之間充當雙面間諜的典型表現。

朱介人即浙江都督朱瑞，他幼年喪父，18 歲肄業於秀水學堂，第二年補縣學生員。後因酗酒滋事離開海鹽家鄉，在上海漂泊期間拜應夔丞為師，名列青幫「通」字輩。後來結識陶成章、秋瑾等人並且加入光復會。辛亥革命期間，他率領浙江軍隊參加光復南京的戰役，並且對黃興以大元帥名義組織南京臨時政府表示強烈反對。

朱瑞對於以應夔丞為會長、以陳其美為後臺老闆的中華國民共進會
的鐵腕鎮壓，在很大程度是光復會與同盟會及國民黨之間相互敵
對、相互仇視的一種延續。應夔丞指責朱瑞「患得患失，出爾反爾」，
主要是指朱瑞此前同意由袁世凱的親信同時也是應夔丞老上司的
朱家寶（經田）出任浙江民政長，隨後又表示拒絕，並於 1913 年
1 月以浙江都督兼任民政長。

因公南下的洪述祖看到《民立報》刊登涉及自己的上述專電
後，專門致信該報，聲稱自己陪同應夔丞等人南下的目的，是與無
錫榮氏結兒女之親，而不是為了解散歡迎國會團。宋教仁案發生之
後，《民立報》於 1913 年 3 月 29 日以〈紀洪述祖之醜史〉為標題，
進一步報導了洪述祖於 1 月 22 日陪同應夔丞等人南下上海的前因
後果和來龍去脈：

> 「洪頻年所積造孽錢已不貲矣，乃在天津宿緯路購地營屋，
> 備極崇宏。南北統一之際，日與趙智庵等作詩酒之會，因為
> 趙所倚重。趙得內務部，任以秘書。此次北京因聞歡迎國會
> 團出現，非常震動，洪即乘機運動當局，攜鉅款南下，聲言
> 解散該團，偕應桂馨攜京妓蘇佩秋同來。至滬後，先住石路
> 吉升棧，日在名妓胡翡雲家，胡亦其舊相好也，並與應桂馨
> 等鬼混，後即遷往外國旅館，臨行時，仍攜蘇妓俱行，此為
> 此案發現以前洪述祖之醜史也。」

與此相印證，程德全「檢查報告」第五十二件，是洪述祖於
1913 年 1 月 27 日寫給應夔丞的告別信：

> 「雲君款到京，於兩日內必照撥不誤。此來浮費較多，量珠
> 之款，恐不及歸，請弟處代支，容後繳還。瀕行或能先還零
> 數，亦未定，待先聲明。兄准卅號夜車行，擬於午車送行李

先往。望吾弟派借一妥差赴寧，並屬馬君代定床位三客，似較妥當。一切費神，不作客套。手復。……弟夫人厚賜雙釧，謝謝。」

這裏的「雲君款」，指的是洪述祖一行三人在名妓胡翡雲家裏吃喝嫖賭欠下的款項。喜歡男扮女裝的同春坊名妓胡翡雲，一直與應夔丞關係密切，應夔丞曾經有過娶她為妾的打算。3 月 23 日晚上，胡翡雲與武士英一起到應夔丞家裏報信時遭到扣押。她於 3 月 27 日得到保釋後聲稱，1911 年 11 月 9 日應夔丞被滬軍都督陳其美任命為諜報科長時，她剛剛掛牌接客。應夔丞現在被抓，她最少要損失 5000 大洋。因為「應大人許我每夜在我處擺酒，渠之朋友均是闊大爺，酒菜亦必不斷」。

〈紀洪述祖之醜史〉一文的立意是要醜化洪述祖和應夔丞，與此同時卻反證了在上海地區掌握著軍政實力和情報系統的前滬軍都督陳其美的涉案嫌疑：陳其美及上海國民黨方面，連洪述祖與應夔丞嫖娼狎妓的私密活動都能夠瞭若指掌，卻沒有及時制止這兩個人參與策劃的針對本黨代理理事長宋教仁的暗殺陰謀，這與其說是出於疏忽大意，不如說是出於縱容甚至於合謀。

九、歡迎國會團的訛詐騙局

程德全的「檢查報告」第二十件，是北京方面發給洪述祖的電報：

「上海石路吉升棧洪蔭芝：趙囑速回。深。」

在這份電報的後面，應夔丞加寫了大段注解，並且加蓋有自己的印章：

「二年正月廿五日晚十二時，北京來電，當已密復國務院趙總理轉陳總統，並用明電飭知椿樹胡同內務部秘書洪查照，轉告趙智庵，以資接洽。前事已於當日用飛函致趙，稿與電略同，加以朱介人，出而[爾]反而[爾]，忽保朱經田以民政長。今因中央信任，經田忽又反對，今會正紳力保，乞維持，即發任令，為盼。正月二十五二時申發。」

這份被應夔丞作為證據保存起來的北京來電，被《民立報》錯誤地冠以「北京致應夔丞電」的標題，列入「宋案證據」第三十一項。應夔丞在注解中所說的「已密覆國務院趙總理轉陳總統」，指的是被《民立報》列為「宋案證據」第二項的「應夔丞致趙秉鈞密電（正月二十五日）」。這是應夔丞使用專用密碼直接發給國務總理趙秉鈞的第一份電報，其中根本沒有「轉陳總統」的明確表示，原文如下：

「北京國務院趙鑒：應密。洪正有事寧、蘇，准卅一號回。淮運司翌日來京，程督被迫將辭職，莊蘊寬誓勿自代，乞預慰程。國會盲爭真相已得，洪回面詳。夔。徑。」

由此可知，無論是應夔丞還是《民立報》，都在千方百計地把「宋案證據」往比洪述祖級別更高的趙秉鈞及袁世凱身上牽強附會，其中的嫁禍之心昭然若揭。《民立報》在為該項「宋案證據」加寫的編者按中，所表達的正是「欲加其罪，何患無辭」的有罪推定：

「此電係洪述祖來滬時應夔丞所發。所謂國會盲爭真象已得者，洪之南下，本為解散歡迎國會團而來，故下有『洪回面詳』之語也。袁、趙心虛見鬼，疑歡迎國會團將於己有所不利，不惜以鉅資授洪使之解散。洪等騙錢之術既售，遂時時思所以騙錢者，而殺人之謀起矣。嗚呼！」

　　應夔丞注解中所說的「並用明電飭知椿樹胡同內務部秘書洪查照，轉告趙智庵，以資接洽」，指的是沒有被《民立報》錄入「宋案證據」的另一份電文：「北京椿樹胡同。洪卅一號快車回，告趙。蔭。」這份電文顯然是洪述祖從上海發給北京家中的，同時也不排除洪述祖委託應夔丞代發的可能性。「淮運司」是第二軍軍長徐寶山設在揚州的水運管理部門。「程督」即江蘇都督程德全字雪樓。「誓勿自代」的前江蘇都督莊蘊寬，就是洪述祖所說的「鄙人之表弟」。「國會盲爭」和「歡迎國會團」，與國民黨理事長孫中山有直接關係。

　　1912 年 8 月 31 日，正在北京與袁世凱親密會談的孫中山，在參議院歡迎會上發表遷都主張，認為北京城內「外人居留，特畫區域，炮臺高聳，兵隊環集」，加以俄、日在北方的威脅，宜遷都於南京、武昌或開封等地。同年 9 月 12 日，由國民黨激進派人士戴季陶（天仇）、尹仲材、何海鳴等人控制的上海《民權報》，公開刊登尹仲材的文章〈自由集會與集會地點〉，主張第一屆國會「自行召集並自行擇定相當集會地點，……先開預備會於上海，隨即開成立會於南京。」

　　11 月 9 日，孫中山密電袁世凱表示說：「今日弭患要圖，非速行遷都，則急宜聯日，二者必行其一，方能轉危為安。」12 月中旬，尹仲材、何海鳴等人發起組織歡迎國會團，由何海鳴起草的《歡迎國會團第一次宣言書》公開表示，考慮到「將來正式總統之大人物，孫、黃謙讓未遑，或亦無所變更」，為了防止行政權以武力干涉立法權，倡議國會南遷，「即歡迎國會之上海預備會，南京之成立會也」。[12]

　　自湖北方面的南湖馬隊暴動之後，上海國民黨方面的陳其美、應夔丞、王憲章、王國棟、姜金標、王金發、尹仲材、何海鳴等人，一直在上海、浙江、江蘇、福建等地，秘密聯絡共進會及其他會黨人士策劃武裝暴動，給江蘇都督程德全造成巨大威脅，於是便有了

---

[12] 朱宗震著《民國初年政壇風雲》，河南人民出版社，1990 年，124 頁。

應變丞所說的「程督被迫將辭職」。總統府秘書張一麐因此一再密電他的弟弟、江蘇都督府秘書張一爵，通報陳其美、王金發及共進會的秘密活動：「恐該黨有蠢動情形，乞密呈雪老設法訪查，並密告陳交涉使妥慎防範。」

這裏的「雪老」即江蘇都督程德全，「陳交涉使」指的是中央政府派駐上海的通商交涉使陳貽範。歡迎國會團成立後，派出代表四處活動，得到各地激進分子的回應，他們繼上海歡迎國會團之後，又在北京成立國會地點研究會。1912 年 12 月 16 日，張一麐再次密電張一爵，要求程德全向中央電請公債票，為陳其美（臥子）還清滬軍都督內的債務，以便促使他早日出洋考察：「奉諭，可由雪老電請公債票為臥子還債。中央已發三萬元遊歷費，陳至今未行，若債票到手，仍不出發，將若之何？似應由雪老囑臥子開債戶清單，擔任出發後為其代價，俾臥子早日出洋，不至仍前中止。」[13]

北京方面，前安徽都督、國民黨北京本部參議孫毓筠（少候），首先站出來發表反對遷移國會的通電，認為自行召集國會，自行擇定國會地點，即是變更國都地點。「自孫、黃入都後，南北意見已洽，今倡此議，徒令南北人心又生一重惡感，影響所及，大之則有全國分裂之憂，小之亦啟擾亂公安之漸。」[14]

直隸都督馮國璋，隨後在《反對歡迎國會團》的通電中強硬表示：「頃接柏都督代轉孫君少候來電，闢惑世之謠詞，鑄保邦之偉論。……將來各省選舉告成，國會議員當然由中央召集，以成立正式國會。是集會地點，當然在中央政府所在地。……國璋嫉惡如仇，

[13] 江蘇都督府秘書處密電密件室抄存件。朱宗震：《陳其美與民初遊民社會》，浙江文史資料選輯第三十六輯《陳英士》，浙江人民出版社，1987 年，第146 頁。
[14] 《孫毓筠反對遷移國會地點通電》，《獨立週報》第 15 期，1913 年 1 月12 日。

愛國如命。凡有敢鼓簧其僻辭邪說，冀以動搖國本，蠱惑人心者，
惟有執國法以隨其後，……」[15]

　　袁世凱一方面電令江蘇都督程德全解散歡迎國會團，並且派遣
洪述祖與應夔丞、張堯卿等人一同南下協助調查；一方面致電孫中
山在上海加以解勸。孫中山在回電中，一方面解釋歡迎國會團「只
為歡迎國會議員，激發人心起見，緣無別故」；一方面表示自己並
沒有加入，只能「相機向與文相識者，妥為開導，以副雅命」。[16]

　　而在事實上，以上海《民權報》為興論陣地的戴季陶（天仇）、
尹仲材、何海鳴等人，一直是以孫中山為精神領袖的。1912 年 2
月 3 日，由同盟會內部的部分激進人士組織的中華民國自由黨，在
上海張園召開成立大會，擁戴孫中山、黃興為正、副主裁，推舉《天
鐸報》總編李懷霜為臨時副主裁，林與樂為理事長，謝樹華為理事。
3 月 8 日，滬軍都督陳其美批准《民權報》發起人謝樹華的立案申
請。4 月 17 日，《民權報》發表通告，表明該報不是自由黨言論機
關，與自由黨宣佈決裂。同年 6 月，自由黨總部遷往北京，在滬機
關部與同盟會聯合。此後的《民權報》，在戴季陶（天仇）、尹仲材、
何海鳴等人主持下，在政治立場上更進一步地與孫中山保持一致。
此後的自由黨也依然奉孫中山為正主裁。直到 1913 年 1 月 21 日，
孫中山還給自由黨方面的梁悅魂等人回信說：「本黨諸事早已宣佈
暨由李懷霜先生擔任，現李君離滬，盡可由李君認定之主任，代為
主持一切。」[17]

　　1913 年 2 月，總統府秘書張一麐密電程德全，告訴他有個叫
岳嗣儀的人，到北京秘密會見趙秉鈞，說是他在上海和尹仲材辯論

---

[15] 上海經世文社 1914 年編輯：《民國經世文編》，第二冊，北京圖書館出版社，
　　 2006 年，第 754 頁。
[16] 《民立報》，1913 年 2 月 13 日。
[17] 陳錫祺主編《孫中山年譜長編》上冊，中華書局，1991 年，第 761 頁。

了很多次。經過勸說，尹仲材表示悔過，只是附從他們的有很多人，要解散這些人就需要萬把塊錢的經費。趙秉鈞已經向袁世凱彙報過此事了，認為你就近解決更容易一些。程德全在回電中介紹說，歡迎國會團已經有人來索要過 3000 元了。這個團沒有什麼價值。總統府秘書長梁士詒來南京時也談到這件事情，他已經答應到上海根據情況辦理。

由此可知，所謂的歡迎國會團，其實是國民黨方面的激進派人士，用來訛詐政府當局的一個騙局。洪述祖在 1913 年 2 月 22 日致應夔丞信中，對於他們自己與歡迎國會團高度一致的黑道本色，有十分形象的介紹說明：「近日國民黨有人投誠到中央，說自願取消歡迎國會團云云，（云是原發起人）。大約亦是謀利（不由我輩另是一路）。於所圖略加鬆緊，然亦無妨。」

十、洪述祖收買《民強報》

除了致力於解散共進會和歡迎國會團之外，洪述祖第三次南下上海的另一個收穫，是在應夔丞的看似慷慨協助實為巧妙誘騙之下，對於國民黨方面的上海《民強報》的短暫收買。

《民強報》由王河屏即雲間野鶴創辦於 1912 年 5 月 28 日，1913 年 12 月 31 日停刊。社址為上海河南路 8 號，主筆是王博謙、章佩乙。1913 年 1 月，正在上海周邊處理公務的洪述祖，為《民強報》事致信應夔丞說：「頃間《民強報》館王博謙來云：弟允撥一千五百元，為該館卒歲之資，屬為一言吹噓，兄允為加函。又屬向中央說項，亦允相機辦理。特函達。」

在這封書信後面，另有加蓋應夔丞印章的親筆批註：「二年正月三十為國會事。」

　　程德全「檢查報告」第二十三件和《民立報》「宋案證據」第三十五項，所收錄的是上海《民強報》主筆章佩乙、王博謙寫給應夔丞的三封感謝信。

　　其一為「手諭敬悉，感極。今、明晚間再當趨教。敬頌夔公大安。制弟佩頓首。收到七百元正。」

　　該封信紙上有加蓋應夔丞印章的親筆批註：「二年二月一日為國會憲法案令其鼓吹兩大綱，先貼洋千元，今先送七百元，餘再補。夔泐。」

　　其二為「夔公偉鑒：昨日承賜款，感感！惟區區七百元，撒手即空。今日已二十七矣，而百孔千瘡，萬難過去者，尚須七八百元之多。歲暮途窮，如老哥之熱心慷慨者，能有幾人，迫不得已，叩求援手。……將來《民強》之存在，皆為老哥所賜，弟等以全力辦《民強》，即當以全力報答老哥也。」

　　應夔丞在這封以「制弟佩頓首」落款的書信後親筆批註並加蓋印章道：「上海民報已照撥百元，二年二月三日，飭員照送。」這裏所說的「今日已二十七矣」，指的是舊曆臘月二十七即 2 月 2 日。

　　其三為「夔公大鑒：前晚暢聆大教，快何如之！所謂憲法上之政策條件，晤洪君商定，已遵命屬筆於今日本報登出半篇矣。歲暮途窮，館事危急，一路救星，專賴我公，無論如何，終須惠假我一千五百元，俾得維持過去。公我黨偉人，既有志於建設事業，區區言論機關，想無不鼎力扶持也。……弟博謙、制佩乙再拜。」

　　這裏所說的「我黨偉人」，自然是指國民黨方面的「偉人」。應夔丞對此並不否認，他為這封信寫下的加蓋印章的注解是：「為國會事已照拔八百元。此批。二年二月一日即十二月廿六日。上由洪蔭芝君加函來求。又及。」

在應夔丞的妻子落款時間為「二月初八日」的家信中，附有應夔丞的親信趙菊椒的電報：「應夔丞君鑒：省選，本黨占多數，詳信。菊。」

這裏的「本黨」，同樣是在地方選舉中獲得優勝地位的國民黨。應夔丞在通過洪述祖接受中央政府和江蘇省政府公開招安的同時，從來沒有脫離過上海國民黨，而是一直在中央政府與上海國民黨之間充當著雙面間諜的角色。

程德全「檢查報告」的第二十二件，是應夔丞於 1913 年 1 月 31 日起草的一篇呈文底稿〈制定憲法之必要〉，其中較為透徹地分析了「臨時約法」的法理缺失：

> 「近世立憲國通例，在劃分行政與立法為兩部，而使其不相混淆，不相侵犯，各負當然之責任，各盡當然之義務，……中國改革政體，採用法制，一以防遏總統之專制，一以督促政治之進步，其用意至為周密。惟《約法》之規定，既採取法制而獨不予總統以解散議會之權，則又大悖於乎法國內閣制度之原則。夫美之所以不予總統解散議會之權者，以總統當行政之沖，議會握立法之權，是不啻以君主之地位處大總統矣。若法國內閣制者，行政之機關，既為議會所委託，內閣之總理，既為議會所選出，使於此而不予大總統以解散議會之權，則議會無所顧忌，其流弊所至，不為專橫之議會，即為敷衍之議會。議會專橫，而行政者被其掣肘，議會敷衍，而行政者無所適從。今日之參議院玩忽泄遝，釀成闃寂之現象者，即敷衍之弊也。故採取內閣制者，大總統無不有解散議會之權，非為大總統擴充權力，實籍大總統以為監督。大總統監督議會，而議會不敢怠荒，議會監督內閣，而內閣不敢專擅，相維相係，而立法與行政二部，乃並流而

進，不至有畸輕畸重之弊，而採用內閣制之精意，乃於是乎得矣。」

為了制訂一部完善的憲法，應夔丞建議說：「運動起點之辦法，已使眾議院之中心議員，如杭辛齋等，密合各黨，有起草資格之議員提掇。此議兼偵反對者之意見，設法融化。一面令選舉最占優勝之國民黨報館，鼓吹斯旨，今將已刊之報先行粘呈備核，可使激動社會一般之心理，趨向一端，然後將預定之手續，分道急進，庶得一發而收效也。急應設法消滅之委員起草會，程雪樓與馮國璋君發起之憲法起草會，無論合否，必致社會反對，亟應設法暗中停止，不使委員集合及宣佈意見，即可不消自滅。所訂之草，只可呈於政府作為考據之用，否則有害無利。黎副總統之通電，確為不易之論，乞垂注焉。」

前面已經談到過，當選眾議院議員的杭辛齋，是青幫「通」字輩大佬和共進會杭州機關部總務。「程雪樓與馮國璋君發起之憲法起草會」，指的是 1912 年 12 月 22 日，程德全採納章士釗的意見，公開通電各省都督，建議「由各省都督各舉學高行修，識宏才俊之士二人，一為本省者，一為非本省者，集為憲法起草委員會」。該項建議得到馮國璋等 18 省都督的贊同，卻遭到湖北都督黎元洪的強烈反對。黎元洪認為，「共和憲法定諸國民」，應由國會起草並議決，「委員起草會固無成立之必要」。章士釗隨後也公開通電，表示要取消自己的意見。應夔丞所說的「令選舉最占優勝之國民黨報館，鼓吹斯旨」，指的就是《民強報》。

2 月 4 日，洪述祖在寄給應夔丞的快信中介紹說：「對於《民強》允月協五百元，先發四個月，頃已電博謙來取矣，免匯兌張揚也。」

2 月 22 日，洪述祖又在致應夔丞信中表示說：「此刻《民強》遞函王河屏，說借款不成，允協一節，已無效云云可也（我去說較有痕跡）。」

3月6日，洪述祖在寄給應夔丞的快信中再次表示：「《民強》款，必當竭力取領，惟望足下專一妥人來取（三等車所費無幾），不便交匯矣。囑《民強》逐日（交妥郵）寄我一份（今年陰曆正月起）為盼。」

直到宋教仁遇害之後的 3 月 23 日，洪述祖還在關心著中央政府用於資助《民強報》的款項：「王博謙之款，擬攜票面交。」

5 月 29 日凌晨 1 時，由國民黨激進派人士張堯卿、徐企文、柳人環等人組織的鐵血監視團，在攻打上海製造局時慘遭失敗。陳其美於 5 月 31 日中午專門帶著《民強報》記者來到上海製造局，詳細介紹了自己出賣鐵血監視團的前後經過，同時也暴露了他作為《民強報》後臺老闆的另一身份。由應夔丞主動發起的對於《民強報》的金錢收買，顯然是上海國民黨方面繼歡迎國會團之後，針對中央政府特別是洪述祖的又一場訛詐騙局。一心想通過對於應夔丞的成功招安假公濟私、邀功請賞的洪述祖，到頭來弄巧成拙，與應夔丞一起捲入針對宋教仁的暗殺陰謀，進而充當了陳其美及上海國民黨方面嫁禍於中央政府的替罪羊。

第五章　宋教仁案中的袁世凱

　　宋教仁案的發生以及隨後爆發的「二次革命」，不僅直接改寫了中國社會的現代化進程，而且敗壞了中國人幾千年來所追求、所盼望的共和夢想。長期以來，掌握話語權的國民黨方面，一直指責中華民國臨時大總統袁世凱及國務總理趙秉鈞是罪魁禍首；但是，被國民黨方面視為鐵證的「宋案證據」，並不足以證明袁世凱與趙秉鈞，確實參與了針對宋教仁的暗殺陰謀。與此相關的後續發現，反而形成了一條足以對袁世凱展開無罪推定的證據鏈條。

一、應夔丞的「宋犯騙案」

　　1913 年 2 月 1 日，應夔丞在致趙秉鈞電中寫道：

> 「北京國務院趙鑒：應密。憲法起草創議於江、浙、川、鄂，國民黨議員現以文字鼓吹，金錢聯合，已招得江、浙兩省過半數。主張兩綱，一係除總理外不投票，似已操有把握；一係解散國會，手續繁重，取效亦難已力圖。此外何海鳴、戴天仇等已另籌對待。夔。東。」[1]

---

[1] 《江蘇都督程德全呈大大總統檢查報告——附應夔丞家搜獲之函電五十三通》，章伯鋒、李宗一主編《北洋軍閥（1912——1928）》第二卷，武漢出版社，1990 年 6 月出版，第 101 頁。

這是應夔丞使用專用密碼直接發給國務總理趙秉鈞的第二份電報，被 4 月 27 日《民立報》所刊登的《關於宋案證據之披露》（以下簡稱「宋案證據」）列為第三項；被鉛印本《江蘇都督程德全呈大總統檢查報告──附應夔丞家搜獲之函電文件五十三通》（以下簡稱「檢查報告」）列為第二十七件。

同樣是在 2 月 1 日，剛剛從上海回到天津宿緯路家中的洪述祖，寄給應夔丞一封快信，被《民立報》列為「宋案證據」第五項，其中寫道：「大題目總以做一篇激烈文章方有價值也。閱後付丙。」

古人以天干配五行，丙丁屬火。「閱後付丙」就是看後燒毀的意思。曾經擔任滬軍都督陳其美的諜報科長的應夔丞，並沒有把洪述祖的來件「閱後付丙」，反而保存下來充當了他自己與洪述祖合謀犯罪的直接證據，這是他在上海國民黨與中央政府之間充當雙面間諜的典型表現。

第二天即 1913 年 2 月 2 日，從天津回到北京椿樹胡同家中的洪述祖又追加一信，被《民立報》列為「宋案證據」（六），其中寫道：「要緊文章已略露一句，說必有激烈舉動，吾弟須於題前徑密電老趙，索一數目，似亦不宜太遲也。」

同樣是在 2 月 2 日，應夔丞使用專用密碼給趙秉鈞發去第三份密電，其中撇開關於「解散」歡迎國會團以及「何海鳴、戴天仇等已另籌對待」的「激烈舉動」不談，第一次提到宋教仁的名字：

> 「國務院程經世君轉趙鑒：應密。孫、黃、黎、宋運動極烈，黎外均獲華僑資助，民黨均主舉宋任總理。東電所陳兩綱，其一已有把握。慮被利用，已向日本購孫、黃、宋劣史，黃興下女合像，警廳供抄宋犯騙案刑事提票，用照片輯印十萬冊，擬從橫濱發行。孫得信後，要黃遣馬姓赴日，重金買毀。索三十萬，陽許陰尼，已得三萬。一面又電他方要脅，使其

顧此失彼。群壑難填，一伏一起，雖百倍其價，事終無效。此
事發生，間接又間接變象萬千，使其無計設法，無從捉摸，決
可奏功，實禆大局。因虁於南京政府與孫共事最初，知之最深，
除空言邀譽外，直是無政策。然尚可以空名動人，黃、宋則無
論矣。內外多事，倘選舉擾攘，國隨以亡，補救已遲。及今千
鈞一髮，急宜圖維。黎使田姓來滬籌款，迄未成。虁。冬。」

這裏的「孫、黃、黎、宋」，指的是孫中山、黃興、黎元洪、
宋教仁。應虁丞的連續三份密電，並沒有得到來自趙秉鈞的答覆，
他等來的是洪述祖於 2 月 4 日寄出的兩封快信。洪述祖在第一封快
信中寫道：

「虁弟足下：……手折遞後，甚為忻悅云，足見老弟辦事出
力。對於《民強》允月協五百元，先發四個月，頃已電博謙
來取矣，免匯兌張揚也。」

這裏所說的「手折」，指的是應虁丞於 1 月 31 日起草的呈文
《制定憲法之必要》。「甚為忻悅」並且答應資助《民強報》的，是
國務總理兼內務總長趙秉鈞，也就是洪述祖在 2 月 2 日快信中所說
的「老趙」。在 2 月 4 日當天發出的第二封快信中，洪述祖才談到
應虁丞於 2 月 2 日發給趙秉鈞的應密冬電：

「虁弟足下：冬電到趙處，即交兄手，面呈總統，閱後色頗
喜，說弟頗有本事，既有把握，即望進行云云。兄又略提款
事，渠說將宋騙案情及照出之提票式寄來，以為徵信。用此
飛函馳布。望弟以後用川密，與兄不必再用應密。緣程君之
手，即多一人也，且智老處，手續不甚機密。此信到後，望
來簡電（『函到』二字足矣或加『件照寄』三字），以杜郵局
遲誤之弊（連郵局亦須防）。」

這裏的「智老」即趙秉鈞字智庵,「程君」即國務院庶務秘書程經世。既公私分明又假公濟私地要求應夔丞把公事與私事分開處理的洪述祖,之所以要求應夔丞優先使用自己專用的「川密」電碼,而不是趙秉鈞送給應夔丞的「應密」電碼,是因為他從一開始就想通過招安應夔丞,來實現自己假公濟私騙取政府錢財的個人目的。也正是在這種情況下,應夔丞投其所好,主動提出據說正在進行之中的請賞騙局:已經向日本方面購買「用照片輯印十萬冊」的「孫、黃、宋劣史,黃興下女合像,警廳供抄宋犯騙案刑事提票」。孫中山、黃興方面也已經派人到日本「重金買毀」。應夔丞為此提出的價碼是三十萬,而且在「陽許陰尼」的討價還價過程中,已經得到三萬元的款項。他所設想的目標,是在製造妖魔化孫中山、黃興、宋教仁的道德醜聞的同時,還要讓國民黨方面「雖百倍其價,事終無效」。

洪述祖在孫中山、黃興、宋教仁中間,所關心的只是「宋騙案情及照出之提票式」。只有急於組織政黨內閣的宋教仁,才對他直接效忠的現任總理兼內務總長趙秉鈞構成直接威脅。與此相印證,陸軍總長段祺瑞的得力助手、陸軍次長徐樹錚,當時也派遣名叫金勳的國民黨籍的諜報人員,攜款到南京、上海活動。金勳所直接效忠的對象,是希望在接下來的國會選舉中繼續留任陸軍總長的段祺瑞。這一點在金勳 1913 年 3 月 14 日寫給徐樹錚的書面報告中,表現得十分明確:

> 「弟十二號到申,即與宋遁初君晤面,論辯許久,不得要領。當又前訪國民黨及本黨新選議員與民立、國民各報重要人物多人,主張大同小異,總不出極端激烈一派。弟以初至,不便力爭。惟有姑與周旋,以聯感情。……就弟由南京到滬所見所聞觀之,選舉問題苟無意外衝突,或可無虞。憲法

及內閣問題，尚須大費磋商。然無論總理屬誰，而陸軍一部分，弟必捫天理良心以經也。在南應酬太巨，祈再斟酌些些。」[2]

洪述祖的這封快信，被 4 月 27 日的《民立報》列為「宋案證據」第七項，並且加寫有疑罪從有的有罪推定：

「冬電即應夔丞故為大言以傾陷國民黨重要人物之電，趙付洪，洪呈袁，袁閱後喜悅，可見袁忌嫉之念蓄之至深，聞有傾陷之謀，即深歎為頗有本領，又可見洪、趙朋比為奸，無所忌憚，民賊之手段其辣如此！然應所云騙案及提票實皆子虛烏有之談，傾陷不成，而暗殺之謀亟矣。」[3]

僅僅從字面邏輯上講，既然應夔丞「傾陷國民黨重要人物之電」是「故為大言」，「所云騙案及提票實皆子虛烏有之談」；既然洪述祖與應夔丞之間所形成的是「朋比為奸，無所忌憚」的相互欺騙關係；在這場騙局中最有可能被蒙蔽欺騙的，自然不是應夔丞所謊稱的「遣馬姓赴日」的孫中山與黃興，而是遠在北京的洪述祖以及趙秉鈞和袁世凱。《民立報》僅僅依據「朋比為奸，無所忌憚」的洪述祖與應夔丞的「子虛烏有之談」，就單向片面地咬定袁、趙二人是「手段其辣如此」的「民賊」，所表現出的分明是「欲加其罪，何患無辭」的專制邏輯。

---

[2]　《金勳致徐樹錚報告在滬與國民黨人會晤情形密函》，1913 年 3 月 14 日。朱宗震、楊光輝編《中華民國史資料叢稿・民初政爭與二次革命》上編，上海人民出版社，1983 年，第 231 頁。
[3]　《關於宋案證據之披露》，《民立報》，1913 年 3 月 23 日。引自徐血兒等編，蔚庭、張勇整理《宋教仁血案》，嶽麓書社，1986 年，第 329 頁。

二、應夔丞與洪述祖的連環騙局

程德全「檢查報告」的第三十二件，是沒有被《民立報》的「宋案證據」錄入的「應夔丞妻致應夔丞信一紙，抄電二紙」。其中抄錄的第一份電報，是洪述祖2月5日的北京來電：

> 「冬電，中央即此進行，迅寄宋騙案由、提票、影片，藉可請款，仍舊折三分一，應將實在情形，先電復。初五日。蔭。」

所謂「仍舊折三分一」，是「待款孔亟」洪述祖，此前為應夔丞爭取用於解散共進會的五萬元款項時，假公濟私拿到的回扣。在應夔丞「冬電」所說的「宋犯騙案」中，他依然希望能夠按照這樣的比例得到回扣。應該說，正是「待款孔亟」的利益驅動和利令智昏，導致洪述祖在他與應夔丞之間以欺騙對欺騙的連環騙局中，處處被動並且越陷越深。

2月8日，洪述祖在寫給應夔丞的快信中催促說：「夔弟足下：函電諒入覽，日內宋輩有無覓處，中央對此似頗注意也。」

2月21日，洪述祖又在致應夔丞的快信中催促說：「宋件到手，即來索款。」

2月22日，洪述祖再一次致信應夔丞，分項摘錄如下：

其一，「來函已面呈總統、總理閱過。」

其二，「以後勿通電國務院，除巡輯長公事不計。因智老已將應密電本交來，恐程君不機密，純全歸兄一手經理。」

其三，「近日國民黨有人投誠到中央，說自願取消歡迎國會團云云，（云是原發起人）。大約亦是謀利（不由我輩另是一路）。於所圖略加鬆緊，然亦無妨。」

其四，「請款總要在物件到後，國會成立之時，不宜太早太遲，為數不可過三十萬。因不怕緊，只怕窮也（借款不成）。」

其五，「沈佩貞自稱代表章佩乙，故略與言籌款一事。此刻《民強》遞函王河屏，說借款不成，允協一節，已無效云云可也（我去說較有痕跡）。」

在此之前的 2 月 6 日，應夔丞來到南京，在都督府見到程德全。程德全在第二天發給袁世凱機要秘書張一麐的密電中報告說：

> 「昨應夔丞來見，言多離奇閃爍，又呈閱與中央來往電文，更覺支離，亦莫辯其真偽。總之，此人萬不可靠，從前電請大總統赦免，令其戴罪圖功，乃是當時一種政策。近來頗有招搖僭妄情形。敝處已隨時嚴密查察，仍請中央注意。」[4]

2 月 26 日，程德全給「萬不可靠」的「江蘇巡查長應夔丞」下達一份「訓令」，其中明確規定了六項條例：

其一，巡查長專司稽查江蘇地方匪蹤、匪巢及匪黨一切秘密不正行為。

其二，巡查長查有上項匪情，須將匪黨人數及匪首姓名，調查確實，迅即報告本府，核辦理。

其三，巡查長與各地所在之軍警及司法官廳，雖應聯絡，但其責任，只在稽查。其逮捕、訊辦諸務，自應屬軍警及司法官廳許可權，不得稍有侵越。

其四，巡查長職務既專在稽查匪情，其地方人民爭訟事件及軍政軍令不得與聞。

其五，巡查長執行職務，遇有力量不足之時，可報由本府派員幫同辦理，不得逕行協同軍警處置。

---

[4]　朱宗震著《真假共和》下冊，山西人民出版社，2008 年，第 74 頁。

其六，巡查長委派眼線偵探匪情，須報明本府存案。

應夔丞主動提出的「宋犯騙案」，顯然超出了「巡輯長公事」的許可權，從而成為洪述祖所說的「以後勿通電國務院」的暗箱陰謀。「待款孔亟」的洪述祖，一再借著袁世凱、趙秉鈞及中央政府的名義，催促應夔丞及時交出根本就不存在的「宋騙案由、提票、影片」，恰好證明洪述祖對於應夔丞所虛構的「宋犯騙案」並不知情。直到 3 月 6 日，洪述祖才明顯意識到自己有可能上當受騙，於是在致應夔丞信中表示說：

> 「夔弟足下：今日迭接下關所發二月二十五日各信（計五件並《民強》領紙），又接上海德順里信，又駐署巡署信件二件。此刻內中財政萬窘，而取之之法，手續不甚完好。如除鄧一案，須將其反對各報，先期郵寄，並如何決議辦法，並可在《民強》登其死耗（此刻近於無徵不信），方是正辦。至印件言之在先，此刻既原件無有，連抄本亦無有，殊難啟齒。足下明眼人，必須設一妥法（總以取印件為是），或有激烈之舉（譬如鄧係激烈，似較好辦），方可乘機下手也」

按照常識理性，作為一名老官僚，洪述祖是不可能在「既原件無有，連抄本亦無有，殊難啟齒」的情況下，越過自己直接效忠的頂頭上司趙秉鈞去向袁世凱邀功請賞的。老奸巨猾的袁世凱，更不可能在自己並不十分親信的洪述祖面前，做出洪述祖在 2 月 4 日致應夔丞的第二封快信中所說的「閱後色頗喜，說弟頗有本事，既有把握，即望進行云云」的輕率表態的。《民立報》在為此信加寫的編者按中，卻再一次展開疑罪從有的有罪推定：

> 「此函所云，除鄧未寫明何人，然以事實揣之，必為《中華民報》鄧家彥君。鄧君主張激烈，不畏強暴，其為袁、

趙所忌無疑。然殺鄧君而以殺耗登《民強報》,《民強報》
詎肯為之作此大逆機關乎?是又太忍矣。再以取款云云閱
之,則洪、應等為袁、趙殺人,其為金錢目的又可概見。
然非袁世凱以金錢買人頭,則彼等之金錢目的又何為
乎?」

到了 1918 年 9 月 7 日,被捕後的洪述祖在北京接受庭審時,
劉姓檢察官對於該信提供了更加真實的解釋:

「除鄧他說不是鄧亮才,記不清是誰,鄧亮才因兵變被朱瑞
殺的,洪述祖恐應夔丞不行,而用此種誠懇激刺的話說,
用激烈舉動,不除鄧,是瑞之不若,朱瑞是應之徒弟,言
朱瑞尚能殺鄧,而你不能燉宋?所以應接到此電後,而有
梁山匪首的電來了。洪猶恐不行,又去一川電,令其積極進
行。」[5]

由此可知,應夔丞此前向洪述祖介紹的方案,是通過購買孫中
山、黃興、宋教仁在日本犯案的黑材料來加以妖魔化,結果卻是「原
件無有,連抄本亦無有」的一場騙局。利令智昏的洪述祖,希望應
夔丞以「激烈」應對「激烈」,另謀辦法向中央政府邀功請賞;從
而把兩個人之間所形成的青幫大佬既相互利用又相互欺騙的連環
騙局推向極端:洪述祖拿朱瑞殺死舉兵叛亂的鄧亮才的案例暗藏殺
機,希望應夔丞收集報告宋教仁的過激證據,再把如何除掉宋教仁
的辦法說明白,最後把宋教仁的死訊登在像《民強報》那樣的報紙
上,這才是標準的辦事程序。

---

[5] 《宋漁父被刺案真相將暴露》,上海《民國日報》,1918 年 9 月 17 日。

三、熾宋陰謀的極端升級

　　為了應付急於請賞騙錢的洪述祖，交不出「宋騙案由、提票、影片」的應夔丞另闢財源，於 1913 年 3 月 10 日下午委託助手陳文泰（桂翁）致電洪述祖：

> 「川密，八厘公債，在上海指定銀行，交足六六二折，買三百五十萬，克日成交，起息，請呈轉當日復。」

　　洪述祖並沒有按照應夔丞的要求，呈轉給更高層的趙秉鈞及袁世凱，而是於 3 月 11 日密電應夔丞：

> 「上海文元坊應夔丞：川密。蒸電來意不明，請詳示再轉。蔭。真。」

　　應夔丞收到洪述祖的密電後，於 3 月 11 日下午致電洪述祖：

> 「川真悉。要買中央八厘債票三百五十萬，每百淨繳六十六萬二，滬交款，先電復。」

　　3 月 13 日，洪述祖密電應夔丞，急於落實的依然是「熾宋」大事：

> 「川密。蒸電已交財政長核辦，債止六厘，恐折扣大，通不過，熾宋酬勳位，相度機宜，妥籌辦理。蔭。」

　　《民立報》把該電列為「宋案證據」的第十四項，並且把洪述祖的私下承諾強加在袁世凱頭上：「熾宋酬勳位者，殺宋教仁則酬以勳位也。咄！咄！袁世凱使人殺宋教仁而與殺人者以勳位，桀紂之惡，不若是之甚也。」

　　而在事實上，早在 1912 年 10 月 24 日，洪述祖就在從北京寫給應夔丞的書信中提到過酬勳之事。他所說的酬勳，當時是指應夔丞在辛亥革命及南京臨時政府期間，先後擔任前滬軍都督陳其美的諜報科長、臨時大總統孫中山的衛隊司令及庶務科長、陸軍部總長兼大本營兵站總監黃興的下屬，為中華民國立下的汗馬功勞。在此之前的 1912 年 10 月 10 日即中華民國第一個雙十國慶日，袁世凱已經發佈命令，授予孫中山大勳位，授予黃興、黎元洪、唐紹儀、伍廷芳、段祺瑞、馮國璋勳一位。在 1913 年 2 月的大總統賞勳之典中，洪述祖也獲得了三等嘉禾勳章。1913 年 4 月 28 日，趙秉鈞在長篇辯護通電中針對此事解釋說：

> 「又各證物中，最足以使中央政府立於嫌疑之地位者，莫如來電所開三月十三日洪述祖致應犯川密蒸電內『熰宋酬勳位』一語。查《臨時約法》，授與勳位係大總統特權，然向例必由各機關呈請，其勳績不甚顯著者，則開會評議，取決多數。即中央特授，亦須評決。如熰宋即可酬勳，試問應有何人呈請，何人評決？洪電詆應，豈難推定？……推之來電所開二月八日洪致應犯函『宋案有無覓處』，及二月十一日洪致應犯函『宋件到手，即來索款』，二月二十二日洪致應犯函『請款總要在物件到後』各語，皆指收買宋在日本騙案刑事提票而言，決不影響於謀殺。且皆洪假政府名義詆誘應犯，決非受政府之囑託，以其毫無政府委任之憑證故也。」[6]

　　同樣是在 3 月 13 日這一天，應夔丞致信洪述祖，主要談了三件事情：其一是關於公債事：

[6]　《趙秉鈞為宋案自辯電》，《政府公報》，1913 年 5 月 1 日。朱宗震、楊光輝編《中華民國史資料叢稿‧民初政爭與二次革命》上編，上海人民出版社，1983 年，第 260 頁。

「前電述將中央第一次上年九月間所出之八厘公債票，外間輾轉出賣，每百萬隻賣六十五萬，云以過付之日起利。變處親戚劉、胡、薛三家承買，願出六六二即每百萬出實洋六十六萬二千元，在上海中央所指定銀行克日過付，所要公債三百五十萬元，蓋該三家合以各家戚友，將外國銀行存款一例提出，因思臨時期內見政府財政之窘，藉此補助，變處並不扣用，乞轉呈財政長從速密復。夜長夢多，日久又恐變計。（變費半月之功夫，得此一票，專為補助中央財政之計，乞注意。）」

其二還是談公債事，卻主動暴露了自己在公開投靠中央政府及江蘇省地方政府之後，依然在國民黨方面拿錢辦事的雙面間諜身份：

「裁呈《時報》三月十一日、十三日囑令登轉之記載，並《民立》實記遯初在寧之說詞，讀之即知其近來之勢力及趨向所在矣。近住在同孚路黃克強家，又為克強介紹，將私存公債六十萬（外有各種股票，時值四十餘萬），由變為之轉抵義豐銀行，計五十萬元，為遯初之運動費，並不問其出入。變處攤到十萬，昨被撥去二萬，專任蘇、浙兩處暨運動徐皖軍隊之需。變因勢利用，欲操故縱，不得不免為陽許。可直陳於內，以免受讒。」

其三是主動提出自己籌資「去宋」的行動計畫：

「功賞一節，變向不希望。但事關大計，欲為釜底抽薪法。若不去宀木，非特生出無窮是非，恐大局必為擾亂。雖中間手續，無米為炊，固非易易，幸信用尚存，餘產屏擋，足可挪攏二十餘萬，以之全力注此，急急進行，復命有日。請俟之。」

該信被《民立報》列為「宋案證據」第十一項，並且加寫了三條編者按：其一，「三月十一日《時報》社論《互相諉過之大文章》

內，論宋君與某當局者之辨難。又三月十三日《時報》來稿載有《駁宋鈍初演說詞》一首。」其二，「昨據《時報》館來函，該報所登來稿，確係在自北京報剪下，並非應夔丞囑登云。」其三，「前段係應夔丞故作種種大言，並捏造蜚詞以達其金錢目的之證據。後段則為應以除宋之說煽動中央之證據。」

「鈍初在寧之說詞」，指的是 3 月 11 日《民立報》以〈苦口婆心醫國手〉為標題，所刊登的宋教仁在國民黨南京支部歡迎會上的演說辭，其中尖銳批評中央政府是「不如民意之政府，退步之政府。……中華民國之基礎，極為動搖，皆現之惡政府所造成者也。」

宋教仁是 1913 年 3 月 8 日從上海抵達南京巡迴演講的。3 月 12 日，他從南京返回上海，再一次入住同孚路 21 號黃興家中。應夔丞於當天到黃興家中，把黃興私存的六十萬公債中的五十萬，轉到義豐銀行宋教仁的名下，作為從事議會政黨活動的經費。另外十萬元公債劃歸應夔丞，作為聯絡江蘇、浙江、安徽等地駐軍的費用。比起中央政府要求應夔丞用於解散共進會的五萬元款項，黃興支付給應夔丞的是價碼更高的十萬元公債。應夔丞所謂的「因勢利用，欲操故縱」，既可以針對近在眼前的國民黨，同樣也可以針對遠在北京的中央政府，尤其是以「燬宋酬勳位」作為誘餌慫恿煽動他採取激烈行動的洪述祖。洪述祖以「燬宋酬勳位」為代價，誘騙應夔丞寧願貼錢也要「去宋」，他自己的密信與密電，一旦落入應夔丞的手中進而作為犯罪證據被收繳查獲，所形成的恰好是「螳螂捕蟬，黃雀在後」的連環套。

3 月 14 日晚 7 時，應夔丞給洪述祖發去應密寒電：「梁山匪魁頃又四處擾亂，危險實甚，已發緊急命令設法剿捕，乞轉呈，候示。夔。」

宋教仁在日本留學期間，曾經使用宋公明的署名發表文章，「梁山匪魁」指的就是宋教仁。但是，稱呼宋教仁為「梁山匪魁」的應夔丞自己，所從事的偏偏是梁山好漢殺人放火受招安的罪惡勾當。

洪述祖接到電文後，並沒有在「轉呈，候示」方面給出明確答覆，而是在 3 月 17 日下午的密電中表示：「應密。寒電到，債票特別准，何日繳現領票，另電潤我若干，今日復。」

3 月 18 日下午，洪述祖另有密電：「川密。寒電應即照辦。倘空言，益為忌者所笑。蔭。」

洪述祖之所以要向應夔丞指出「倘空言，益為忌者所笑」的嚴重後果，是因為應夔丞此前已經在包辦嘉興李女士嫁給洪述祖做妾之事，以及收集宋教仁在日本的刑事犯罪材料之事上，接連放過兩次空炮。但是，洪述祖所說的「債票特別准」，也同樣是空對空、騙對騙的謊話空言。4 月 28 日，袁世凱在回復譚人鳳的電報中介紹說：「至公債票三百五十萬，詢據周總長，洪曾兜攬，知其人不足恃卻之。票有票根，抵押有押主，實事可徵，決無其事。」[7]

這裏的周總長，指的是負責放行國債的財政部總長周學熙。到了 3 月 19 日下午 12 時 35 分，洪述祖再一次密電應夔丞：

> 「文元坊應夔丞：事速行。川。效。」

3 月 21 日凌晨 2 時 10 分，應夔丞方面發出川密號電：

> 「北京椿樹胡同洪蔭芝君：川密。廿四十分鐘，所發急令已達到，請先呈報。夔。」

這份電報是事後從電報局調取的底稿，上面蓋有應公館的紅戳，而不像前面的大部分證據那樣，留有應夔丞加蓋印章的親筆批註。

3 月 21 日上午 9 時 20 分，應夔丞再發川密個電：

---

[7] 《袁世凱復譚人鳳電》，1913 年 4 月 28 日。石芳勤編《譚人鳳集》，湖南人民出版社，2008 年，第 112 頁。

> 「北京椿樹胡同洪蔭芝君鑒：川密。號電諒悉。匪魁已滅，
> 我軍一無傷亡，堪慰，望轉呈。燮。」

這份電報同樣是事後從電報局調取的底稿，上面蓋有江蘇駐滬巡局緘的紅戳，而沒有應夔丞加蓋印章的親筆批註。

程德全的「檢查報告」，把這三份電報依次列入第四十四、四十五、四十六件證據。《民立報》把上述「宋案證據」依次編排為第十七、十八、十九項，並且在為第十九項證據加寫的編者按中，再一次展開疑罪從有的有罪推定：

> 「此電係應桂馨知宋先生傷重必死，而武士英已竄匿其家，
> 故有『匪魁已滅，我軍一無傷亡』之言。前電云『請先呈報』，
> 此電又云『望轉呈報』，乃既殺之後，電洪請轉呈總統、總
> 理之電也。嗟呼！真憑實據確鑿不移，宋先生竟被袁、趙、
> 洪、應諸賊殺矣。嗚呼哀哉！」

稍有法律常識的人都會明白，「確鑿不移」的真憑實據，是需要經過甲、乙雙方甚至於相關各方相互印證的，而不是由應夔丞（桂馨）單方面一廂情願的所謂「請先呈報」和「望轉呈報」所能夠證明的。迄今為止的證據鏈條足以證明，洪述祖從來沒有把應夔丞發給趙秉鈞連同他自己的一系列密電，當面呈報給過應夔丞所謂的「極峰」袁世凱。

四、應夔丞的「神聖裁判」

據 1913 年 3 月 24 日《民立報》報導，在宋教仁去世之前，滬寧鐵路醫院曾經收到由上海本地寄出的一封書信。信封、信紙都是

上等洋紙，信封上用黑色鋼筆墨水署名為「鐵民自本部發」，信紙
上用紅色鋼筆墨水寫道：

> 「鈍初先生足下：鄙人自湘而漢而滬，一路歡送某君赴黃泉
> 國大統領任。昨夜正欲與某君握別，贈以衛生丸數粒，以作
> 紀念，不意誤贈與君，實在對不起了。雖然，君從此亦得享
> 千古之幸福了。因某君尚未赴新任，本會同人昨夜曾以巨金
> 運動選舉，選舉結果則君最占優勝，每票全額五千元，故同
> 人等請君先行代理黃泉國大統領，俟某君到任後，自當推舉
> 你任總理。肅此恭祝榮禧，並頌千古！救國協會代表鐵民啟。」

《民立報》記者介紹說，該信內容已經由陳貽範電告袁世凱，「觀
其所用信紙及墨水，其生活程度必非低下之人。」信中所謂的「誤
贈」，「全係亂人耳目之計」。因為綜合暗殺現場的情形，並且結合此
前的風說，兇手確實是全神貫注地刺殺宋教仁的。而且宋教仁「軀
幹高頭，在人群中極易辨別，昨日《大陸報》亦斷定其行非誤中。
該兇手故作此語，或藉以恫嚇某君，使勿復為政治上之競爭，此愈
足以證明其暗殺目的之所在，而實際上必非誤中，不可被其瞞過。」

比起《民立報》記者的上述介紹，更加具有說服力的是 3 月
22 日《民立報》所談到的一個細節：拓魯生、黃興（克強）、陳策、
宋教仁、廖仲愷並排走向檢票口時，黃興身後「尚有一茶房跟隨」。
在這種情況下，國民黨內部僅次於孫中山的第二號人物、宋教仁的
湖南同鄉、所謂「黃泉國大統領」黃興，是很難成為暗殺目標的。
而在一年前的辛亥革命期間，宋教仁曾經有過搶在孫中山回國之前
擁戴黃興為總統或「大統領」、由自己出任內閣總理的未遂計畫，
並且因此遭到國民黨內部一部分人的強烈反彈和堅決排斥。

在 1913 年 4 月 25 日深夜發出的〈程德全應德閣宣佈宋案證據
通電〉中，有這麼一段話：「又查應犯自造『監督議院政府神聖裁

判機關簡明宣告文」謄寫本，共四十二通，均係分寄各處報館，已貼郵票，尚未發表。即國務院宥日據以通電各省之件。」[8]

「宥日」即 3 月 26 日，國務院於當天就宋教仁案通電各省：「據應夔丞 23 日函稱，上海發現一種監督政府裁判機關，並附有簡明宣告文，雜列宋教仁、梁啟超、袁世凱、趙秉鈞、汪榮寶等等之罪狀，謂俱宜加以懲創，特先判決宋教仁之死刑，即時執行。」

4 月 27 日，《民立報》以「應夔丞自造之神聖裁判機關宣告文」為標題，把這份《監督議院政府神聖裁判機關簡明宣告文》列為「宋案證據」第四十四項公開披露，抄錄如下：

> 「嗚呼！今日之民國，固千鈞一髮，至危極險，存亡呼吸之秋也。譬若嬰孩，正維護哺養之不暇，豈容稍觸外邪！本機關為神聖不可侵犯之監督議院、政府之特別法庭，凡不正當之議員政府，必據四萬萬同胞授與之公意，為求共和之幸福，以光明公道之裁判，執行嚴屬正當之刑法，行使我天賦之神權，奠定我莊嚴之民國。今查有宋教仁莠言亂政，圖竊權位。梁啟超利祿薰心，罔知廉恥。孫中山純盜虛聲，欺世誤國。袁世凱獨攬大權，有違約法。黎元洪膽小用事，擅作威福。張季直破壞盟綱，植黨營私。趙秉鈞不知政本，放棄責任。黃克強大言惑世，屢誤大局。其餘汪榮寶、李烈鈞、朱介人輩，均為民國之神奸巨蠹。內則動搖邦本，賊害同胞；外則激起外交，幾釀瓜分。若不加懲創，恐禍亂立至。茲特於三月二十日下午十時四十分鐘，將宋教仁一名按照特別法庭三月初九日第九次公開審判，由陪審員薛聖渡等九員一致贊同，請求代理主席副法官葉

---

[8]　《程德全應德閣宣佈宋案證據通電》，1913 年 4 月 25 日晚 12 時。見章伯鋒、李宗一主編《北洋軍閥（1912——1928）》第二卷，武漢出版社，1990 年 6 月出版，第 72、74 頁。

義衡君判決死刑，先行即時執行，所有罪狀當另行羅列宣佈，分登各報，俾中外咸知，以為同一之宋教仁儆。以上開列各人，倘各自悛悔，化除私見，共謀國是而奠民生，則法庭必赦其已往，不事苛求。其各猛省凜遵，切切此布。」

《民立報》在為這份證據所寫的編者按中解釋說：「應犯既受袁、趙唆使，暗殺宋教仁，又恐有人疑及中央所為，故發佈此文，將各黨重要人物及袁、趙等名亦臚列之內，以淆亂視聽，使中央有辭推卻。然而此種手段，雖婦人女子亦知其誣，而袁、趙等乃竟宣佈以圖塞責，真所謂欲蓋彌彰也。」

如此解釋與該報為「宋案證據」第二項所寫的編者按──「洪等騙錢之術既售，遂時時思所以騙錢者，而殺人之謀起矣。」──顯然是不能夠對接貫通、自圓其說的。1912 年 1 月 14 日凌晨，陶成章被蔣介石、王竹卿暗殺，《民立報》曾經發表「盛傳滿洲暗殺黨南下，謀刺民國要人，公或其一也」之類的新聞報導，以轉移目標、嫁禍於人。同樣是在淆亂視聽以轉移目標、嫁禍於人，應夔丞的這份「宣告文」，連同「救國協會代表鐵民」寄給宋教仁的書信，所貫穿的並不是已經擁有政權的袁世凱、趙秉鈞的思維邏輯；而是利用奉天承運、替天行道、天下為公、改朝換代的神聖名義，自相矛盾、自欺欺人地從事公天下、救天下、打天下、坐天下、治天下、私天下的專制型革命事業的國民黨人的思維邏輯。按照這種邏輯，自以為代表「四萬萬同胞授與之公意」及「天賦之神權」的應夔丞等人，不僅可以凌駕於「譬若嬰孩，正維護哺養之不暇」的「我莊嚴之民國」之上，私自設立「神聖不可侵犯之監督議院、政府之特別法庭」；而且可以直接採取自以為絕對正義的陰謀暗殺及暴力革命去救國愛國。

應夔丞自造的「監督議院政府神聖裁判機關」即「特別法庭」的「宣告文」，只是在 3 月 23 日給北京國務院郵寄了一份，其他

42 份雖然已經貼上郵票卻沒有寄出，這與他在中央政府與上海國民黨之間充當雙面間諜的特殊身份恰好吻合。與應夔丞這份「宣告文」的口吻腔調相彷彿，在此之前的 1912 年 9 月 14 日，應袁世凱的邀請來到北京的黃興，在北京報界歡迎會上的演講中，曾經要求報界「以和緩手段，對待嬰兒之政府，……犧牲黨見，共維大局」。[9]宋教仁案發生之後，黃興等人所堅持的，又恰好是撇開現有的制度框架和法律程序，另行設立由上海國民黨方面一手包辦的「特別法庭」。

正是基於上述事實，唐德剛在《袁氏當國》中雖然片面卻也不無道理地總結說：宋教仁案「人證、物證均十分完備，在全國人民眾目睽睽之下，如作公開審判，對中國由專制向法制轉型，實在大有裨益。不幸原告、被告兩造，當時皆缺乏法治觀念，思想都甚為落伍，捨法院不用，而使用槍桿，就使歷史倒退，遺禍無窮了。」[10]

特別值得注意的是，這份「宣告文」羅列了包括宋教仁、梁啟超、孫中山、袁世凱、黎元洪、張謇（季直）、趙秉鈞、黃興（克強）、汪榮寶、李烈鈞、朱瑞（介人）共 11 個人的名字，卻偏偏缺少了在上海地區擁有最大份額的軍政實力和情報系統的前滬軍都督陳其美，以及任命應夔丞為駐滬巡查長的江蘇都督程德全。在 4 月 11 日會審公堂第六次預審時，接受辯護律師愛禮思詢問的應夔丞，卻是把國民黨方面的陳其美（英士），與孫文（中山）、黃興、宋教仁相提並論的：

> 愛又續問曰：「汝與刺死之宋教仁認識否？」
> 應答：「不認識。」
> 愛問：「從未見面否？」
> 應答：「在南京政府時曾見過面，僅領首而已。……」
> 愛又問：「宋為何黨？」

9　上海《中華民報》，1912 年 9 月 20 日。
10　唐德剛著《袁氏當國》，廣西師範大學出版社，2004 年 11 月，第 70 頁。

應答：「國民黨。惟在南京時，我不知其何黨。」

愛問：「國民黨宗旨如何？」

應答：「三民主義。一、民權；二、籌備平民生計；三、平民即人人平等。……」

愛又問應：「國民黨會長何人？」

應答：「黃興、孫文、陳英士、宋教仁，其餘我不知，因我非國民黨中人。」[11]

這裏所謂的「我非國民黨中人」，顯然是應夔丞的狡辯抵賴。據 4 月 1 日上海《時報》報導，應夔丞被捕後，代理律師羅禮士於 3 月 30 日下午 3 時來到公共租界巡捕房會見時，應夔丞明確表示說：「余入國民黨多年，與宋同黨，自前日得宋被刺之耗，嗟歎不已，彼時由醫院扶柩至湖南會館，余亦執紼致送。」

在接下來的質詢中，愛禮司專門問到「與陳認識幾時」，應夔丞回答說：「七、八年。」應夔丞既然可以接受剛剛認識兩個多月並且遠在北京的袁世凱、趙秉鈞、洪述祖的「唆使」，就更有可能受到已經有「七、八年」交情並且近在上海的陳其美等人的「唆使」。比起《民立報》所謂袁世凱、趙秉鈞的「以圖塞責」，上海國民黨方面的陳其美等人，更加需要移花接木、嫁禍於人的目標轉移。

五、洪述祖的嫁女計畫

洪述祖收到應夔丞 1913 年 3 月 21 日的兩份密電後，於 3 月 23 日回信說：

---

[11] 徐血兒等編，蔚庭、張勇整理《宋教仁血案》，嶽麓書社，1986 年，第 270 頁。

「號、個兩電均悉，不再另復。鄙人於四月七號到滬，因內子到常掃墓，並至徐滙啟明女學，摯小女入京出閣也，所有一切，均俟面談。」

接下來，因為女兒出嫁而「待款孔亟」的洪述祖又補充了一段文字：

「再請弟夫人薛君代覓女僕一人，要肯赴京者。因小女出閣，暫用數月，工資能廉最好（至多五元），此信到後，即求預為物色，能於七號送到棧內更好，臨時兄再用電通知，此係至託之事，弟夫人必能為我出力也。又及。」

洪述祖寫在信面上的是這樣幾行文字：「上海西門文元坊。江蘇駐滬巡查長。應夔丞先生台啟。津洪緘廿三日。」據程德全「檢查報告」介紹，「應夔丞於三月二十三日逮捕，當由交涉使知照上海郵局，將應夔丞往來信件一律扣留，送交涉使署檢查。此函到日，曾經津局電達滬局，囑將原件寄回。維時滬局扣存送查信件，已有此函在內。」

5月3日，已經逃到青島德國租界的洪述祖，在辯護通電中表白說：

「應夔丞本為江蘇巡查長，與國務院時通函電，借此影射。又因總理不接洽，故索取密電一手經理。述祖宗旨不過欲暴宋劣跡，燬宋名譽，使國民共棄之，以破其黨派專制之鬼蜮而已。迨應有號、個兩電，莫解其故，故欲到滬面詰。不謂若輩忽以購取宋教仁劣跡之往來函電，強認為謀殺之證據，殊與事實不符。試思述祖如果欲戕其生命，何用重金購覓提票，以燬其名譽耶？此理甚明，不須另證。乃立心破壞之人，

不問事實，且欲借此牽涉政府，挑動南北惡感，以實行其亡
國滅種之政策，實所痛心。」[12]

到了應夔丞、趙秉鈞、袁世凱先後死亡之後的 1918 年 9 月 7
日，洪述祖在北京地方審判廳出庭受審時，對於此事另有供述：

> 問：「應二十一早來一電，說發緊急命令已達到，這個電你
> 看見的嗎？」
> 答：「看見，不知何意，呈上去了。」
> 問：「第二日又來一電，說我軍均好。」
> 答：「接到第二電，我知道宋被暗殺了，彼時不但我一人知
> 道，全國人都知道了。」
> 問：「三月二十四日不是就到青島了麼？」
> 答：「我因淡泊無私，不願出京。趙秉鈞對我說你是要避的，
> 恐防暗殺。總統位分高，人夠不到，我無時不出門，你在京
> 恐怕燬了。將來帶你到法庭就受了累。我本住椿樹胡同，因
> 此就走了。我走之後趙秉鈞他們就到我寓處將一切底稿全燒
> 盡。不然，底稿存下，與我毫無關係。……總之我所有與應
> 往來函電均是奉上行下，盡官吏之職，並不知道他們是何意
> 思。我所知者及與他們所通謀者，在毀損宋之名譽，令其做
> 不成總理。至暗殺我決不知道。試問宋與我固然無仇，我欲
> 殺他還是圖名，還是圖利呢？」[13]

比起洪述祖的自我辯護，趙秉鈞在 1913 年 4 月 28 日的長篇辯
護通電給出的解釋，更加接近於事實真相：

---

[12] 《洪述祖否認刺宋陰謀電》，《民立報》，1913 年 5 月 8 日。
[13] 《宋漁父被刺案真相將暴露》，上海《民國日報》，1918 年 9 月 17 日。

「通觀各函電，如二月一日應犯寄趙總理應密東電，二月二日應犯由程經世轉應密冬電，一、二、四、八、十一、二十二及三月初十等日洪致應犯各函，有言解散共進會及歡迎國會團者，有言收買宋在日本刑事提票者，皆於謀殺無涉。蓋應犯謀刺宋教仁，其殺機起於《民立報》載宋在寧演說，三月十三日應致洪函已明言之。以前各函電，計時宋教仁尚在湘中。如洪述祖二月一日函，有『大題目總以做一篇激烈文章方有價值』之語，二月二日函有『須於題前密電老趙索一數目』之語，則前語借解散歡迎國會團以恐嚇政府，後語為以解散該團自任，以便其私圖。是時正滬上歡迎國會團發起之初，馬跡蛛絲，尚堪尋索。其二月四日以後各函，則入於收買提票之事，直到三月十三日函，始露謀殺之端倪。即以該函中『若不去宋』一語而論，係屬反挑之筆，尤見去宋之動機起於應之自動，而非別有主動之人，文理解釋，皎然明白。此證明中央政府於宋案無涉者也。」

　　洪述祖在收到應夔丞的兩份密電之後，明明知道宋教仁已經遭到暗殺，依然從北京家中回到天津家中，並且還要我行我素、若無其事地前往上海操辦女兒的婚姻大事，甚至於寫信告訴應夔丞，自己準備「於四月七號到滬」。直到應夔丞於 3 月 23 日晚上被捕之後，他才意識到事態的嚴重性，要求天津郵局追回自己已經於當天寄出的上述快信，並且於第二天從天津直接逃往青島。

　　與此相印證，應夔丞在密電通知洪述祖已經對宋教仁採取暗殺行動的 3 月 21 日，表現出的同樣是我行我素、若無其事的態度。他不僅把此前並不認識的殺人兇犯武士英收留在自己家中；而且以「特任駐滬巡查長」的名義給北京金台旅館寫下親筆介紹信，委派朱蔭榛前往北京，領取中央政府 1913 年 1 至 3 月共 6000 元的公款

補助。朱蔭榛來到北京入住金台旅館時，應夔丞已經被逮捕歸案。據黃遠庸（遠生）發表在 4 月 7 日上海《時報》的〈悶葫蘆之政局〉介紹：

> 「有謂應廿一日子刻所發書信，令人帶來，持交金台旅館主人，此人自稱來向政府領錢，囑其照料一切者，至次日有國民黨人查問此人，遂倉猝而去。追至天津則已無有。此函已為吳景濂所得，持詢趙總理，趙總理稱實有其事，此係持墨領呈文來領薪水者，且扣未發給。」

　　或直接或間接地參與了暗殺宋教仁的行動計畫的應夔丞和洪述祖，之所以能夠表現得如此從容淡定，唯一可能的解釋是，他們沒有意識到自己早已被上海國民黨方面註定了充當嫁禍於中央政府的替罪羊的命運。他們在這個暗殺行動中，所扮演的既不是幕後決策者也不是操作執行者的角色，而是溝通情報、紙上談兵的次要角色，自然不需要為宋教仁之死承擔主要罪責。不僅如此，在他們看來，暗殺宋教仁還是在中央政府與上海國民黨兩個方面都可以邀功請賞的愛國行為。具體到上海地區來說，能夠充分保障應夔丞及洪述祖的人身安全的，既不是北京政府的袁世凱、趙秉鈞，也不是江蘇都督程德全；而是依然掌握著軍政實力和情報系統的前滬軍都督陳其美。只要陳其美能夠像一年前蔣介石等人刺殺陶成章時那樣一手遮天，包括應夔丞、武士英、洪述祖在內的所有涉案人員，完全可以像蔣介石那樣蒙混過關；宋教仁案也將在社會輿論的短暫喧嘩之後歸於平靜。應夔丞之所以會在凶案發生之後意外被捕，唯一可能的解釋是，他最信任而且最不應該出賣他的陳其美等人出賣了他。

六、「宋犯騙案」與《間島問題》

1913 年 5 月 6 日,《民立報》刊登署名救炎的文章〈宋案勘言〉,對於所謂「宋犯騙案」進行揭秘:

> 「當間島交涉時,遁初著《間島問題》,署名『宋鍊』,駐日欽使李家駒延見遁初,閱之甚歡,遂以報告袁氏。袁電李,令遁初進京,許以不次之擢。宋故以川資不足為辭。留學生編譯社遂以二百元購其稿,並未兼買版權。當時同志頗有疑遁初有式心於滿清者。遁初不得已在報紙上登一告白,有『革命首領宋教仁著間島問題一書,為某君將去印行,因原書錯誤太多,故自行集資再印』之語。該社經理遂指為撞騙,向日本警廳提起訴訟,後因『版權本未買絕』,當然不成罪案。應等所指騙案,蓋指此事。欲利用為傾陷之具,可謂心勞力拙矣。」

這裏所說的「應等所指騙案」,指的是應夔丞在寫給洪述祖的書信電報中,以雙面間諜身份談到的用來妖魔化宋教仁的《間島問題》詐騙案。間島原名假江,是圖們江北岸吉林省延邊地區和龍縣光霽峪前的一處灘地。康熙五十一年即西元 1712 年,中朝雙方曾在此地勘定邊界,勒石為碑。這一帶原為滿族聚居地,屬於大清王朝的發祥地,清兵入關後被列為不准開墾的封禁之地。後來禁令鬆懈,臨近的朝鮮咸鏡北道的居民越境開墾,清政府便在此地設官管理。光緒 31 年即西元 1904 年,中朝兩國官吏會訂的《中朝邊境善後章程》明確規定,「間島」即假江之地,本屬中國領土,准許「韓民租種」。

1905 年日俄戰爭之後,朝鮮淪為日本管轄的保護國,日本方面得寸進尺,企圖將間島的範圍擴展到包括延吉、汪清、和龍、琿春四縣在內的「形勢便利,物產豐富,於經營東韓北滿大有所資益」

的整個延邊地區。用宋教仁寫在《間島問題》中的話說:「國家之興也,東征西討,日辟國百里,人莫得而非之;其衰也,城狐社鼠,宵小亦得陵侮之,何也?強權不足以制之也。間島以韓人占墾始有此名,要其地在土門江北。……東西四百里,南北四百七十里,大小略等臺灣……」[14]

早在同盟會成立之前的 1904 年 5 月 19 日,宋教仁就寫過一篇《二十世紀之梁山泊問題》,認為革命黨人應該像爭取利用秘密會黨一樣,爭取利用東北地區以李逢春、朱二角、金壽山等人為首的馬賊團夥。

1906 年 5 月 5 日,宋教仁在日本《商業界雜誌》看到一篇《鴨綠江源之獨立國》,其中談到在中朝交界處的鴨綠江、圖們江、松花江發源之地,形成一個叫「間島」的獨立國。「地方與日本之九州等,其王曰韓登舉,山東人,十餘年間佔據此地,清兵時來攻之,不克,遂定約每年納款二十萬金於清盛京官吏。其地富於礦產、林產、人參云。」

同年 9 月 24 日,宋教仁查閱《滿州地志》,發現韓登舉盤據的地區是以他的祖父命名的「韓邊外」,也就是吉林夾皮溝一帶的金礦區,與間島是鄰近的兩個地區。

9 月 25 日,宋教仁向黃興提出赴吉林南部爭取韓登舉割據勢力的三個方案:「理想最高則握其大權,興教育、整實業、練陸軍、行招徠、講外交,以圖遠大,此須有大才而能持久者方可行之;其次則謀占其地之實業權,殖產興業,以得經濟上之富裕,此亦須有實業家才而稍能持久者方可行之;其下則直往遊說運動其多金而來,以資接濟,此則不須歲月,只一辯士足矣。」黃興聽了有所心動,建議宋教仁專門寫一本書介紹此事。宋教仁說自己擔心「狡猾之徒或乘之而去」,所以一直沒有動筆。[15]

---

[14] 陳旭麓主編《宋教仁集》上冊,中華書局,1981 年,第 57 頁。

[15] 《宋教仁日記》,1906 年 9 月 25 日。郭漢民編《宋教仁集》第二冊,湖南

　　1907年2月24日，宋教仁通過日本黑龍會會員末永節，認識了曾經在遼東馬賊隊伍中充當頭目的日本退職軍曹古河清。當天晚上，黃興邀請宋教仁、末永節、古河清、張繼到鳳樂園聚餐，宋教仁談到「運動馬賊事，良久，決議古河前去，而吾黨一人隨之同去」。

　　在宋教仁為籌措前往東北的活動經費而一籌莫展的時候，此前與他一起創辦《二十世紀之支那》雜誌的白逾桓（楚香），恰好掌握著湖北省天門縣津貼該縣自費留學生的二千多元現款，並且願意一同前往。同年3月20日，宋教仁、古河清、白逾桓與黃興、張繼等人商定，決定於23日起程至馬關，由馬關坐船經朝鮮前往安東縣即今天的丹東市。「至滿州後之策略，則聯絡馬賊劫取通化縣款項，然後大行進取之策」。

　　在4月9日的日記中，宋教仁記錄了寫給「馬軍」首領李逢春、朱二角、金壽山、王飛卿、楊國棟、孟福亭、藍黑牙的一封書信，其中以虛張聲勢、兵不厭詐的革命高調表示說：

　　「某某英雄麾下：聞公等集義遼海之間，以扶弱抑強，抗官濟民為志。……僕等在南方經營大業，號召徒黨，已不下數十萬眾，欲扶義師久矣。而山川隔絕，去京絕遠，欲為割據之事易，欲制清廷之死命則難。視公等所處之地，形勢不及遠矣。欲與公等通好，南北交攻，共圖大舉。特遣派某某等躬詣遠幕，商議機宜。其訓練士卒，編制軍隊，皆所諳曉，有足備公等之顧問者。若不嫌微末，而以提倡大義之事互相聯合，則不獨僕等之幸，亦中國四萬萬同胞之幸也。」

　　李逢春收信後，邀請宋教仁到大孤山面談。宋教仁等人隨後在奉天即今天的瀋陽聯合吳祿貞、藍天蔚、張紹曾、徐鏡心、張榕等人，

人民出版社，2008年，第840頁。

199

創立同盟會遼東支部，積極籌備武裝起義。為了深入調查間島周邊的
人文地理環境並且與韓登舉取得聯繫，宋教仁化名桃源宗介，假扮為
日本商人在延吉掛出「木植公司」的牌子，甚至化名貞村潛入日本浪
人組織的長白山會，專門收集該會為攫取中國領土而製造的假證據。

　　同年 8 月，宋教仁、白逾桓、徐鏡心、吳崑等人經過多方聯絡，
準備在城廠發動起義。白逾桓因為古河清的告密出賣而在城廠被
捕，身份暴露的宋教仁只好匆匆返回日本東京。白逾桓後來在遞解
回籍途中逃往北京，在程家檉的幫助下化名吳操，與景定成（梅九）
等人創辦《國風日報》宣傳反清革命，任社長兼總編輯。回到日本
的宋教仁，經常到上野圖書館查閱資料，終於從朝鮮人古山子著的
《大東輿地圖》中，找到了關於康熙年間中韓定界碑的準確記錄，
以及相關的邊界地圖。

　　經過幾個月的嘔心瀝血，宋教仁寫作完成了長達 6 萬字的《間
島問題》一書，從歷史、地理、政治、文化及國際法等各個方面，
充分論證間島確實為中國領土，作為界河的豆滿江與圖們江所指稱
的是同一條河流，其名稱源於滿語音譯。「間島者，實中日俄三國
勢力接觸之緩衝地帶，而具有控引東西臨制南北之潛勢力之要區
也。」在全書的結束語中，他以中國傳統的告地狀方式，鄭重警告
清政府當局必須力保領土完整，「勿再貽白水黑山之羞，而使鄂多
里城邊之鬼，不安於地下也。」

七、宋教仁的未遂詐騙

　　1907 年 8 月 24 日，清政府外務部針對日本方面在間島地區設
立派出所的挑釁行為，明確表示間島為延吉廳所屬，確係中國領
土。同年 9 月，清政府專門任命陳昭常為吉林邊務督辦，吳祿貞為

邊務幫辦，率領武裝部隊勘查邊務。1908 年初，日本設立的派出所公然宣稱「間島是朝鮮領土，朝鮮人不應服從中國的裁判」，中日雙方關於間島問題的爭議進一步激化。在這種情況下，宋教仁適時完成的《間島問題》一書，對於清政府來說稱得上是雪中送炭。

《間島問題》完成後，宋教仁通過湖南同鄉、立憲派人士許孝綏，轉送給清政府駐日公使李家駒（柳溪）。李家駒對此書異常重視，立即抄送給北京外務部和吉林邊務督辦陳昭常。陳昭常收到此書，於第二天給自己的上司、東三省總督徐世昌發去電報：

> 「昨接李柳溪星使來書，附寄日本留學生宋鍊所著《間島問題》一卷。是書詳於知彼，頗足補邊務報告所不及。該生既於間島事實悉心考究，李使亦稱其學行尚優，似可調來邊務，藉資襄助。但昭常與李使未約密電，可否請我帥用官密電與李使商調，俾收得人之效。伏候鈞裁。」[16]

緊接著，陳昭常又給徐世昌發去第二份電報：「又前電所稱留學生湘人宋鍊，昭常素昧平生，但就李柳使薦書及所著《間島問題》而論，學識尚優，立論純實，似不類浮囂一派。去年到奉，被人指摘，不知是否此人。仍請我帥密電李使，詳查該生平日品行，曾否來奉遊歷，當能水落石出。人材難得，用敢瀆陳。」

陳昭常所謂「浮囂一派」，指的是同盟會一派的革命黨人。他身邊的邊務幫辦吳祿貞，就是與孫中山、黃興、宋教仁等人有所交往，並且曾經被兩廣總督張之洞記錄在案的革命黨人。他這樣明知故問的目的，一方面是急需人才，另一方面是給自己開脫責任。

1908 年 5 月 19 日，已經調查過宋教仁的革命黨身份的徐世昌，在回覆陳昭常的電文中表示說：「李星使推薦湘學生宋鍊一節，

---

[16] 遲雲飛著《宋教仁與中國民主憲政》，湖南師範大學出版社，2008 年，第 35 頁。

昨又代電詢柳溪。據云該生近日頗悔悟前非，接見尚靜默，故行推薦，趺弛之士，誠在駕馭等語。惟邊務關係交涉，必須性情和平兼有經驗者，方能得力。宋鍊到彼，恐不甚相宜，應請緩用。」

即使在知道宋教仁的革命黨身份的情況下，更高層的軍機大臣兼外務部尚書袁世凱和他的滿族同僚那桐，還是打算重用宋教仁。在上海《申報》1908 年 6 月 29 日的〈京師近信〉欄目中，刊登有外務部致駐日公使李家駒的電文：「前尊處送來學生宋鍊所著之書，本部現有向該學生面詢之處，希酌給川資，飭速來京為盼。並先電復。」

在郭漢民編《宋教仁集》中，收錄有以「學生宋鍊謹稟，五月三十日」落款的《致監督星使書》，其中的抬頭是「監督星使大人鈞座」，正文中首先談到自己的回國之事：

> 「前日晉謁，面聆鈞訓。歸後即準備一切，本擬於二十八日起程，以便乘二十九日神戶出發之輪。奈賞給之川資，除稍置衣服（洋服一套十五元，及行具、衣筒六元，旅行用鋪被十元外），所餘無幾。往返合計，不敷尚夥。……又唐演處售版權金，只得百五十元，償還宿債。此宿債亦萬不能不償者，亦不能足。」[17]

接下來，宋教仁談到「間島之證據」，說是「非僅憑拙稿及鍊之口舌所能盡述，必有確實可捏出之證據物不可。而朝鮮古昔之官私著作，則尤相宜者也。幸而鍊所知之日人，藏有獨得之秘，可以用私人資格買收入手。此種機會不可多得。」

這裏的「監督星使」，指的是李家駒，字柳溪，漢軍正黃旗人，1907 年 6 月 3 日擔任出使日本大臣，兼留學生總監督。宋教仁此前與李家駒當面談論「間島之證據」時，希望對方支付「數千金」，以便

---

[17] 郭漢民編《宋教仁集》，湖南人民出版社，2008 年 6 月，第 1 冊，第 62 頁。

以私人名義購買「可爭回土地十餘萬方里」的「外交上能占必勝之證據」。李家駒推脫說此事需要外務部批准，打電報請示外務部又要浪費「數百金之電資」，最好的辦法是由宋教仁回到北京，當面請示外務部。宋教仁為了從李家駒手裏得到他所希望的「數千金」，同時也為了避免到北京後自投羅網，便採取了固執己見以拖延時間的策略：

> 「又近日北京、上海各報已登載此事（外部致公之電，亦已全錄），難保該日人不有所聞知。鍊意以為，若不於日內將其書物買得，恐不俟鍊之抵北京，而此間島證據之不能入吾手，已早於冥漠之中定之矣。」

在這封〈致監督星使書〉之後，宋教仁另有一封寫給李家駒的短信，其中依然強調自己之所以遲遲沒有動身回國，是因為缺乏足夠的旅費：「唐演處尚有未交之款百元，彼以歸抵上海郵遞交鍊約，迄今尚未見來。鍊非待此不可，故仍不能不展期。」他希望李家駒能夠就間島證據一事，給外務部寄去請示公函，他自己也給唐演寄信催要欠款，以便半個月後起身回國。

1908 年 10 月 12 日，同盟會南洋支部在新加坡出版的《中興報》，公開刊登宋教仁的〈致李、胡二星使書〉，其中詳細介紹了寫作並呈報《間島問題》一書的前因後果：宋教仁費了幾個月的時間寫作這本書，目的是證明「該地確為中領之證據，欲以為政府外交援助」。考慮到自己是同盟會會員的「黨人」身份，只好通過許孝綬轉送給他的老上司李家駒。外務部得到此書稿後，在對日談判中贏得了主動，並且通過電報要求宋教仁前往北京。當時剛好有北京友人給宋教仁寫信，說是袁世凱（項城）確實有「非常之志」，正好借這個機會與他「握手」合作。宋教仁自己也有意前往北京，只是由於中日報刊公開報導了這件事情，他的仇人也想借機陷害，宋教仁便取消了這個想法；並且以政府必須「出鉅款購秘密證據書」

為藉口，打算從李家駒那裏詐騙一筆公款用於革命事業。「欺詐之罪，幸未成立，尚祈原宥」。

《中興報》在為該信所寫的編者按中介紹說：「湖南人宋教仁，為著名之革命黨，曾在東京倡辦《二十世紀之支那》。去年遊歷滿洲，著《間島問題》一書。清政府方與日本交涉間島問題，非常棘手。及得此書，如獲拱璧，即以各種證據反駁日使，日政府至今尚不能決答，其書之價值可知矣。袁世凱、那桐等謂宋有大才，特電駐日使李家駒，令致意宋某，使即來京助理間島交涉，當與以不次之擢用，宋拒絕之。及新任日使胡惟德來，奉袁、那等命，力求宋赴京重用，敦促再三，宋大憤，移書李、胡二使，辭甚決絕。」

這裏的「項城」，指的是與那桐一起擔任外務部尚書的軍機大臣袁世凱。「李、胡二星使」，指的是正在交接之中的前任清政府駐日本公使李家駒與新任公使胡惟德。在此之前的 1906 年 5 月 11 日，宋教仁還在日記中記錄了自己化名騙取留學官費的經歷：

> 「接公使館來一郵片，招余至公使館，云有要事面商。余不解何事，下一時，遂至公使館問之。初晤一王姓隨員，問余以宋謙即宋鍊否？余云是。彼遂引余見楊公使。公使問余：『你是宋教仁否？有湖南人來說，謂宋鍊即是宋教仁，信乎？』余曰：『不是，宋鍊與宋教仁固兩人也。』公使又言：『你須有同鄉會幹事來說，證明你非宋教仁方好，不必多言。』余諾之，遂出。……細思此事以狡詐行之如此，雖對於敵者，亦似無妨，然究恐有不是處。然思索久之，又究難於不出此方法。處事之真難也。」

這裏的公使，指的是李家駒的前任楊樞。作為一名革命家，宋教仁「雖對於敵者，亦似無妨，然究恐有不是處」的道德反思，足以證明他並不具備為了某種神聖目的而不擇手段的革命素質。袁世

凱出於賞識，原本想重用官費留學生宋教仁參與針對日本的外交談判；結果卻導致宋教仁在詐騙失敗的情況下，為了證明自己堅定不移的革命立場，主動放棄官費留學資格的激烈反應：「今某不勝大願，懇請胡公即將此官費挖除，並革去留學生之名，以示與公等斷絕關係之義，以祛公等之曲解。摺子一冊，已奉繳於貴署會計課，乞為檢納。」

八、宋教仁的債臺高築

宋教仁繳出官費留學的「摺子」之後，很快陷入債臺高築、饑寒交迫的生存困境之中。據章太炎在《自定年譜》1908 年項下回憶，由於孫中山（逸仙）、黃興（克強）等人一心一意在廣東、廣西等邊遠地區發動起義，負責主持東京同盟會本部會務的劉揆一又不能服眾，留在東京的革命黨人精神渙散。宋教仁更是「常鬱鬱，醉即臥地狂歌，又數向民報社傭婢乞貸」。章太炎得知此事後勸告宋教仁說，這樣做是會讓日本人恥笑的，「急取社中餘資周之。然資金已多為克強移用，報社窮乏，數電告逸仙，屬以資濟，皆不應。」當年夏天，黃興（克強）在雲南河口起義失敗後回到東京，宋教仁（遁初）避而不見。章太炎勸告黃興說：「遁初在稠人中，粗有智略。君來何不就與計事。」黃興回答說：「人云遁初狂，下視僕輩。聞其言曰，不殺孫黃，大事不可就。是何嫉我之深也。」章太炎說：「讒間之言，何所不至。遁初誠狂，嫉君則未也。」黃興聽從章太炎的勸告，重新開始與宋教仁進行合作。[18]

---

[18] 姚奠中、董國炎著《章太炎學術年譜》，山西古籍出版社，1996 版，第117 頁。

1908 年 10 月 19 日，日本政府禁止《民報》第 24 號發行，並
且明令不准再刊登革命文章，《民報》因此被迫停辦。隨著掌握同
盟會經濟資源的孫中山，與章太炎、陶成章、宋教仁、張繼等人的
分歧越來越大，留守在東京同盟會本部的革命黨人，因為失去經濟
支持而窮困潦倒。據譚人鳳在《石叟牌詞》中回憶，黃興當時邀請
各省的同盟會分會長商議，由各省分攤捐款組織勤學舍。在此期
間，黃興委託一個日本人印製準備在發動起義時使用的紙幣，紙幣
沒有印成卻欠下一萬元的高利貸，不得不到宮崎寅藏家裏躲藏 50
多天。後來由譚人鳳出面，向三個官費留學生借了三個摺子，從放
高利貸的林肇東那裏抵押借款 1000 元錢，給黃興和宋教仁租下位
於西大久保 158 號的一所小房子，取名桃源寓。

到了 1910 年冬天，因為欠下的債務越來越多，譚人鳳實在敷
衍不下去了，便把自己主持翻譯印刷、宋教仁負責編輯定稿的《比
較財政學》的版權，轉讓給林肇東。宋教仁此前也欠下林肇東 1000
多元的債務，這一次的版權轉讓，除了償還宋教仁的欠款和黃興的
利息之外，只剩餘幾百元錢。譚人鳳便囑咐借給他官費存摺的留學
生向使館報失，從此再不向盤剝留學生的林肇東繳納利息。譚人鳳
解釋說，自己交給林肇東的利息早已超過本金，「惟當日經歷之苦
況，則實難以言盡耳」。[19]

1909 年 11 月 7 日，黃興也在《復孫中山書》中介紹說：「弟
所欠款事，刻尚無從籌得，且利息日加，今已及四千元以上矣。欲
移步他去，為所牽扯，竟不能也。公有何法以援我否？……勤學舍
自六月解散矣。……以後復書，即請寄『日本東京府豐多摩郡西大
久保一五八，桃源寓黃興收』為要。」[20]

[19] 石芳勤編《譚人鳳集》，湖南人民出版社，2008 年，第 335 頁。
[20] 劉泱泱編《黃興集》第一冊，湖南人民出版社，2008 年，第 21 頁。

在此之前的 1908 年 11 月 27 日，日本政府負責跟蹤宋教仁的情報人員，在記錄宋教仁的談話之前，也對他的情況進行了簡單說明：「眾所周知，袁世凱曾企圖收買宋教仁。讓憲政考察大臣李家駒於上月去會見宋教仁，並與其談判，但遭到宋之拒絕。」[21]

到了 1910 年 12 月 31 日，宋教仁突然離開東京經神戶前往上海。他這次回國的目的，是打算以仲介身份把湖南新化的銻礦出賣給日本商人，以便從中得到一些手續費以償還自己從事革命活動所欠下的巨額債務。由於事情沒有辦成，他只好接受《民立報》主編于右任的邀請擔任該報主筆。當時的宋教仁無論如何也料想不到，他為《間島問題》一書所設計的未遂詐騙，不僅害得自己饑寒交迫、債臺高築，最終還因此丟掉了性命。

需要補充說明的是，筆者最初看到洪述祖密電中接連出現「仍舊折三分一」、「潤我若干」之類的字眼時，一度產生過利慾薰心、唯利是圖的道德判斷。閱讀陳旭麓主編《宋教仁集》，意外發現宋教仁 1912 年 1 月 25 日發給日本黑龍會首領內田良平的電報：

> 「對您嘔心瀝血完成三十萬借款一事，深表謝意。另外由文、吳氏給您帶去一萬五千元，雖然微薄，但可用作外交及其他活動費用，請收下。宋教仁。」

筆者由這份電報意識到，像「待款孔亟」的洪述祖那樣假公濟私收取回扣，其實是中國官場自古以來惡性循環的陋規慣例，連國民黨方面最具有憲政民主意識的宋教仁也概莫能外。《宋教仁集》在為這份電文加寫的注解裏面，錄了內田良平寫在電報紙背面的一段話，從中倒是可以看出日本人更加高尚的文明精神和思想境界：「在完成三井借款一事上，我愉快地接到您打來的一封感謝電，

---

[21] 《從根本上採取革新弊政之手段》，1908 年 11 月 27 日。譯自日本外務省藏檔案。郭漢民編《宋教仁集》，第 79 頁。

不過其中所談活動經費問題，我表示謝絕。在這方面，我倒是希望
能給北一輝提供一些。」[22]

北一輝本名北輝次郎，是宋教仁生前的主要助手之一，後來成
為極力主張侵略中國領土的日本法西斯主義的鼻祖。宋教仁遇難時
北一輝也在上海，並於1913年3月22日親眼目睹了宋教仁的屍體
入殮。北一輝當年曾因為自發組織宋教仁被刺真相調查團，被日本
駐上海領事勒令回國。他在後來出版的《中國革命外史》中認為，
暗殺宋教仁的主犯是陳其美，從犯是袁世凱和孫中山。是袁世凱與
孫中山之間的不能調和也不願調和，導致陳其美痛下毒手殺害了宋
教仁。在宋教仁的心目中，最為理想的總統人選既不是袁世凱，也
不是孫中山，而是最容易架空虛置的黎元洪：「彼組織國民黨而成
為實權總理，占上下院三分之二絕對多數，策劃即將選舉之正式總
統人選，……彼不推南孫，不願北袁，而默想第三者──最大愚呆
脆弱之黎元洪。」[23]由於缺乏充足的證據材料，北一輝的這一說法
只能是聊備一說、僅供參考。

九、《間島問題》與外交勝利

1909年9月4日，外務部尚書梁敦彥與日本駐華公使伊集院
彥吉，正式簽訂《圖們江中韓界務條款》，日本方面完全承認間島
為清國領土，以圖們江為中韓國界，在江源地方以界碑為基點，以
石乙水為分界線，並承諾撤銷所謂的統監府派出所。中國方面則在

[22] 宋教仁：《致內田良平》（1912年2月19日），陳旭麓主編《宋教仁集》上冊，中華書局，1981年，第376頁。譯自高橋正雄《日本近代化ど九州》，東京株式會社平凡社，1972年7月27日。「文、吳氏」是以中華民國上海都督府求援特使身份派駐日本的文錫震和吳禺。
[23] 吳相湘著《宋教仁傳》，中國大百科全書出版社，2010年，第178頁。

開商埠、領事裁判權、興修鐵路等具體事項上，對日本方面做出讓步。這在中國近代外交史上，是極其罕見的成功個案，同時也是清政府外交當局的袁世凱、那桐等人，與處於敵對狀態的宋教仁、吳祿貞等同盟會會員，為了國家利益的一次特殊合作。先任吉林邊務幫辦後任督辦的同盟會秘密會員吳祿貞，曾經帶人途經敦化縣、延吉廳、琿春城，沿圖們江登長白山，後折到夾皮溝，歷時 73 天，縱橫 2600 多里考察邊區的山水村寨，記載了 21 種圖例，繪成《延吉邊務專圖》，並寫作長達 10 萬字的《延吉邊務報告》，為捍衛國家主權做出了重要貢獻。

　　在此之前的 9 月 2 日，一直負責間島談判的署理直隸總督兼北洋大臣那桐，在日記中記錄了隆裕太后對於這一外交事件的高度肯定：「早進內，已正散值。召見時面陳與日使會議延吉廳交涉事宜甚棘手，現經決定，請旨定奪。奉諭：即照此定，後日簽字，如此結局已為難得，斷不為浮議所搖，今日錫督、陳撫電奏可以不理，簽字後發一電旨宣示一切可也。聖明洞鑒萬里，實為欽悚。」[24]

　　這裏的「錫督、陳撫」，指的是當時的東三省總都督錫良和吉林巡撫陳昭常。在《民立報》刊登《宋案勘言》的「救炎」，顯然是宋教仁案的知情人，這篇文章所糾正的，恰好是同一報紙於 4 月 27 日刊登的指認袁世凱和趙秉鈞為宋教仁案幕後元兇的編者按。應夔丞、洪述祖拿宋教仁有功於國家的《間島問題》一書，充當詆毀敗壞宋教仁名譽的黑材料，並且要到賞識宋教仁及其《間島問題》一書的袁世凱那裏邀功請賞，完全是找錯對象的「心勞力拙」。假如洪述祖確實把應夔丞發給趙秉鈞的應密冬電「面呈」袁世凱的話，袁世凱無論如何也不會做出所謂「閱後色頗喜」的低級表態的。況且這麼一本小書的版權糾紛，無論如何也不足以妖魔化宋教仁這樣的政治人物。

---

[24]　《那桐日記》，新華出版社，2006 年，第 638 頁。

1913年4月28日，趙秉鈞在辯護通電中對於洪述祖所謂的「面呈」一事否認說：「查原函所稱冬電，是否明電，抑係應密，洪述祖均未譯呈，不知原電所指何事。其面呈總統一節，尤為虛構。各部員司謁見總統，向有該部長官帶領。總統府門禁森嚴，一切來賓均先由傳宣處登記。本總理既未領洪述祖謁見總統之事，而查閱總統府門簿，亦無洪述祖之名，其為不根之談，顯而易見。」

同樣是在4月28日，袁世凱在發給黃興的回電中，另有更具說服力的解釋與辯護：

> 「據程都督、應民政長電呈各種證據，三月十三日以前似專為解散國會團及應、洪串謀挾制訛詐各事，詞意甚明，與刺宋案無涉。惟十三日以後各函，應有『如不去宋』一語，始寓造意謀宋之點。俟人證齊集，審判公開，自能水落石出。至趙君與應直接之函，惟一月十四日致密碼電一本，聲明有電直寄國務院，絕無可疑。如欲憑應、洪往來函電遽指為主謀暗殺之要犯，實非法理之平。近一年來，凡謀二、三次革命者，無不假託偉人，若遽憑為嫁禍之媒，則人人自危，何待今日！甲乙謀丁，甲詭乙以丙授意，丙實不知。遽斷其罪，豈得為公！」[25]

相對於洪述祖與應夔丞，袁世凱更加親信的顯然是總統府機要秘書張一麐和江蘇都督程德全。在程德全已經於1913年2月6日密電張一麐，明確指出應夔丞「萬不可靠」的情況下，洪述祖依然在發給應夔丞的電報中表示「中央對此似頗注意」、「來函已面呈總統、總理閱過」，只能是他擅自盜用中央名義的招搖撞騙。用他逃到青島德國租界之後所發表的辯護通電中的話說，因為自己人微言

---

25 《袁世凱為宋案覆黃興電》，1913年4月28日。朱宗震、楊光輝編《中華民國史資料叢稿‧民初政爭與二次革命》上編，上海人民出版社，1983年，第262頁。

輕，「不得不假託中央名義」，以期達到通過「燬宋」以救國愛國並且邀功請賞的目的。

退一步說，即使袁世凱和趙秉鈞非要喪心病狂地在上海暗殺宋教仁，他們也應該稍微具體地向洪述祖及應夔丞詢問一下暗殺計畫，進而派遣此前已經連續三次南下上海的洪述祖前往上海坐鎮指揮，而不是讓洪述祖躲在北京遙控指揮「萬不可靠」的應夔丞組織實施如此重大的暗殺活動。更何況袁世凱的二公子袁克文，當時正在上海與陳其美、應夔丞、沈翔雲等人一起吃喝嫖賭、尋歡作樂。袁世凱假如當真知道洪述祖、應夔丞等人的暗殺計畫，也不可能把袁克文撇在一邊既不予以通知也不加以保護。

署名「救炎」的《民立報》記者，明顯缺乏為國家民族撲火「救炎」的勇氣和魄力。他只是囿於國民黨的黨派立場，避重就輕地得出所謂「稍有常識者，類能知之」的結論；卻沒有在號稱「二次革命」的國內戰爭一觸即發、迫在眉睫的情況下，依據自己所掌握的真實資訊，正大光明地為臨時大總統袁世凱洗清罪責，進而徹底解開宋教仁案的謎底：在「稍有常識者，類能知之」的情況下，一直賞識宋教仁及《間島問題》的袁世凱，是絕對不會像洪述祖所說的那樣，為應夔丞應密冬電中所介紹的所謂「騙案」而「閱後色頗喜」的。應夔丞的「遂出於暗殺之計」，完全是洪述祖在根本不可能「面呈」袁世凱的情況下，「假託中央名義」，對於應夔丞誘騙煽動的結果。與袁世凱之間是沒有直接關係的。

筆名「騷心」的《民立報》社長于右任，與發表《宋案勘言》的「救炎」一樣，是宋教仁案的一部分歷史事實的知情人和見證人。在《民立報》記者徐血兒編輯的《宋漁父》一書中，收錄有騷心述意、東方筆錄的《宋先生遺事》，其中介紹了袁世凱與宋教仁圍繞《間島問題》展開的良性合作：

「當間島問題發生後，交涉者一無把握，宋先生自日本走高
麗，搜求高麗之古跡、遺史，抵遼瀋，又得中國及日本史跡，
足以為此案之佐證者，復親歷間島考求其地望、事實，歸而
著《間島問題》。書成，日本東京之有名學者，均欲求先生
此書版權歸諸日本，先生不允。時袁督北洋，得此書，電召
先生歸國，先生因在日經營事多，不欲以政治上之一鱗一爪
急得表見，故以書付袁，而卒未歸。後間島交涉，因獲此書
為輔佐，得未失敗。袁甚德之，電駐日使酬先生以金二千元，
先生不受，駐日使固強之，先生隨散之留東之困乏者。且謂：
『吾著此書，為中國一塊土，非為個人之賺幾文錢也。』」[26]

　　需要指出的是，早在中日雙方簽訂《圖們江中韓界務條款》之
前的 1909 年 1 月 2 日，袁世凱已經被攝政王載灃發佈諭旨，解除
所任各職回籍養病。袁世凱電告駐日公使李家駒為宋教仁預付回國
路費是 1908 年的事情，宋教仁不僅收下了這筆路費，而且還想趁
機從李家駒手裏得寸進尺地再詐騙「數千金」用於革命事業。沒有
在日本東京親歷此事的于右任，對於這一歷史細節的敘述，顯然存
在著道聽塗說、以訛傳訛的嫌疑。

十、宋教仁案中的袁世凱

　　李劍農在《中國近百年政治史》中介紹說，他曾經從宋教仁的
親密友人那裏，聽到這樣的說法：「宋在北京時，袁以某銀行支票
簿遺宋，令宋自由支用，宋略支少許表示謝意後，即以原簿還之。」

---

[26] 徐血兒等編，蔚庭、張勇整理《宋教仁血案》，嶽麓書社，1986 年，第
14 頁。

他由此得出的誅心論斷是：「此為宋致死的重要原因。袁世凱最忌有能力而又有操守的人，因為有能力而又有操守，便不肯作他個人的私黨，受他的牢籠指揮，便是他切身之敵；……」[27]

在陳旭麓和郭漢民先後編輯的《宋教仁集》中，竟然違背學術常識，從蔡寄鷗的歷史演義《鄂州血史》中抄錄了一篇明顯虛造的宋教仁「致袁世凱書」，說是宋教仁在北京辭去農林總長的公職後，袁世凱特意讓人依照他的身材做了一套價值超過三千元的豪華衣服，並且送給他交通銀行的一張五十萬元的巨額支票。宋教仁於第二天專門派人給袁世凱送去一封感謝信：「慰公總統鈞鑒：綈袍之贈，感銘肺腑。長者之賜，仁何敢辭。但惠賜五十萬元，實不敢受。仁退居林下，耕讀自娛，有錢亦無用處。原票奉璧，伏祈鑒原。知己之報，期以異日。教仁百拜。」[28]

馬文義在〈宋教仁與間島問題〉一文中，談到《間島問題》書成之後，「宋為窮困所迫，將原稿請由覃理鳴介紹求售於某學社，未被接受。有翰林某見此稿，頗賞識，願出百元購之，宋不允，遂擱置。」等到駐日公使楊樞從某翰林處得知此事後，「隨令從覃處取出原稿，將內容用二千字電報摘要告袁。袁復電極為贊許，並令贈洋千元與著者（款由覃、宋按四六開分了）。宋得款，即遷居某高等妓院。」等到宋教仁到北京任職後，「袁以此頗重視宋。後來宋到北京，袁多方籠絡，曾送二十萬金，一為交通銀行存摺，一為中國銀行存摺，並說明如不足尚可增加。宋出京時，將存摺原封寄還。袁知宋革命意志堅決，不可以金錢收買，終竟以極卑鄙手段暗殺之。」[29]

馬文義的〈宋教仁與間島問題〉一文，自稱是根據已故湖南文史館館員向愷然即平江不肖生所述，向愷然又得之於劉揆一（霖

[27] 李劍農著《中國近代百年政治史》，湖南教育出版社，2008年，第350頁。
[28] 陳旭麓主編《宋教仁集》下冊，中華書局，1981年，第426頁。
[29] 《辛亥革命回憶錄》第6集，中華書局，1963年，第39頁。

生）、覃振（理鳴）口述。但是，文章中的相關敘述，顯然是張冠李戴、以訛傳訛的道聽塗說。與宋教仁交涉《間島問題》的是駐日公使李家駒，而不是他的前任楊樞。早在 1908 年就企圖借助《間島問題》一書詐騙李家駒的宋教仁，1912 年辭去農林總長之後，並沒有「退居林下，耕讀自娛」，而是很快擔任了國民黨的代理理事長。為了維持國民黨北京本部的正常運轉，他必須多方開拓籌款渠道。即使他確實拒絕過袁世凱的巨額贈款，也不意味著他沒有通過其他渠道向袁世凱及中央政府籌措黨務經費。更何況宋教仁在北京組建國民黨期間，國民黨方面的最高黨魁孫中山、黃興，恰好在北京與袁世凱達成了一系列的政治交易，孫中山得到的最大實惠，就是每月高達三萬元經費的籌畫全國鐵路全權的鐵路總公司。宋教仁隨後離開北京，國民黨北京本部的經費，又是孫中山、黃興通過袁世凱的總統府秘書長兼交通銀行總理梁士詒秘密籌措的。假如宋教仁的「革命意志堅決，不可以金錢收買」值得高調表揚的話，孫中山、黃興秘密向袁世凱、梁士詒請求辦黨經費，豈不就是革命意志不堅決嗎？陳其美此前收下袁世凱的三萬元出國考察費用，不也是革命意志不堅決嗎？！

1913 年 4 月 3 日，趙秉鈞在接受北京《新紀元報》記者採訪時，公開表示自己是宋教仁（遯初）最要好的朋友，「遯初住在西直門外農事試驗場，離城有 10 里。天晚來不及出城時，就經常住在我的家裏，彼此無話不談。他離京南下時欠下了 5000 元的債，是我替他償還了的。」

國民黨方面對此從來沒有提出過異議。由此可知，為了革命事業經常債臺高築並且欠債不還，才是國民黨代理理事長宋教仁的生活常態，也是應夔丞捕風捉影地捏造虛構「宋犯騙案」的現實依據。宋教仁的「革命意志堅決」，無論如何不應該表現在「不可以金錢收買」方面；「不可以金錢收買」也無論如何不足以成為袁世凱「以極卑鄙手段暗殺」宋教仁的卑鄙理由。

　　另據楊天宏採信的一則史料，曾經擔任袁世凱機要秘書的張一麐，在事隔 20 多年後回憶說：「宋案之始，洪述祖自告奮勇謂能毀之。袁以為毀其名而已，洪即嗾武刺宋以索巨金，遂釀巨禍。袁亦無以自白。小人之不可與謀也，如是。」[30]

　　事實上，袁世凱即使當真希望詆毀敗壞宋教仁的名譽，也不可能同意洪述祖及應夔丞利用《間島問題》的版權糾紛來詆毀敗壞。相關資料表明，直接唆使武士英刺殺宋教仁的，既不是近在上海的應夔丞，也不是遠在北京的洪述祖，而是陳其美手下的吳乃文、拓魯生、馮玉山、陳玉生、陸惠生等人。張一麐所謂的「袁亦無以自白」同樣不符合歷史事實，袁世凱在宋教仁血案發生後，曾經就此事一再表態，其中最為經典的說法，就是用「甲乙謀丁，甲誑乙以丙授意，丙實不知」一句話，來概括洪述祖與應夔丞相互誑騙的刺宋陰謀。只是隨著國民黨奪取政權並且強力推行話語霸權，因帝制失敗而被徹底否定的袁世凱，所留下的更加符合法理常識的「自白」，一直沒有引起歷史研究者的足夠重視。

　　歸結了說，以袁世凱對於宋教仁及《間島問題》的賞識，應夔丞在 1913 年 2 月 2 日致趙秉鈞的應密冬電中，所編造的「已向日本購孫、黃、宋劣史，黃興下女合像，警廳供抄宋犯騙案刑事提票」的謊言騙局，只能夠欺騙利令智昏的洪述祖以及他所直接效忠的趙秉鈞，無論如何是通不過袁世凱這一關的。所謂的「宋犯騙案」假如被重新曝光，只能為成功捍衛過國家利益的宋教仁及袁世凱等人，增加國會選舉中的號召力，而不可能達到「燉宋」即妖魔化宋教仁的政治目的。在迄今為止能夠看到的宋案證據之中，國務總理趙秉鈞與應夔丞之間能夠證實的直接聯繫，只有一封公事公辦送交密電碼的親筆短函。《民立報》僅僅依據如此薄弱的「證據」，就一

---

[30]　楊天宏著《政黨建置與民國政制走向》，社會科學文獻出版社，2008 年，第 37 頁。

口咬定應夔丞、洪述祖與趙秉鈞及袁世凱之間是合謀關係，從而公開判定「真憑實據確鑿不移，宋先生竟被袁、趙、洪、應諸賊殺矣」；恰恰反證了國民黨及《民立報》方面對於司法機關獨立辦案、法律面前人人平等、疑罪從無的無罪推定、程序正義優先於實體正義的現代法理常識的既不理解也不遵守。隨著袁世凱幾年後的倒臺死去，以及國民黨方面奪取國家政權的專制訓政，被寫入歷史的只能是國民黨方面「欲加其罪，何患無辭」的單向片面之辭。陳其美及上海國民黨方面涉嫌犯罪的更加直接也更加確鑿的證據鏈條，反而被人為地掩蓋遮罩了起來。

歷史的吊詭在於，在國民黨與中央政府之間充當雙面間諜的應夔丞，通過洪述祖向臨時大總統袁世凱邀功請賞的方式方法，與宋教仁當年通過李家駒向軍機大臣兼外務部尚書袁世凱詐騙錢款的基本套路，幾乎是如出一轍。宋教仁為《間島問題》設計的未遂詐騙，冥冥之中為應夔丞、洪述祖所參與的暗殺陰謀埋下了伏筆。

第六章　宋教仁案中的孫中山與黃興

　　宋教仁案發生之後，國民黨理事長孫中山在公開表態中，並不認為袁世凱是該案的幕後元兇，反而認為「袁總統非自有干連，不過係其總理與有干連」。按照孫中山的這種表態，國民黨方面是沒有理由公然違犯「臨時約法」，挑起發動號稱「二次革命」的國內戰爭的。「二次革命」所直接顛覆的，恰恰是由同盟會及國民黨參與締造的中華民國，以及已經初步建立的憲政民主的制度框架。

一、蔡元培的自我健全

　　1912 年 3 月 2 日，上海《民立報》報導說：「蔡專使等在舟中又發起六不會。（一）不狎妓，（二）不賭博，（三）不納妾，（四）不食肉，（五）不飲酒，（六）不吸煙。凡入會者，於前三項必當遵守，於後三項則可自由。同行諸人，已一致署名入會，此舉似微然個人之精神，社會之風氣，關係甚大，果能鼓吹實行，可一掃從前政界之惡習。」
　　這裏的「蔡專使」，指的是 2 月 21 日下午從上海乘坐招商局新銘輪船，前往北京歡迎袁世肯南下就職的歡迎專使蔡元培。與蔡元培同行的包括民國外交全權代表唐紹儀、歡迎員魏宸組、劉冠雄、鈕永建、宋教仁、曾昭文、黃愷元、王正廷、汪精衛等 30 多人。
　　1940 年 2 月，蔡元培在《自定年譜》中回憶說：「船中儘是同志，而且對時局都是樂觀派，指天畫地，無所不談。我還能記得的

是遷都問題，這是在南京各報已辯得甚囂塵上的了。大約同盟會同志主張南遷的多，但在船中談到這個問題，宋君漁父獨主張不遷，最大的理由是南遷以後，恐不能控制蒙古。他的不苟同的精神，我也覺得可佩服的。船駛至天津左近，忽遇霧，停泊數日，在船中更多餘暇，組織了兩個會：一是六不會，一是社會改良會。」[1]

在談到六不會時，蔡元培再一次提到宋教仁（漁父）：「六不會是從進德會改革的。吳稚暉、汪精衛、李石曾諸君，以革命後舊同志或均將由野而朝，不免有染著官場習氣的；又革命黨既改成政黨，則亦難保無官吏議員之競爭；欲提倡一種清淨而恬淡的美德，以不嫖、不睹、不娶妾為基本條件（已娶之妾聽之），凡入會的均當恪守，進一步則有不吸煙、不飲酒、不食內、不作官吏、不作議員六[五]條，如不能全守，可先選幾條守之。同船的人，除汪君外，大都抱改革政府的希望，宋君尤認政治為生命，所以提議刪去不作官吏、不作議員二條，而名此通俗化之進德會為六不會，以別於原有之進德會。」

同樣是在《自定年譜》中，蔡元培明確承認了自己在北京中央政府任教育總長期間的既不理性也不成熟：「我那時尚是書生，常與爭執，其實皆無關緊要的枝節問題。」

1913 年 5 月 22 日，國民黨方面的第一大報上海《民立報》，公開刊登吳稚暉的文章《可以止矣》，就國民黨代理理事長宋教仁遇害之後的政治危機發表意見說：「欲得與時勢最適之總統應備之要素，一則實係官僚，暫與保持儒術之游魂餘氣也；一則近乎聖賢，則為君子儒也；一則略經歐化，以備儒術之蛻化也。以斯人當國，用舊道德裁抑名士，用新道德鑒別學生，庶舊染有滌除之日，而新機漸以萌芽。」

---

[1] 蔡元培：《自寫年譜》，丘桑主編「民國奇才奇文系列蔡元培卷」《黑暗與光明的消長》，東方出版社，1998 年，第 402 頁。

　　按照這樣的標準要素，吳稚暉撇開臨時大總統袁世凱以及前臨時大總統、國民黨理事長孫中山，主張以國民黨方面的蔡元培（子民）和進步黨方面的張謇（季直）為總統候選人：

> 「求諸國民黨則有蔡子民君代，求於進步黨張季直君必首選矣。張君吾信其能讀聖賢書者，其可以充選總統之條件，自有彼黨羅示於國民，我則為吾黨略狀蔡君之能事，則曰：尊賢禮士，止罵抑競，奉公守法，十有二字。蔡君確守而不失，庶幾閣部無幸位，曹司無幸祿，奔競立息，逆旅俄空，於是士安於讀，商安於市、工安於肆、農安於野，偉人名流皆戢其政界之野心，而謀實業之競進。蔡君固又偏於進步，富於自由，絕非以因循守舊為苟安，苛刻為制裁，得此而使發狂之新民國休養一時，期休養中得適宜之滋補健全，自可卜矣。」

　　與此相印證，進步黨方面的著名記者黃遠庸，在 1913 年 6 月 14 日發表於上海《時報》的《無理想無解決無希望之政治》中介紹說：「此間非國民黨人對於國黨健者懷好感者有三，蔡鶴卿、汪精衛、陳陶怡是也。南方來者，多言自宋案發現後，陳力勸黃克強持冷靜態度，證據一切，須俟法庭發表，黃已應之。及陳赴蘇州，而黃已一切發表，陳急赴滬面責之，而黃云此係中山主義，故陳尤持江蘇自保主義，又傳精衛在滬，不以孫黃辦法為然。子民則演說國民黨自革命至南北統一為進取時代，自此以至於今為保守時代，以中國之革命乃係新舊合同之革命也。又謂作事不可違反多數國民心理，多數國民既不願用武力，則決不可用武力，尤許為知言。」[2]

　　對於吳稚暉所說的「尊賢禮士，止罵抑競，奉公守法」，蔡元培在 1916 年 12 月 18 日為堂弟蔡元康書寫的對聯中，另有更加經

---

[2]　遠生：《無理想無解決無希望之政治》，《時報》，1913 年 6 月 14 日。

典的表述:「行不得則反求諸己;躬自厚而薄責於人。」意思是說事情進行不下去的時候,要首先在自己身上尋找原因。一個人要多反省自己的責任,而不應當苛刻地責備別人。

不過,比起吳稚暉所要求的高度理想化的道德品質和人格境界,「行不得則反求諸己;躬自厚而薄責於人」的蔡元培,更加重視的是國民黨方面所不具備的軍政實力。1915 年 11 月 5 日,他在致吳稚暉信中寫道:「大約袁世凱之得為總統,全憑武力,且憑其武力以摧殘一切法制。……故欲及世凱生存尚能控制若輩時,定世襲之制(梁卓如,徐佛蘇等謂共和足以亡國,殆指此)。其所謂共和易於啟釁者,實指馮國璋、段祺瑞輩言之,而非為孫、黃發也。」[3]

這裏所說的「世襲之制」,就是中國傳統的家天下、私天下的帝王專制。「梁卓如」就是曾經主張過虛君共和、君主立憲的梁啟超。按照蔡元培的理解,56 歲的袁世凱之所以急於登基當皇帝,是擔心自己去世之後,北洋軍閥馮國璋、段祺瑞等人憑藉武力爭奪非世襲的總統寶座。與馮國璋、段祺瑞相比,國民黨方面因為「二次革命」而失敗流亡的孫中山、黃興等人,已經完全沒有實力和資格與袁世凱爭奪非世襲的總統以及世襲的帝王了。

1915 年 12 月 12 日,袁世凱宣佈實行帝制,改國號為「中華帝國」,把 1916 年定為「中華帝國洪憲元年」。1916 年 3 月 22 日,袁世凱僅僅做了 83 天的皇帝,就在內外交困中宣佈撤銷帝制、恢復民國。6 月 6 日,袁世凱在總統任上因病去世。在此之前的 4 月 29 日,蔡元培在致吳稚暉信中寫道:「前日石曾先生函中言:聞英士主張以中山為總統,以青天白日旗為國旗,與愓生等意見不同云云。但現在之發言權,均在各省將軍,恐英士亦無可如何也。」[4]

---

[3] 高叔平編著《蔡元培年譜》第一卷,人民教育出版社,1996 年,第 589 頁。
[4] 高叔平編著《蔡元培年譜》第一卷,人民教育出版社,1996 年,第 605 頁。

　　前滬軍都督陳其美（英士），在袁世凱沒有去世之前就急於推舉孫中山繼任總統。對於他的這種表現，連黃興一派的軍事將領鈕永建（惕生）等人都不予接受；擁有軍政實力的「各省將軍」，更不可能予以接受。換句話說，在蔡元培、吳稚暉、鈕永建等國民黨元老眼裏，直到 1916 年袁世凱去世，孫中山無論是在道德品質還是在軍政實力方面，都不是中華民國最為合適的總統人選。

　　1935 年 5 月 12 日，胡適在《獨立評論》第 150 號發表〈個人自由與社會進步──再談五四運動〉，把他所提倡的「健全的個人主義」的源頭，直接追溯到本國的蔡元培和美國的杜威身上。他一方面認為，1917、1918 年的《新青年》雜誌與北京大學所提倡的新文化運動，無論形式上如何五花八門，最為核心的價值追求只是思想的解放與個人的解放；也就是蔡元培早在 1912 年就已經提出的「循思想自由言論自由之公例，不以一流派之哲學一宗門之教義梏其心」。

　　與此同時，胡適還強調說：「我們當時曾引杜威先生的話，指出個人主義有兩種：（1）假的個人主義就是為我主義（Egoism），他的性質是只顧自己的利益，不管群眾的利益。（2）真的個人主義就是個性主義（Individuality），他的特性有兩種：一是獨立思想，不肯把別人的耳朵當耳朵，不肯把別人的眼睛當眼睛，不肯把別人的腦力當自己的腦力。二是個人對於自己思想信仰的結果要負完全責任，不怕權威，不怕監禁殺身，只認得真理，不認得個人的利害。這後一種就是我們當時提倡的『健全的個人主義』。我們當日介紹易卜生（Ibsen）的著作，也正是因為易卜生的思想最可以代表那種健全的個人主義。」

　　1935 年 7 月 26 日，胡適在致羅隆基信中，把蔡元培（子民）個人主義的自我健全，與掌握最高權力的國民黨總裁蔣介石進行了比較：

> 「依我的觀察，蔣先生是一個天才，氣度也很廣闊，但微嫌近於細碎，終不能『小事糊塗』。我與蔡子民先生共事多年，

覺得蔡先生有一種長處，可以補蔣先生之不足。蔡先生能充
分信用他手下的人，每委人一事，他即付以全權，不再過問，
遇有困難時，他卻挺身負其全責，若有成功，他每嘖嘖歸功
於主任的人，然而外人每歸功於他老人家。因此，人每樂為
之用，又樂為盡力。跡近於無為，而實則盡人之才，此是做
領袖的絕大本領。」[5]

到了 1940 年 3 月 21 日，國民黨中央常務委員會第 143 次會議
做出黨魁崇拜加黨魁專制式的政治決議：「尊稱本黨總理為國父，以
表尊崇。」根據中常會的決議，國民政府於同年 4 月 1 日明令全國，
自是日起尊稱總理孫中山為中華民國國父。這種把孫中山個人凌駕於
整個國家之上的政治造神，說到底只是為了維護蔣介石及國民黨的專
制統治，並不具備嚴格意義上的合法性。蔡元培「行得則反求諸己；
躬自厚而薄責於人」的個人主義的自我健全，在文明程度和精神境界
上，遠遠超越了孫中山和蔣介石；僅限於自我健全的道德品質和人格
境界來說，蔡元培比孫中山及蔣介石更有資格當選為中華民國總統。

二、應夔丞與孫中山的「共事最初」

在應夔丞留下的文字證據中，第一次提到孫中山的名字，是
1913 年 1 月 25 日寫給國務總理趙秉鈞的效忠信：「中山先生同馬
君武先生遊東瀛，足見高人深致。」[6]

[5] 耿雲志、歐陽哲生編《胡適書信集》（下），北京大學出版社，1996 年，第 652 頁。
[6] 《江蘇都督程德全呈大總統檢查報告──附應夔丞家搜獲之函電檔五十三通》之第二十一件，章伯鋒、李宗一主編：《北洋軍閥（1912──1928）》，第二卷，武漢出版社，1990 年 6 月出版，第 95 頁。

同年 2 月 11 日即舊曆正月初六的事情，孫中山帶領馬君武、戴天仇（季陶）、袁華選、王寵惠、王正廷、宋嘉樹、宋藹齡、山田純三郎等人，離開上海赴日本考察。前南京臨時政府的總統府衛隊司令及庶務長應夔丞所說的「高人深致」，充分表現了他對於孫中山的敬仰之情。應夔丞能夠提前半個月得到孫中山、馬君武等人即將赴日的確切資訊，又足以證明他與孫中山、黃興、陳其美、馬君武等國民黨高層人士之間，一直保持著密切聯絡。

應夔丞第二次提到孫中山的名字，是在 2 月 2 日通過內務部秘書程經世發給國務總理趙秉鈞的應密冬電中。他在談到「已向日本購孫、黃、宋劣史，黃興下女合像，警廳供抄宋犯騙案刑事提票」的同時，進一步評價說：「因夔於南京政府與孫共事最初，知之最深，除空言邀譽外，直是無政策。然尚可以空名動人，黃、宋則無論矣。」

應夔丞在相關證據中最後一次提到孫中山的名字，是 1913 年 3 月 23 日從上海寄給北京國務院的京江第一法院油印品，即〈監督議院政府神聖裁判機關簡明宣告文〉，其中寫道：

> 「宋教仁莠言亂政，圖竊權位。梁啟超利祿熏心，罔知廉恥。
> 孫中山純盜虛聲，欺世誤國。袁世凱獨攬大權，有違約法。
> 黎元洪膽小用事，擅作威福。張季直破壞盟綱，植黨營私。
> 趙秉鈞不知政本，放棄責任。黃克強大言惑世，屢誤大局。
> 其餘汪榮寶、李烈鈞、朱介人輩，均為民國之神奸巨蠹。」

與孫中山「共事最初，知之最深」的應夔丞，在相關證據中先是讚美孫中山「高人深致」，接著又改口攻擊孫中山「除空言邀譽外，直是無政策」，最後乾脆譴責孫中山「純盜虛聲，欺世誤國」；其中折射出的正是他接受洪述祖招安之後的角色改變與立場位移。比起宋教仁的「莠言亂政，圖竊權位」、袁世凱的「獨攬大權，有違約法」、黃興（克強）的「大言惑世，屢誤大局」，應夔丞用語

最為緩和的是趙秉鈞的「不知政本,放棄責任」。他對於前滬軍都督陳其美和江蘇都督的程德全隻字不提,更加明顯地折射出個人立場的功利色彩。

1913 年 4 月 11 日下午,應桂馨在第六次會審公堂上,與外籍辯護律師愛禮思之間另有對話:

愛問:「孫文來滬時,汝記得否?」

應答:「記得。」

愛問:「孫到申時,汝曾照料否?」

應答:「曾照料。」

愛問:「如何照料?」

應答:「其時英捕房不認為交戰團體,不派捕照料,故住在法界,所有房屋器具及種種用費均是我的。」

愛問:「汝偕孫至寧否?」

應答:「是。」

愛問:「其時即派為庶務長乎?」

應答:「在滬時即委。」

愛問:「其時誰掌滬軍?」

應答:「陳英士。」

愛問:「兵站事亦此時所委否?」

應答:「先當庶務長,後委兵站。」

愛問:「與陳認識幾時?」

應答:「七、八年。」

愛問:「南京政府取消,汝即辭職否?」

應答:「不是。因是時一切機關全取消之故。」[7]

7　徐血兒等編,蔚庭、張勇整理《宋教仁血案》,嶽麓書社,1986 年,第270 頁。

　　應夔丞所說的「兵站」，是孫中山就任臨時大總統之後，為大舉北伐而在南京下關設立的大本營兵站。1912 年 1 月 26 日，陸軍部總長兼參謀部總長黃興，與次長鈕永建聯名致電滬軍都督陳其美及其參謀長兼滬軍第二師師長黃郛，邀請黃郛擔任大本營兵站局局長。由於黃郛沒有到任，孫中山只好於 2 月 4 日任命黃興兼任大本營兵站總監，隨後又委派應夔丞到兵站任職。這樣一來，應夔丞先後與陳其美、孫中山、黃興建立了上、下級的隸屬關係。

三、「高人深致」的日本之行

　　宋教仁在上海遇刺時，孫中山正在日本考察訪問。無論是有意還是無意，孫中山「高人深致」的「聯日」之行，恰好避開了與宋教仁就國民黨的大政方針進行黨內會商；同時也避開了直接捲入宋教仁遭遇的兇殺血案。

　　在代理理事長宋教仁離開北京回湖南探親期間，國民黨北京本部的日常工作及競選活動，主要由與宋教仁關係密切卻又不能夠整合黨內資源的吳景濂代理主持。黨務經費一度由孫中山和黃興出面，向新加入國民黨籍的總統府秘書長、孫中山的廣東同鄉、交通銀行總理梁士詒（燕孫）秘密籌措。1912 年 12 月 23 日，孫中山密電黃興表示：「漢口黃克強先生鑒：縑密，聞兄接辦粵漢，喜慰無已。弟所籌路策現已訂立條例，派人往京呈總統交參議院，俟通過後再定行止，近得北京本部消息，存款將盡。弟處尚無從為力，望兄設法接濟，從速進行，為荷。孫文。」

　　12 月 25 日，黃興覆電說：「北京本部款盡，弟處亦無法籌措，仍請密電梁燕孫再撥前款數萬兩接濟，並希電復。」

12 月 27 日，孫中山覆電說：「已由燕孫請向財政部轉撥港款五萬兩交國民黨本部，請兄另電催之。」

12 月 27 日當天，孫中山密電梁士詒表示：「北京總統府梁燕孫先生鑒：新密。前克強先生商撥香港借款轉借黨用，請向財政部竭力設法轉撥五萬兩交國民黨本部收用為荷。」[8]

國民黨廣東支部發行的《民誼》月刊，於 1913 年 3 月 15 日刊登〈國民黨歡迎梁、胡兩君紀事〉，其中記錄了梁士詒的演說：「士詒因置身國事，故於黨中事務未能助理，然而時時與孫中山、黃克強諸君遇事商酌妥善辦法，以求輔本黨政綱。」

1913 年 1 月 29 日，以記者身份為日本海軍部收集情報的宗方小太郎，到位於英租界五馬路 A 字第 36 號的中國鐵路總公司拜訪孫中山。孫中山在談話中表示：「議員之選舉雖然勝利歸於我黨，……惟余斷不肯擔任總統，擬暫在民間為培養勢力之事。」

當宗方問到黃興是不是有意出任總統時，孫中山回答說：「黃君亦可，然當總統實難事也。」「余個人相信袁乃最穩妥之人物，故第一期總統以舉彼為得策。設袁君落選，則軍隊難於統馭，恐至於成為大亂之階。目前排斥袁世凱者，不懂我國事態者之所為也。」

談到以《民權報》為輿論陣地的國民黨激進派人士何海鳴、尹仲材、戴天仇（季陶）等人，組織歡迎國會團主張把國會移到南京召開時，孫中山表示說：「目前情勢不許如此，仍以設於北京為穩妥。」[9]

2 月 4 日，孫中山致電袁世凱及北京中央政府：「文定期本月十一日由滬起程赴日本，此行欲以個人名義，聯絡兩國感情。按以彼國現狀，此事不難辦到，或更有良好結果，亦在意中。務望諸公一致贊成，並望將我政府最近之對日、對俄方針，詳為指示。」

8　吳相湘著《宋教仁傳》，中國大百科全書出版社，2010 年，第 192 頁。
9　陳錫祺主編《孫中山年譜長編》上冊，中華書局，1991 年，第 762 頁。

同一天，孫中山還給交通總長朱啟鈐發去催款密電：「新密。茲定本月十一日往日本，謀聯絡增進兩國交誼。鈞部二月份墊款，請於行期前電匯來滬。三月份墊款，若能同彙尤盼。」[10]

由此可知，在應夔丞以雙面間諜的身份透過內務部秘書洪述祖與國務總理趙秉鈞秘密聯絡的同時，國民黨最高層的孫中山和黃興，也在與中央政府方面的袁世凱、梁士詒、朱啟鈐等人保持著秘密聯絡。被袁世凱授予籌辦全國鐵路全權的孫中山，表面上是「以個人名義」到日本訪問，他所花費的卻依然是交通部拔付鐵路總公司的公款。2月11日，孫中山一行乘山城丸從上海出發前往日本，黃興、居正、張繼、張靜江、日本駐上海領事有吉明等100多人到碼頭送行。2月13日，日本《福岡日日新聞》公開報導的正是應夔丞所說的「高人深致」：「據聞孫氏此來無政治意義，蓋因該國最近正醞釀大總統選舉，為避免與袁氏抗爭，所以暫時寄身國外。」

同樣是在2月13日，孫中山抵達日本的門司、下關，在接受記者採訪時表示說，自己此行的目的是「圖中日兩國親交，並訪舊友」。

據2月27日的《民立報》報導，孫中山在日本訪問期間，專門致電廣東都督胡漢民，希望他聯合南方各省支持袁世凱的中央政府：

> 「現任袁總統，雄才偉略，薄海同欽。就任以來，所有措施，中外攝服，請聯南方各督共表同情。一面慫恿國會贊成，務使人心一致，藉支危局。」

3月4日，孫中山致電袁世凱及北京政府：「連日與此間銀行界籌商小借款事宜，已有七家允借，……至借款利息、抵押及訂立合同諸事，容當電聞。」

---

[10]　陳錫祺主編《孫中山年譜長編》上冊，中華書局，1991年，第765頁。

　　袁世凱於當日致電孫中山，對於「小借款事宜」避而不談，只是說有要事相商，請即日回國。孫中山沒有接受袁世凱的邀請，而是於 3 月 5 日離開東京抵達橫濱，隨後經名古屋、京都、奈良、大阪、神戶、廣島、福岡，於宋教仁遇刺的 3 月 20 日抵達熊本。

　　3 月 22 日，孫中山在長崎得知宋教仁的死訊，通過鐵路總公司致電國民黨本部：「國民黨本部諸君公鑒：內密。長崎來電稱：聞遁初死，極悼。望黨人合力查〈研〉此事原因，以謀昭雪。孫文。」[11]

　　3 月 23 日，孫中山一行由長崎乘山陽丸離開日本，於 25 日上午抵達上海。陳其美以及國民黨上海交通部職員和各界人士到碼頭迎接，駐上海混成第三旅旅長李顯謨（英石）、陸軍第二師師長章梓、閘北巡警局局長龔玉輝，分別率兵警列隊護衛。回到法租界的寶昌路寓所後，孫中山所做的第一件事，是向袁世凱密電彙報訪日成果：

> 「北京大總統鑒：新密。此次遊日，向其朝野官民陳說中日聯和之理，雙方意見極為浹洽。其現政府已確示圖兩國親交之真意。此事於東亞和平，極有關係。望公決定方針，籌畫進行。文今日平安抵滬，敬告。孫文。有。」[12]

　　同樣是介紹自己的訪日成果，孫中山在發給廣東胡漢民、陳炯明的密電中，所介紹的卻是完全相反的另一種謀略：「日本之行甚有效。日向嫌袁，國事果致決裂，日必傾心民黨。粵現宜認真籌備軍實，整頓經理，計畫運輸，免臨時失措，共和一線生機在此而已。」[13]

　　3 月 27 日，國民黨上海交通部公宴滯留上海的國會議員，由居正主席，邀請孫中山報告訪日成果。孫中山在公開場合表現出的

---

[11]　《民立報》，1913 年 3 月 24 日。

[12]　《致袁世凱電》（1913 年 3 月 25 日），《孫中山全集》第 3 卷，中華書局，1984 年，第 51 頁。

[13]　陳錫祺主編《孫中山年譜長編》上冊，中華書局，1991 年，第 810 頁。

是另一種政治正確的偉人風範:「此次調查實業遊日本,曾詳細觀察日人心理,始知日人對於民國並無惡意。」「只要內治完善,共和告成,外人對於民國亦決不敢存侵略野心,以擾亂東方之和平。」[14]

　　同樣一件事情面對不同的人物,竟然會有三種各不相同的話語表達。對於袁世凱,孫中山主張的是「中日聯合」的「東亞和平」。對於國會議員,孫中山主張的是「內治完善,共和告成」的「東亞和平」。對於自己的嫡係親信胡漢民、陳炯明,孫中山所表述的才是他最為真實的政治謀略:依賴討厭袁世凱的日本人的力量,與本國的袁世凱中央政府決裂,進而捍衛國民黨單方面的所謂「共和」的「一線生機」。對於孫中山諸如此類「高人深致」的政治謀略,宋慶齡後來在〈為「五卅」慘案對上海《民國日報》記者的談話〉中解釋說:「孫先生生平但知目的,不問手段;但知是非,不顧利害,……」[15]

四、孫中山的「一以法律為準繩」

　　據 1913 年 3 月 26 日《民立報》報導,孫中山於 3 月 25 日上午回到上海寓所後,「隨至黃克強先生家,相見淚下,謂不意海外歸來,失此良友,為黨為國,血淚皆枯。並言此事務須徹底根究。惟吾人對於此案,尤當慎重,一以法律為準繩云。」

　　孫中山回到上海的第二天即 3 月 26 日,在會見日本駐上海總領事有吉明時表示說:「宋教仁暗殺事件,事頗重大。昨朝返滬以來,根據收到之報導,其數雖少,而出自袁世凱嗾使之證據,歷歷在目。」[16]

---

[14]　《國民黨交通部公宴記》,《民立報》,1913 年 3 月 29 日。
[15]　《宋慶齡選集》上卷,人民出版社,1992 年,第 26 頁。
[16]　日本外務省檔案,1913 年 3 月 26 日有吉駐上海領事致日本外務大臣牧野

在談到國民黨方面的對策時，孫中山表示說：「就本人而言，亦早已一步亦不退讓。昨日以來，與黨之得力者決意，無論如何按正當之手段，訴之於世界之公議。即考慮使議會按照預期集會，一開頭即彈劾袁之喪失立場，而假若我黨主張之政黨內閣方針得到貫徹，則陳述大總統乃一傀儡而已，任何人均可當之。」與此同時，他「懇切希望日本國政府於此時予以十分注意，加強警戒，頻頻以時局為慮。」

孫中山所謂的「正當之手段」，就是《民立報》公開報導的「一以法律為準繩」，也就是在「臨時約法」所規定的憲政民主的制度框架之內，以宋教仁案為藉口，通過議會彈劾及投票選舉的和平手段，取代或剝奪袁世凱「乃一傀儡而已」的總統職位。但是，孫中山在 1915 年 3 月針對黃興進行政治清算的長信裏，卻對這一歷史事實進行了改寫：

> 「猶意鈍初死後之五日，英士、覺生等在公寓所討論國事及鈍初刺死之由。公謂民國已經成立，法律非無效力，對此問題，宜持以冷靜態度，而待正當之解決。時天仇在側，力持不可。公非難之至再，以為南方武力不足恃，苟或發難，必致大局糜爛。文當時頗以公言為不然。公不之聽。」[17]

到了 1923 年 11 月，孫中山在一次黨內訓話中，進一步改寫了相關的歷史事實：「及至宋案發生，一般同志非常憤激，然亦未有相當辦法，遂聯同致電日本，促我回國。我回上海時，見得宋教仁之被殺，完全出於袁世凱之主使，人證物證皆已完備。於是一般同

伸顯，第 268 號，陳明譯。陳錫祺主編《孫中山年譜長編》上冊，中華書局，1991 年，第 792 頁。
[17] 《孫中山致黃興書》（1915 年 3 月），湖南省社會科學院編《黃興集》，中華書局，1981 年，第 406 頁。

志，問我有何辦法？我謂事已至此，只有起兵。因為袁世凱是總統，總統指使暗殺，則斷非法律所能解決，所能解決者只有武力。但一般同志誤以為宋教仁之被殺是一人之事，遂以為不應因一人之事而動天下之兵，我極力勸各位同志，要明白宋教仁之被殺並非一人之事，切勿誤認，除從速起兵以武力解決之外，實無其他辦法。而各位同志仍然不肯贊成。」[18]

　　事實上，宋教仁臨死之前在給臨時大總統袁世凱留下政治遺囑的同時，絕口不提孫中山的名字。包括黃興在內的國民黨人，也根本沒有「聯同致電日本」促孫中山回國。在憲政民主制度相對完善的現代文明國家裏，即使當真發生了「總統指使暗殺」的極端情況，也是可以通過法律程序加以解決的。即使在中國社會裏「斷非法律所能解決」，曾經見證過陶成章案、張振武案並且主持制訂過「臨時約法」的孫中山及國民黨人士，也應該按照蔡元培所說的「行不得則反求諸己；躬自厚而薄責於人」的理性態度，先反省一下國民黨方面為什麼沒有在自己的勢力範圍之內，切實保障代理理事長宋教仁的人身安全；進而在已經初步建立的憲政民主的制度框架內採取一系列建設性的補救措施，切實避免此類案件再次發生；而不是公然違犯「臨時約法」的憲政條款挑起發動國內戰爭。

　　同樣的道理，立憲派領袖人物張謇，在當時寫給國民黨方面的孫毓筠（少侯）、王鐵珊（芝祥）的信函裏，另有表述：「凡舉一事必先審其是非利害之要，尤必權於人己彼我之間，今如宋案之當據法律是也。然從前類於宋案者，是否能盡依法律？大借款之防其濫用是也；然從前類於大借款者，是否能盡不濫用？推翻專制，己以為功，他人是否有功？彼此猜防，他人誠過，自己是否有過？《傳》云：『有諸己而後求諸人，無諸己而後非諸人』，所謂恕也。野心家

若以此言為迂而吐之乎？以若所為，行若所欲，就使幸成，亦易名之專制耳，何謂共和？是則不恕。」[19]

1913 年 3 月 29 日，日本公使伊集院彥吉致電外務大臣牧野伸顯及上海總領事有吉明，說是趙秉鈞請求日本和英國公使設法消弭宋案。牧野於 3 月 31 日訓令對華採取中立不偏政策。有吉明於當天再次拜訪孫中山，孫中山在秘密談話中希望「各國對袁世凱施加壓力使其退讓」。

有吉明問道：「希望由以上有關各國對袁施加壓力，是否與希望各國干涉內政具有同一意義？」

孫中山的答覆是：「壓力雖迄未施加，而由列強插手干預則十分可能。怯懦之袁世凱或可能直接透露退讓之意，然則允諾與以十分之名譽，使之退卻而獲圓滿之解決。此在具有半獨立國外觀之中國而言，殆不屬於干涉內政也。」

接下來，孫中山通報說：「按照來自北京之情報，袁日益加強警備，在議會開會前後，其必加以暴力鎮壓之意，顯然可見，亦有可能殺害在議會上提出彈劾之議員等人之虞。因此彈劾案將不克提出，或可能雖提出而不能成立。」

基於這一判斷，孫中山對於此前的「無論如何按正當之手段，訴之於世界之公議」的策略進行調整，開始考慮採取「正當之手段」之外的新一輪的暴力革命和國內戰爭：「只要袁不退讓，則不論如何，與袁對立。」「且在北京軍隊除一部分外，亦對袁不服，利於北伐。」

有吉明勸告孫中山，「南北互久對峙，恐將招來各國干涉」。孫中山表示說：「假令即使對立，至遲在一年內，北方當受制於南方。即如軍費，南方亦充裕無疑。於南方組織政府，亦可能鞏固。」

---

[19] 《張謇致孫毓筠、王鐵珊函稿》,《辛亥革命在上海史料選輯》,上海人民出版社，1966 年，第 1099 頁。

為了證明自己的觀點正確，孫中山還談到國民黨方面的軍事領袖黃興更加樂觀的態度：「在南方一帶舉事，似易於處理。」有吉明在向牧野報告此次密談時介紹說，孫中山「意志之堅定，似與曩昔會見之時，多少異趣矣」；「黃興宅數日來邸前為市，成為同志謀議之中心焉」。

五、孫中山的「兩面圓通」

與孫中山隱身於暗箱幕後從事各項秘密活動不同，宋教仁案發生後，黃興一直站在與袁世凱中央政府尖銳對立的第一線，極其蹩腳地扮演著宋教仁的家屬代表以及國民黨代言人的角色。

1913 年 3 月 22 日，宋教仁去世之後，黃興曾於第一時間寫信通知洪述祖的親戚趙鳳昌（竹君）：「竹君先生大鑒：鈍兄被刺，想已詳悉，痛於今晨四時四十七分絕命。知注，特此飛聞。弟興啟。」[20]

3 月 23 日下午，黃興站在湖南會館宋教仁的棺材前發表演說道：「宋先生不幸遭此奇禍，今日蒙各界團體及本黨黨員勞步親送，鄙人代表宋先生家屬道謝。惟宋先生未竟事業，想諸同志極願與聞，尚擬改日開追悼大會，屆時仍望諸君到會，共表哀悼之意。」[21]

3 月 27 日，在孫中山已經由日本返回上海的情況下，依然拿不定主意的黃興，只好通過密電向袁世凱的秘書長梁士詒請教善後辦法：

> 「宋案連日經英廨審訊，聞發見證據頗多，外間疑團，實非無自。興以鈍初已死，不可復救，而民國根基未固，美國又

---

[20] 《辛亥革命在上海史料選輯》，上海人民出版社，1966 年，第 1095 頁。

[21] 《民立報》，1913 年 3 月 24 日。徐血兒等編，蔚庭、張勇整理《宋教仁血案》，嶽麓書社，1986 年，第 38 頁。

將承認，甚不願此事傳播擴大，使外交橫生障礙。日來正為
鈍初謀置身後宜，並思一面維持，而措詞匪易，其苦更甚於
死者。公有何法以解之？乞密示。」[22]

梁士詒於 1913 年 2 月途經上海回廣東探親。宋教仁案發生後，
梁士詒得知宋教仁遇難後，致電避居香港的老友江少荃（孔殷），
詢問從香港前往上海的輪船日期。江少荃（孔殷）回電說：「遯初
竟及難，以黨死，殆無疑。此何時？真愛於項城者不焉，共和統一
必無是，殺遯初者可以弱國民、危總統，必有屍之者，險矣哉！公
向日調停苦心，遘此得無大沮喪？」[23]

當時曾有梁士詒南下時已經承袁世凱密囑暗攜刺客謀殺宋教
仁的傳言。江少荃的意思是刺殺宋教仁的肯定不是真正愛戴袁世凱
的人，也不是當時的共和黨與統一黨方面的人。

4 月 3 日，有吉明致電牧野報告說：「排斥袁世凱，殆國民黨
一派所確定之方針。其手段，第一著策劃在議會上彈劾，根據袁對
彈劾之措置如何，進而糾合各都督，實行與袁之武力相對抗之策，
更計畫見機組織南方政府，形成對立，此由孫逸仙、黃興等之密談
所明確者也。……至於孫、黃等所依賴之南方各都督之態度，如黃
興所談，似於彼等迄未有明顯確實之把握。」

接下來，有吉明記錄了孫中山「特別希望依賴日本」的談話：「袁
之陰險狡詐，過去歷史已可證實。倘若日本因一時利益而利用之，亦
不可衷心相信其誠意。……反之本人及國民黨之有力者，願以誠意與
日本提攜。若南方設想付諸實施，得睹鞏固政府之出現，當仍然採用
日本之貨幣制度，謀貿易之進展，講求兩國親善之政策，以維持東方
之和平局面。當南北分裂之際，日本政府宜速承認南方政府。」

22 《致梁士詒電》，劉泱泱編《黃興集》第一冊，湖南人民出版社，2008 年，
第 315 頁。
23 吳相湘著《宋教仁傳》，中國大百科全書出版社，2010 年，第 204 頁。

　　孫中山所說的採用「日本之貨幣制度」，指的是他於 1912 年 1 月 11 日任命日本前大藏大臣阪谷芳郎男爵為南京臨時政府財政顧問，負責設立中華民國中央銀行。這一暗箱操作的財政方案，因為孫中山所提出的「十日內融資一千萬日元」的要求難以實現，同時也因為 1 月 18 日的日本政界元老會議出現反對意見而陷入停滯。1913 年 2 月 17 日，孫中山在日本東京與阪谷芳郎的岳父、號稱日本「實業之父」的三井物產公司董事長兼日本第一銀行總裁澀澤榮一，商談中日合辦「中國興業公司」，在很大程度上就是要重新啟動這樣一種合作關係。

　　1913 年 4 月 4 日，有吉明在蓬萊路日本三三館酒樓舉行宴會，歡迎孫中山訪日歸來。4 月 6 日，有吉明向牧野報告了他所記錄的孫中山談話：「今事已至此，余當以堅強之決心，作去袁之先驅。」「議會彈劾無效之後，先以副總統黎元洪處理大總統事務。余亦當以電報等勸袁退讓，若袁不肯，余決心親率北伐軍討袁。各地都督之意志亦明確，不僅南方反袁，北方亦有同樣意見。如陝西、山西，經已表示同意。」「現暗殺之證據已經成立，袁包藏當皇帝之野心。」假如列強「插手干預」，「則袁必退讓，大局上之幸運，當莫過於此。」

　　4 月 8 日，中華民國第一屆正式國會開幕，到會議員 682 人，其中參議員 179 名，眾議員 503 名，國民黨議員在參、眾兩院都超過半數。袁世凱委託梁士詒到會宣讀賀辭，遭到國民黨議員的當場拒絕。

　　同樣是在 4 月 8 日，黃遠庸在發表於上海《時報》的〈悶葫蘆之政局〉中，談到孫中山與黃興的不同表現：「此間和平派之人，皆甚望孫黃能於今日發展一極健全之主張，為黨人先路，而此間已盛稱孫黃有聯合宣佈北方罪狀之說，確否不得而知，惟據一深通消息者言，中山兩面圓通，克強近已一味消極，殆無望也。」

　　孫中山後來談到由蘇聯顧問鮑羅廷主導的第一次國共合作時，對於黃遠庸所謂「兩面圓通」另有解釋：「國民黨內分急進派與穩健派，亦不得已之舉。張繼、馮自由、謝英伯為穩健派；徐謙、

譚平山等為急進派;而我及汪精衛、胡漢民等可稱為綜合派。是皆
為國民黨而努力,時雖有意見之衝突、反目、抗爭之狀態,而各人
胸中毫無私見,依然奉大國民黨主義。……若共產黨而有紛亂我黨
之陰謀,則只有斷然絕其提攜,而一掃之於民國以外而已。」只要
有「我及汪精衛、胡漢民等可稱為綜合派」的一些人存在,「定可
支配大局無疑矣」。[24]

孫中山在第一次國共合作期間,一方面借助蘇聯人的槍炮和理
論武裝自己的黨派勢力;另一方面又要在國共合作的框架內,利用
「急進派」徐謙、譚平山等人與「穩健派」張繼、馮自由、謝持(英
伯)等人之間的「衝突、反目、抗爭」,來實現自己左右逢源的「大
國民黨主義」的綜合權威;所發揚光大的正是他在宋教仁案發生之
後,一心想依靠日本人的力量以及國民黨內部「急進派與穩健派」
的矛盾鬥爭,挑起發動「二次革命」的「兩面圓通」的政治策略。
借用宋慶齡的話說,孫中山諸如此類的「兩面圓通」,正是他「生
平但知目的,不問手段;但知是非,不顧利害,……」的典型表現。

據《申報》4月3日報導,袁世凱曾於2日致電孫中山,「請
速駕北上面商要件」。4月7日,《申報》進一步報導說,袁世凱於
5日再次致電孫中山,孫中山為此回電說:「此次之滯滬,全為辦
理宋案之故。因宋案之發生,一部分人士激昂已達極點,刻正設法
解釋,並商同各界力圖維持,斷不使因此事以危大局。在滬尚須勾
留數日,無論如何本月中旬即當來京。」

與「兩面圓通」的孫中山,一邊在秘密談話中對袁世凱表現出
高調否定並且要取而代之的革命精神;一邊在公開表態時對袁世凱保
持著言不由衷、真假難辯的低調維護不同;黃興始終是一個思維混
亂、有勇無謀的政治怪胎。4月13日上午,國民黨上海交通部在張園

---

[24] 陳錫祺主編《孫中山年譜長編》下冊,中華書局,1991年,第1851頁。

舉行約二萬人的追悼宋教仁大會。居正（覺生）宣佈會議主席黃興因病缺席，由陳其美代理主席。因病缺席的黃興在送來的輓聯中，表現出的完全是疑罪從有的有罪推定：「前年殺吳祿貞，去年殺張振武，今年又殺宋教仁；你說是應桂馨，他說是洪述祖，我說確是袁世凱。」

相比之下，同樣沒有到場的孫中山送來的輓聯，所表現出的恰恰是既超然中立又平和貼切的「兩面圓通」：「作民權保障，誰非後死者；為憲法流血，公真第一人。」

4 月 30 日，孫中山與美國柏錫福主教秘密談話時指出：「如果發生內戰，那將是短暫的，並將以袁的下臺而告終。」柏錫福勸告孫中山通過議會選舉的合法渠道反袁，孫中山表示說：「袁是決不肯自行退位而讓別人當選為總統的。」美國駐上海總領事懷爾德，在寫給駐華代理公使威廉斯的報告中介紹說，孫中山在接見來訪者時表示，「袁世凱必須對兇殺案負責」。他可以立刻投入 30 萬人到戰場上去，這場戰爭在六個星期內就可以結束。來訪者指出一旦中國發生內戰，日本可能突然襲擊滿州。孫中山回答說，「滿州並非整個中國」。有人當場提出警告說，俄國也將完成對蒙古的接管。孫中山回答說，留下的地方才是真正的中國。懷爾德因此評論孫中山說：「這位受哄騙的人已經把自己絕對地投入到（日本）人的手中了。」[25]

總而言之，宋教仁案發生之後，孫中山的著眼點並不在於依法調查案件真相，而是以此案為籌碼脅迫袁世凱讓出總統職位及國家政權。他為此制訂了「兩面圓通」的雙面策略：一方面採取所謂的「正當之手段」，也就是在「臨時約法」所規定的憲政民主的制度性框架之內，通過議會彈劾之類的和平手段依法解決。另一方面採取違犯「臨時約法」的非「正當之手段」，在南方另行組織政府與袁世凱宣佈決裂，進而發動國內戰爭。

---

[25]　陳錫祺主編《孫中山年譜長編》上冊，中華書局，1991 年，第 810 頁。

六、趙秉鈞的自證清白

宋教仁案發生之後，此前已經加入國民黨籍的國務總理兼內務總長趙秉鈞，一直是以積極主動、誠懇理性的態度化解危機、自證清白的。

1913 年 4 月 7 日，黃遠庸在連載於上海《時報》的《悶葫蘆之政局》中介紹說，趙秉鈞「於 3 月 28 日一日而四辭，其辭職理由，謂既被供稱與洪述祖有關係，洪係內務部人員，若不自己暫行解任，則於搜拿兇犯齊集證據上，諸多不便，……」

談到洪述祖與趙秉鈞的關係，黃遠庸評論說：「至洪述祖為人之荒謬混賬，政府非不之知，且歷經參辦有案，劉銘傳為臺灣巡撫時，曾擬將其正軍法，其為無賴可知，然其人革命時在上海應變丞處辦事，亦在革命有功之列，唐紹儀尤加青眼，宣佈共和之清諭，即是人所手撰，唐本意欲以為國務院秘書長，嗣後以其人能力尚不足與魏宸組君為敵，乃硬薦為內務秘書，趙總理對此一節，幾推得乾乾淨淨，其實平心論之，洪之聲名惡劣，既眾觀眾聞，亦有人向趙力言不可用者，趙顧礙於情面，不能決絕。趙內閣之慣於藏污納垢，亦烏容諱，然決不能以其用人不明，遂以殺人之責任歸之也。」

這裏的洪述祖「在上海應變丞處辦事」，應該是在他的親戚趙鳳昌（竹君）的惜陰堂辦事的誤寫。據劉厚生在《張謇傳記》中回憶，辛亥革命期間以唐紹儀為北方的清政府全權代表、以伍廷芳為南方獨立各省全權代表的南方議和，主要是在惜陰堂裏秘密進行的。「議和時，洪述祖常至鳳昌家中，效奔走之勞。」

與黃遠庸的報導相印證，3 月 30 日的《民立報》，也刊登有北京訪員的專電三則，其中的第一則報導說：

「此間聞應夔丞與洪述祖種種關係，政界內幕，似極恐慌。昨趙總理謁袁總統，言我本不願為總理，實以總統委託，不敢放棄責任。受職以來，朝夕勞苦，髮白齒搖，不意區區苦衷，無人見鑒，現在宋案，外間竟有人疑余主使，毫無公理，余萬難緘默，擬即辭職往滬與兇手對質，以期水落石出云云。經袁寬慰再三，趙始退。」

趙秉鈞在主動辭職並且秘密請求日本、英國的駐華公使幫助平息宋教仁案所引發的政治動盪的同時，還於 3 月 30 日委派員警總監王治馨，參加北京國民黨本部在湖廣會館召開的追悼大會。王治馨在追悼會上的發言，被 4 月 1 日的《民立報》記錄在案：

「趙、宋因政黨內閣問題，頗有密切關係。自宋被刺後，獲犯應桂馨，搜出證據牽涉內務秘書洪述祖，應、洪又有密切關係。因此袁總統不免疑趙，而趙以洪時往袁府，亦疑袁授意。及前日趙與袁面議，彼此始坦然無疑。惟袁謂：宋被刺前，洪曾有一次說及總統行政諸多掣肘，皆由反對黨政見不同，何不收拾一、二人，以警其餘。袁答謂：反對者既為政黨，則非一二人，故如此辦法，實屬不合云。現宋果被刺死，難保非洪藉此為迎合意旨之媒。鄙人為警長，已搜出證據多端，另抄一本，皆洪、應秘密通信，可交吳蓮伯，以供黨員參考。並通電拿洪，以期水落石出。」

「吳蓮伯」就是與宋教仁私交很好的國民黨北京本部代理理事長吳景濂。令人奇怪的是，《民立報》並沒有要求王治馨兌現諾言，交出從洪述祖住宅搜出的相關「證據」，而是在上述文字之後加寫了一段針對袁世凱的譴責話語：「治馨之言如此，聞者皆謂袁、趙互疑，甚可笑。彼此面談後，即稱無疑，尤可笑。洪述祖敢於總統

前進其邪說，請收拾反對黨一二人，總統匪特不加嚴究，且仍令混跡內部，即此已無以對我國民云。」

1912 年 5 月 20 日，《民權報》主筆天仇即戴季陶，針對財政總長熊希齡主持簽署的借款協定，公開發表標題為〈殺〉的短文，其中寫道：「熊希齡賣國，殺！唐紹儀愚民，殺！袁世凱專橫，殺！章炳麟阿權，殺！此四人者，中華民國國民之公敵也。欲救中華民國之亡，非殺此四人不可。」上海租界巡捕房據此把戴季陶拘捕關押，第二天交保釋放時又判以罰金。就是這樣一個動輒殺人的激進分子，一直受到國民黨理事長孫中山的高度信任，並且充當了赴日訪問的重要隨員。按照《民立報》的邏輯，同樣可以指責孫中山「匪特不加嚴究，……即此已無以對我國民」。

1913 年 4 月 3 日，趙秉鈞在接受北京《新紀元報》記者採訪時表示，自己是宋教仁最要好的朋友，「他離京南下時欠下了 5000 元的債，是我替他償還了的」。在談到洪述祖時，他否認是自己的私人，而是前國務總理唐紹儀（少川）介紹到內務部的。

而在事實上，早在 1912 年 4 月 30 日，上海《申報》就在〈新舊京官現形記〉中，不點名地報導過唐紹儀推薦洪述祖到內務部任職的情況：

「近數日來，新舊官僚暗鬥極烈，舊者蕭索可哀，新者腐敗運動如故。現象如此，大足為民國前途危。聞此次自南移來及由唐總理所委任者，以交通部最多，至八十餘人，故該部裁汰舊員乃以六百人而存四十人，其他皆為位置新人地也。內務部新到名角數人，有一秘書長者於總理未到任之先即早欲到任，而內務部以本部現有名目並無秘書一席，如何位置，須俟總理到京再定奪之。……唐總理之意，各部皆須多用南方人員，而額缺又不可多設，意欲少用舊人。趙總長

則以久在民部，熟人甚多，窮於位置之法，大有左右為難之概。」

總起來說，作為下屬的洪述祖參與了謀殺宋教仁的部分活動，並不等於國務總理趙秉鈞同樣參與甚至於主持了相關活動。

七、節外生枝的大借款案

1913 年 4 月 26 日晚上，在法國醫院請假養病的趙秉鈞，奉袁世凱之命帶領財政總長周學熙、外交總長陸徵祥，來到位於北京東交民巷的滙豐銀行，與英、德、法、俄、日五國銀行團簽訂善後大借款合同，涉及總額二千五百萬鎊，八四折（約為二千一百萬鎊），利息五厘，以鹽務收入為擔保，並規定此後未商得銀行團同意不得另行借款。該項借款扣除墊款六百萬鎊，各省借款二百八十萬鎊，償付辛亥革命時各國損失二百萬鎊，實得八百二十萬鎊，相當於 8200 萬銀元。

大借款合同的簽訂，對於因宋教仁案而義憤填膺的國民黨人士來說，無異於火上澆油。4 月 25 日深夜 12 時，程德全、應德閎在黃興、陳其美等人的催促要脅之下，不得不聯名發表宣佈「宋案證據」的通電。

4 月 26 日，黃興與孫中山聯名致電各省議會、各政團、各報館表示說：「宋案移交內地以後，經蘇程都督、應民政長會同檢查證據完畢，凡關於應夔丞、洪述祖、趙總理往來函電，已於有日摘要報告中央，並通電各省都督在案。……諸公有鞏固民國、維持人道之責，想必能嚴究主名，同伸公憤也。」[26]

---

[26]　《民立報》，1913 年 4 月 27 日。

與這份聯名通電的「兩面圓通」不同，黃興在 4 月 26 日當天，另有以個人名義發表的兩份思維混亂、自相矛盾的長篇電文。他在就設立特別法庭致袁世凱的電文中寫道：

> 「蓋吾國司法難言獨立，北京之法院能否力脫政府之藩籬，主持公道，國中稍有常識者必且疑之。況此案詞連政府，據昨省長報告證據之電文，國務院總理趙秉鈞且為暗殺主謀之犯。法院既在政府藩籬之下，此案果上訴至於該院，能否望其加罪，政府無所相撓，此更為一大疑問。司法總長職在司法，當仁不讓，亦自可風。惟司法總長側身國務院中，其總理至為案中要犯，於此折顏弄法，似可不必。興本不欲言，今為人道計，為大局計，萬不敢默爾而息。宋案務請大總統獨持英斷，毋為所撓，以符勘電維大局而定人心之言。不勝迫切待命之至。」

自稱「稍有常識」的黃興，此前已經在 4 月 13 日的挽聯中公開認定袁世凱為罪魁禍首，現在卻撇開袁世凱指認國務總理趙秉鈞為暗殺主謀。他所謂的「必且疑之」、「更為一大疑問」、「似可不必」，分明是中國傳統刀筆吏所慣用的「欲加其罪，何患無辭」的有罪推定，而不是現代文明社會所堅持的司法機關獨立辦案、法律面前人人平等、疑罪從無的罪由法定、程序正義優先於實體正義的法理常識。正是基於對現代法理常識的盲目無知，黃興公然要求袁世凱違背「臨時約法」中的明確規定而「獨持英斷」也就是專制獨裁。但是，在同一天的另一份為阻止大借款而致「北京大總統、國務院、參議院、武昌副總統、各省都督、民政長、省議會」的通電中，自稱「出詞蠡拙」的黃興，卻又自相矛盾地搬出「臨時約法」，對袁世凱的「獨持英斷」橫加指責：

「夫借款必由參議院議決，載在約法。……今政府以追認為
詞，不知約法並無追認之條。……深望政府俯從民意，非得
人民代表之畫諾，一文不敢敬取。」

在黃興這種自相矛盾的違法言行背後，潛藏著的正是利用奉天
承運、替天行道、天下為公、改朝換代的神聖名義，自相矛盾、自
欺欺人地從事公天下、救天下、打天下、坐天下、治天下、私天下
的專制型革命事業的革命會黨，所奉行的只專制於人而不受制於人
更不受制於法的專制型革命思維。

相對於「兩面圓通」的孫中山一邊在秘密談話中對袁世凱表現
出高調否定並且要取而代之的革命精神，一邊在公開表態時對袁世
凱保持著言不由衷、真假難辯的低調維護；以及黃興思維混亂、自
相矛盾的法盲表現；中央政府方面的袁世凱及趙秉鈞，在宋教仁案
和大借款案中，反而表現出了對於現代法理相對準確的理解和運用。

1913 年 4 月 28 日，袁世凱在發給黃興的回電中表示說：「近
一年來，凡謀二、三次革命者，無不假託偉人，若遽憑為嫁禍之媒，
則人人自危，何待今日！甲乙謀丁，甲詿乙以丙授意，丙實不知。遽
斷其罪，豈得為公！……公為人道計，為大局計，必能使法理與事實，
兩得其平。國事艱難，人心險惡，轉移風氣，是所望於我公。」[27]

同一天，趙秉鈞也針對〈程德全應德閣宣佈宋案證據通電〉發
表長篇辯護通電，其結論是：「綜觀上列各電，應夔丞之赦免與信
用，在程都督不過借安反側之心，在政府亦只允從疆吏之請，始終
並無成見，事理昭然。現據來電所開，如該犯三月十三日以後致洪
各電，關係宋案，自出於總理及政府意計之外。且洪述祖雖係內務

[27]　《袁世凱為宋案復黃興電》，1913 年 4 月 28 日。朱宗震、楊光輝編《中華
　　民國史資料叢稿・民初政爭與二次革命》上編，上海人民出版社，1983 年，
　　第 262 頁。

243

部秘書,然內務部總長於其行政法上之犯罪,雖有怠於監督之責任,於其刑法上之犯罪,則無代為受過之理由。」[28]

黃興收到袁世凱的復電後,於第二天即 4 月 29 日的回電中不得不屈服軟化:「鈞座解釋證據,與鄙見頗有異同。興亦非必固張己說,鐵案如山,萬目共睹,非一手所能掩飾。趙君為大總統左右侍近之人,是否與宋案有關,終當訴之法官之判斷。至尊電謂近一年來,凡謀二、三次革命者,無不假託偉人,詞近影射,興殊不解。近來人心險惡,信如來電所云。乙罪發現,往往媒孽甲短,以圖鉗制轉移,此種惡習,不得不惟我公是賴。」[29]

黃興之所以對「乙罪發現,往往媒孽甲短,以圖鉗制轉移」,也就是袁世凱所說的「甲乙謀丁,甲誑乙以丙授意,丙實不知」,表示出既「不解」又「信如來電所云」的自相矛盾,與包括他自己在內的國民黨人,在憲政民主的制度框架之外秘密組織的一系列暗殺及暴動活動直接相關。

八、孫中山與張振武案

1912 年 8 月 15 日夜晚,辛亥革命期間直接參與領導武昌起義的革命功勳張振武,連同他的親信方維,在北京被袁世凱與黎元洪合謀殺害。消息傳到上海,正準備與黃興一起應袁世凱邀請前往北京的孫中山,勸告黃興暫留南方以防不測,由他自己帶領夫人盧慕貞以及魏宸組、居正、王君復等人前往北京。8 月 18 日下午 4 時

[28] 《趙秉鈞為宋案自辯電》,朱宗震、楊光輝編《中華民國史資料叢稿‧民初政爭與二次革命》上編,上海人民出版社,1983 年,第 260 頁。
[29] 黃興:《致袁世凱等電》,劉泱泱編《黃興集》第二冊,湖南人民出版社,2008 年,第 628 頁。

20 分，孫中山一行人乘坐的安平輪，在海軍海琛艦的護衛下如期北上。啟航之前，依然有人勸告孫中山不要北上，孫中山表示說：「無論如何不失信於袁總統，且他人皆謂袁不可靠，我則以為可靠，必欲一試吾目光。」[30]

沒有與孫中山一起北上的黃興，在當天發給袁世凱的電報中質問說：「南中聞張振武槍斃，頗深駭怪。今得電傳步軍統領衙門宣告之罪狀，係揭載黎副總統原電。所稱怙權結黨、桀驁自恣、飛揚跋扈等，似皆為言行不謹之罪；與破壞共和、圖謀不軌之說，詞意不能針對。……未見司法裁判，頗難釋此疑問。乞更明白宣佈，以解群惑，共和幸甚。」[31]

8 月 19 日，袁世凱在回電中認為張振武案已經由黎副總統明白宣佈，希望黃興「即日啟行」。

8 月 20 日，黃興再次致電袁世凱表示譴責：「凡有法律之國，無論何級長官，均不能於法外擅為生殺。今不經裁判，竟將創造共和有功之人立予槍斃，人權國法，破壞俱盡。」

8 月 23 日下午 6 時，孫中山一行抵達天津。總統府秘書長、國民黨黨員同時又是孫中山廣東同鄉的梁士詒，受袁世凱委派，與直隸都督張錫鑾、同盟會代表張繼以及各界人士前往迎接。孫中山登岸之後，在梁士詒等人陪同下由馬隊護送到利順德西飯店下榻。

8 月 24 日，孫中山在參加天津各界歡迎會的同時，忙裏偷閒給黃興發去一份電報：「頃見總統府秘書云：張振武被執時，在張處搜得一書，係與黃興者，內容有云託殺黎元洪事，已佈置周妥等語。」

8 月 27 日，黃興就此事致電袁世凱：「北京袁大總統鑒：興前因病赴西湖療養，今晚返滬，始見孫中山先生自津來電，……今日又閱滬報譯載《文匯報》北京電云：『此間謠傳張振武之謀第二次

---

[30] 《民權報》，1912 年 8 月 19 日。
[31] 《中華民報》，1912 年 8 月 19 日。

革命，黃興實與同謀，故不來京」云云。……務請大總統勿徇勿隱，徹底查辦。如興果與張案交涉，甘受法庭裁判。如或由小人從中誣捏人罪，亦請按反坐律究辦；庶幾全國人民皆得受治於法律之下。」[32]

8月29日，袁世凱專門派人到石大人胡同迎賓館詢問孫中山，孫中山出示電報原稿說：「確有此電，但此必謠言，不足深信。」[33]

對於孫中山通過電報傳播的所謂「謠言」，遠在上海的黃興以及他的親友們，是不得不認真對待的。同樣是在8月29日，程德全致電袁世凱，要求「嚴密查辦究竟有無此項書函？」8月30日，與黃興關係密切的于右任、胡瑛、姚雨平、陳陶怡等人聯名致電袁世凱，以翻老賬的方式為黃興辯護說：「張振武前因鄂事，重以私見，掊擊黃公，不遺餘力，東西人士，悉聞其言。苟有私謀，豈以腹心託之異己？」[34]

然而，早在1907年前後就根據廣東同鄉、同盟會總理、洪門大哥孫中山的指示，攜帶鉅款潛入漢陽兵工廠秘密從事工人運動的同盟會會員、三藩市洪門致公堂成員馬超俊，在晚年的口述自傳中卻回憶了自己當年聯合張振武、方維等人組織鐵血團的傳奇經歷：

> 「元年四月，我以武漢交通便利，收購頭髮數量較多，又去漢口，並晉見黎元洪，黎對我說：『我認為你在陽邏一役，已經陣亡，想不到今天還能見面。現在漢冶萍公司督辦一職，有很多人鑽營，你守漢陽兵工廠有功，也懂得機械，我想請你擔任，你的意見如何？』我說：『自己年歲太輕，又不懂得做官的方法，實在不敢應命。』後來他聘我為都督府顧問，月薪二百元，我因為在漢口設中興分公司，也就樂於任此閒差。此時武漢同志，大家感到黎元洪無遠見，並輸誠

32 《民立報》，1912年8月28日。
33 《時報》，1912年8月31日。
34 《政府公報》，1912年9月6日。

袁世凱，違反本黨主義，當由張振武、方維集合同志，組織鐵血團，邀我參加，大家集議推倒黎元洪，控制武漢。因密議頻繁，聲氣漸盛，消息外泄，被黎元洪偵知，密電袁世凱，以總統名義召見，誘張振武、方維北上，在北京被捕殺。黎元洪同時圍搜鐵血團本部，逮捕百餘人，得該團名冊，黎以我為都督府顧問，而竟參加此事，更為銜恨，遂將我捕獲，送陸軍監獄。此事聞於總理，遂托伍廷芳、溫宗堯、吳稚暉聯名向黎具保，乃得於民國二年四月三十日獲釋，計坐獄八個月。……我甫從武昌出獄，急乘輪赴滬，在鐵路公司晉謁總理，報告黎元洪昏庸無能，武漢由其控制，實有莫大的障礙。」

　　另據馬超俊回憶，辛亥革命期間，黃興曾經從武漢給留在香港的馬超俊等人拍發電報。馬超俊收到電報後，帶領 100 多名廣東華僑敢死隊成員，自費乘坐德國商船經上海趕往武漢。1911 年 11 月 21 日，馮國璋派重兵攻打漢陽兵工廠，黃興飛調廣東華僑敢死隊前去防守。25 日，黃興親自來到漢陽兵工廠，要求馬超俊堅守待援。28 日，馬超俊率領 20 多人突圍生還，卻發現黃興已經乘船逃往上海。到了 1912 年 2 月，馬超俊與凌定邦一起到南京總統府拜見孫中山時，與「著陸軍上將戎裝」的黃興不期而遇，當場責罵說：「你做大官了！升得好快呀！你要我們死守漢陽兵工廠，不但援兵不來，你自己卻溜到上海了。」

　　由此可知，無論黃興與張振武的鐵血團之間有沒有直接關係，孫中山至少是通過馬超俊等人，以幕後遙控的方式間接參與了鐵血團的秘密活動。等到張振武案發生之後，孫中山僅僅通過一份「此必謠言，不足深信」的電報，就極其巧妙地實現了袁世凱所說的「乙罪發現，往往媒孽甲短，以圖鉗制轉移」的目的。

8月29日,孫中山致電黃興,催促他速來北京以消除北方之意見,實現南北「統一」;並且替袁世凱(項城)辯護說:「以弟所見,項城實陷於可悲之境遇,絕無可疑之餘地。張振武一案,實迫於黎之急電,不能不照辦。……一時不察,竟以至此。」[35]

9月5日,黃興在袁世凱和孫中山的反覆敦促下由上海搭乘銘新輪北上,於9月11日抵達北京。本應該與孫中山並駕齊驅的黃興,在孫中山面前再一次處於被動落後的境地,借用譚人鳳《石叟牌詞》中的話說:「克強乃於酒闌客散之時,再赴宴會,景況遠不及前此之熱鬧矣。惟袁氏戴一假面具,勤勤懇懇,招待殷拳,較之對孫氏猶有過之無不及焉。」[36]

九、譚人鳳眼中的「豎子」黃興

宋教仁案發生後,湖北方面的革命黨人「刊發宣言書,組織改進團,以推翻今政府為主義」。孫中山、黃興專門派遣田桐等人到湖北從事秘密聯絡。黃興在寫給季雨霖、熊秉坤、蔡濟民等人的密函中表示:「鈍初慘遭狙擊,經據兇手具吐實情,令人駭怒。吾黨同志,各當振奮精神,仍須繼續努力。……大憝未除,必滋後患。」[37]

1913年3月25日,黎元洪公開通緝改進團團長張統、總參謀白豪。4月4日,黎元洪再次破獲「改進團」的秘密機關,並且致電袁世凱要求支援:「鄂省不靖,請飭李純派步兵一團到漢,以資鎮懾。」4月8日,也就是中華民國第一屆正式國會宣告開幕的第

---

[35] 《時報》,1912年8月31日。
[36] 石芳勤編《譚人鳳集》,湖南人民出版社,2008年,第380頁。
[37] 熊秉坤:《回憶辛亥首義後的兩件事》,《辛亥首義回憶錄》第4輯,湖北人民出版社,1981年,第105頁。

一天，黎元洪通電中央政府，指責前任湖北第八師師長、陸軍中將季雨霖，以及少將旅長熊秉坤等人組織改進團密謀倡亂，請免去職官，限期歸案。

　　同樣是在4月8日這一天，與黎元洪親近的前安徽大通軍政分府都督黎宗岳，籌資恢復1909年9月15日被前清政府查禁的北京《國報》，用大號字體赫然刊登〈黃興造反〉一文，其中明確指出「此次武漢謀變，皆由黃興主持。秘密機關部設在漢口國民黨交通事務所，破獲以後，搜出種種證據。」接下來，該文主要羅列了四項證據：

　　其一，偽職之舉定。叛黨舉定蔡濟民為都督，詹大悲為民政長，事成以後，即舉黃興為大總統，再與北方開戰。

　　其二，口號之秘密。叛黨起爭之初，口號為二十一由八，即黃字也。

　　其三，偽軍官之等級。叛黨軍官委任狀，照現定等警分別，一等二級，用一二碼；一等三級，用一三碼；二等一級，用二一碼，其餘以次類推。

　　其四，叛黨之逃逸。叛黨季雨霖、熊秉坤破獲後逃往上海，正與黃興商議，再接再厲也。

　　4月9日，《國報》又刊登〈黃興謀反再志〉，不僅把黃興與湖北方面的秘密暴動聯繫在一起，而且把黃興與直接參與謀殺宋教仁的犯罪嫌疑人應夔丞聯繫了起來：

　　「湖北起義由共進會發生，當陰曆前年八月十八日，文學社一部分始加入共進會，即今日鄂中造反、被拿被殺諸軍士也。文學社自倡二次革命後，全部併入國民黨。文學社以蔣翊武為主，多湖南人。鄂軍官季雨霖、熊秉坤、蔡濟民等皆昔日之文學社，今日之國民黨也。三次革命，馬隊之變，亦由上海同盟會本部決議，命應夔丞派其部下余達、凌大同赴

鄂運動，所謀不遂，機關全敗。黃興以鐵路督辦到漢，密與
文學社軍官謀鄂之法，密電湖南練兵四鎮，又密電廣東、江
西、安徽各省，聯合一致，實行南北分離。湘督譚延闓致胡
漢民電謂：『俟鄂事解決，再籌進行。』蓋黃興謀南中獨立，
湘、粵、皖、贛皆其勢力範圍，獨鄂居中為難，不能聯成一
片。且鄂為首義之邦，鄂省及黎元洪不推倒，謀叛必不成也。
未幾，密謀敗露，電稿及文件均為偵探竊去，黃興大震，急
下上海，以鐵路督辦印，郵寄北京，專坐滬上，調遣一切。
而此次湖北謀亂之象生矣。」

　　針對這兩則新聞，黃興早年在經正學堂教書時的學生、宋教仁
的桃源同鄉胡瑛，以眾議員身份「請袁大總統禁止出版」。《國報》
方面卻「持強硬態度，並不肯更正一字」，聲稱是「確有證據」。隨
著時間的推移，《國報》的相關報導大部分都得到證實。

　　在從應夔丞家裏搜查出來的相關證據中，有黃興於 3 月 13 日，
通過應夔丞把私存的六十萬公債中的五十萬，轉到宋教仁名下作為
活動經費，另外十萬元公債劃歸應夔丞名下，作為聯絡江蘇、浙江、
安徽等地駐軍的活動經費的文字記錄。黃興對於自己的這一涉案嫌
疑一直沒有提供明確的解釋。遭到黎元洪明令通緝而先後逃往上海
的詹大悲、王憲章、季雨霖、王華國、熊秉坤、曾尚武等人，在孫
中山、黃興等人支持下繼續與留在武漢的前軍務司司長蔡濟民等人
保持聯繫。6 月下旬，黃興又加派寧調元、熊樾山前往聯絡，敦促
湖北方面率先採取行動。在此期間，擅自以黃興、陳其美的名義攻
打上海製造局的「鐵血監視團」重要案犯柳人環、盧漢生、文仲達
等人，被黃興、陳其美、黃郛等人告密出賣後逃往江西南昌，被李
烈鈞關押並送往湖北。6 月 23 日，湖北方面把柳人環、盧漢生、
文仲達等人押上京漢火車轉送北京，文仲達在途中招供說：「機關

在上海麥根路 32 號（B）。其派來湖北運動軍隊，並行暗殺之人為劉敦榘，年 23 歲，湖南人。機關設在漢口《民國日報》館……」[38]

6 月 24 日，得到報告的黎元洪，緊急派遣軍警會同法國租界巡捕查封漢口《民國日報》，逮捕該報編輯曾毅、楊端鹿、成希禹、周覽，並搜出內有「起義宗旨」的佈告，以及「宣佈袁罪，迫告湖北獨立，組織討袁軍，請各省協應」的電文。第二天，負責全局的詹大悲決定冒險起義，由於他派出的聯絡人員遭到逮捕，致使多處秘密機關被破壞，居住在漢口德國租界的寧調元、熊樾山因此被捕。駐紮在天門、潛江一帶的季雨霖舊部章裕昆一營，宣佈起義後陷入孤立無援的困境之中，很快被擊敗潰散。

辛亥革命期間與孫武、劉公、張振武一派的共進會共同發起武裝暴動的文學社，是由宋教仁、胡瑛等湖南人，聯合湖北籍的呂大森、曹亞伯、劉靜庵、時功璧、易本羲、張難先等人，於 1904 年 7 月 3 日在武昌創建的「科學補習所」逐步演變而來的。辛亥革命之後，文學社一派的蔣翊武、詹大悲、王憲章、季雨霖、何海鳴、熊秉坤等人，紛紛加入了國民黨。孫武、劉公、張振武一派人卻另行組織了與同盟會及國民黨相互對立的民社及進步黨。湖北方面以推翻黎元洪為主要目標的一系列武裝暴動，正是在上海國民黨方面的孫中山、黃興等人的遙控指揮下進行的，參與人員以湖南人居多。

1913 年 5 月 27 日，上海《時報》刊登黃遠庸（遠生）的〈最近之大勢——漸漸分明〉，其中介紹說：

「各報所傳黃興、李烈鈞等種種計畫，今即極有強辯之國民黨人，亦不能盡謂非國民黨人造謠。……以余所聞，（一）現在最激烈者，僅一孫中山，孫以反對借款通電各國而收效

[38]　《黎元洪報告搜捕民國日報館電》，朱宗震、楊光輝編《中華民國史資料叢稿‧民初政爭與二次革命》上編，第 451 頁。

相反，且頗為倫敦泰晤士所揶揄，故頗有騎虎難下之勢。（二）
頗聞孫電致胡漢民，屬宣佈獨立，聞胡頗以時機未至拒之。
（三）柏文蔚之態度，有頗謂其此時但求騙錢到手，俟到手
後即造反者。然以余所聞，安徽軍隊除某旅長一部分外，決
不附柏。就令柏反覆，也無可慮。（四）此間所傳程雪樓之
態度已日益明確。（五）最激烈者，人以為江西人。其實最
能實行同盟會宗旨者，莫過於湖南。據此間所傳，湖南將逐
譚督代以唐蟒，並處脫黨之郭人漳、陳家鼎死刑，且掘其墓。
驅逐共和、民主、統一三黨幹事以上各員，電令各議員回湘，
否則處以死刑，令吾人想見往日東京留學生會館兒戲時滋
味。……綜計孫、黃二人，黃已少變而孫未變。都督中柏反
覆，胡狡獪，譚宛轉被脅，李最強硬，其軍隊亦比較最可恃。
故現在內外，咸指目於李。」

　　這裏的程雪樓指的是江蘇都督程德全，「譚督」指的是湖南都
督譚延闓。從袁世凱中央政府領取了 10 萬元喪葬費，專門留在上海負
責宋教仁墓葬的譚人鳳，在「葬事粗已就緒，法律解決已失效力」的
情況，決計入山歸田，「不復與聞天下事」。當他於 7 月 5 日抵達湖北
武昌時，耳聞目睹黎元洪「專以仇殺湖南人為事，而其被殺之人，則
不審罪狀，不問姓名，概以『亂黨』二字加之，立予槍斃」。便於 7
月 6 日寫信責問黎元洪道：「試問湖南人何負於湖北？何負於公？陽夏
之役，救湖北者非湖南人乎？蔡甸之奔，守湖北者非湖南人乎？」[39]

　　然而，到了「二次革命」徹底失敗之後，譚人鳳還是在《石叟
牌詞》中，承認了他的湖南同鄉黃興（克強）等人「豎子」禍國的
歷史事實：

---

[39] 《譚人鳳責備黎元洪函》，《民立報》，1913 年 7 月 12 日。朱宗震、楊光輝
編《中華民國史資料叢稿·民初政爭與二次革命》上編，第 472 頁。

「六月半後，克強挽予返湘，云已定期發難。予因宋樞定於廿五日安厝，已電各省派員會葬，辭不便往。克強曰：『先生不顧生者而顧死者何為？葬事可派代表照料，此時不去，緩則航路不通矣。』予曰：『事有專責，託人安可放心？電請人來，避面能毋失禮？航路如果不通，湖南自有人謀回應，亦無須我往。且前此兩三月無準備，現才半月，而贛督又撤任，恐未必有如是之把握也。』克強遂亦不復強。及葬事畢，往問，始知所謂定期發難者，即六月廿四日武昌南湖暴動之一役也。頗笑其兒戲。」[40]

流亡日本的譚人鳳，化名林泉逸隱居於福岡縣築紫郡中之太宰府町，專門在座位旁邊題寫了「牽涉老夫，以至於此；痛恨豎子，不足與謀」的對聯，以寄託對於黃興等人的「忿懟之氣」。[41]

1914 年 6 月，同樣流亡日本的黃興，在寫給孫中山的辯解信中也明確表示，宋教仁遇刺之後，他與孫中山之間的主要分歧，並不是要不要依法審理宋教仁案，而是他自己主張採取「以其人之道，還制其人之身」的較小規模的暗殺行動，為宋教仁復仇；孫中山卻極力主張發動大規模的國內戰爭。

十、南北雙方的公開決裂

1913 年 5 月 1 日，袁世凱發佈命令，批准國務總理兼內務總長趙秉鈞休假 15 日，以陸軍總長段祺瑞代理國務總理。

---

[40] 譚人鳳《石叟牌詞》第四十六首，石芳勤編《譚人鳳集》，湖南人民出版社，2008 年，第 397 頁。
[41] 譚人鳳《石叟牌詞》第四十九首，石芳勤編《譚人鳳集》，湖南人民出版社，2008 年，第 404 頁。

5月4日，上海方面的岑春煊、伍廷芳、李經羲、譚人鳳、溫宗堯、王芝祥、高而謙、藍建樞、杜錫珪、張其鍠，在聯名通電中表示說：「一、宋案詞連政府，洪犯固宜速求引渡，歸案訊辦，趙總理既涉嫌疑，屆時亦應出庭受質，方能表白。……二、借款由全國負擔，必須通過議院，自是正理。」[42]

5月5日，國民黨方面的湖南都督譚延闓、江西都督李烈鈞、安徽都督柏文蔚、廣東都督胡漢民，聯合發表反對大借款通電：「況宋案證據宣佈，詞連政府，有以巨金資助兇手之語，全國洶洶，方虞震動。今復不經院議違法借款，人心一失，竊恐雖有大力，無以善其後。應請大總統立罷前議，……」[43]

5月8日，國務院傳達袁世凱對於四名都督的訓令：「宋教仁被刺案，現方開審，檢查證據，自有專司。非經法庭，無從判決。……都督為現役軍官，有絕對服從之義務，民政長為行政長官，有服從中央命令之義務，萬國通義，詎尚未聞。該都督、民政長等近日電文，多出於職任範圍之外，竟置行政系統於不顧。該都督等亦有屬官，如相率效尤，何以為治？」[44]

5月9日，袁世凱復電岑春煊等人，關於宋教仁案解釋說：「宋案曾飭外交部、魯督索交洪述祖，復謂須先閱證據。昨日甫由程督等將證據呈送至京，已分飭外交部及魯督向德人索犯引渡。約法第五十一條，法官獨立審判，各國法律凡案在預審期中，各報紙不得登布此案。當宋君被刺之始，尚未獲凶，即有人預設成心，誣指政府。繼又憑影射之詞，牽混之據，斷章取義之文電，預侵法官獨立職權，實為文明國所未有。即就所呈證據而言，趙秉鈞尚無嫌疑可

---

[42] 《民立報》，1913年5月6日。
[43] 《民立報》，1913年5月8日。
[44] 《國務院傳大總統令訓斥四督電》，《政府公報》，1913年5月10日。見朱宗震、楊光輝編《中華民國史資料叢稿‧民初政爭與二次革命》上編，第268頁。

說。設將來法庭判決，應行備質，政府斷無袒護理由。但未經判決以前，無論何人不得妄下斷語，判決以後，當事亦何得抗不受理。而感情用事者，日逞其不法之言論自由。果使國民共同維持，政府方從善如流，豈肯以少數人之主張尤而效之。」[45]

關於「借款由前參議院通過」，袁世凱提供的證據是參議院議事錄第三冊記載的 1912 年 12 月 27 日下午二時五分開議的會議記錄。在這份電文的末尾，袁世凱表白說：「請約同志數人連袂來京，調查正確，必有真知灼見，撥雲霧而見青天者。」

在圍繞宋教仁案與大借款案的電報戰中表現得理屈詞窮的黃興，一方面秘密派人赴湖北發動武裝暴動；一方面派人與駐紮在山東兗州的保皇派軍閥張勳秘密聯絡。1913 年 5 月 11 日，上海《民立報》在「北京電報」欄中報導說：「謠傳，張勳已電告北京政府，稱其至友張大洪介紹伍某、孫某二人到彼處。伍、孫二人可能是黃興所指使，意在慫恿張勳反對北京政府，並答應給張勳以鉅款。張已將伍、孫二人逐出，以免擾亂云云。」

5 月 13 日，黃興就此事致電張勳：「兗州張軍統鑒：頃閱報載，尊電總統稱興派有張道鴻來尊處接洽云云，不勝駭異。當此謠諑紛騰之際，難保無好事之徒，假借名義，在外招搖。有無憑據，請即電示。」[46]

但是，黃興於 7 月 16 日致張勳的另一份電報，偏偏坐實了他企圖聯合張勳武力討伐袁世凱的軍事計畫：

> 「兗州張軍統鑒：……世凱不僅民國大憝，且清室之賊臣，無論何人，皆得申討。公久綰軍符，威重宇內。現冷軍已在

[45]　《袁世凱復岑春煊等請來京調查電》，《政府公報》，1913 年 5 月 10 日。
[46]　《民立報》，1913 年 5 月 14 日。

> 徐州方面與袁軍接仗。公苟率一旅之眾，直搗濟南，則袁賊
> 喪膽，大局隨定，國家再造即由我公矣。」[47]

在此期間，曾與汪精衛一起謀殺清朝攝政王載灃的革命黨人黃
復生，與參議員謝持、宋教仁的秘書周予覺等人，攜帶炸藥和黃興
的 3000 元錢從上海來到北京，企圖暗殺袁世凱。由於周予覺在秘密
偵探追蹤下叛變自首，他的妹妹周予儆便在北京警方安排下，於 5
月 16 日以「女子暗殺團團長」的名義向地方檢察廳自首，說是奉「血
光團團長」黃興的命令，攜款四萬元到北京進行政治暗殺。第二天，
陸軍執法處處長陸建章派人拘捕謝持，指控他陰謀組織「血光黨」顛
覆政府。由於在謝持的住宅裏沒有搜出相關證據，加上來自國會的
公開抗議，陸建章只好把謝持暫時釋放，謝持獲釋後立即逃離北京。

5 月 15 日，袁世凱根據陸軍部呈文，下令取消黃興的上將軍
銜。陝督張鳳翽、晉督閻錫山、直督馮國璋、奉督張錫鑾、魯督周
自齊、豫督張鎮芳、護隴督張炳華及提督馬安良、護軍使張行志，
也於當天聯名通電，譴責黃興、李烈鈞、胡漢民「不惜名譽，不愛
國家，讒說橫行，甘為戎首」。張作霖指責黃興「傾覆政府，損害
國體」。雷震春、趙倜攻擊黃興因爭總統不成而搗亂。

5 月 24 日，上海《時報》報導袁世凱對於孫中山、黃興的個人
看法：「袁向其親信說：現在看透孫、黃，除搗亂外無本領。右又是
搗亂，左又是搗亂，我受四萬萬人付託之重，不能以四萬萬人之財產
生命聽人搗亂，自信政治軍事經驗，外交信用不下於人，若彼等力能
代我，我亦未嘗不願，然今誠未敢多讓。彼等若敢另行組織政府，我
即敢舉兵征伐之。國民黨誠非盡是莠人，然其莠者，吾人未嘗不能平
之！袁作此語時，有梁士詒、段芝貴、曾彝進三人在座。梁囑曾以個
人資格往告國民黨人，袁謂可即說是袁慰庭說的，我當負責任云云。」

---

[47] 《民立報》，1913 年 7 月 21 日。

5 月 29 日，袁世凱下令改組北京地方審、檢兩廳，加強對司法機關的控制。新組建的北京檢查廳向上海發出傳票，傳喚居住在租界區的黃興到案對質。黃興於 6 月 11 日赴租界會審公堂，表示願意赴京對質，並且保證以後隨傳隨到。租界當局以京廳證據不足為藉口，把黃興交保釋放。北京中央政府與上海國民黨方面借此事大肆渲染造勢，進一步激化了南北雙方的對立情緒。

十一、趙鳳昌、張謇的居中調和

1913 年 6 月 1 日，日本前外務大臣加藤高明途經上海，應孫中山、黃興的要求進行會談。加藤在會談中「告知在北京與袁及其他人談話之情況，勸告孫等此時應十分忍耐，以講求永遠和平解決時局之策為得計」。孫、黃二人一再強調袁世凱「有壓迫、掃除我方之意圖」。加藤堅持認為，如果孫、黃反袁，「至少可能失去日、英之同情。因此，請十分自重，千萬不可輕舉妄動」。黃興表示，「無論如何忍耐，以期不誤大局」。[48]

6 月 2 日，與袁世凱、袁克定父子關係密切的汪精衛（兆銘），與蔡元培一起從德國返回上海，在張靜江陪同下到愛文義路 100 號會見了孫中山與黃興。在南北雙方力量懸殊的情況下，汪精衛、蔡元培經孫中山等人同意，出面從事南北調和。6 月 2 日當天，孫中山公開致電廣東都督胡漢民，再一次表現出他「兩面圓通」的政治策略：

> 「文本擬日間重赴東洋，倡聯中日。刻因宋案吃緊，尚難定行程。昨擬組織特別法庭，未得多數同意。經電中央政府，往復磋商，已舉定王、伍兩君與審。當不致或有別情，倘究

---

[48] 陳錫祺主編《孫中山年譜長編》，中華書局，1991 年，第 817 頁。

出主名，以謝天下，使案及早了結，固吾黨所願甚。否則南
北互啟猜疑，大局何堪設想？週來南省議員多因此事影響，
裹足不前，經文再三勸勉，先後首途。」[49]

6月5日，趙鳳昌在致陳陶遺電中介紹說：「經武來商，精衛
與切要處研究大局，已一致和平，對於前途，亦力趨穩定。惟望中
央勿遽信偽謠，勿驟有更動，俾汪更易進行。請商雪、嗇二公，速
密電中央，免生阻礙。」[50]

「經武」即胡瑛。「切要處」指孫中山、黃興、陳其美等國民
黨高層人士。「前途」指袁世凱。「勿驟有更動」，指的是不要斷然
撤換國民黨籍的李烈鈞、胡漢民、柏文蔚等人的都督職務。「雪、
嗇二公」指的是程德全與張謇。

6月6日，孫中山再次致電廣東當局，公開表示自己「兩面圓
通」的調和意願：「國人自鈍初先生死後，均持退步思想，因而北
京黨爭愈烈。文以國是為前提，誠恐內訌日甚，授口實於外人，致
貽民國分裂之憂，刻決意入京與汪精衛盡力調和黨見。精衛素見重
於此，此行或不虛負，務請電恭懇旅京議員，助文一臂之力。」

6月7日，張謇給袁世凱寄去由汪精衛擬定，並且與孫中山、
黃興、蔡元培、胡瑛、趙鳳昌等人反覆討論的《為解決刺宋案獻策》，
其中包括三項建議：

第一是「總統問題」。主要內容是國民黨方面「為顧全大局計，
終決心舉項城為正式大總統」。

第二是「各省都督問題」。要求袁世凱方面「告誡各省都督不
得輕於發言，軍人不得干預政治，且為四都督解釋反抗中央之謠
傳，並申明不於臨時期內有所撤換」。

[49] 陳錫祺主編《孫中山年譜長編》，中華書局，1991年，第818頁。
[50] 上海社會科學院歷史研究所編《辛亥革命在上海史料專輯》，上海人民出版
社，1981年，第1096頁。

第三是「宋案解決問題」。這項建議非常坦誠地承認，國民黨方面借著宋教仁案所做的一切文章，都是為了反對袁世凱（項城）出任大總統。只要國民黨方面不與袁世凱爭奪大總統，宋教仁案自然可以依法解決：「宋案決於法律已成一名詞，欲求解決，其根本方法，在先決總統問題。國民黨對於推舉項城為正式大總統既無異議，則傳趙智庵到案之主張，自然消滅，將來罪名，至洪述祖而止，轉瞬雲過天空矣。今不於根本為解決，而反生出票傳黃克強及製造局案，不惟無效，益推波助瀾，惟恐其不潰裂而已。蓋此等案件，同決於法律，則真者自真，偽者自偽，無可假借。」[51]

6 月 9 日，沒有收到張謇來信的袁世凱，突然下令免除李烈鈞的江西都督之職。南北形勢急轉直下，孫中山立即派遣南下討袁的參議院議長張繼與馬君武、邵元沖、白逾桓一起前往南昌，動員李烈鈞起兵造反。6 月 10 日，汪精衛赴粵「謀黨見之一致」，由蔡元培、胡瑛繼續與趙鳳昌保持聯繫。

6 月 11 日，有吉明「與黃興、孫逸仙面談」以「明確其立場」。黃興表示自己「無論如何以和平主義相待」。一再公開通電表示自己「以國是為前提」的「退步思想」的孫中山，卻在秘密談話中表示說：「本人無論如何將以冒進主義一舉去袁，此種考慮始終不變。借款成立，袁之財力及於各省，……李之交替雖多少影響我黨勢力，然徵之世間之同情，反有漸歸我黨之傾向。」

6 月 12 日，孫中山交給黃興 5 萬元現金，作為秘密發動「二次革命」的活動經費。同一天，張謇在趙鳳昌、汪精衛、蔡元培、胡瑛等人催促下密電袁世凱，就此前寄出的〈為解決刺宋案獻策〉進行補充說明：「南中各方面，自汪、蔡回國，竭力解說，人心益

---

[51] 上海社會科學院歷史研究所編《辛亥革命在上海史料專輯》，上海人民出版社，1981 年，第 1100、1101 頁。

趨穩定。江西命令，頃又頒佈，則前請明發命令，禁止軍界干涉政治者，正可及時宣佈，以示無頗。」

接下來，張謇重點為黃興辯護說：「謇在寧時，聞雪樓言製造局案，克強於事前預行警告，雪亦據電中央，南昌亦於五號電報柳人環蹤跡，隨時緝解江寧。即此類推，外間所傳種種亂謠，悉由假託，猶洪、應之假託政府，不足為憑。」[52]

這種辯護之詞顯然是張謇言不由衷的善意撒謊。在此之前的 5 月 26 日，張謇在致趙鳳昌信中表示說：「地方聞尚平靜，唯國民黨不免又負一重猜疑之點。兄言亦至是，恐獨腳戲亦唱不成，……此則為黃君輒喚奈何者也。」

在國內戰爭一觸即發的緊急情況下，張謇等人所著眼的已經不再是個人的是非功過，而是整個國家的「大局之福」：「根本解決，擬請總統發誠懇剴切之命令，禁止謠傳，並為孫、黃聲明，決不為此破壞民國大局之事。如有假託，即是匪類。某亦當忠告孫、黃自行聲明，並囑其對於正式選舉及其他要政為正當之宣告。」

6 月 13 日，張謇再一次給袁世凱寄出密信，明確表示 6 月 7 日寄出的〈為解決刺宋案獻策〉，是由汪精衛擬定，經汪精衛、蔡元培、孫中山、黃興當面通過，「確是同意」。

袁世凱接到張謇 6 月 12 日的電報後並沒有立即回應，而是於兩天後的 6 月 14 日下令免去胡漢民的廣東都督職務，改任西藏宣撫使，由陳炯明接任廣東都督。直到 6 月 16 日，他才給張謇發來回電，就調停問題發表意見：

> 「經年以來，彼黨執拗，動輒罵人，肆意誣衊，凡與鄙人稍有情感者，莫不吹求痛擊，體無完膚。……種種奇聞，現於滬上，

52 上海社會科學院歷史研究所編《辛亥革命在上海史料專輯》，上海人民出版社，1981 年，第 1102 頁。

調人絡繹，名曰維持，而暴烈進行，仍不住手。無非甘心鄙人，破壞民國，即不為一身計，寧不為一國計？為公為私，退無餘地，惟有行吾心之所安而已。倘偉人果肯真心息兵，我又何求不得；如佯謀下臺，實則猛進，人非至愚，誰肯受此？」[53]

這裏的「偉人」，指的是國民黨方面的孫中山與黃興。「佯謀下臺，實則猛進」堪稱是袁世凱對於「兩面圓通」的孫中山，一邊公開表示南北調和、顧全大局的妥協退讓立場；一邊隱身於暗箱幕後高調發動「二次革命」的經典概括。

同樣是在 6 月 16 日，極力發動「二次革命」的孫中山，致電萬國改良會會長、美國長老會教士丁義華，所表現的恰好是「佯謀下臺，實則猛進」的「兩面圓通」：「余現在不願聞政事。政治良否係政府責任，余嗣後專辦鐵路，其他非余所願聞也。」

張謇接到袁世凱復電後，於 6 月 17 日抄錄一份寄給趙鳳昌，請他與蔡元培、胡瑛再次會談。

趙鳳昌收信後接連兩次約請蔡元培、胡瑛談話，並出示袁世凱的電文，兩個人一致表示說：「電內最要在如『佯謀下臺，實則猛進』一語，此則定無可慮。然亦足見項城推誠，肯於說透。現此間仍宗前議，不以贛、粵改轍，孫、黃必當表示，以安定人心，惟待汪回滬商定表示之法耳。」

6 月 24 日，張謇依據趙鳳昌的來信密電袁世凱，袁世凱在回電中表示：「果如蔡、胡所云，是彼此釋嫌，同圖建設，如天之福，國賴以存，鄙人決不為已甚。汪何日回滬？孫、黃表示之法，甚所願聞。公苦心調和，成人之美，中央意見，已有廿二命令可證。請檢閱便知。」

---

[53] 上海社會科學院歷史研究所編《辛亥革命在上海史料專輯》，上海人民出版社，1981 年，第 1108 頁。

　　袁世凱所說的命令，指的是他於 6 月 22 日發佈的《尊孔祀孔令》，其中通過讚美孔子為「以正人心，以立民極」的「萬世師表」，透露出的是以中國傳統的仁義道德統治天下的文治之心，而不是以武力統治天下的好戰之意。

　　6 月 18 日，孫中山從上海出發抵達澳門，探視病危的長女孫娫，同時與胡漢民、陳炯明會商國事。6 月 23 日，孫中山由澳門來到香港，胡漢民、汪精衛已經於前一天乘坐寶壁號軍艦在香港等候。孫中山入住香港大酒店後接受《士蔑西報》的外國記者採訪，進一步展現了他「兩面圓通」的政治策略。據 6 月 26 日的《民生日報》報導，孫中山對《士蔑西報》記者公開表示說：

> 「吾之政治手續，業已完竣，故現在情形如何，吾不能相告，且自宋教仁被殺事發生以來，吾不復聞問。然吾敢謂從前已竭力為袁總統經營，吾常言袁氏最合為總統，吾不獨在中國為伊經營，即在世界各方亦然。」

　　在談到宋教仁案時，孫中山一方面表示「宋教仁被殺一案，吾甚惡之」；與此同時卻又公開指出，袁世凱與宋教仁案之間並沒有直接關係：「有謂北京政府與該案干連，殊屬不公。然吾謂袁總統非自有干連，不過係其總理與有干連也，故袁世凱定必略有所知。」

　　在談到此後的打算時，孫中山表示自己將使建設事業「盡力進行」，「惟政府必不阻吾之前途。」

　　孫中山否認袁世凱與宋教仁案之間有直接關係並且明確支持袁世凱當選總統的上述言論剛剛發表，由他和黃興遙控指揮的武漢方面的秘密軍事計畫，就於 6 月 24 日被黎元洪破獲。6 月 29 日，孫中山從香港返回上海，與等候在上海的李烈鈞等人會商國事。他的長女孫娫已經於 25 日在澳門病逝。

十二、南北調和的徹底失敗

　　1913 年 6 月 30 日，袁世凱下令免去柏文蔚的安徽都督一職，改任陝甘籌邊使。有吉明於當天拜訪孫中山，孫中山介紹說：「黨人頗似走失女兒之狀，多少多少意氣消沉。」「廣東方面，陳炯明雖鼓吹強硬論，但部下軍隊幹部之三數有力者，已為袁所收買。且本人自去年以來所鼓吹之袁中心主義深入人心，今一旦使其產生反對之觀念，實屬至難，多數希望和平，結果難圖大事。……與南下前不同，對於我派之勢力完全悲觀。惟同志在議會仍比地方稍具希望，因而打算促使已南下之張繼等有影響力的議員逐漸返回北京。同時，事實上，李烈鈞等在江西將不可能作何等籌畫。」

　　有吉明在當天發給牧野的電報中，專門提到前滬軍都督陳其美的強硬表現：「陳其美雖亦透露此種口吻，但最堅持強硬說。……頻頻謂黃興之徒，名曰自重，實則遲疑躊躇，結果誤卻大事。」

　　7 月 6 日，李烈鈞在孫中山、黃興、陳其美等人鼓動下，離開上海經南京趕回江西，於 7 月 8 日到達湖口部署軍事行動。7 月 8 日當天，陳其美在與日本駐上海領事有吉明的秘密談話中，通過對於孫中山、黃興的貶低否定，進一步表明自己「無論如何計畫進行武裝抵抗」的態度：「孫、黃二君多年流浪於外國，實際上見機不敏。觀去年之革命，亦係按我等人之手所計畫者，孫、黃不過中途返國而已。因而孫此次廣東之行，與其預期相反，因兩三旅團長被收買而喪膽，透露完全失望之口吻。黃則徒然多疑，坐失良機。此無非不通曉國內之情況而已。余等實際當事者，尚未十分悲觀。」[54]

　　7 月 12 日，李烈鈞在江西湖口率先發動「二次革命」。7 月 15 日凌晨，從上海趕往南京的黃興等人，率領軍隊脅迫江蘇都督程德

---

[54]　陳錫祺主編《孫中山年譜長編》上冊，中華書局，1991 年，第 826 頁。

全通電討袁。據有吉明於當天致牧野電介紹，他於當天與孫中山會面時，「不似平日，甚有憂色」的孫中山，依然高調表示說：「在進行上，臨時政府暫設於南京，若長江沿岸一帶形勢不佳，則將不得不設於廣東，由我負責主持。」

而在事實上，江蘇討袁軍總司令黃興於 7 月 16 日在南京召開軍事會議，公然把一心想「負責主持」的孫中山撇在一邊，另行推舉岑春煊（雲階、西林）為各省討袁軍大元帥，並與江西都督歐陽武等人聯名致電「上海三板廠岑雲階」電告此事。7 月 19 日，臨時組織的「獨立各省議會」也通電表示，「推岑春煊開府江寧」。

汪精衛、蔡元培等人聯絡老一輩的趙鳳昌、張謇所發起的調和活動，客觀上掩護了國民黨方面的戰爭準備。7 月 17 日，勞而無功的張謇在寫給趙鳳昌的書信中，極其痛心地宣告了這次南北調和的徹底失敗：「吾兩人為人利用，信用盡失，實業生計，大受損害，外交亦恐生危阻，殊可痛也。」[55]

7 月 22 日，也就是李烈鈞率先在江西發動「二次革命」的第十天，孫中山公開發表了三份通電。第一份是〈告全體國民促令袁氏辭職宣言〉，其中指出，「國家安危，人民生死，胥係於袁氏一人之去留」，「願全體國民一致主張，令袁氏辭職，以息戰禍」。

第二份是〈致參議院等通電〉，通電對象為參議院、眾議院、國務院、各省都督、民政長、各軍師旅長，其中著重說明討袁戰爭的正當性：「今袁氏種種違法，天下所知，東南人民迫不得已以武力濟法律之窮，非惟其情可哀，其義亦至正。」

第三份是〈致袁世凱電〉，其中寫道：「何圖宋案發生以來，證據宣佈，愕然出諸意外，不料公言與行違至於如此，既憤且懑；而公更違法借款，以作戰費，無故調兵，以速戰禍，異己既去，兵釁

---

[55] 《張謇致趙鳳昌函》（1913 年 7 月 27 日），《辛亥革命在上海史料選輯》，第 1108 頁。

仍挑，以致東南民軍，荷戈而起，眾口一辭，集於公之一身。意公此時，必以平亂為言，故無論東南軍民，未叛國家，未擾秩序，不得云亂；即使曰亂，而釀亂者誰？公於天下後世亦無以自解。公之左右陷公於不義，致有今日，此時必且勸公乘此一逞，樹威雪憤。此但自為計，固未為國民計，為公計也。……文不忍東南人民久困兵革，必以前此反對君主專制之決心，反對公之一人，義無反顧。謹為最後之忠告，惟裁鑒之！」[56]

　　這裏所說的「公之左右陷公於不義」，與 6 月 26 日《民生日報》報導的「袁總統非自有干連，不過係其總理與有干連也」基本一致，是孫中山當年關於宋教仁案「兩面圓通」的公開表述。意思是說，宋教仁一案的證據材料，只能證明是袁世凱「左右」的趙秉鈞、洪述祖參與了暗殺宋教仁的犯罪行為，袁世凱最多只能承擔疑罪從有的「定必略有所知」的連帶責任。像這種疑罪從有的連帶責任，孫中山自己在陳其美及蔣介石、王竹卿暗殺陶成章；陳其美及吳乃文、陳玉生、馮玉山、張漢彪、應夔丞、武士英等人暗殺宋教仁；以及此後的林森、劉北海暗殺黃遠庸等一系列兇殺案中，也是同樣存在的。像這種在當時並沒有得到最後確認的連帶責任，是不足以充當退出憲政民主的制度框架挑起發動「二次革命」的正當理由的。

　　在第一份電報所謂「國家安危，人民生死，胥係於袁氏一人之去留」，或者說是在找不出比袁世凱更加合適的總統人選的情況下，支援並且維護袁世凱的政治權威，才是所有愛國人士最不壞的政治選擇。至於孫中山第二份電報中所謂的「東南人民迫不得已以武力濟法律之窮」，作為「東南人民」之一員的江蘇南通人張謇，在前述 7 月 27 日致趙鳳昌信中，所得出的恰恰是完全相反的結論：

---

[56]　《民立報》，1913 年 7 月 22 日。

「滬上罔死之民之眾,損失市產之巨,彼作難者,何詞以對吾民?即[南]通實業之受損,亦數十萬矣。可恨!」

7月23日,袁世凱下令銷去孫中山的籌辦全國鐵路全權,上海工總局依照袁世凱政府的要求,議決把黃興、孫文、陳其美、岑春煊、李平書、沈縵雲、王一亭、楊信之八人驅逐出租界。

對於國民黨方面傾向於南北調和的蔡元培、汪精衛等人,袁世凱在事後一直沒有予以追究。1913年9月5日,蔡元培再一次攜家人前往法國遊學。1914年9月3日,上海《時報》報導說:「袁總統以汪兆銘、蔡元培二人雖隸國民黨,尚無煽亂實據,且富學問,特飭滙四千法郎接濟。」

1915年4月6日,蔡元培在致吳稚暉信中就此事解釋說:「弟與袁世凱絕交,至分明,在彼亦不過笑弟為一迂儒,未必置於意中。……去春忽滙銀三千於法國,云聞汪李蔡三君現狀頗窘,以此相助云云。弟等既不願用,亦不便卻,商定將其移作《學風》雜誌印費。」[57]

---

[57] 王世儒著《蔡元培先生年譜》上冊,北京大學出版社,1998年,第165頁。

第七章　「二次革命」的落花流水

　　在代理理事長宋教仁慘遭殺害之後，國民黨方面並沒有遵循宋教仁所開創的議會選舉、陽光參政、和平競爭的憲政路徑，反而選擇了退出憲政民主的制度框架再一次去公天下、救天下、打天下、坐天下、治天下、私天下的革命路徑。隨著國民黨方面的武裝力量因不堪一擊而落花流水，作為中國第一議會大黨的國民黨，剛剛實現現代化轉型便走到了歷史盡頭。

一、國民黨方面的法盲表現

　　據 1913 年 3 月 27 日《長沙日報》報導，宋教仁遇刺後的第六天即 3 月 26 日，與黃興、宋教仁關係密切的湖南籍國民黨員寧調元，在長沙湘民公會的追悼會上發表演說：

> 「諸君今日亦知絕大兇犯之所在乎？宋遯初與余訂交十年，其生平余深知之，磊落光明，從無不可解之私仇。惟共和成立後，主張內閣制最力，深觸袁氏之忌。近日且奔走東南，反對舉袁為總統，袁之黨欲得而甘心者久矣。……據兄弟意見，主張消極的對付，即要求國會議員諸君勿舉彼為總統，庶足以鞏固民國，慰宋遯初在天之靈。」

267

　　這是國民黨方面在沒有直接證據的情況下，最早按照中國社會所慣用的疑罪從有的有罪推定，公開指認袁世凱是暗殺宋教仁的幕後主凶。

　　4 月 14 日，國民黨方面的第一大報上海《民立報》報導說，國民黨上海交通部於 4 月 13 日在張園舉行宋教仁追悼大會，由陳其美主祭，居正贊禮，汪洋讀祭文。黃郛在會上公開宣稱：「蓋殺宋者袁，破壞民國者亦袁。外交內政著著未進，袁於此時遷居三海，三海者皇帝之居也。……皇帝之心乃勃然發矣。……即就今日到會二萬人而論，有何一袁之不可倒。且無論何種政體，我從未聞取民之錢殺國民者。兄弟今日之言，已置死生於不顧。」另一名國民黨人潘仲蔭，更是在會場中大聲疾呼：「殺宋先生者非他，袁世凱是也。」

　　在圍繞宋教仁案的法理碰撞中，國民黨方面最為無知也最為野蠻的表現，是《民立報》對於應夔丞重新聘請的代理律師楊景斌的肆意謾罵。

　　4 月 27 日，《民立報》集中刊登三篇謾罵楊景斌的新聞報導。第一篇的標題是〈二萬金賣了名譽〉，其中寫道：「茲聞法界人云，原告律師決計聘請金泯瀾君辦理，被告則延楊景斌律師辯護，因索價二萬金，故尚在磋商中未經確定也。」

　　第二篇報導的標題是〈爾亦欲教唆應桂馨乎〉，其中全文抄錄了楊景斌依法向江蘇都督程德全提交的申訴函。該函主要包括三個方面的內容：

　　其一、司法行政當局的違法處置。1913 年 3 月 20 日晚上刺殺國民黨代理理事長宋教仁的兇犯武士英，在法國租界被外國人關押 20 多天沒有出事。他和應夔丞（桂馨）被引渡之後，卻沒有被關進正式監獄，而是被關押在六十一團的兵營裏，並且於 6 天後的 4 月 24 日早晨離奇死亡。

其二、擬議中的特別法庭,既不符合法律規定也不符合宋教仁本人的憲政理念:「本案關係雖大,實只一普通暗殺耳。宋公政見書明明主張司法獨立為民國建造之基,人雖云亡,言猶在耳。當道諸公徒以組織法庭爭持不決,反對宋公之政見,破壞國家之律條,致令巨案久懸,大憝元兇,幸逃顯戮,不解當局是何居心?」

其三、要求依法查閱相關案卷並會見當事人。「本律師既為被告應桂馨擔任辯護,當事人罪未成立,其生命之危險,律師應有保護職權。查應桂馨管押英捕房,其時原委任之律師得隨時入視,研究案情,即親屬之人亦不禁其探望。蓋國家立法純為保持人道之機關,故特與辯護人以實施辯護之不可無之權力。」

這裏所說的「宋公政見書」,指的是宋教仁遇難之後於 4 月 2 至 7 日在《民立報》連載發表的〈代草國民黨之大政見〉,其中的第九項是建立全國統一的司法獨立制度:

> 「司法為三權之一,亟宜統一。其今日統一方法:一曰劃一司法制度,各省司法制度,並不一律,宜實行四級制,使各省歸於統一,其未設裁判所地方,亦須增設;一曰養成法官律師,蓋增設裁判所,則今之法官尚形缺乏,一面養成法官,並設法保持法官地位,俾司法得以獨立,一面養成律師,以保障人權;一曰改良監獄,中國監獄制度極形野蠻,今宜采仿各文明國監獄制度,極力改良。」

《民立報》在標題為〈不要面皮之楊景斌〉的第三篇報導中,錄入了楊景斌致司法總長許世英的電報,其中重點談到的依然是「特別法庭」的違法嫌疑:「蓋共和政體人人平等,同受法律之制裁。聞此案竟有主張特組法庭者,既背約法又與宋公生平政見大相逕庭。此種辦法,是不以國民待宋公,將何以慰宋公於地下?程都督、應省長以軍警領袖駐滬辦案,協助司法是其天職,聞亦隨聲附

和，破壞律條，尤難索解。……本律師受被告應桂馨委任辯護，案經擔任，自應據律請求，不容緘默。」

楊景斌的「據律請求」，充分體現了他依法作為的職業精神。《民立報》沒有力量從法理上予以反駁，只好加以「二萬金賣了名譽」、「爾亦欲教唆應桂馨乎」、「不要面皮之楊景斌」之類空洞蒼白的標題，予以謾罵誣衊。

在 4 月 28 日的《民立報》中，針對楊景斌另有三篇嚴重違背法理常識的謾罵文章，其標題分別是〈勿作楊景斌第二〉；〈楊景斌貽羞桑梓〉；〈楊景斌真不要臉〉。在《楊景斌貽羞桑梓》一文中，錄入的是同鄉律師穆杼齊的公開信，其中寫道：

> 「執事即為應犯辯護矣，以執事之精研法律，寧不知證據確鑿必處於敗訴之地位乎？藉明知其訴而姑為辯護焉，以達我金錢之目的。然以有限之金錢，易無窮之名譽，弟甚為執事不取耳。」

穆杼齊律師所捍衛的顯然不是現代文明社會所堅持的司法機關獨立辦案、法律面前人人平等、疑罪從無的無罪推定、程序正義優先於實體正義的法理常識；反而是全盤否定楊景斌包括「有限之金錢」在內的合法權利的「無窮之名譽」，也就是中國傳統的宋明理學所提倡的「存天理，滅人欲」的極端道德。應變丞的犯罪證據到底是不是確鑿，是需要主審法官站在超越原、被告雙方的第三方立場上，嚴格按照法律程序和法律條款獨立判決的，而不是由案外律師穆杼齊肆意判斷的。即使應變丞的犯罪證據確鑿無疑，依然需要辯護律師來保障他最低限度的合法權利，特別是不像武士英那樣在關押期間死於非命的生命權利。

《民立報》以大肆謾罵的宣傳聲勢，阻撓楊景斌擔任應變丞的辯護律師進而依法展開相關的司法調查，所印證的不僅僅是國民黨方面對於法律常識的盲目無知，同時還有賊喊捉賊的做賊心虛：既

然應夔丞的犯罪證據確鑿無疑，就更應該鼓勵並且支持楊景斌依法辯護，以便充分體現依法保障包括犯罪嫌疑人應夔丞在內的所有個人的正當權利的立法精神；同時也可以充分實現宋教仁臨死之前希望袁世凱「開誠心布公道，竭力保障民權，俾國家得確定不拔之憲法」的美好願望。最害怕宋教仁案的黑幕真相被調查、被曝光的，顯然不是已經被捕入獄的應夔丞，以及被宋教仁寄託以美好願望的袁世凱，而是極力阻撓該案的法律程序依法進行的國民黨人士。

二、特別法庭的法理碰撞

1913 年 4 月 29 日，司法總長許世英在遞交給袁世凱的辭職呈文中寫道：

> 「宋前總長教仁被刺一案，業經上海會審公廨移交。按照約法，及法院編制法，均應歸上海地方審判廳審判。乃迭准江蘇都督程德全、江蘇民政長應德閎電請在滬組織特別法庭，並請大總統任命伍廷芳為主任等語，世英據法律以相爭，迄不同意。頃又電稱：『要犯武士英在押身斃，人言嘖嘖，嫌疑滋多。若此案審判再行稽延，致他犯再有變故，德全等實難負其責任。應請大總統查照迭電，准予組織特別法庭，迅賜任命。』等因。據此以觀，設他犯再生變故，世英反因遵守法律之行為而受範圍以外之責任。司法言法，違法之事決不肯為。理合呈請大總統准予辭職，俾法律之問題早日解決，審判之著手早日進行，而世英亦可免尸位素餐之誚。再，自明日起，即不到部辦事，合併聲明。」[1]

---

[1] 《司法總長許世英辭職呈文》，《政府公報》，1913 年 4 月 30 日。朱宗震、

　　同一天，《民立報》在〈電催趙秉鈞到案〉中報導說，江蘇都督程德全與黃興等人商議後，一再要求中央政府允許上海方面組織特別法庭，並且要求袁世凱「令飭趙總理親身來申受理」。在〈副總統派員陪審〉中又報導說，副總統兼湖北都督黎元洪，考慮到「國務院總理趙秉鈞亦處於嫌疑地位」，國務院方面不方便派人陪審，所以專門以副總統名義委派夏維喬、楊震桓二人，前來上海充當陪審員。在〈現在不能就開庭〉中，該報還介紹了上海方面的庭審準備：原定 4 月 30 日星期三在關押應夔丞及其親信助手朱蔭椿的海運局六十一團軍營，召開特別法庭審訊應夔丞、朱蔭椿。由於司法部等處擬委正、副裁判員還沒有最後確定，上海地方審判廳長黃涵之、檢察廳長陳松生，只好與國民黨方面的黃郛（膺白）、陳其美（英士）、黃興（克強）等人商議，延期開庭。

　　4 月 30 日，《民立報》在〈程都督莫丟了去〉中報導說，江蘇都督程德全於 29 日致電袁世凱，「將辦理宋案之職告辭，並預備即日返寧」。在〈龔玉灰又想跑〉中報導說，閘北警察局警長龔玉灰預備赴鎮江上任，是想逃避宋教仁案的連帶責任。在〈陳廳長也想跑〉中報導說，上海地方檢察廳長陳英，以「武犯已經暴斃，法官不能負完全責任，又不能行使代表國家之權，形同虛設」為由，打算「謹避賢路」。在〈變相之普通法庭〉中報導說，江蘇都督程德全通過與司法部反覆電商，已經決定將宋教仁案歸入普通法庭：「除地方檢、審二廳應得蒞庭外，必須會齊蘇省高等檢察、審判二長官，再由大理院委員會會同訊判，俾使開訊一堂即行判決。」

　　5 月 1 日，《民立報》刊登〈程君雪樓之更正〉：「本報昨接程雪樓來函如下：閱報載路透北京電，德全軟禁在滬。據上海消息，德全志在為南方總統云云。又載《字林西報》，上海諸領袖請程都

　　楊光輝編《中華民國史資料叢稿‧民初政爭與二次革命》上編，上海人民出版社，1983 年，第 262 頁。

督協助建設新政府於南京，程未之允云云。此等讕言本不足辯，
惟現值人心不靖，誠恐淆惑觀聽，用請登報聲明並無其事。程德
全白。」

該報在同一天刊登的〈我說你巴結法部〉中，另有針對維護司
法獨立的黃涵之和陳英（松生）的公開譴責：「上海地方審判廳長
黃涵之，檢查廳長陳松生兩君，因審理宋案兇犯組織特別法庭，不
歸普通法庭，實侵司法獨立許可權，先後電呈司法部辭職，懇請另
簡賢材迅予接任等情。……茲聞黃君去志頗堅，擬仍電部另簡合格
人員來滬接任，所有廳中職務自今日（五月初一日）始，已委本廳
民庭長張君清越暫行代理矣。」

在〈許世英抗顏弄法〉中，該報公開攻擊的竟然是司法總長許
世英依據法理捍衛司法獨立的正當作為：「司法部許總長電江蘇高
等廳陳福民君云：司法獨立之制令，自臨時約法頒佈後，全國人民
互相遵守，今宋案關係頗大，更宜尊重司法獨立之制，以得其真相，
請與上海地方廳會同辦理等情。陳特來申與上海地方審、檢廳籌備
一切。」

在〈應季中暫作調人〉中，該報報導了江蘇民政長應德閎（季
中）的折衷方案：「審理是案之種種手續應歸地方廳承辦，其審理
之主裁，在預審時由檢察廳長任之，在提起公訴後，由審判廳長任
之。另請陪審員數位由司法部委任到庭陪審。此變相之普通法庭，
程都督聞已贊成矣。」

經過上海國民黨與政府當局的反覆較量，司法部最後通過這樣
一個折衷方案：（一）宋案初審由上海地方審判廳審判，由司法部
電知該廳按照證據秉公審判，毋偏毋倚；（二）初審判決，如有上
訴，司法部即呈請大總統，於江蘇暫設大理分院，或派舊員，或新
任用，均無不可，決不至提京審訊。

三、宋案證據的非法公佈

1913 年 3 月 29 日，袁世凱密電程德全：「連接南方私人來電，宋案牽涉洪述祖，是否確實？究何情節？宜速查覆，以憑核辦。」隨後，袁世凱又一再致電程德全，要求「速檢牽涉洪述祖各確據，分咨外部、東督，迅速核辦」；「宋案人言煩囂，亟盼早見證據，望照迭次電囑，速行檢齊報告。」袁世凱的機要秘書張一麐也多次密電程德全，催他把「牽涉中央證據速向英廳索取」，派人帶京呈閱，並特別叮囑「可不作正式報告」。[2]

程德全在發給袁世凱的密電中，一方面表示「德全等辦理此案，一切手續務取嚴密沉靜態度」；與此同時也要求袁世凱「密諭內外執政，禁止浮言，屏絕密告，以釋群疑而安大局」。[3]

4 月 24 日，武士英的突然死亡使原本就炙手可熱的宋教仁案再度升溫。4 月 25 日，參議院選舉國民黨人張繼、王正廷為正、副議長，標誌著國民黨方面在議會選舉中取得初步勝利，同時也為宋教仁案的進一步升級火上加油。置身於國民黨人士重重包圍之中的程德全，再也守不住此前對於袁世凱的「一切手續務取嚴密沉靜態度」的密電承諾，「連日邀同公證人黃上將興，伍前司法總長廷芳，王前司法總長寵惠，並上海地方檢察廳長陳英，在駐滬交涉員署，會同詳細檢查」；於 4 月 25 日深夜 12 時與民政長應德閎以聯名通電方式，公佈了宋教仁案的相關證據，並且在結束語中表白說：

> 「前奉電令窮究主名，綜觀以上各該證據，洪、應兩犯往來函電，詞意均有所屬，必須徹底訊究，以期水落石出。似此

---

[2] 江蘇都督秘書處密電密件室抄存件，引自朱宗震著《民國初年政壇風雲》，河南人民出版社，1990 年，第 168 頁。
[3] 《程德全密電稿》，李宗一著《袁世凱》，國際文化出版公司，2006 年出版，第 210 頁。

案情重大，自應先行攝要據實電陳。除武士英一犯業經在獄身故，由德全等派西醫會同檢廳所派西醫四人剖驗，另行電陳。應桂馨一犯，迭經電請組織特別法庭，一俟奉准，即行開審外，謹電聞。」[4]

5月12日，北京《國報》刊登署名「良心」的長文〈嗚呼國民黨之自殺政策〉，作者以「嘗掛籍於舊同盟會」並且「與宋先生略有聲氣之雅」的知情人身份，詳細介紹了「國民黨人利用宋某涉及政治問題，近且與大借款事並為一談，陰謀詭計，無所不用其極，蓄意推翻民國」的「自殺政策」。在談到宋案證據的非法公佈時，該文介紹說：

「當檢查證據後，即由黃興處擬一電稿，送請程都督閱發。其末尾所云，較今日之稿，飭文多至十倍，全是法庭判決書中口吻。說明袁、趙為主使犯云云。程閱之無語。應力持不可，以為現僅宣佈而止，如下判詞，他日何必再有審判，故語氣須虛而不實。又有國民黨人蔡某，從旁力為周旋，乃商量改竄至四次，始將尾語刪除殆盡。惟『詞意均有所屬』之『所屬』二字，尚用『秉承』字樣。程都督不欲再爭，即振筆簽字。應與蔡、陳諸人力爭『秉承』二字，太落邊際，請改牽涉二字。黃拂然曰：『如此是有意為政府開脫。』堅不允改。磋議竟日，始改『所屬』二字。其他涉黃之件，概從刪除。」

這裏的「國民黨人蔡某」，指的是前滬軍都督陳其美的軍法司司長蔡寅號冶民。「應與蔡、陳諸人力爭『秉承』二字」，指的是江蘇省民政長應德閎（季中），在與蔡寅、陳其美、黃興等人的爭論中，堅持把黃興原稿中矛頭直指趙秉鈞、袁世凱的「詞意均有所秉

---

[4] 《程德全應德閎宣佈宋案證據通電》，《民立報》，1913年4月26日。

承」，改寫成為沒有明顯傾向性的「詞意均有所屬」。對於所謂的「涉黃之件」，該文介紹說：

> 「涉黃之函，雖有其他關係，與殺案卻亦無涉。在餘並不主
> 張列入通電內，不過黃即據其所自據之程、應通電，羅織趙
> 秉鈞，仍為有意搗亂。聞程、應另有呈文至政府，聲明通電
> 中所未列之證據，尚待續告，似有取消通電之臭味。另有詳
> 冊分月日之先後，遍列各項證據，此卻事前並未謀諸孫、黃，
> 可為研究宋案之確實材料。由余論之，趙並無殺宋之嫌疑，
> 惟任用洪、應等小人，致損國家威信，即為趙一人之罪。若
> 竟執殺宋罪趙，並及於袁，是其利用宋死以冀達其爭權奪利
> 之私計，無論遲早必為國民共誅。」

這裏所說的「程、應另有呈文至政府」，以及「另有詳冊分月日之先後」，指的是程德全於 5 月初以「前次撮要電陳各件，先後次序，尚有凌躐」為由，另行呈送袁世凱的鉛印本《江蘇都督程德全呈大總統檢查報告──附應夔丞家搜獲之函電文件五十三通》。該文所說的「涉黃之件，概從刪除」，事實上並沒有完全刪除。《民立報》於 4 月 27 日披露的「宋案證據」第十一項中，就保留有黃興通過應夔丞把私存的六十萬公債中的五十萬，轉到宋教仁名下作為活動經費，另外十萬元公債劃歸應夔丞名下，作為聯絡江蘇、浙江、安徽等地駐軍的活動經費的文字記錄。針對宋案證據的非法公佈，「良心」在文章中依據法律常識批評說：

> 「余所最反對者，孫文、黃興之檢查證據。至組織特別法庭，
> 尤為奇謬。試述個人之理由。孫、黃既非地方長官，又與法
> 庭絕無關係，何權可以干涉政治或法律問題？在孫、黃及其
> 徒黨之意，則謂宋為國民黨重要人物，故國民黨領袖即有權

可以干涉。若是則某黨之人被害,即須歸某黨人辦理。某黨人犯罪,亦將歸某黨人審判乎?況宋案之發生,其嫌疑究屬何方,迄今尚未十分明瞭。孫、黃又烏可視若無事!主張特別法庭,則孫、黃非特操搜查證據之權,且欲進執裁判之權。何不待搜查證據,不待裁判,即由孫、黃任意決定,某某犯罪,某某應如何處置,以遂其朕即國家之志。觀其言論,輒云政府受殺宋嫌疑,法官皆依賴政府不可信。亦知誰受嫌疑,除法庭外,何人能下此斷語。且天下斷無除我以外,皆不可信之理。但政府亦復夢夢,孫、黃如何云云,莫不奉令承教。孫、黃益復自鳴得意,並指為政府畏罪遷就之確證。此俱足痛心者也。」

1913年6月3日,《民立報》刊登〈譚人鳳就與袁世凱晤談答記者問〉,其中報導說,5月18日,國民黨方面的譚人鳳、王芝祥二人從上海前往北京,當面向袁世凱尋求南北調和的辦法。袁世凱在與譚人鳳見面時,嚴屬譴責了黃興對於宋案證據的非法干涉:

「人謂我違法,我絲毫不違法。宋案候法庭裁決,借款聽國會解決。國會議決如何便如何,我何違法之有?宋案證據有黃克強蓋印,黃克強既非行政官,又非司法官,何能蓋印?即此已違法,尚責我乎?」

江蘇都督程德全是負責處理宋教仁案的最高軍政長官。自從辛亥革命爆發以來,他對於同盟會及國民黨方面的革命黨人,一直抱著最大限度的誠心和善意。等到國民黨方面即將挑起發動號稱「二次革命」的國內戰爭時,他在公開通電中明確承認,自己在主持處理宋教仁案的過程中,逾越了司法獨立的法律邊界:「迨兇犯緝獲,又商議法庭,搜查證據,……德全在責任上雖屬無可旁貸,在法律上已自慚越俎之嫌。嗣此案交付法庭,德全不復過問。」與此同時,

他還對國民黨方面提出嚴正警告：「宋案當聽法庭解決，借款當聽國會主持。」鑒於「人民已有枕席不安之狀」，為「維持秩序，凡有煽惑兵隊，擾亂治安之舉，無不以軍法從事」。[5]

副總統兼湖北都督黎元洪，基於政治問題法律解決的憲政原則，也對上海方面非法操縱宋教仁案提出批評：「共和國家，首重司法，豈惟行政官廳不容干預，即至立法機關，亦當然不能侵犯。刺宋一案，純屬法律問題，前者宣佈證據，不出之於法庭，而出之於軍政府。學律者猶竊慮其非，乃各省團體，當法庭未判以先，動輒以意通電，間入政治，動搖邦基，加以犯罪之名，而先居於違法之實。不知而言之，是謂昧理，知而言之，是謂侵權。擁護約法，是毋乃非歟？」[6]

接下來，黎元洪還把宋教仁之死與整個國家的興衰存亡不太恰當地對立起來：「逝者已矣，來日方長，同屬國民，尤當共圖鞏固共和，維持大局，寧可以宋君殉全國，不可以全國殉宋君。……設一旦演成慘劇，玉石俱焚，莽莽神州，同罹浩劫，既違諸公復仇之心，又豈慰宋君革命之心？」

在已經初步實現憲政民主制度的中華民國，宋教仁不應該為了國家而殉道犧牲，整個國家也不應該僅僅為了宋教仁而發動內戰。在宋教仁已經遭受暗殺的情況下，無論是政府方面還是國民黨方面，都應該在憲政民主的制度框架內依法調查事實真相，進而通過對於犯罪嫌疑人的依法審判，以及對於宋教仁家屬的國家賠償，進一步完善依法保障本國人民合法權利的憲政民主制度。國民黨方面在事實真相還沒有調查明白的情況下，就撇開司法機關及法律程序，自行宣佈袁世凱、趙秉鈞是宋教仁案的謀主真

5　《程德全主張去疑弭爭通電》，《時報》，1913 年 5 月 19 日。
6　黎元洪：《關於宋案借款之通告》，來新夏主編《北洋軍閥》（二），上海人民出版社，1983 年，第 337、339 頁。

凶，甚至於以此為藉口發動國內戰爭，顯然是黎元洪所說的「加以犯罪之名，而先居於違法之實」的既「昧理」又「侵權」的違法行為。

到了 1928 年，曾經積極支持國民黨方面利用宋教仁案挑起發動「二次革命」的章太炎，在應馮自由邀請而寫作的〈中華民國開國前革命史序〉中，對於「二次革命」的合法性另有反思：「余於開國前後諸大事，聞其謀與其役者頗眾，雖不敢謂有功，自視亦庶幾無疚。獨民國二年，以宋教仁之死，同志發憤與中央政府抗，餘亦頗與焉。稽之大法，蓋不可以為至當矣。」[7]

四、宋教仁案的依法審理

1913 年 5 月 5 日，上海地方檢察廳長陳英開始預審應夔丞和他的親信助手朱蔭榛。第二天即 5 月 6 日，上海地檢廳致電北京司法部表示：「暗殺前農林總長宋教仁一案，經本廳檢查證據，洪述祖與應夔丞確係同謀。洪述祖刻已逃匿青島，本廳依試辦章程第四十五條，未便直接拘傳。理合電請大部迅咨外部與膠督嚴重交涉，速將洪述祖交與魯省該管華官轉解過廳，歸案訊辦。」[8]

與此同時，上海地檢廳還致函北京地檢廳並附傳票兩張，請京廳分別代傳犯罪嫌疑人趙秉鈞、程經世「按期解送來廳」。北京地方檢察廳廳長蔣芬在上海地檢廳的催促下向趙秉鈞、程經世發出傳票。趙秉鈞於 5 月 13 日接到傳票後，在致北京地檢廳的覆函中申訴說：

[7] 姚奠中，董國炎著《章太炎學術年譜》，山西古籍出版社，1996 年，第400 頁。
[8] 《上海地方檢察院為引渡洪述祖致司法部電》，《時報》，1913 年 5 月 9 日。

「查暗殺宋教仁一案，前據洪述祖青島江電稱，『述祖非假託
中央名義，不能達其目的』各節，已足證明秉鈞與本案毫無關
係。……故秉鈞實無到廳候質之理，秉鈞對此項傳票，當然拒
絕。惟民國立國精神，首重司法獨立，而尊重司法官意思，即
為維持司法獨立之道。且秉鈞於宋案無關係，而對於發給密
碼，及為請津貼兩事，亦負有解釋之義務。現在秉鈞舊疾復
發，曾在北京法國醫院調治，當有診斷書可證，已於四月三
十日呈明總統請假十五日在案，自未便赴滬。用特援引刑事
訴訟法草案第三百零三條之規定，請就秉鈞所在地詢問。」[9]

國務院秘書程經世，也在呈遞京檢廳的聲明理由書中寫道：「查
宋案關係現在雖應認主要為武士英，嫌疑為應夔丞，而洪述祖與應
夔丞究有何干係，至今尚未分明。當未分明之先，即使經世到廳，
亦無人與之對質。是傳票所開來廳對質，似為事實上不可能之事。
茲謹重法律，依據現行審判廳試辦章程第十八條規定，呈明貴廳轉
行上海檢察廳查照。」

據 1913 年 5 月 7 日《新聞報》報導，趙秉鈞此前在致北京《民
立報》記者函中，另有一番自我表白：「奉差各省特派人員，向用
密碼報告，因作函將密碼送去。」至於洪述祖與應夔丞之間的來往
函電，完全是洪述祖的「招搖」或「隱射」，「鄙人德薄，橫遭訾議，
亦命運使然。惟撫念生平，四十即抱消極主義，五十以後即抱厭世
主義，津沽伏處，久無問世之心。」

在《民國經世文編》中，收錄有趙秉鈞寫給岑春煊等人的辯護
函，其中抄錄了黃興通過應夔丞轉移六十萬公債的證據材料，認為
這項證據足以證明黃興與應夔丞關係密切，黃興的犯罪嫌疑遠遠超

9　《京地檢廳長轉趙秉鈞程經世拒絕赴滬受質復文》，《時報》，1913 年 5 月
27 日。

過了他自己:「書信往來與銀錢往來孰輕孰重,彼此俱立於嫌疑地位,而潛投巨貲煽惑徐皖軍隊,陰謀內亂,比之秉鈞,豈不更多一重罪案,何以克強獲免於訴追,而秉鈞必須質訊,……」[10]

應該說,至少從字面上來看,趙秉鈞這種自證清白的自我辯護,在法理上是能夠成立的。

其一、現有證據中,與趙秉鈞直接相關的只有「一為發給密碼,一為請領津貼,均屬因公」的「手書兩件」。作為長官,他雖然應該為內務部秘書洪述祖的違法犯罪行為承擔行政上的連帶責任,卻沒有代洪述祖承擔刑事罪責的法律依據。

其二、此案中所有涉及趙秉鈞的犯罪嫌疑,都出自洪述祖的轉述,有直接犯罪嫌疑的洪述祖還沒有抓捕歸案,有間接犯罪嫌疑的趙秉鈞及程經世即使到案出庭,又該與誰當面質證呢?

其三、這裏所談到的黃興(克強)更加嚴重的犯罪嫌疑,經過趙秉鈞等人的反覆質疑,黃興始終沒有給出正面解釋,在很大程度上等於是默認了相關事實。

5月8日,宋教仁在南京臨時政府法制局任職時的老同事、時任江蘇高等審判總廳廳長楊蔭杭發出公函,以上海地方審判廳廳長黃涵之(慶瀾)的資格問題為由,任命屠銓接任廳長,並以張清樾暫時代理。主動辭職的上海地方檢察廳廳長陳英(松生),由江蘇高檢廳任命蔡季平接任。上海地方檢察廳鑒於洪述祖遲遲不能引渡,不得不推遲將宋案移交審判廳開審,要求外交部向青島德國當局交涉,從速將洪述祖引渡歸案。

5月30日,上海地方審判廳就宋教仁案第一次開庭審判。原告代訴人高溯、金泯瀾律師,以宋案要犯趙秉鈞、程經世、洪述祖尚未到案為由,請求緩期開庭公判,要求上海廳發出提票,強行拘傳趙、

---

[10] 《趙秉鈞覆岑春煊等函》,《民國經世文編》第20冊,上海經世文編社輯,1914年出版,第11頁。

程、洪到案。被告律師楊景斌也反對開庭審判，理由是現任本庭法官未奉大總統、司法總長任命，不符合「臨時約法」的規定，沒有開庭資格。由於原、被告雙方律師的抗告，上海地審廳不得不宣佈退庭。

隨著「二次革命」的爆發，由江蘇海運局六十一團兵營轉押到上海地方檢察廳模範監獄的應夔丞，於 7 月 24 日晚上越獄逃走。正在依法進行的宋教仁案的法律程序，因為這場國內戰爭而被迫終止。無論是中央政府方面的袁世凱、趙秉鈞、洪述祖，還是國民黨方面的陳其美、黃興、吳乃文、陳玉生、馮玉山、張漢彪、陸惠生、張秀泉、鄧文斌等人的涉案嫌疑，迄今為止既沒有得到罪由法定的依法審判，也沒有得到事實上的真相大白、水落石出。

五、鐵血監視團與孫中山

在會長應夔丞（桂馨）被捕之後，中華國民共進會內部的會黨人士進一步分裂。其中有一部分會員主動向政府投誠，譬如青紅幫頭目張軍吾等人公開致電袁世凱，表示「改良社會，民國要素，青紅兩幫極大社會，尤應改良。國民共進會會長應桂馨所用刺客非兩幫人，證明不敢從亂，然會長如此，該會已難示信。」希望能夠「另立國民共和會，改章取締成完全民黨，共圖治安，懇予維持以慰眾望。」[11]另有一部分既是共進會會員又是國民黨黨員的激進派人士反其道而行之，採取了更加激進的反政府態度。

1913 年 4 月 27 日，也就是程德全、應德閎通電宣佈宋案證據的第二天，共進會副會長兼江蘇都督府顧問張堯卿，廣東綠林改進團領袖柳人環，中華民國工黨庶務科主任、青幫「通」字輩大佬韓

---

[11] 《青紅兩幫改組民黨之請願》，《神州日報》，1913 年 5 月 16 日「要聞二」。

恢,共進會成員羅良鑒、胡俠魂,以及國民黨激進派人士何海鳴、
王憲章、尹仲材等 30 多人,在此前的歡迎國會團的基礎上,共同
發起「以鐵血主義保障民權為宗旨」的鐵血監視團,決心「剷除國
逆鞏固共和」。他們在成立通告中公開表示說:

> 「宋案逆證披露,罪人斯得,袁犯世凱、趙犯秉鈞等,既同
> 為此案之主謀人,當然受法律之裁判,⋯⋯倘該犯等怙惡不
> 悛,恣睢暴戾,擁兵自衛,倒行逆施,同人等一致進行,誓
> 以鐵血相見。」[12]

就在同一天,追隨孫中山從事鐵路事業的基督徒國民黨人徐
謙,模仿辛亥革命前夕何海鳴撰寫〈亡中國者和平也〉、黃侃撰寫
〈大亂者救中國之妙藥也〉的口吻,在《民權報》發表〈佈告國民〉,
歷數袁世凱政府十四大罪狀,面向國民吶喊呼籲說:

> 「嗟乎,國民!惟能死者乃能生存,惟能戰者乃能得平和,
> 惟能除暴者,乃能保全國家。民國根本,共和基礎,已為萬
> 惡無道之民賊破壞以盡,吾民國再不能姑息養奸,藉口於維
> 持現狀,顧全大局矣!」

但是,于右任主持的上海《民立報》,對於共進會及鐵血監視
團採取的卻是公然出賣的態度。4 月 28 日,該報以〈滬南一帶之
謠言〉為標題,隱晦曲折地披露說:

> 「兇犯武士英身死之後,念五號傍晚時,滬南高昌廟一帶忽
> 聞謠言,謂滬上現已到有二千餘人(詭稱共進會中之人),
> 擬欲先搶製造局之軍火槍彈,繼往江蘇海運局劫獄云云。事
> 為防護製造局之軍衛所聞,明知係屬謠惑眾聽,亦不得不嚴

---

[12] 《民立報》,1913 年 4 月 30 日。

加防範，並即報告局長。即奉陳督理諭令加意防虞，毋得疏
忽。一面傳諭本局各門守門衛隊及局內各巡警，凡遇局中進
出面生者，務須盤詰，夜間員司工人出入，必有口令，如能
對答符合，方准啟閉，以免匪類混入云。」

「念五號」即 25 號。鐵血監視團的群眾基礎，是中國近代史
上最早的工會組織中華民國工黨。據邵雍在《中國近代會黨史》一書
中介紹，該黨於 1912 年 1 月 21 日在上海成立，公推朱志堯為正總領
袖，徐企文、謝月為副總領袖。隨後又改選同盟會會員徐企文為正領
袖。該黨的基層組織按行業組建，在鐵業、機器業、紗業、電業、外
國木器業、眼鏡業、紅木業、絲業、銀行業、雕花業、漆業、帽業、
織業、壽器業、刻字業、印字業、紅幫縫衣業、制煙業等行業內部，
擁有自己的基層組織和行業領袖。該黨以「促進工業發達」為主旨，
不提倡工人罷工，主張工人同資本家通力合作，調和階級矛盾。1912
年 6 月 23 日，由江亢虎發起成立於 1911 年 11 月的中國社會黨上海
本部，與中華民國工黨在《民立報》發表宣言，宣佈兩黨「切實聯合，
一致進行」，「社會黨員與工業有關係者，同時為工黨黨員；瞭解且
信從社會主義者，同時為社會黨黨員」。據當年的北京政府調查，工
黨中人「多半隸屬於青紅幫，奉其本幫首領，伊若神明，敬若父子。
故工黨極力聯絡青紅幫首領者，欲其振臂一呼，全國回應也。」[13]

中國社會黨的黨魁江亢虎，長期與孫中山保持合作關係。工黨
領袖徐企文和庶務科主任、青幫「通」字輩大佬韓恢，更是孫中山
的追隨者和崇拜者，他們一方面推舉孫中山為該黨名譽領袖，一方
面聘請孫中山的親信、旅美洪門致公堂成員、前南京總統府庶務長
朱卓文擔任工黨顧問。共進會副會長兼江蘇都督府顧問張堯卿，原
本是湖南省哥老會首領，早在興中會時期，就已經與孫中山建立合

---

[13] 邵雍著《中國近代會黨史》，合肥工業大學出版社，2009 年，第 177 頁。

作關係。1900 年 1 月 26 日,與唐才常等人一起組織自立軍的林圭
(述唐),在致容星橋信中介紹說:

> 「張兄歸漢,道及中峰待之甚懇摯,然所商尚無一定之規。
> 又聞委兄專辦湘漢事,甚善甚善。……至張兄之頑心,弟亦
> 曾與兄慮之,然初至漢時,雖有所聞,自張兄及兄去後,細
> 查一切,乃知亦不免不肖者言之過實。即不論一切是否,而
> 其足智多謀,遇事有把握,實駕群兄而上之。況此達變通才,
> 無事而暫為之,亦無大損;若有事而亦常亂者,是真無用才,
> 而張兄決保非其人也。今中峰幸是大豪,其擇用自有定見,
> 倘其信任不專,易為人動者,則他人一語而誤大事,亦常應
> 有之義。望兄將此言代達中峰。我輩今日辦事,宜持大綱節
> 目,捨其小者,取其大者。」[14]

這裏的「中峰」指的是孫中山,「張兄」就是 1899 年 12 月與
史堅如等人一同前往日本橫濱會見孫中山的張堯卿。孫中山即使在
卸任中華民國臨時大總統之後,依然與江湖會黨保持著秘密聯絡。
1915 年 2 月 28 日,他在寫給三藩市中華民國總會的公函中寫道:
「兄等要知第一次革命,政治問題並未解決,實不能謂為革命成
功。弟從海外歸來,他人皆有兵有權,惟以民心所向,舉我為總統;
而各種組織俱不能如意,各種政策不能實行。蓋居中國,當此時會,
徒以道德,徒以名義,不能收拾政治之實效也。」

孫中山所說的「他人皆有兵有權」,指的是在他回國之前,已
經搶先掌握了一部分軍政資源的黃興、陳其美、宋教仁、胡漢民、
陳炯明、李烈鈞、柏文蔚、于右任等人。在無兵無權的情況下,像
辛亥革命之前那樣繼續利用國民黨及秘密會黨中的激進派人士,是

---

[14] 陳錫祺主編《孫中山年譜長編》上冊,中華書局,1991 年,第 197 頁。

孫中山保持自己的影響力與號召力的重要策略，同時也是他與國民黨中的實力派人物黃興、陳其美、宋教仁、胡漢民、陳炯明、李烈鈞、柏文蔚、于右任等人之間的一個原則性分歧。遭受黃興、陳其美、李烈鈞等人一再出賣的會黨人士張堯卿、何海鳴、韓恢等人，即使在「二次革命」失敗之後，依然是孫中山的忠實追隨者。

六、陳其美出賣阿Q

魯迅小說《阿Q正傳》第八章的標題是「不准革命」，其中講述的是阿Q主動上門找到假洋鬼子，要求投奔「柿油黨」（自由黨）參加革命，卻被標榜自由革命的假洋鬼子打出門外，從而激發了阿Q的報復心理：「不准我造反，只准你造反？媽媽的假洋鬼子，──好，你造反！造反是殺頭的罪名呵，我總要告一狀，看你抓進縣裏去殺頭，──滿門抄斬，──嚓！嚓！」

與這種報復心理息息相通的，還有阿Q在第三章的《續優勝記略》中，扭住小尼姑的臉蛋所表達的流氓邏輯：「和尚動得，我動不得？」

魯迅筆下的假洋鬼子不准阿Q革命，是蘊含著他自己極其深刻的生命體驗的。與他關係密切的紹興同鄉、光復會副會長陶成章，就是被同盟會方面一心要壟斷包辦革命事業及革命成果的陳其美、蔣介石等人陰謀殺害的。到了「二次革命」期間，國民黨上層的黃興、陳其美、李烈鈞、柏文蔚等人，為了壟斷包辦革命事業及革命成果，對於鐵血監視團的阿Q們，另有變本加厲的出賣犧牲。

鐵血監視團成立之後，以奪取上海製造局為第一目標，積極準備武裝暴動。5月1日，鐵血監視團聯絡自由黨、社會黨（沙淦派）、工黨等激進黨派，在九畝地上海商團操場召開3萬人參加的全國公

民大會，公開動員討伐袁世凱。張堯卿、劉天猛、何海鳴等湖南籍國民黨人，還專門致電湖南都督譚延闓，要求他「迅率湖湘子弟，首先獨立，討賊問罪，為各省倡」。

5月中旬，張堯卿、柳人環等人以上海孟淵旅社為據點，利用上海籍工黨領袖徐企文在產業工人及會黨人士中間的號召力，與混成第三旅的下級軍官密謀起事。張堯卿自稱是黃興的代表，柳人環自稱是陳其美的代表。他們在一天晚上擺花酒七台，號召本埠軍官赴宴密議。赴宴的軍官中有許多是前滬軍都督陳其美的老部下，他們第二天找到陳其美表示說：「昨夕曾蒙招飲，感謝之至。先生與張、柳諸君所議之事，我等大表同情，請隨時指揮可也。」

陳其美當即表示自己與黃興並沒有參與此事。5月23日，黃興、陳其美專門派遣黃郛前往南京，向程德全報告鐵血監視團的活動情況。程德全迅速密電總統府秘書張一麐，並且通知製造局督理陳榥等人嚴加防備。在此之前，袁世凱已經獲得鐵血監視團的相關情報，並於5月22日電囑程德全拿辦張堯卿歸案。與此同時，混成第三旅旅長李英石，也把此事電告程德全，程德全要求李英石立即將張堯卿等人拿解南京究辦。

5月29日凌晨1時，張堯卿自任總司令，會同徐企文、柳人環等人率領退伍軍人、無業遊民以及駐守上海製造局的下級官兵100多人，打著「中華民國國民軍」的旗幟，分3批冒雨攻打製造局，遭到該局守軍的迎頭痛擊。

據6月1日上海《時報》報導，陳其美於5月31日中午專門帶著《民強報》記者來到上海製造局，向督理陳榥（洛書）、協理華祝三（振基）及六十一團團長陳其蔚（熙甫），詳細敘述自己把鐵血監視團成員當作阿Q加以出賣的前後經過，並且繼宋教仁血案之後，把鐵血監視團認定為應夔丞的同夥，把他們的幕後元兇認定為北京中央政府的內務部：

「繼調查，若輩均係被動者，其主動之人確在北方。其遠因先由西報造謠刊載黃興、陳其美在滬謀反情事，外交總長與某公使會議取締之法，欲黃等離開上海租界。後由某公使會議，美公使因無證據不贊成，法公使亦以黃等所主張為改良政治，此與造反不同，未便干涉。此計遂窮。乃由內務部派人南來運動南方敗類，冒名搗亂。後此計遂可實行。並謂現在製造局既屬於陸軍部，一切統由部示辦理。此說雖不可信，然亦不能無疑。」[15]

在陳榥、華振基、陳其蔚及三十七團團長梁敦倬聯名發給北京陸軍部總次長的通電中，對於鐵血監視團攻打上海製造局事件另有介紹：陳榥等人得到陳其美等人告密出賣鐵血監視團的通告之後，派遣六十一團的諜報人員汪中壯、馬昌駿打入鐵血監視團，然後由二人介紹連長陳禮文、張紹良加入該團。5月28日，鐵血監視團者成員、駐守上海製造局的六十一團排長唐堯臣，秘密到張紹良處約定當晚起事，張紹良立即報告給陳榥等人。陳榥等人派遣陳禮文前往鐵血監視團機關部秘密調查，鐵血監視團者發給陳禮文中華民國國民軍旗一面，口號是「宣佈」二字。陳禮文與鐵血監視團商定的作戰計畫包括五條：其一、調查存款。其二、佔據製造局後即鳴槍三聲。其三、捕獲陳督理後鳴槍一聲。其四、在三十七團營房後面接濟子彈。其五、捕獲陳督理後，當即飛報括弧弦。戰鬥打響後，駐紮在高昌廟內的一營營長馮熾中，派遣馬昌駿與排長朱敏，把徐企文誘入營房加以逮捕。守衛製造局的各部隊分兵把守，約半個小時就把鐵血監視團全部打散。「是日晝夜傾盆大雨，是以無從追擊。惟天明調查，西局門外一帶，血跡甚多。我軍死者二名，重傷一名，輕傷五名。」

15　《上海製造局督理陳榥報告擊敗徐企文進攻電》，1913年5月31日。朱宗震、楊光輝編《中華民國史資料叢稿‧民初政爭與二次革命》上編，上海人民出版社，1983年，第424頁。

　　當時的上海製造局，名義上隸屬中央政府陸軍部，實際上卻控制在江蘇都督程德全及前滬軍都督陳其美手中。陳其美企圖通過公開誣衊鐵血監視團是與北京內務部勾結的「南方敗類」，來實現自己阻止中央政府派遣北洋軍隊進入上海的目的，其結果卻是適得其反。袁世凱利用這次事件為藉口，一方面要求程德全把徐企文押送北京接受審訊；一方面施加壓力，迫使程德全同意北洋軍隊進駐上海製造局。

　　7月6日，北洋第四師臧致平團共三營1300多名戰鬥人員偽裝成海軍警衛隊，由海軍中將鄭汝成率領，分乘招商局新昌、安平兩艘輪船抵達上海，以保護軍械重地為名進駐製造局，搶佔了這個南方軍隊的軍火供應基地。北洋軍隊沒有登陸之前，國民黨方面獲得情報，孫中山建議在上海率先發動「二次革命」，黃興、陳其美等人擔心上海局面太小，不足以支撐和影響大局，從而放棄了上海製造局這個南方地區最為重要的戰略基地。

七、李烈鈞的二度出賣

　　攻打上海製造局失敗後，柳人環、文仲達、盧漢生、唐堯臣等人逃到江西南昌，投靠反對袁世凱最為堅決的江西都督李烈鈞，沒有想到竟然是自投羅網。李烈鈞為此事致電程德全，程德全回電說：「張光曦、柳人環假克強名在外招搖，克強迭有函電來請拿辦。近來臆度造謠者多，必將張、柳拿辦，以表白克強之心，以見執事之力維大局。」[16]

　　於是，李烈鈞派出軍警逮捕柳人環、文仲達、盧漢生、唐堯臣等13人，準備送往江蘇交程德全處理。此前被推舉為鐵血監視團

---

[16] 江蘇都督府秘書處密電密件室抄存件，朱宗震著《民國初年政壇風雲》，河南人民出版社，1990年，第199頁。

團長的何海鳴，當時正在李烈鈞（俠黃）的都督府擔任秘書。據何海鳴在寫於 1917 年的《金陵紀戰》中回憶，1913 年 3 月宋教仁被暗殺後，是他介紹張秀泉、鄧文斌到陳其美那裏告發應夔丞的。案件告破之後，張秀泉、鄧文斌並沒有得到陳其美、黃興公開懸賞的一萬元，何海鳴也因為別的事情而心情鬱悶，便應陽惕生的邀請，與何子奇、杜又泉一同來到江西南昌。李烈鈞堅持邀請他擔任秘書，他無法推辭只好接受下來。在此期間，上海方面的朋友在歡迎國會團的基礎上另行組織鐵血監視團。「我固該團一分子也。如韓恢，如尹仲材，如胡俠魂，均與予相契，乃舉予為團長。復以長函畀予，詳述運動成績，並促予返。予言之俠黃，似不予信，而上海方面若孫、若黃，亦多不以鐵血監視團為然，予亦於來函中知之。未幾，接仲材一電云，二十八日之夕，滬上將發難。逾數日，俠黃接有通知，知上海事已失敗，徐企文被擒，袁政府嚴拿張堯卿、柳人環二人。又逾數日，柳人環與盧漢生至南昌，寄居於湖南會館，隨從二十餘人。俠黃接上海電捕之，予力爭不能釋，即興辭去，束裝返滬。蓋傷心極矣。抵滬後，晤仲材，知徐企文之失敗，係前滬軍都督告密所致。事後，且誣柳人環、徐企文等為袁之偵探。自殘同類，如此其劇。」[17]

李烈鈞在逮捕柳人環等人四天後被袁世凱免職。柳人環、盧漢生、文仲達、唐堯臣等人隨後被押往湖北，並於 6 月 23 日乘京漢火車轉送北京。文仲達在途中變節招供，致使奉孫中山、黃興之命準備在武漢搶先發動武裝暴動的一部分國民黨人遭到逮捕。

在黃興、陳其美、李烈鈞等人採取借刀殺人方式，出賣犧牲革命黨內部的阿 Q 式人物張堯卿、柳人環、徐企文、唐堯臣之前，廣東都督胡漢民也曾經要求袁世凱針對自發組織「二次革命」的阿Q們實施血腥鎮壓。1912 年 11 月，前清廣東陸軍小學總辦黃士龍，

---

[17] 何海鳴：《金陵紀戰》，北京：《寸心雜誌》，1917 年 1 月，第 1 期。

參加過辛亥革命之前由孫中山、黃興領導的多次武裝起義的會黨頭
目王和順，共同指責胡漢民搞廣東獨立，跑到北京要求袁世凱支持
他們的「二次革命」。胡漢民因此致電袁世凱：「各省立心不正之徒，
每以二次革命為口實，若不嚴誅一二，將何以遏止亂萌。請諭知各
省，現在國本已定，如有倡言革命者，政府定予嚴辦，俾奸人知所
斂跡。」袁世凱接到來電後發佈訓令：「凡有倡言革命，敢為國民
公敵者，查有實據，即行按法嚴懲。」[18]

應該說，暴力革命無論在任何情況下，都是最為劣質也最為無奈
的路徑選擇。作為最為劣質也最為無奈的一種公共事業，暴力革命無
論如何都不應該由一黨一派壟斷包辦。辛亥革命的成功就是多元化的
社會力量共同作用的結果，而不是同盟會方面壟斷包辦的成果。武昌
起義的真正發起人和當事人並不是同盟會的上層人員，而是湖北新軍
的下層軍官和游走江湖的秘密會黨人士。所謂「二次革命」同樣是由
下層軍官和會黨人士率先發動的。只有當黃興、陳其美、胡漢民、李
烈鈞等人的高官厚祿遭到剝奪時，他們才會站到「二次革命」的最前
沿鋌而走險。但是，他們此前對於自發組織「二次革命」的阿Q們的
出賣犧牲，已經大大抵消了他們自己挑起發動「二次革命」的合理性。

八、宋教仁身後的議會政黨

1912年10月5日上午，黃興（克強）、陳其美等人赴總統府
與袁世凱道別後，乘火車專列離開北京，於當天下午抵達天津。據
著名記者黃遠庸介紹：「黃克強離京之日，正梁任公歸國之時。其
時，國民黨本部（此時為法律派全盛時代）已決議不攻梁，且願與

---

[18] 《臨時大總統訓令第四號》，《政府公報》，1912年11月27日。朱宗震著
《民國初年政壇風雲》，第101頁。

民主黨合，以其時彼等指目任公為民主黨之暗中黨魁也。其時國民黨報方痛罵之，而黨魁黃克強方殷勤願見梁某顏色。以任公在大沽遇風阻滯，候至數日而未得見，黃遂遣書痛罵。」[19]

10月8日，梁啟超從日本回國抵達天津，結束了自戊戌變法失敗後長達14年的流亡生涯。就在同一天，黃興、陳其美等人乘坐津浦路火車離開天津前往南京。大風造成的不可抗力，奪去了立憲派領袖梁啟超與革命黨領袖黃興之間實現和解的最後機會。

10月27日，在梁啟超的聯絡撮合之下，共和建設討論會、共和促進會、國民新政社、共和俱進會、國民協會、共和統一黨合併組成民主黨，推湯化龍為幹事長，以梁啟超為精神領袖。由於民主黨在參議院和眾議院的議員競選中表現得異常失敗，梁啟超只好接受徐佛蘇的建議，於1913年2月加入以黎元洪為首的共和黨。

1913年4月2日，袁世凱派出馬隊、憲兵、探訪隊保護梁啟超從天津來到北京，磋商「合黨事」。4月16日，共和、統一、民主三黨在迎賓館達成合作行動、對外以進步黨自稱的協議。在共和、統一、民主三黨走向聯合的同時，作為第一議會大黨的國民黨卻正在分裂瓦解。

4月8日，中華民國第一屆國會在新落成的眾議院舉行開幕典禮，參、眾兩院到會議員共682人，國務總理和各部總長及中外來賓列席會議。臨時大總統袁世凱沒有到場，而是委託總統府秘書長梁士詒前來祝賀。上午11時，籌備國會事務局委員顧鼇宣佈國會開幕典禮開始，鳴禮炮108響。籌備國會事務局委員長施愚報告國會召集經過後，公推最為年長的雲南參議員楊瓊為臨時主席。當梁士詒代表總統致賀辭時，部分國民黨議員以袁世凱沒有到會為由予以拒絕，從而把國會與政府置於尖銳對立的敵對狀態。

---

[19] 遠生：《最近之大勢——漸漸分明》，上海《時報》，1913年5月27日。朱宗震、楊光輝編《中華民國史資料叢稿・民初政爭與二次革命》上編，上海人民出版社，1983年，第361頁。

　　國民黨從成立之日起，一直是分成兩部分進行活動的。一部分是以孫中山、黃興、陳其美、李烈鈞、胡漢民等人為首的南方實力派；另一部分是以議會為活動舞臺的國民黨北京本部。宋教仁案發生後，主要從事議會政黨活動的國民黨北京本部失去了自己的精神領袖。不善於也不願意從事議會政黨活動的孫中山、黃興，僅僅在上海通過遙控指揮，是不足以影響國民黨北京本部的。於是，國會剛剛開幕，國民黨議員吳景濂、張耀曾、陳家鼎，就因為爭奪眾議院議長而發生內訌。張耀曾為顧全大局主動讓步，陳家鼎另行組織癸丑同志會與國民黨分裂。在此之前，孫毓筠因為聯合民主黨的湯化龍、共和黨的黃為基等人組織國事維持會，遭到黨內激烈派的抨擊，他隨後又與景耀月等人組織了政友會。劉揆一等人組織的相友會、郭人漳等人組織的自由俱樂部、夏同和等人組織的超然社、陳家鼎等人組織的癸丑同志會，雖然沒有公開擁護袁世凱，卻也不再支持國民黨。

　　4 月 25 日，參議院以記名投票方式選舉國民黨候選人張繼、王正廷為正、副議長。接下來，國民黨在眾議院的議長選舉中卻慘遭失敗。國民黨方面為監督自己的議員不被收買，仍然堅持明顯違背憲政法理的記名投票，遭到其他各黨派的強烈抵制。眾議院為此專門就選舉方式進行投票，結果是共和、統一、民主三黨以 268 票對 266 票的微弱多數擊敗國民黨。26 日正式開始投票選舉議長，民主黨的湯化龍得 272 票，國民黨的吳景濂得 266 票，因為兩個人都沒有超過半數而宣佈無效。到了 30 日的第三次投票時，湯化龍得到 279 票，吳景濂僅得 248 票，由湯化龍當選議長。5 月 1 日，共和黨貴州籍議員陳國祥當選眾議院副議長。國民黨因此喪失了在眾議院中的多數黨地位。國民黨議員中的激烈派成員張繼、馬君武、謝持、田桐、白逾桓、谷鍾秀、呂復、陳策、王正廷、盧元弼等人不引以為戒，反而在孫中山、黃興等人的遙控指揮下，變得越來越喪心病狂。

　　據 5 月 9 日的上海《時報》報導，參、眾兩院於 5 月 7 日討論大借款案，國民黨議員認為借款案未交議院審核，政府諮文於法不合。進步黨議員認為此案在臨時參議院時期已經討論通過，主張及時借入，監督用途即可。雙方一言不合便大打出手。「眾議院開會，……谷鍾秀為一場惡劣之演說後，國民黨遂痛罵議長，叫打之聲不絕。呂復、陳策立用墨盒飛擊未中，並有人欲出手槍。陳副議長退席，眾欲毆林長民。林退，遂群圍議長室，辱罵叫打。……參議院亦因王正廷與劉成禺衝突，馬君武叫打喧鬧而散。」

　　5 月 13 日，國民黨議員盧元弼與進步黨議員丁廷騫再度互毆。議長張繼等人繼續在參議院指責大借款案，致使進步黨的劉崇佑等人在報刊上公開駁斥張繼的言論。

　　5 月 29 日，共和、統一、民主三黨全體在京黨員集會，正式宣佈改組合併為進步黨，舉黎元洪為理事長，梁啟超、湯化龍、張謇、伍廷芳、那彥圖、孫武、王揖唐、蒲殿俊、王印川為理事，馮國璋、蔡鍔、汪大燮、熊希齡等 23 人為名譽理事，林長民為秘書長。分政務、黨務兩部，由林長民、丁世嶧分任部長。會議決定在北京設立本部，各省會及蒙、青、藏地區設立支部，各縣設分部。進步黨以「國權主義」和「政黨政治」為理論基礎，主張採用責任內閣制，以英國式的「完全之政黨內閣」為最理想的政府，為政黨政治之極軌。同時又認為中國當時不具備實行完全政黨內閣的條件，只能實行議會各政黨的聯合，建立包括袁世凱官僚勢力在內的混合內閣。

　　6 月 18 日，梁啟超召集該黨討論時局，會後發表《進步黨之大方針》，主要內容為：一、擬推選袁世凱為正式大總統；二、主張改組內閣，宣稱該黨「有掌握政權之雄心」，並以為「非本黨掌握政權，不足以產生強善政府」；三、認為「宋案」應以「法律解決」，反對法庭傳訊趙秉鈞到案；四、支持善後大借款，惟主張對「借款須嚴督用途」。

　　「二次革命」爆發後，進步黨主張武力討伐。梁啟超連續發表
〈共和黨之地位與其態度〉和〈革命相續之原理及其惡果〉等文，
攻擊國民黨為「亂暴勢力」，認為謂「暴民政治之禍，更甚於洪水
猛獸」；革命後接著革命，只能造成「生靈塗炭」，「國事日非」，告
誡袁世凱政府必須防範「亂暴勢力」。

　　7 月 17 日，眾議院議長湯化龍在進步黨會議上表示：「此次江
西倡亂，塗炭生民，實為叛反國家，應從速撲滅。」汪榮寶甚至提
出：「若有背叛大總統者，即是背叛中華民國。」[20]

　　7 月 18 日，進步黨發表通電，強調「議會有解決之道，無論
何人何所容其專制」，公開宣佈支持袁世凱鎮壓國民黨方面的武裝
暴動：「在院同人業經提案，促令政府迅速戡亂，以保統一而遏禍
機。」在南京政府期間與黃興、宋教仁關係密切的湯化龍，還專門
致電黃興，斥責他參與發動武裝暴動是「覆雨翻雲」、「倒行逆施」，
規勸他「斂兵效順」，否則「聲名俱敗，家國隨之」。[21]

　　進步黨方面的討伐案先由梁啟超召集該黨議員 240 餘人討論通
過，然後由汪榮寶、王敬芳等人在眾議院提交正式議案。由於國民
黨方面以缺席方式表示抵制，該項提案雖然沒有獲得正式通過，卻
在為袁世凱中央政府的武力鎮壓提供合法性的同時，把原本應該陽
光參政、和平競爭的議會兩大政黨，推演到了尖銳對立的極端境地。

　　關於國民黨在議會競爭中的嚴重失敗，廣東籍國民黨議員鄒魯
事後分析說，除了袁世凱的金錢收買之外，更重要的是國民黨內部
的種種原因。第一，宋教仁遇害之後，黨內其他領袖沒有北上主持
一切，黨魁孫中山、黃興在上海的主張又往往與北京本部相互矛
盾，令人無所適從。第二，國民黨合各派而成，但是同盟會一派人
的表現總是比其他派別更加激烈，導致穩健派逐漸產生離心力。第

---

[20] 《亞細亞日報》，1913 年 7 月 18 日。
[21] 《時報》，1913 年 7 月 23 日。

三,當時社會上的主流輿論並不支持國民黨,或者說是國民黨方面的激烈表現不得人心。「此曰國民黨謀叛,彼曰國民黨暴烈,是非之辯難明,利害之心遂生。於是國民黨員紛紛脫黨。」[22]

九、「二次革命」的不得人心

國民黨方面利用宋教仁案挑起發動「二次革命」的種種極端表現,直接關係著社會穩定與經濟發展。1913年5月1日,上海出口皮毛雜貨公會、商界共和團皮商公會以通告同業的方式發表聲明:

> 「生命財產,人人自有保護之權。……故光復之初,吾商界輸財助餉,不遺餘力,無非欲保全治安,維持大局。近因政黨中人橫爭意見,總統未經選定,憲法未經提出,彼亦一是非,此亦一是非,而外間妄加揣測,遂有南北剖分之謠。……刻下金融機關,十分停滯,推原其故,實由於造言生事者危詞聳聽,構成一風聲鶴唳、草木皆兵之象,使人人皆有戒心。就市面情形而論,金錢不活,貨物無往來,誰實使之然哉?」

5月7日,上海總商會在周金箴主持下致電大總統、國務院、參眾兩院及各省都督,首先表明統一共和、安居樂業的基本訴求:「前年武昌起義,海內響應,人民苦於專制,急求改革,不惜犧牲生命財產,克成共和,……而秩序漸安,人心漸定。當此春夏之交,正商業進行之際,……詎意風波迭起,謠諑朋興。……各埠成交之貨物,紛紛函電止退。……或者謂法蘭西過去時代,恐慌倍蓰於今

---

22 鄒魯:《澄廬文集》第三集,第 173 頁。引自吳相湘著《宋教仁傳》,中國大百科全書出版社,2010 年,第 178 頁。

日，商人所見者淺，未能遠謀。然師人者當以覆轍為殷鑒，毋寧捨短而用長。」[23]

接下來，這些商界人士明確表達了在憲政民主的制度框架之內解決政治紛爭的理性態度：「近日紛紛爭議，宋案也，借款也，選舉總統也。竊謂宋案審判於法庭，借款、選舉取決於議院，自有法律為範圍，豈尚血氣為勝負。商人在商言商，不知附和，若有所破壞而無建設，亂靡有定，胡所底止。」要求中央和各省都督，「以保衛商民、維持秩序為宗旨，無使我商民喘息餘生再罹慘禍，坐致大局淪胥，貽革命豐功之玷。」

國民黨方面相對穩健的《民立報》，也於 6 月 1 日刊登朱宗良的〈二次革命聲中之冷眼觀〉，公開告誡黨內人士說：「社會心理，莫不翹首企踵以渴望太平之隆盛，一聞變起，心驚膽裂，寢食為之不甯，較諸前次革命時，聞兵變而色然以喜者，蓋大相懸絕者矣。夫人民之厭亂既如此，則尚有誰敢為戎首，輕心發難乎？發難之後，誰肯附從之乎？此我國之無二次革命之餘地可知。」

在此之前的 4 月 27、28、29 日，《民立報》已經連載過該報主筆徐血兒的《綜論大暗殺案》，其中過於天真卻又不無道理地表白說：「記者對於本案之主張，即袁、趙自行解職，組織特別法庭，以受法律之裁判是也。……國民苟以是主張到底，民意可以禦甲兵，獨夫何畏焉！苟法律而尚不能完全解決，則以政治解決可矣！……國會當依據約法，提出彈劾案，使袁、趙解職，由國民組織特別法庭，為公正之審判，以為此案最後之解決也。」

與黃興、宋教仁關係密切的湖南同鄉、時任雲南都督的蔡鍔，在公開通電中表示說：「查宋案應以法律為制裁，故審判之結果如何，自有法律判決。……試問我國現勢，弱息僅存，邦人君子方將

---

[23] 《商界急謀自保》，《申報》，1913 年 5 月 2 日。

戮力同心，相與救亡之不暇，豈堪同室操戈，自召分裂！誰為禍首，即屬仇讎。……萬一有人發難，當視為全國公敵，鍔等才力縱薄，必不忍艱難締造之民國，破壞於少數使用僉壬之手也。」英國駐華公使館寫給英國外交大臣的報告，也專門談到國民黨方面發動「二次革命」的不得人心：「除江西和江蘇的軍隊之外，運動似乎沒有得到中國任何重要人物的支援。群眾的態度依舊是冷淡的。……國內大部分有文化的人士準備支持（至少在口頭上）一個集中的強有力的政府的政策。……而全國的商會和行會對推翻臨時大總統的企圖表示厭惡方面也沒有落後。甚至在廣東，商界人士、少數官員和一部分軍隊竟敢表示上述意思。我冒昧地認為，這樣說並不過分：全國強烈地贊成恢復安定的統治，相信這種統治只有在袁世凱的指導下才可能實現。」[24]

　　1913 年 5 月 12 日，北京《國報》刊登署名「良心」的長文〈嗚呼國民黨之自殺政策〉，其中寫道：「一般真正輿論疾首痛心於國民黨，較之前數年之疾首痛心於滿清惡政府者，殆有天淵之別。幾有汝日曷喪，予汝偕亡之意。蓋一經播弄，金融滯澀，百貨停滯，即就棉紗一項，每包跌去十六兩之多，破產者恐已接踵於途矣。故商界中人，每日攢眉蹙額，痛罵國民黨之破壞大局。日來洋紗、洋布、絲繭三業，已先後開公所會議，其結果分二：（甲）不看《民立》、《民權》、《民強》各報。（乙）國民黨人如有擾亂治安之言論，切勿為其所惑。如向商界籌募捐款，切勿允許。……自宋案發生時，洪述祖既□嫌疑，眾甚不以政府為然，非謂其殺宋也，因其親小人也。曾為□月，對於政府不以為然之心，漸當消滅。而對於國民黨之疾首痛心，正在繼長增高。是國民黨之根據且破壞，國民黨從此無立足之地。」

　　到了 1931 年，陳功甫撰寫的《中國革命史》，由國民黨元老蔡元培、吳稚暉等人主編的商務印書館萬有文庫正式出版，其中對於

---

[24] 袁偉時：《孫文的「二次革命」與中國政治轉折》，《戰略與管理》，2000 年第 6 期。

「二次革命」的違背民意反思道:「蓋自武昌起義以還,元氣迄未恢復,人心厭亂,達於極端,故聞革命之聲,無不掩耳而走。蓋以袁氏善後大借款,已經成立,財力軍械,均遠勝討袁軍,宜其卒於戰勝也。」

十、袁世凱的占盡先機

1913 年 5 月 5 日,上海《民立報》刊登〈袁世凱軍事準備〉一文,其中寫道:「自宋案發生,即有南北開釁之謠。借款成立後,風說益甚。此輩造謠者,無非利用國家有亂事,得以乘機圖利而已。其實總統由人民公舉,人民果不信任,自可另舉他人,初無所謂武力解決,即北方軍士當年能翊贊共和,推翻帝制,今日亦豈能為個人走狗自殘同胞?乃聞袁世凱即籍此風說,利用其專制手段嚴增軍備,如臨大敵,真可為心虛見鬼者矣。茲將京報所載彙列如下,其確否則不可知矣。」

接下來,該篇報導共羅列了十一項「京報」材料。

其一、4 月 28 日上午聞由陸軍部專員在天津奧國洋行訂購德國大宗軍火,及機關炮四十尊,機關槍八架,擬將大借款先撥交二百萬鎊云。

其二、近日,袁世凱密令陸軍部派人攜銀十五萬兩,到漢口購辦軍米,不日即可發運。其他各處密辦者,尚絡繹不絕。

其三、袁世凱前密令上海製造局總理陳洛書,以槍彈五十萬解交揚州,以機關槍四架,子彈八萬餘運回北京。因程都督查出,既裝運而又扣留,於是又密令德州北洋製造局總辦魏允恭,以大宗軍火解交揚州。

其四、藉口防禦土匪,密令張勳進兵徐州,扼守津浦鐵路。今津浦鐵路已有十輛專車之預備。

其五、擬令江蘇都督程德全解職,以黎元洪督率鄂軍東下督蘇,而以川粵鐵路漢鐵路督辦岑春煊代黎督鄂,另調北軍兩三師駐武漢三鎮,遙為控制。

其六、令毅軍在亳縣徵兵,准月內由京漢京奉路運至通州訓練。

其七、二十八號銀行團交到五十萬磅證券,財政部即首先滙給張勳鉅款(數目未詳),表面上名為月餉及裁兵費,其實匯款別有用意。否則全國各師缺餉甚多,皆未點綴,獨於頭批交款收到,迫不及待即首濟張勳。司馬之心路人皆見,此款到手,天下從此多事矣。

其八、前次鄂垣因改進團肇亂,大有風鶴之警,袁聞信即飭陸軍部,以鎮壓地方為名,派第六鎮兵赴鄂,致使鄂省人心一夕數驚,紛紛遷徙。其實改進團不過小丑跳樑,以鄂兵平之而有餘。初未藉北兵絲毫之力,迄今鄂垣地方安靜,秩序恢復,應即將武勝關以南軍隊撤回,以安人心。而仍令其照舊駐紮,苟非別有用心,何至如此舉動?政府之不見信於地方,實由於此。

其九、各營發餉均有定期,有定額,日前忽發給各營恩餉兩個月。

其十、津浦鐵路北段一帶,凡往來客商均由張勳派兵士按段檢查,對於南方軍官檢查尤密云。

其十一、北京內外城尚有偵緝隊,近擬大加擴充,更名中央偵探總局,更在江海要卡及通商碼頭分設江海偵探云。

《民立報》主動承認上述材料「其確否則不可知」,卻偏偏對所謂「造謠者」痛加指責,進而依據這些無根傳言,一口咬定袁世凱「真可為心虛見鬼者矣」。像這樣的「莫須有」論調,正是中國傳統刀筆吏「欲加其罪,何患無辭」的專制表現。

在憲政民主的制度框架下,國會是中華民國的立法機構。無論是國際戰爭還是國內戰爭,都必須經過國會的正式授權才被視為合法。掌控大局並且勝券在握的袁世凱,雖然不習慣於「臨時約法」的剛性約束,屢屢有抵觸制度框架及法律程序的犯規越位動作,卻

從來沒有犯下過退出憲政民主的制度框架自己顛覆自己的低級錯誤。就像是一場足球比賽，運動員可以犯規，裁判員可以吹黑哨，足球協會及奧林匹克組委會也有可能假公濟私、徇私枉法；這一切都不足以徹底敗壞足球比賽的遊戲規則，所有的爭端都可以限定在非暴力的民事調解與法律裁判的制度框架內和平解決。只有不擇手段地攪局鬧事甚至於恐怖襲擊，才是遊戲規則之外的刑事犯罪，需要訴諸合法武裝加以平息。對於中華民國初步實現的憲政民主制度的大格局、大框架來說，國民黨方面所扮演的正是退出憲政民主的制度框架和人人平等的法律程序，重新挑起發動國內戰爭的反面角色。

對於袁世凱直到「二次革命」爆發前夕，依然在憲政民主的制度框架之內爭取民意的行事風格，朱宗震在《民國初年政壇風雲》一書中，曾經有過相對真實的描述：儘管南方已經起兵討袁，在成敗未定之際，袁世凱並沒有採取大規模鎮壓打擊革命黨人的策略，而是採取後發制人的原則，緊緊抓住民國政府這面合法旗幟，儘量照顧中間派的利益，從而使自己在政治上搶佔先機並贏得勝利。

7 月 12 日，李烈鈞在江西湖口率先打響「二次革命」的第一槍之後，袁世凱到 7 月 15 日才下令褫奪李烈鈞的軍職，命令歐陽武、李純設法拿辦。7 月 17 日，袁世凱接到以江西都督歐陽武的名義發出的討袁電報後，依然在他所發佈的命令中依然給歐陽武留有餘地，委婉地指出這一通電「難保非僉壬挾持」。接下來才依法憲政法理「莊嚴」宣佈：

> 「共和民國，以人民為主體，而人民代表，以國會為機關。政治不善，國會有監督之責；政府不良，國會有彈劾之例。大總統由國會選舉，與君主時代子孫帝王萬世之業迥不相同。今國會早開，人民代表咸集都下，憲法未定，約法尚存。

非經國會，無自發生監督之權，更無擅自立法之理，豈少數
人所能自由起滅，亦豈能因少數人權利之爭，掩盡天下人民
代表之耳目。」

國內戰爭全面爆發後，袁世凱繼續對革命黨人實行後發制人的
策略，遲至 7 月 21 日才依據《臨時約法》發佈平叛通令：「用兵定
亂，為行使約法上之統治權，民國政府當然有此責任。」南京獨立
之前，山東都督周自齊、駐濟南的第五師師長靳雲鵬曾主張先發制
人，對江蘇第三師「乘其尚未集中，迅速突擊」。袁世凱鑒於江蘇
第三師師長冷遹的政治態度尚未明朗化，訓令第五師「嚴守準備，
未可輕進」。等到戰爭打響之後，袁世凱依然在各個戰線上嚴格控
制自己的軍隊，強調「釁非我開」，不放第一槍。袁世凱的戰略是
在全局上先發制人，在局部的、具體的戰役上後發制人，從而在政
治上和軍事上贏得了全面的主動權。

為了滿足進步黨改組內閣、執掌政權的慾望，以爭取進步黨在
議會內外的合作支持，袁世凱在黃興於南京宣佈獨立的第二天即
1913 年 7 月 16 日，正式免去趙秉鈞的國務總理兼內務部總長的職
務，隨後提名熊希齡出任國務總理以改組內閣。直到黃興在南京宣
佈獨立之後的第七天即 7 月 22 日，袁世凱才下令褫奪黃興、陳其
美、柏文蔚的榮典軍職。孫中山於 7 月 22 日發佈討袁宣言之後，
袁世凱僅於 7 月 23 日下令取消他的籌辦全國鐵路全權。

由於國會議員多數留在北京，眾、參兩院分別於 7 月 23 日、
30 日以多數票通過熊希齡出任國務總理的提名。7 月 31 日，袁世
凱正式任命熊希齡為國務總理，進步黨人開始歡欣鼓舞地組織政府
內閣。進步黨與袁世凱相互利用的合作雙贏，還籠絡了一大批像宋
教仁生前那樣堅持議會政治的國民黨議員，使發起國內戰爭的南方
國民黨人士陷入既不符合法理更不符合民意的孤立境地。

袁世凱儘量避免採取更加嚴峻的措施，說明他在政治策略上富於彈性、在政治操作上高度成熟。由此返觀宋教仁案，袁世凱擁有足夠的資源和手段應付一心要在憲政民主的制度框架內從事非暴力的議會選舉、陽光參政、和平競爭的國民黨代理理事長宋教仁，他即使非要選擇暴力解決的極端方式，也會選擇北洋軍隊內部經過嚴格訓練的軍警執法人員，在自己嚴密控制的勢力範圍之內加以解決；而不是選擇既不可靠更不可控的應夔丞、武士英等人，在國民黨絕對控制的上海地區草率行事並且授人以柄。

與臨時大總統袁世凱盡可能地在憲政民主制度的框架之內從事合理合法的軍政活動相比，「佯謀下臺，實則猛進」或者說是公開妥協、幕後好戰的國民黨理事長孫中山，卻表現得既自相矛盾又軟弱無力，用朱宗震的話說：「孫中山本人，在黃興一系的制肘下，由於沒有直屬軍事力量，在政治上也就無所建樹。他已不像辛亥年那樣眾望所歸了，連革命黨內部，都對他的激進主張敬而遠之。」[25]

十一、「二次革命」中的南京獨立

關於南京方面的革命黨人準備起兵的情況，此前已經由南京講武堂副堂長蒲鑒及時密報給了袁世凱，袁世凱於 7 月 13 日通過密電轉告江蘇都督程德全，程德全復電要求派北洋軍隊到南京實施鎮壓。在北洋軍隊還沒有行動之前，黃興於 7 月 14 日連夜趕到南京，在第八師師長陳之驥官邸召集軍事會議，部署「二次革命」的作戰計畫。

7 月 15 日凌晨，江蘇第一師師長章梓派人切斷都督府內的電話線，第八師官兵列隊進入都督府，槍托頓地，吼聲遠聞，把 53

---

[25] 朱宗震著《民國初年政壇風雲》，河南人民出版社，1990 年，第 228 頁。

歲的程德全從睡夢中驚醒。黃興率高級將領進入都督府,「黃興、陳之驥先後跪泣哀求」,要脅程德全宣佈獨立。[26]年老多病的程德全只好委曲求全,請隨同黃興前來的章士釗起草討袁通電,以程德全、應德閎、黃興三個人的名義宣佈江蘇獨立。進而以江蘇都督的名義委任黃興為江蘇討袁軍總司令,柏文蔚為臨淮關總司令,陳其美為駐滬討袁軍總司令。

接下來,黃興發佈檄文,命第三師師長冷遹率部進攻徐州以北韓莊一帶的北洋第五師;命第八師騎兵團長劉建藩率該師二十九團前往助戰。第一師師長章梓為了排除障礙,派人捕殺了傾向袁世凱的南京要塞司令吳紹璘、講武堂副堂長蒲鑒、要塞掩護團教練官程鳳章、都督府參議官陳懋修等人。程德全先以非法慘殺為由表示反對。7月16日晚上,他又以治病為由,請國民黨黨員陳陶遺出面疏通,得以乘坐滬寧路列車離開南京,回到他位於上海英租界卡德路的家中。

據7月18日《申報》報導,程德全離開南京時,黃興等人極力勸阻。程德全回答說:「如欲維持大局,事前何勿與相商?君等用我出告示,發電報,所用已盡。我今家屬已去,所以留我子於此者,使之收我屍耳。我必去,否則寧飲彈而死。」眾人見沒有辦法挽留,答應準備專車送行,程德全堅持與民政長應德閎(季中)一起乘坐火車連夜前往上海。程德全一到上海馬上通電聲明:「本月15日,駐寧第八師等各軍官要求宣佈獨立,德全苦支兩日,舊病劇發,……本日來滬調治。」

在前方戰場,第三師師長冷遹於7月16日早晨率部向韓莊進攻。袁世凱命令張勳率領的武衛前軍和駐天津的北洋第四師馳援韓莊。17日早晨,北洋援軍趕到韓莊,冷遹寡不敵眾,向利國驛、孫莊退卻。18日退至柳泉。此後數日,江蘇討袁軍與北洋軍在利

26　《程德全致袁世凱電》,《時報》,1913年7月26日。

國驛展開激戰。江蘇討袁軍因兵力不足而退守徐州。北洋軍隊派出諜報人員收買徐州土匪從背後襲擊江蘇討袁軍，徐州土匪又買通第三師騎兵團團長張宗昌不戰而潰、臨陣脫逃，江蘇討袁軍被迫於 22 日放棄徐州退往蚌埠。第三師敗退浦口之後，師長冷遹等人逃亡，張宗昌以第三師名義與北洋軍接洽投降事宜，隨後便投入進攻南京的戰鬥之中。

7 月 23 日，袁世凱任命馮國璋為第二軍軍長，統一指揮江蘇方向的作戰部隊。25 日，馮國璋將北洋軍主力集中在徐州一帶，整修鐵路，調集糧彈，準備向南推進。徐州作戰失利，使江蘇討袁軍內部進一步分化。

7 月 25 日，程德全發表通電，公開聲明南京獨立的一切文電都是「假用德全名稱號召」。並且與民政長應德閎聯名通電，說是「17 日抵滬後，即密召蘇屬舊部水陸軍警，籌商恢復」，宣佈在蘇州設立行署辦事。26 日，程德全又致電黃興，要求他「取消討袁名義，投戈釋甲，痛自引咎，以謝天下」。

7 月 28 日，一直沒有就任討袁軍大元帥的岑春煊在上海發表聲明，與國民黨方面的討袁軍劃清界限：「自問對於南北兩方面，無非以維持和平為唯一宗旨。不料兩方決裂，竟以兵事屬之。……現在謠言繁多，若不去滬，無以自明心跡。」

同一天，程德全密令衛隊營長張鵬翥捉拿黃興，張鵬翥把密令報告給黃興，黃興見軍隊不服調度又缺乏糧餉彈藥，企圖自殺，經部下勸說，於 29 日由討袁軍參謀長黃愷元陪同，乘坐停在下關的日本軍艦嵯峨號離開南京逃回上海。黃興於 30 日抵達上海，31 日早晨改乘靜岡丸前往日本。

同樣是在 7 月 31 日，國民黨北京本部的吳景濂、王正廷等人遵照袁世凱的命令，宣佈把黃興、陳其美、李烈鈞、陳炯明、柏文蔚開除出黨，並且宣佈「不預逆謀」。

在黃興臨陣逃亡的情況下，真正表現出不屈不撓的鬥爭精神和革命意志的，反而是此前被陳其美誣陷為北京內務部間諜的鐵血監視團成員何海鳴、張堯卿、韓恢，以及他們的同盟者。

何海鳴、張堯卿、韓恢、王憲章、詹大悲等人，本來打算在上海組織退伍軍人、會黨人士參加討袁。由於陳其美不允許他們另行組織軍隊，王憲章只好把他的滬軍討袁司令處改名為義軍北伐討袁遊擊隊，離開上海另行活動。黃興在南京臨陣出走之後，正在鎮江一帶活動的何海鳴、韓恢等人，連夜趕赴南京領導討袁作戰。8月8日，何海鳴率領第一師100多人佔據江蘇都督府，第二次宣佈獨立，推舉第八師師長陳之驥為江蘇都督，自任江蘇討袁軍臨時總司令。已經與岳父馮國璋建立聯絡的陳之驥，於當天晚上派人拘捕何海鳴。8月10日，擁護討袁的士兵擊潰陳之驥的衛隊救出何海鳴，於8月11日再次推舉何海鳴為總司令。受孫中山、陳其美的委託到南京活動的戴季陶，也被第八師士兵請到司令部。戴季陶表示要返回上海盡力籌畫支援南京，並且建議南京方面推舉鈕永建主持軍事。但是，戴季陶回到上海後，並沒有給南京方面提供太多幫助。

在此期間，北洋軍方面先後佔領淮陰、揚州、臨淮關、滁縣等地直逼南京。8月14日，張勳率領的武衛前軍與徐寶珍師開始向明孝陵、紫金山、太平門一帶發起進攻，遭到守軍頑強抵抗。8月16日，馮國璋部從滁縣渡江，向神策門（今中央門）、鍾阜門（今無此門）、太平門一帶進攻。

8月19日，敗退蕪湖的安徽討袁軍總司令柏文蔚，應南京方面的邀請率部增援，一度取代何海鳴、張堯卿出任江蘇都督兼第八師師長。由於張堯卿一派與何海鳴一派，在大軍壓境的情況下依然爭權奪利、相互攻擊，導致灰心喪氣的柏文蔚於8月25日臨陣脫逃，南京城內繼續由何海鳴全權指揮。

8月23日，馮軍一部逼近太平門時被守軍擊退。8月27日，北洋軍各部會攻南京，守軍頑強抗擊。9月1日上午，張勳部用炸藥炸開富貴山南側城牆，部隊蜂擁而入。馮國璋部在張勳部接應下從神策門、洪武門、太平門攻入城內。下午，部分守軍叛變，帶領敵軍進佔總督府。何海鳴率部由聚寶門退向雨花臺，南京失陷，北洋軍隊在南京市區展開大規模燒、殺、搶、掠。國民黨方面在南方各省所發動的「二次革命」，至此已經像流花流水一般歸於失敗。

十二、陳其美的上海失利

在辛亥革命前後的同盟會及國民黨陣營裏面，陳其美是表現得最為強悍、最為恐怖也最為神秘的一個實力派人物。1912年3月，滬軍都督陳其美專門致信共和建設會、共和促進會、工商勇進黨等二十多個民間團體，表白自己「以冒險為天職，此後共和鞏固，已無冒險者可為之事。……管見所及，無過於實邊之謀。滿、蒙、回、藏，僻處邊陲，地廣人稀，利源未闢。欲將我國躋於強大，先應籌集鉅款，實力經營；利用已集之軍人，拓殖未闢之邊地，則富強之基，實立於此。」[27]

辭去滬軍都督之後，陳其美曾領取袁世凱的3萬元出國考察經費，並且在上海各界的餞行宴會上公開表示：「革命者，盡我天職之事，今破壞已終，建設始，建設之道不可無學。吾往外洋求學，歸而襄助建設，亦所以盡我天職也。」[28]

[27] 陳其美：《為辭職事與共和建設會等二十餘團體書》，1912年3月9日，何仲蕭編《陳英士先生紀念全集》，臺北文海出版社，1970年，上集卷二，第7頁。
[28] 李平書：《上海公民歡餞陳英士先生序》，何仲蕭編《陳英士先生紀念全集》，上集卷二，第15頁。

　　話雖這麼說，陳其美並沒有離開他所控制的上海地區，而是一直在從事他所擅長的「以冒險為天職」的革命事業。按照黃郛的說法，「二次革命」爆發之前，陳其美原以為「以海陸兩軍驅逐製造局北軍，其事易易」，沒有想到袁世凱方面搶佔先機，由海軍部命令上海方面的海軍艦隊赴煙臺檢閱，等到海軍艦隊從煙臺返回上海時，政治立場已經發生微妙變化，由此前的積極回應「二次革命」轉變為保持中立。[29]後因袁世凱派人攜鉅款收買，加上國民黨方面控制的吳淞炮臺擅自攻擊，導致海軍總司令李鼎新徹底轉向，轉而對陳其美的討袁軍實施打擊。一直由黃郛、蔣介石等人幕後控制的駐守上海製造局的陸軍第六十一團，由於主力一營被調往龍華，加上團長陳其蔚表現消極，已經難以單獨行動。隸屬江蘇第二師師長章駕時的第三十七團，在團長梁敦悼的約束下避不參戰。黃興等人在南京宣佈獨立之後，本指望上海方面即時回應，陳其美直到1913年7月18日才宣佈獨立並就任上海討袁軍總司令，以黃郛為參謀長，設司令部於上海南市。

　　關於陳其美及孫中山在「二次革命」中的軍事失誤，柏文蔚在寫於1947年的《從二次革命到北伐戰爭》中回憶說：「軍事問題，先是五省同盟，湘、粵、閩、皖、贛也。閩省孫道仁，因空氣惡劣，臨時退盟。而湘、粵又尊重法律。但余與協和，決心已定，即皖、贛兩省亦必興師討賊。而未能引起孫公重視。余又提出（上海）高昌廟兵工廠可以利用。因彼時守該廠者，係臧致平，余以同鄉之故，重價以購，必能拱手以讓。而英士反對最烈，云：『不必花錢，定可到手。』並曰：『南京發動後，我一星期內不交出上海為吾人策源地者，以首級相見。』余曰：『既如此，可在先生前具軍令狀，若至期辦不到者，我必砍你的頭。』英士曰：『好，好。』孫公止之曰：『勿噪，勿噪，從長計議可也。』余又提高昌廟濱江，有某

---

29 《黃膺白先生家傳》，《黃膺白先生故舊感憶錄》，臺北文星書店，1962年，第83頁。

外人，允以 1.6 萬元築一炮壘，防海軍之反抗也，亦因英士反對作罷。海軍問題，余因提出討論，孫公曰：『海軍已與我接洽，不必多生枝節。』余即信以為真。余又提出發動地點，孫公曰：『皖、贛在前方，不宜發難，我叫展堂在廣州宣佈獨立，你們相機回應，較為穩當。』余此次來滬，似有結果，而北京已散出謠言，云柏某擅離職守，潛赴上海，與孫、黃謀為不軌。而余亦即日回皖矣。」

7 月 17 日，上海南商會與商團公會、教育會、救火聯合會共同組織上海保衛團，公推辛亥革命期間領導商團武裝起義的國民黨人李平書為團長，「一面維持內部治安，一面弭止戰禍，務使我上海地方不遭兵火為目的」。

7 月 18 日，李平書、王一亭前往上海製造局會見陳幗和鄭汝成，希望他們顧全大局，「和平退出製造局」，上海商界願意「以三萬金贖送北歸」，被鄭汝成斷然拒絕。

7 月 22 日，從南京調回上海的劉福彪福字營匆匆趕到，被陳其美改編為特別敢死隊。7 月 23 日凌晨，六十一團、三十七團與特別敢死隊聯合攻擊製造局受挫，鄭汝成威脅如果不取消司令部就要攻擊南市，陳其美迫於壓力只好把司令部遷往閘北南海會館。

7 月 24 日晚上，討袁軍再次進攻製造局受挫，紅十字會會長沈仲禮、英國醫生柯司在駐上海領事團的支持下，向南北軍商洽停戰。在沒有能夠達成一致意見的情況下，閘北商人夏瑞芳等十多人聯名要求租界當局派遣外國商團前來保護。

7 月 27 日清晨，公共租界工部局以中國商民夏瑞芳等人要求保護生命財產為由，派遣總巡捕卜羅斯率領馬隊 30 餘人會同萬國商團來到閘北南海會館，驅逐討袁軍駐滬總司令部的武裝人員。陳其美此時已經前往吳淞，設總司令部於吳淞炮臺附近的中國公學內，與分別就任吳淞要塞總監和司令的白逾桓、居正會合。留守閘北南海會館的蔣介石所部 207 人，被英國武裝人員繳械驅逐。

　　8 月 13 日，上海討袁軍在紅十字會醫生柯司的調解下和平撤出吳淞炮臺，柯司於當天中午 12 時率救護隊登上炮臺，向下級隊官和士兵「勸說一番，眾情悅服，將所有炮門悉數向內，槍枝一概離手，上級隊官亦允降服」。鈕永建、居正等率余部千餘人退往嘉定途中，被北洋軍隊徹底擊潰。

　　在此之前的 8 月 3 日，袁世凱方面的北京中央政府就限令陳其美自首投降，同時行文上海領事團，要求把陳其美等人驅離租界。領事團接到指示後，在報紙上刊登寫給陳其美的公開信，命令他遷出租界區。陳其美為此專門發表長篇抗議書，認為國民黨人謹守國際公法，領事團不僅不加以保護，反而迫令遷出，「無異間接之拘交，於公法殊屬不合」。自己此前在滬設立革命機關，運動各省贊助革命，歷有八年，從未妨礙「租界治安」。辛亥革命勝利後「對於租界若何保護」，領事團卻「不以為德，反以為怨」。最後，陳其美正告領事團，「袁氏不去，敝國絕無寧日」，扶助袁世凱者「終將自悔失人」，應該以公理人道為重，切莫「結怨」於國民黨人士。[30]

　　上海領事團收到陳其美的抗議信後，沒有再與他為難，任其在租界區藏匿。1913 年 11 月 26 日，中國政府外交部照會駐北京的外國公使團，要求上海租界「訪拿」陳其美等人，交上海鎮守使鄭汝成等人訊辦。該照會寫道：「查陳其美等前在南省稱兵倡亂，罪狀昭彰。現又密謀不軌，不特擾害中國治安，即於外人生命財產，亦多危險。近據密探調查確實情形，該逆仍匿上海，以租界為逋逃藪，以圖再舉。」

　　在該照會的附件中，有陳其美於 9 月 3 日寫給洪幫大頭目、常熟人楊以均號志平的親筆信，其中談到在此前的「滬江戰事」即上海「二次革命」期間，曾經由著名戲劇演員潘月樵介紹，得到楊以

---

[30] 陳其美：《致上海領事書》，何仲蕭：《陳英士先生紀念全集》上集卷二，第 21 頁。

均的「仗義疏財，接濟維持」，此事已經呈請各省討袁軍大元帥岑春煊註冊存案。「吾輩抱定宗旨，百折不回，現已由滬江同志議決，以一半往長崎赴會，聯合日人，籌餉購械，以臺灣為根據，從閩、浙進行。復遣同志多人，赴大連聯絡胡黨英傑，勾結宗社黨人，在北方定期起事。江浙方面概由鄙人主持一切，將來仍請閣下召集洪門同志，共舉義旗，直搗金陵，先誅張賊，後討袁逆，以雪前恥，掃除專制惡毒，重立共和政體，吾黨幸甚！」[31]

　　這裏所說的「胡黨英傑」，指的就是橫行於東北三省的土匪武裝。「宗社黨人」，指的是以滿清貴族升允為首的復辟勢力。曾任滬軍都督府財政總長的信成銀行行長沈縵雲，隨後攜帶鉅款遷居大連，專門從事這方面的聯絡活動。1913 年 10 月 7 日，陳其美應孫中山的要求抵達日本東京，極力支持孫中山另行組建中華革命黨，並且對孫中山極盡吹捧之能事，從而贏得孫中山的高度信任，成為中華革命黨內的第二號人物。

---

[31] 楊天石著《從帝制走向共和──辛亥前後史事發微》，社會科學文獻出版社，2002 年，第 318、319 頁。

第八章　宋教仁案的事後清算

　　「二次革命」失敗之後，孫中山並沒有對國民黨方面退出已經初步建立的憲政民主的制度框架，再一次回歸公天下、救天下、打天下、坐天下、治天下、私天下的專制型革命事業進行深刻反思；反而一意孤行地另行組建黨魁崇拜加黨魁專制的中華革命黨。對於孫中山以及追隨在他身邊的陳其美、戴季陶等人來說，已經慘死於陰謀暗殺的宋教仁，以及與宋教仁一起把孫中山架空虛置為「木偶」、「傀儡」和「假黨魁」的黃興等人，正是他們要加以清算的主要對象。

一、孫中山組建中華革命黨

　　1913 年 8 月 2 日，在「二次革命」敗局已定的情況下，孫中山從上海乘坐德國輪船前往廣東。第二天途經福州馬尾時，日本駐福州領事館武官多賀宗之前來會晤，告訴他廣東局勢已經發生逆轉，當地的實力派軍閥龍濟光、張義權、蘇慎初等人率部依附袁世凱，福建都督孫道仁也將改變立場。4 日，孫中山命令隨行的歸國華僑、洪門致公堂成員梅光培、李朗如前往香港，與此前派往廣東的張繼、馬君武等人匯合。他自己與胡漢民等人轉乘日本籍輪船撫順丸，改道臺灣基隆前往日本。由於日本政府拒絕入境，孫中山只好在國民黨人丁懷瑾（石僧）及日本友人犬養毅、

頭山滿、萱野長知、宮崎寅藏的協助下,先於 13 日在神戶秘密登岸,然後於 18 日秘密抵達東京,由頭山滿安排在鄰居海妻豬勇彥家居住。

7 月 31 日,黃興乘坐日本籍郵船靜岡丸離開上海,途經香港,於 26 日抵達日本橫濱,27 日乘舢板船秘密登陸,然後改乘汽車抵達東京,隱居在芝區琴平町 13 號信濃屋,化名岡本。

8 月 31 日晚上,黃興拜訪孫中山,一個小時後與姚勇忱一起離開。據黃興的親信石陶鈞回憶:「黃興約我進見中山先生,大被痛罵。其後,孫、黃裂痕顯然。」[1]

在此後的一段時間裏,同在東京的孫中山與黃興很少會面,主要通過宮崎寅藏等人傳遞書信、調解分歧。

孫中山一到日本,就開始籌畫新一輪的「毀黨造黨」。他所再造的中華革命黨,表面上依然以實行民權主義、民生主義為宗旨,以「掃除專制政治、建立完全民國」為目的;實際上是把宋教仁苦心締造的議會政黨國民黨,改造成為比同盟會還要原始落後的黨魁崇拜加黨魁專制的秘密會黨。按照中華革命黨的黨章,在革命政府成立到憲法頒佈之前的整個革命時期,全部國家權力都歸該黨及其黨員所私有,一切非黨員都沒有公民資格,自然談不上天然正義並且人人平等的基本人權。該黨黨員按照入黨先後分為三種身份等級,在革命時期享有各不相同的政治特權:

其一,凡在「三次革命」爆發前入黨的稱「首義黨員」;在革命時期為「元勳公民」,享有一切參政、執政的優先權。

其二,凡在「三次革命」爆發後、革命政府成立前入黨的,稱「協助黨員」,在革命時期為「有功公民」,享有選舉權和被選舉權。

---

[1]　石陶鈞:《六十年的我》,毛注青著《黃興年譜長編》,中華書局,1991 年,第 412 頁。

其三，凡在革命政府成立後入黨的，稱「普通黨員」，在革命時期為「先進公民」，只享有選舉權而沒有被選舉權。

該黨黨章還規定，黨員入黨時必須立下「願犧牲一己之生命、自由、權利，附從孫先生再舉革命」的誓約，並且加按指模表示「永守此約，至死不渝，如有二心，甘受極刑」。

1914 年 4 月 18 日，孫中山致函南洋黨人，通告自己「毀黨造黨」的情況：「原第一次革命之際及至第二次之時，黨員皆獨斷專行，各為其是。……則如南京政府之際，弟忝為總統，乃同木偶，一切皆不由弟主張。……第二次革命之前，有宋案之發現，弟當時即力主開戰，克強不允，卒遷延時日，以至於開戰即敗。……因鑒於前此之散漫不統一之病，此次立黨，特主服從黨魁命令，並須各具誓約。……先後已得四、五百人。」[2]

同年 5 月 29 日，由於黃興一派人對於孫中山擬定的黨章表示堅決反對，孫中山在寫給黃興（克強）的回信中，對於兩個人之間的是非恩怨展開清算：

> 「克兄鑒：來示悉。所言英士以兄為入會致攻擊，此是大錯特錯。蓋兄之不入會，弟甚滿足。以宋案發生之後，彼此主張已極端衝突。第二次失敗後，兄仍不能見及弟所主張是合，兄所主張是錯。」[3]

接下來，以「弟」自稱的孫中山，歸納總結了被他尊稱為「兄」的黃興一方的一錯再錯。

---

[2] 黃警頑編《南洋霹靂華僑革命墨蹟》，上海文華美術圖書公司，1933 年影印版。引自陳錫祺主編《孫中山年譜長編》上冊，中華書局，1991 年，第 879 頁。

[3] 《孫中山覆黃興書》（1914 年 5 月 29 日），湖南省社會科學院編《黃興集》，中華書局，1981 年，第 358 頁。

其一，「若兄當日能聽弟言，宋案發生之日，立即動兵，則海軍也，上海製造（局）也，上海也，九江也，猶未落袁氏之手。況此時動兵，大借款必無成功，則袁氏斷不能收買議員，收買軍隊，收買報館以推翻輿論。此時之機，吾黨有百勝之道，而兄見不及此。」

其二，「及借款已成，大事已去，四都督已革，弟始運動第八師營長，欲冒險一發，以求一死所，又為兄所阻不成。此等情節，則弟所不滿於兄之處也。」

其三，「及今圖第三次，弟欲負完全責任，願附從者，必當純然聽弟之號令。今兄主張仍與弟不同，則不入會者宜也。此弟所以敬佩而滿足者也。」

鑒於黃興的一錯再錯，自以為唯我正確的孫中山，單方面提出包辦革命的救國願望：

其一，「弟有所求於兄者，則望兄讓我幹此第三次之事，限以二年為期，過此猶不成，兄可繼續出而任事，弟當讓兄獨辦。如弟幸而成功，則請兄出而任政治之事。此時弟決意一到戰場，以遂生平之志，以試生平之學。今在籌備之中。」

其二，「有一極要之事求兄解決者，則望禁止兄之親信部下，對於外人，自後絕勿再言『中國軍界俱是聽黃先生之令，從無聽孫文之令者，孫文所率者不過一班無知少年及無飯食之亡命者耳』。此等流言，由兄部下言之，確確有據。此時雖無大礙，而他日事成，則不免生出反動之力，兄如能俯聽弟言，竭力禁止，必可止也。則有賜於弟實多矣！」

其三，「弟所望黨人者，今後若仍承認弟為黨魁者，必當完全服從黨魁之命令。因第二次之失敗，全在不聽我之號令耳。所以，今後弟欲為真黨魁，不欲為假黨魁，庶幾事權統一，中國尚有救藥也。」

二、黃興的「露肝膽披心腹」

　　黃興在寫給孫中山的回信中，給出的是所謂「露肝膽披心腹」的逐項答覆。

　　其一，關於由宋教仁案直接引發的「二次革命」，黃興寫道：「宋案發生以來，弟即主以其人之道，還制其人之身。先生由日歸來，極為反對。即以用兵論，憶最初弟與先生曾分電湘、粵兩都督，要求其同意，當得其復電，皆反覆陳其不可。今當事者俱在，可復詢及之也。後以激於感情，贛省先發，南京第八師為先生運動營長數人，勢將破壞。先生欲赴南京之夕，來弟處相談，弟即止先生不行。其實第八師兩旅長非絕對不可，不過以上海難得，致受首尾攻擊之故。且先生輕身陷陣，若八師先自相戰鬥，勝負尚不可知，不如保全全城之得計。故弟願以身代先生赴南京，實重愛先生，願留先生以任大事，此當時之實在情形也。南京事敗，弟負責任，萬惡所歸，亦所甘受，先生之責，固所宜然。」[4]

　　黃興所謂的「以其人之道，還制其人之身」，就是在不至於徹底顛覆憲政民主的制度框架的前提下，採取小規模、小動作的暗殺手段為宋教仁復仇。由於孫中山極力主張發動大規模的國內戰爭，兩個人只好分別致電湖南都督譚延闓和廣東都督胡漢民徵求意見。譚延闓、胡漢民反覆說明國內戰爭不可取。等到被袁世凱明令免職的江西都督李烈鈞「激於感情」率先發動「二次革命」之後，孫中山一方面派遣何成濬、李根源、蔡元培、汪精衛等人，直接說服黃興的嫡係武裝第八師的師長陳之驥及旅長王孝縝、黃愷元；一方面派遣朱卓文秘密攜帶兩萬元現款到南京，「運動第八師的幾個營連長，叫他們殺了師長、旅長後宣佈獨立」。第八師旅長王孝縝、

---

[4]　《覆孫中山書》（1914年6月），湖南省社會科學院編《黃興集》，第356頁。

黃愷元得到消息，於 7 月 13 日趕到上海向黃興彙報情況，並且提出起兵討袁的前提條件：「請黃先生赴南京作討袁軍總司令，他們一致服從，但千萬請孫先生不要在此混亂時期赴南京，須俟南京獨立穩固後，再請孫先生去組織政府。」[5]

在這種情況下，黃興與孫中山之間發生激烈衝突。用黃興的話說，自己「實重愛先生，欲留先生以任大事」。用孫中山的話說，自己本來是要親自到南京起兵討袁的，黃興偏偏以「不善戎伍，措置稍乖，遺禍匪淺」的詆毀之辭橫加阻止，自己「雅不欲於兵戈擾攘之秋，啟兄弟同室之鬩」，才把帶兵打仗的機會讓給了黃興。

換句話說，假如孫中山堅決採取「啟兄弟同室之鬩」的正確選擇而不肯妥協的話，是完全可以像「運動第八師的幾個營連長，叫他們殺了師長、旅長後宣佈獨立」的辦法殺掉黃興的。但是，反過來看，自以為唯我正確並且要唯我獨尊的孫中山，其實還是犯下了沒有「啟兄弟同室之鬩」的重大錯誤。要不然，「二次革命」雖然有孫中山「欲冒險一發，以求一死所」的可能性，同時也有在孫中山的正確領導下取得勝利的可能性。換句話說，自以為唯我正確的孫中山與所有個人一樣，是難免要犯錯誤的。他的唯我正確到頭來其實是自相矛盾的不正確或不可能完全正確。

1921 年 8 月 28 日，孫中山在寫給蘇俄外交人民委員齊契林的回信中，更加明確地承認了他自己所犯下的嚴重錯誤，也就是於 1912 年把臨時大總統的位置拱手讓給了袁世凱：「在我就職後不久，我便辭職讓位給袁世凱，……現在我的朋友們都承認：我的辭職是一個巨大的政治錯誤，它的政治後果正像在俄國如果讓高爾察克、尤登尼奇或弗蘭格爾跑到莫斯科去代替列寧而就會發生的一

---

5 李書城：《辛亥革命後黃克強先生的革命活動》，《辛亥革命回憶錄》第一輯，文史資料出版社，1980 年，第 207、208 頁。

樣。袁世凱很快就開始了恢復帝制的勾當。如您所知，我們已經將他擊敗了。」[6]

另據章士釗在《孫黃遺札密詮》中回憶，黃興當年的「親信部隊」只有南京第八師。黃興為了求得北京政府的合作，專門任命馮國璋的女婿陳之驥擔任師長。「該師人數不過三千。……夫革命功成，而革命隊伍之零落渙散，至如此極，中山先生不得委為不知」。但是，孫中山偏偏派出朱卓文「攜番銀兩萬，買收營連長而下，令其屠殺師旅長自代而起義」。這些師、旅長聞訊後不得不表態說：「吾師以內訌毀，不如以全部討袁亡。」假如孫中山「賄買殺人，自亂步武」的謀略得以實施的話，「太平天國北王、東王自相殘殺之往事，定然重演一遍」。[7]

回過頭來想一想，國民黨代理理事長宋教仁的被刺殺，極有可能是國民黨內部的陳其美、應夔丞、吳乃文等人，策劃操縱的另一場「賄買殺人，自亂步武」的極端案件。

其二，黃興針對孫中山「必當完全服從黨魁之命令」的黨魁崇拜加黨魁專制，十分透徹地批評說：「若徒以人為治，慕袁氏之所為，竊恐功未成而人已攻其後，況更以權利相號召者乎。數月來，弟之不能贊成先生者以此。今先生於弟之不入會以滿足許我，雖對於前途為不幸，而於弟個人為幸已多，當不勝感激者也。惟先生欲弟讓先生為第三次之革命，以二年為期，如過期不成，即讓弟獨辦等語。弟竊思以後革命，原求政治之改良，此乃個人之天職，非為一公司之權利可相讓渡、可能包辦者比，以後請先生勿以此相要。弟如有機會，當盡我責任為之，可斷言與先生之進行決無妨礙。」

[6]　孫中山：《覆蘇俄外交人民委員齊契林書》，《孫中山全集》第3卷，中華書局，1985年，第592頁。
[7]　章士釗：《孫黃遺箚密詮》，《章士釗全集》第8卷，文彙出版社，2000年，第341、342頁。

　　黃興所說的「徒以人為治，慕袁氏之所為」，指的是孫中山以更加極端的黨魁崇拜加黨魁專制，來反對袁世凱依然停留在憲政民主的制度框架之內的威權專制。也就是宋教仁早在1907年2月28日的日記中就已經明確指出的孫中山「素日不能開誠佈公、虛心坦懷以待人，作事近於專制跋扈」。進一步說，既然孫中山可以擅自包辦並且私相授受「第三次之革命」的專權專利，並且要求所有中華革命黨成員「必當完全服從黨魁之命令」；經過並不十分完善的民主選舉程序當選大總統的袁世凱，更有理由包辦中國社會的公共權力和公共資源，進而要求包括孫中山、黃興在內的所有國民「必當完全服從」大總統之命令。如此一來，所謂「二次革命」、「三次革命」的正當性就會徹底喪失。

　　與黃興、孫中山關係密切的日本友人宮崎寅藏，在寫給他的哥哥宮崎民藏的書信中，對於孫中山的黨魁崇拜加黨魁專制另有一番經典描述：「孫先生採急進說，黃先生取隱忍論。……孫先生的態度有這種味道：『其他的中國人都不行，只有我一個人行，我是中國的救星，服從我者請來。』連對於始終奮鬥到底，最後亡命的李烈鈞，他也是如此，所以引起李的反感。……黃興批評他說：『孫先生是瘋子。』」[8]

　　宮崎寅藏在表白「孫、黃之間，並沒有敵意」的同時，又引述張繼的話說，「孫先生的人格理想我很敬佩，但我想不能實行，老實說我沒有盲從他的勇氣」。接下來，宮崎寅藏又給出了他自己的判斷：「以日本陸海軍為首，在實踐方面，一般都推許黃先生。因此欲置黃先生於度外來籌款，實在太難了。」

　　其三，關於孫中山所說的「親信部下」，黃興表白說：「弟自聞先生組織會時，即日希望先生日加改良，不願先生反對自己所提倡

8　宮崎寅藏：《論中國革命與先烈》，陳錫祺主編《孫中山年譜長編》上冊，中華書局，1991年，第849、850頁。

之平等自由主義。弟並未私有所標幟以與先生異。故絕對無部下名
詞之可言。若以南京同事者為言，皆屬昔日之同志，不得謂之部下。
今之往來弟處者，半多先生會內之人，言詞之有無，弟不得而知，
當可為先生轉達之。」

　　1905 年 7 月 29 日，宋教仁在日記中記錄說，湖南籍的華興會
成員黃興、陳天華（星台）、劉揆一（林生）等人經過認真討論，
決定以「個人自由」的方式加入同盟會。「平等自由主義」因此成
為黃興、宋教仁等人於 7 月 30 日在日本東京參與組織同盟會的共
同底線。但是，同盟會總理孫中山對於「平等自由主義」的解釋，
與黃興、宋教仁等人的理解幾乎是完全相反。

　　1914 年 8 月 4 日，孫中山在寫給楊漢孫的回信中，專門介紹
了黃興的「親信部下」李烈鈞（協和）、柏文蔚（烈武）、譚人鳳（石
屏）、陳炯明（競存）等人，對於中華革命黨的不配合、不服從態
度：「其時李協和、柏烈武俱在東京，李即以犧牲一己自由附從黨
魁為屈辱；柏既受盟立誓，卒為人所動搖，不過問黨事；譚石屏之
主張，略同於李；陳競存在南洋，弟前後數以書招之，亦不肯來。
察此數人之言，大抵謂以黨魁統一事權，則近於專制；以黨員服從
命令，則為喪失自由。」[9]

　　1915 年 2 月 1 日，中華革命黨的黨務部長居正，遵照孫中山
的命令發出第四號通告，其中為了強調維護黨內紀律的重要性，引
述了孫中山經常告誡黨員的一段話：

> 「吾黨固主張平等自由，然黨人講平等自由，都把平等自由
> 安錯位置，不把平等自由安給國民，而把平等自由安在自己
> 身上。自己要平等，而不肯附從創造主義之人，偏要人來附
> 從他。自己要自由，而不肯犧牲，偏要人來供他的犧牲，所

---

[9]　陳錫祺主編《孫中山年譜長編》上冊，中華書局，1991 年，第 884 頁。

以自第一次革命以來，吾黨之受人攻擊，以致失敗者，大抵
都是將平等自由弄錯了。故欲舉第三次革命，以求真正成
功，非先把以前錯處都改了，則無成功之希望。」[10]

由此可知，作為「創造主義之人」，孫中山是從來不把革命黨
內部的黨員當作普通「國民」來平等相待的，而是把他們當作既要
犧牲平等自由的基本權利又要享受參政執政的特殊權利的犧牲品
來加以特殊對待的。在黃興一派人不願意犧牲「平等自由主義」的
價值底線的情況下，前廣東都督胡漢民為了縮小黨內分歧，曾經提
出一個折衷方案，將誓約中「附從孫先生」改成「附從總理」，老
同盟會員入黨可免除立誓約、打指模等手續，由於孫中山的堅決反
對而沒有生效。

三、孫中山的包辦與黃興的退讓

1914 年 6 月 3 日，孫中山再次寫信希望黃興自動退出歷史舞
臺：「長函誦悉，甚感盛情。然弟終以為欲建設一完善民國，非有
弟之志，非行弟之法不可。兄所見既異，不肯附從，以再圖第三次
之革命，則弟莫望兄能靜養兩年，俾弟一試吾法。若兄分途並進，
以行暗殺，則殊礙吾事也。蓋吾甚利袁之生而撲之，如兄計畫成功，
袁死於旦夕，則吾之計畫必壞。果爾，則弟從此亦不再聞國事矣。
是兄不肯讓弟以二年之時間，則弟只有於兄計畫成功之日，讓兄而
已。此復。又，此後彼此可不談公事，但私交上兄實為我良友，切
勿以公事不投而間之也。幸甚。」[11]

---

[10] 陳錫祺主編《孫中山年譜長編》上冊，中華書局，1991 年，第 931 頁。
[11] 湖南省社會科學院編《黃興集》，第 360 頁。

　　6月15日，孫中山在致南洋黨人的書信中，強調「此次立黨，與前此辦法頗有不同：曩同盟會、國民黨之組織，徒以主義號召同志，……不計品流之純粹。……無奉令承教之美德；致黨魁則等於傀儡，黨員則有類散沙。」明確承認「本黨係秘密結黨，非政黨性質。」[12]

　　孫中山所說的「奉令承教之美德」，就是中國歷史上利用奉天承運、替天行道、天下為公、改朝換代的神聖名義，從事公天下、救天下、打天下、坐天下、治天下、私天下的專制型革命事業的傳統會黨，從湯武革命開始一直在奉行的以犧牲個人權利及寶貴生命為代價，忠誠於黨派特別是忠誠於真命天子的「存天理，滅人欲」式的神聖道德。孫中山的「毀黨造黨」，顯然是對於宋教仁等人把傳統革命會黨同盟會改組成為議會選舉、陽光參政、和平競爭的議會政黨國民黨的歷史倒退。假如宋教仁沒有遇刺身亡的話，他一定會一如既往地堅決反對孫中山的這種言行的。比起年輕氣盛、當仁不讓的宋教仁，自以為堅持「平等自由主義」的黃興，其實是一個思維混亂、有勇無謀、半新半舊的政治怪胎。他在尖銳批評孫中山「徒以人為治，慕袁氏之所為」的包辦作風的同時，所表現出的僅僅是不合作、不服從的消極抵制和消極退讓，而沒有積極主動地加以反對和阻止。

　　6月22日，中華革命黨在東京召開第一次大會，到會的八省代表選舉孫中山為總理。在客觀上已經成為絆腳石的黃興為了避嫌讓路，於6月30日在秘書李書城、石陶鈞，翻譯徐申伯等人陪同下，由日本橫濱啟程前往美國。臨行前，他於6月27日設宴與孫中山、田桐等人話別，孫中山仿照陳勝、吳廣式的「苟富貴，勿相忘」的江湖道義，集古句題贈黃興以示禮送：「安危他日終須仗，甘苦來時要共嘗。」

---

[12]　《致陳新政及南洋同志書》（1914年6月15日），《孫中山全集》第3卷，第93頁。

　　7月8日，中華革命黨在東京築地精養軒召開成立大會，總理孫中山宣誓就職，並以陳其美、謝持為總務部正副部長，居正、田桐為黨務部正副部長，張靜江、廖仲愷為財政部正副部長，許崇智、鄧鏗為軍務部正副部長，胡漢民、楊庶堪為政治部正副部長。孫中山在總理之下特設協理一席留待黃興，黃興直到去世也沒有加入這個完全沒有民主陽光的秘密會黨。

　　特別值得一提的是，孫中山為中華革命黨所設計的在「革命時期」由「革命黨」獨享政權的政制結構，完全否定了西方議會政黨的存在價值。與此同時，他對「二次革命」失敗後仍然在國內堅持議會政黨活動的國民黨人士，卻採取了允許其繼續存在的另一種立場。用他在前述致南洋黨人的書信中的話說：「至向來設立之國民黨支部，乃係政黨性質，與現在之黨並行不悖，毋庸改組，以免枝節。」

　　關於此事，楊天宏在《政黨建置與民國政制走向》一書中評論說：「作為黨魁，孫中山在已經走上武裝倒袁的『革命』路線的情況下，卻指示其支部繼續在袁世凱治下以『政黨』身份開展合法的議會活動，這應該算得上是太炎『閃爍不恒，非有實際』八字評價的最好註腳了。從1913年到1920年，孫中山及其黨人的政治思想及行為一直處於這樣一種變動遊移、模糊混沌甚至自相矛盾的狀態。20年代初到中國來指導革命的共產國際代表鮑羅廷在接觸孫中山之後驚奇發現：孫中山『就像在一滴水上一樣，反映了國民黨──從共產主義者到新加坡商人的斑斕色彩。孫是個共產主義者，是國民黨左派，是國民黨中派，又是國民黨右派。有時他的言辭極端革命，比我們共產黨人還革命；有時他又忘記了所有革命詞藻而成了小資產階級的庸人。』思想認識的模糊性狀決定了孫中山政治言行的模棱兩可、反覆無常。在這種情況下，不僅社會各階層

人士難以對其政治訴求作出準確的判斷取捨，就是其追隨者也往往
感到無所適從。」[13]

　　黃興去世後，孫中山為了網羅國民黨中與黃興關係密切的元老
派，同時也為了謀求在憲政民主的制度框架之內的合法地位，於
1919 年 10 月再一次「毀黨造黨」，把中華革命黨改組成為並沒有
完全脫離會黨傳統的半公開半秘密的中國國民黨。孫中山以奪取國
家政權的「一黨訓政」為首要目標的中國國民黨，與宋教仁此前組
建的主要從事議會選舉、陽光參政、和平競爭的國民黨，完全是處
在兩個不同文明階段的兩種政治組織。

　　應該說，對於宋教仁的未竟事業給予一定程度的真誠維護的，
主要不是國民黨人士，反而是進步黨方面的梁啟超等人。「二次革
命」失敗後，袁世凱採取種種手段迫害留在國會裏從事合法政治活
動的國民黨議員，致使國民黨議員的人數急劇減少，這就構成了對
於整個國會以及整個憲政民主制度的嚴重威脅。因為按照《臨時約
法》的規定，像選舉總統、通過憲法等重大問題，分別需要四分之
三及三分之二的多數票通過才會有效。為了抵制袁世凱對於國民黨
的進一步迫害，更為了維護已經初步建立的憲政民主的制度框架，
梁啟超曾經致函袁世凱，勸告他「戡亂圖治，惟當挾國會以號召天
下」，不要以為「兵威既振，則國會政黨不復足以輕重」，憑藉武力
維持局面，終究是難以長久的。[14]

---

[13] 楊天宏著《政黨建置與民國政制走向》，社會科學文獻出版社，2008 年，
第 43 頁。
[14] 丁文江、趙豐田編《梁啟超年譜長編》，上海人民出版社，1983 年，第
675 頁。

四、何海鳴控訴「包辦革命」

以激烈著稱的何海鳴是湖南衡陽縣北鄉合江套人，生於光緒十二年即 1987 年。原名時俊，字一雁，筆名衡陽一雁、求幸福齋主等。15 歲時跟隨做官的父親來到湖北武昌，考入兩湖師範學堂。由於父母先後去世後無力支付學費，他改投湖北新軍第二十一混成協第四十一標一營當兵，由列兵升任營前隊副目兼司書幫寫，先後參加群治學社、振武學社、文學社，從事反清活動。後進入武漢報界。1907 年即光緒三十三年任《商務日報》編輯。1909 年即宣統元年與詹大悲聯合創辦漢口《商務報》，任編輯，該報於 1910 年 4 月被查封。1910 年 12 月又聯合詹大悲等人創辦《大江白話報》，任副主筆。次年，該報易名為《大江報》，何海鳴在該報發表革命檄文〈亡中國者即和平也〉，章太炎的大弟子黃侃隨之發表回應文章〈大亂者救中國之妙藥也〉。這兩篇文章傳頌一時、影響深遠。

1911 年 3 月，《大江報》被清政府查封，何海鳴與該報社長詹大悲被捕入獄，罪名是「淆亂政體，擾害治安」。武昌首義後，漢口光復，何海鳴與詹大悲被救出獄。據何海鳴自己介紹，黎元洪被迫同意出任中華民國湖北軍政府都督，表示「只好跟你們小孩子拼上一拼」，就是他花費一天一夜口舌的結果，他自己也因此出任漢口軍政分府少將參謀及副都督。為配合漢口保衛戰，他還把沒收來的《公論報》改組為《新漢報》出版發行。

1912 年 6 月 10 日，何海鳴、凌大同等人在漢口恢復《大江報》，黎元洪於 8 月 8 日派遣軍警查封該報，並於 8 月 9 日發佈通緝電，指責《大江報》「專取無政府主義，為亂黨秘密機關。擅造妖言，搖惑人心，廢婚姻之制度，滅父子之大倫，無國家，無家

族，無宗教，無男女」，要求各地嚴緝何海鳴、凌大同等人「就地正法」。[15]

何海鳴逃往上海後加盟國民黨方面的激進報紙《民權報》，從此成為極力反對袁世凱、黎元洪的急先鋒。國民黨上層給予何海鳴和他的朋友們的，卻是不間斷的出賣與犧牲。

1913 年 9 月 22 日，上海《時報》刊登〈何海鳴致報界述困守南京情形函〉。以為自己是不是國民黨人「無大關係」的何海鳴，公開否認「二次革命」期間的「南京二次、三次獨立」，是「國民黨諸大偉人所為也，何海鳴必即黃興所派往者也」，進而正面表示說：「一言以蔽之，則予固單獨之行動也。」

接下來，何海鳴正面控訴了黃興、陳其美等人的「包辦革命」：「袁世凱無狀，即尋常之人亦可討之，原不必附和諸大偉人，始得謂為正式之討袁。乃諸大偉人不然，以為革命者乃諸大偉人拿手之作。其腦筋中殆嵌有包辦革命四字。某也昔在某省為留守，則某省非某莫屬。某也昔在某處為偏安之都督，則某省亦非其誰？推其究極，殆視中華民國二十二省為諸大偉人之采邑。」

這裏的「某也昔在某省為留守」，指的是前南京臨時政府留守黃興。「某也昔在某處為偏安之都督」，指的是曾任某省或某地都督的國民黨高層人士陳其美、胡漢民、李烈鈞、柏文蔚等人。「采邑」就是家天下、私天下的封建皇帝，以化公為私的方式封賞給各個諸侯的私人領地。何海鳴之所以要發表文章控訴國民黨高層的「包辦革命」，是因為他在黃興等人臨陣脫逃之後來到南京，領導組織「南京二次、三次獨立」期間，國民黨內部不僅不給予協助配合，反而對他採取了歧視性的排斥態度：

---

[15]　《黎元洪通緝何海鳴電》（1912 年 8 月 9 日），朱宗震、楊光輝編《中華民國史資料叢稿·民初政爭與二次革命》上編，上海人民出版社，1983 年，第 109 頁。

其一,「予既驅逐陳之驥後,金陵始稍稍發現國民黨中之人,而其宣言乃大不滿意于曰:此書生也,此孺子也。都督、司令一席,非某大將軍不可,非某大偉人不可。」

其二,「南京自黃興逃走以後,財政異常困難,據國民黨某君所云,黃之捲資當在八十萬以上。及予入金陵,百無所有,飛函告急,迄無應者。……未幾,某君以三萬元來,適與柏大都督文蔚相遇,以四千託柏文蔚交予,餘二萬六千竟挾之返滬。……予之在寧,先後不過耗去二十萬餘元,軍士困苦極矣。……如無商會十萬之捐助,並給養亦將不足。……革命必作都督,作都督必得錢。然非革命也,括錢耳!」

關於黃興及江蘇討袁軍的經濟賬,國務院秘書長張國淦在當年的日記中,依據自己的所見所聞記錄說:「宋遁初為黃克強心腹。宋被刺,黃之悲憤迥異他人。但南北兩方實力,黃知之甚稔。當時南方各省兵權,除鄂、浙外,雖半為同盟所握,餉械兩乏。黃熟思深慮,如鄂、浙能同意,尚可一試,倘不肯合作而輕率舉事,必遭覆滅。正猶豫間,中山一派利用機會以壓迫黃之討袁;時流言四布,謂黃已受袁賄三百萬元(《張謇傳記》說是二百萬為袁所賣,不要替宋報仇)。黃受此刺激,含冤無以自白,遂一發而不克自製矣。」[16]

黃炎培晚年在《八十年來》中回憶說:「國民黨既和袁世凱勢成水火,中間陳其美最主張起兵北伐,看到程德全率民軍打垮張勳,創議依前軌進行;而黃興為人比較慎重,陳其美故意誣他受袁世凱賄,逼他說,你不是受袁賄,何不去南京勸程德全都督出兵,你不去說程,證明你受袁賄。黃興急赴程德全前跪下,要求出兵討袁,否則則將不可為人。程德全說,袁世凱這樣殘殺,我自然同意討

---

16 張國淦:《孫中山與袁世凱的鬥爭》,徐血兒等編,蔚庭、張勇整理《宋教仁血案》,長沙嶽麓書社,1986年出版,第481頁。

袁的。但是出兵要餉要械，總而言之要錢。黃興長途電話問上海陳其美，答稱明天有兩列車鈔票運來。明天鈔票運到，一檢查，全是已經因接濟民軍而倒閉的信成銀行的無用鈔票（行長沈縵雲因此被害於大連）。程德全對黃興和大眾說：討袁我和諸君完全同意，不過把廢票當軍餉，軍官和士兵拿了槍械向民間購食用品，老百姓苦死了。黃興再請，叩首不已，程德全說：『這樣害民的事，即使出兵，也不能打勝仗。諸君！害民事我決不做，我辭職。』隨後上海來電話，黃興就臨時以江蘇都督名義宣告組織革命軍。這是 1913 年 7 月 15 日我在場目睹的事。」[17]

與此相印證，已經投入戰鬥的黃興，在 1913 年 7 月 26 日致妻子徐宗漢的家書中寫道：「上海血戰，非海軍之奴隸一人何至如此！誠為痛心。不知兩日來尚可圖恢復否？聞李平書家被巡捕查搜，想愛文義路亦必繼續出此，聞已將關係物搬開，甚慰。但賬薄、銀摺等亦不可留家中。手槍子彈，亦望留心再檢查一遍，總不使另生枝節為好。」[18]

這裏的「海軍之奴隸一人」，很有可能指的是孫中山，因為他從一開始就表示要包辦與李鼎新設在上海高昌廟海軍江南造船所的海軍總司令部之間的聯絡事宜。一直推遲到 7 月 18 日才宣佈就任上海討袁軍總司令的陳其美，在反覆攻打與海軍江南造船所毗鄰的上海製造局時，所遭受的最為致命的炮火打擊，就是來自與國民黨方面徹底決裂的海軍艦隊。徐宗漢當時帶著子女居住在上海愛文義路 100 號的伍廷芳故宅，黃興雖然不大可能像何海鳴所說的那樣，從南京前線「捲資當在八十萬以上」，他的家裏確實存放著一些不便公開的「帳簿、銀摺」。

---

[17] 黃炎培著《八十年來》，引自毛注青著《黃興年譜長編》，中華書局，1991年，第 392 頁。
[18] 湖南省社會科學院編《黃興集》，中華書局，1981 年，第 345 頁。

五、針對黃興的經濟清算

「二次革命」失敗之後，流亡日本的黃興，既面臨著來自孫中山的政治清算，同時也面臨著聚集在孫中山身邊的陳其美（英士）、戴季陶（天仇）、張繼（溥泉）、何海鳴等人的經濟清算。

在前述 1914 年 5 月 29 日孫中山寫給黃興的回信中，有這樣一段話：「至於英士所不滿意於兄之事，多屬金錢問題。據彼所稱：上海商人嘗言兄置產若干，存款若干。英士向來皆為兄解辯云，斷無此事。至數日前報紙載兄在東京建造房屋，英士、天仇皆向日友解辯，天仇且欲寫信令報館更正。有日人阻之，謂不可妄辯。不料宮崎回信認以為有，二人遂大失望。並從而生出反動心理，以為此事亦真，則從前人言種種亦真矣。倘俱真的，則克強豈不是一無良心之人乎，云云。英士之此種心理，就是數日間所生者。如兄能以理由解釋之，彼必可明白也。」

接下來，孫中山表白了自己的金錢觀：「以上則兄與英士互相誤會之實情也。乃忽牽入入會之事，則甚無謂也。且金錢之事，則弟向不在意，有無弟亦不欲過問。且弟以為金錢之於吾輩，不成一道德上良心上之問題，不過世人眼淺，每每以此為注意耳。今兄與英士之衝突在此點，請二人見面詳為解釋便可，弟可不必在場也。」

所謂「金錢之於吾輩，不成一道德上良心上之問題」，是四處募捐借債卻又總是無法如約償還的孫中山，反覆提倡「天下為公」的最好注解。到了袁世凱已經去世、護國戰爭已經結束之後的 1916 年 7 月 28 日，上海《民國日報》公開刊登中華革命黨本部通告：「今約法規復，國會定期召集，破壞既終，建設方始，革命名義，已不復存，即一切黨務亦應停止。」

　　孫中山之所以要公開宣佈停止中華革命黨秘密宣誓的「永守此約，至死不渝，如有二心，甘受極刑」的黨務活動，最為主要的原因，就在於他沒有能力應付「犧牲一己之生命、自由、權利，附從孫先生再舉革命」的黨內人士，為他們已經付出的血酬代價索要人身依附性質的權利回報。關於這一點，孫中山以自稱「先生」的口吻，在一封「黨長」即黨內元老的來信上批示道：

> 「中華革命黨並未成功，故無從長顧黨長。且自袁之後，本黨已將餘款解散黨人，並取消本黨名義，此後已無共同之約束，自不能再以黨名而要求黨魁之接濟也。且先生為黨務而負債二百七十[萬]，尚無歸還之地，不得而請於政府，尚受國人之攻擊，此債不還，斷無借籌之地，萬難接濟黨人也。」[19]

　　比起「天下為公」的孫中山，黃興與陳其美、戴季陶等人，顯然屬於把金錢與道德良心直接掛鈎的「眼淺」之人。黃興在 1914 年 5 月 21 日寫給宮崎寅藏的辯解信中表白說：「在今日亡命海外，何以家為？同志交謫，亦所甘受。然以弟不贊成中山之舉動，以是相迫，不但非弟所樂聞，且甚為弟所鄙視。其手段之卑劣也，近日造謠、傾軋之機已露，頗不願白於大雅之前，謹就此房屋事再為兄一陳之。」[20]

　　按照黃興的解釋，他從事革命活動以來一直沒有照顧到家庭。之所以如此，並不是自己忍心不顧，而是家眷留在湖南，前清政府不甚注意，又有親友幫助接濟。等到「二次革命」失敗後，湖南都督譚延闓（組庵）擔心袁世凱的軍隊採取報復行動，專門把黃興的家眷送到上海。由於「家母年將六十，身體多病」；又由於在美國

---

[19] 黃警頑編《南洋霹靂華僑革命墨蹟》，上海文華美術圖書公司，1933 年影印版。引自陳錫祺主編《孫中山年譜長編》，第 879 頁。
[20] 《覆宮崎寅藏書》（1914 年 5 月 21 日），湖南省社會科學院編《黃興集》，中華書局，1981 年，第 354 頁。

留學的兒子黃一歐、兒媳李興亞以及妻子徐宗漢的前夫之子李振
華，不能再享受袁世凱政府特批的留學公費，不得不考慮到日本來
繼續就學。這樣一來，聚集到日本的家人將會超過十口。黃興只好
與宮崎寅藏商量，打算在東京郊區租一套比較廉價的房屋。宮崎寅
藏建議說，從財產上考慮，還是自己建造幾間房屋更加合適一些，
五、六年後所建房屋還可以按原價賣給別人。黃興聽從宮崎寅藏的
建議，在自己租住的「舊友之屋」的旁邊，加蓋了幾間房屋。

關於建造房屋的資金來源，黃興介紹說：「此亦無甚秘密之處，
可質之天日神鬼而無愧者。至其代價，所造之價不過四千餘元。前
承頭山翁及兄紹介，將字畫售出，除償舊債及旅費外，欲取之於此，
更無庸諱飾者也。」基於上述介紹，黃興從道德良心上自我辯護說：
「此天性人情，非此不能成人。……從此誓漫遊世界一周，以益我
智識，願以積極手段改革支那政治，發揮我所素抱之平等自由主
義，以與孟賊人道者戰。」

關於自己用來換錢的字畫，黃興在 6 月 12 日致日本友人萱野
長知的書信中寫道：「上海稅關強奪去之畫，已問清帶來之人，實
屬無理之極。聞貴國人同時被其扣留物件不少。茲已將電稿擬好，
請用兄名及通信社址發去。並請另電高木或森君，向其索回為要。
奉上五十元，以備電費。」

6 月 16 日，黃興又在致田桐（梓琴）信中寫道：「梓琴兄鑒：
前兄尚留有祝世祿字在弟處，並徐天池畫（此畫當時日友未來取），
弟因有他行，請來取，以免遺失。」[21]

祝世祿是明代萬曆年間的進士、著名書法家。徐天池即徐渭，
號青藤老人，是明代著名的畫家、詩人和戲曲家。在此前後，黃興
還在李根源於辛亥革命光復雲南期間，「得之於舊肆」的宋代著名

書法家米芾的行書真跡上，題寫了跋語。像這樣的國寶級文物字畫，是中華民族共同的寶貴遺產，無論黃興、田桐、李根源等人是花錢購買的，還是在戰爭期間作為戰利品繳獲佔有的，都不可以隨意帶出海關出賣給外國人。黃興在中國海關已經加以扣留的情況下，還要借助日本人的力量予以索回，這件事本身就是他對於國家利益的一種背叛。儘管他斥鉅資為家人建房確實是出於「天性人情」。

1915 年 3 月，孫中山給遠在美國的黃興寫下另一封長信，在譴責黃興背叛革命的同時，再一次提到陳其美（英士）、張繼（溥泉）、何海鳴針對黃興的清算圍攻：「公又與英士等互相齟齬，溥泉、海鳴復從而煽之，公不維始終之義，遂作中道之棄。」[22]

由於孫中山、黃興、陳其美等人，從同盟會時期到國民黨時期以及中華革命黨時期，一直沒有徹底脫離秘密會黨的運作方式，自然談不上現代文明社會依法規定的財產公示制度。在這種情況下，陳其美、戴季陶、何海鳴、張繼等人，針對黃興貪污侵佔公款的控告與清算，既查無實據卻又事出有因。即使按照疑罪從無的無罪推定進行推理，黃興貪污侵佔公款的罪名可以免除，他非法走私國寶文物以牟取暴利的違法行為，也依然是證據確鑿、無庸諱言的。

六、陳其美清算「黃氏實行」

1915 年 2 月 4 日，陳其美遵照孫中山的旨意，從日本東京給遠在美國的黃興寫了一封長信，對同盟會及國民黨內部所謂的「孫氏理想，黃氏實行」展開政治清算：

---

[22]　《孫中山致黃興書》（1915 年 3 月），湖南省社會科學院編《黃興集》，第406 頁。

「克強我兄足下：美猥以菲材，從諸公後，奔走國事，於茲有年，每懷德音，誼逾骨肉。……溯自辛亥以前，二三同志如譚、宋輩過滬上時，談及吾黨健者，必交推足下，以為孫氏理想，黃氏實行。夫謂足下為革命實行家，則海內無賢無愚，莫不異口同聲，於足下無所增損。惟謂中山先生傾於理想，此語一入吾人腦際，遂使中山先生一切政見，不易見諸施行，迨至今日，猶有持此言以反對中山先生者也。然而征諸過去之事實，則吾黨重大之失敗，果由中山先生之理想誤之耶，抑認中山先生之理想為誤而反對之，致於失敗耶？惟其前日認中山先生之理想為誤，皆致失敗，則於今日中山先生之所主張，不宜輕以為理想而不從，再貽他日之悔。此美所以追懷往事而欲痛滌吾非者也。」[23]

這裏的「二三同志如譚、宋輩」，指的是 1911 年 7 月 31 日與陳其美一起在上海組織同盟會中部總會的譚人鳳、宋教仁等人。在陳其美眼裏，正是譚人鳳、宋教仁等人所說的「孫氏理想，黃氏實行」，直接誤導了包括他自己在內的許多革命黨人，從而架空虛置了孫中山的黨內權威，造成了同盟會及國民黨內部的革命黨人，一再辜負違背「中山先生之理想」的「重大之失敗」。

接下來，陳其美為了充分證明孫中山實行黨魁崇拜加黨魁專制的合理性，不厭其煩地羅列了「昔日反對中山先生其曆致失敗之點之有負中山先生者數事」：

其一，由同盟會成員佔有壓倒性優勢的南京臨時參議院，依法行使立法權時，辜負了孫中山英明正確的最高權威。也就是說，孫中山的黨魁崇拜加黨魁專制是應該凌駕於憲政民主的議會制度之

---

[23] 《陳英士致黃克強書》，孫中山著《建國方略之一，孫文學說──行易知難（心理建設）》附錄，《孫中山全集》第 6 卷，中華書局，1985 年，第 215 頁。

上的：「當中山先生之就職大總統也，海內風雲，擾攘未已，中山先生政見一未實行，而經濟支絀，更足以掣其肘。俄國借款，經臨時參議院之極端反對，海內士大夫更藉口喪失利權，引為訽病。究其實實交九七，年息五厘，即有擔保，利權不礙，視後日袁氏五國財團借款之實交八二，鹽稅作抵不足，復益以四省地丁，且予以監督財政全權者，孰利孰害，孰得孰失，豈可同年語耶？乃群焉不察，經受經濟影響，致妨政府行動。中山先生既束手無策，國家更瀕於阽危，固執偏見，貽誤大局，……」

其二，南北議和之後，黨人沒有見識，不表同意於已經離職下野的黨魁孫中山，從而在三件大事上，辜負了孫中山的英明決策。

第一件事是袁世凱應該到南京就職。第二件事是中華民國須遷都南京。第三件事是不能以清帝退位之詔全權授袁氏組織共和政府。用陳其美的話說，這三件事情是孫中山「不惜以死力爭之」的最為正當的主張，主要是因為同盟會方面的「黨人」沒有足夠的見識，所以才沒有貫徹執行。但是，既然是「聯絡南北感情」，就不能單向片面地「祛民黨對於袁氏之嫌疑」，同時也需要包括同盟會在內的南方各派勢力，向包括袁世凱在內的北方各派勢力，表現出足夠的誠意來，以祛除袁世凱一方對於國民黨一方的嫌疑。即使袁世凱方面沒有表現出足夠的誠意來，也不是國民黨方面不表現誠意的充分理由，反而是自以為道德高尚的國民黨，以實際行動證明自己「天下為公」式的大公無私、道德高尚的絕佳機會。

並不美好的歷史事實是，早在辛亥革命之前的 1907 年到 1911 年，由於內部糾紛不斷，孫中山在同盟會內部的黨魁地位已經名存實亡。假如沒有擁有軍政實力的黃興等人的維護支持，孫中山早已被排擠出局。對於 1911 年爆發的辛亥革命，遠在美國的孫中山並沒有做出任何實質性貢獻。在他回國之前，包括黃興在內的南北雙方已經達成秘密協定，把大總統的職位預約給了袁世凱。包括黃興、

陳其美在內的同盟會一派人,搶先一步擁戴孫中山就任臨時大總統,本身就是出爾反爾、背信棄義的專制行為。早在 1912 年 3 月 15 日,由武昌首義功勳黎元洪、孫武、孫發緒、張振武、劉成禺等人牽頭發起的民社,在其機關報上海《民聲日報》中,已經把「無功受祿」、「掠他人之功以為功」的竊國罪名,戴在了孫中山及南京臨時政府的頭上:南京臨時政府堅持同盟會一黨一派的領導地位,是日謀「蟠踞之私利」,堅持建都南京是「沐猴而冠,盜終不變其盜」。[24]

同樣是在 1912 年 3 月,光復會會長章太炎,鑒於該會副會長陶成章(煥卿)被同盟會方面的陳其美、蔣介石陰謀暗殺的殘酷事實,為四川籍烈士鄒容、喻雲紀、彭家珍、謝奉琦的追悼會寫過一副痛斥同盟會竊國的經典對聯:「群盜鼠竊狗偷,死者不瞑目;此地龍蟠虎踞,古人之言虛。」

其三,沒有見識的黨人,敗壞了孫中山「擴張教育,振興實業」的百年大計。陳其美的原話是這樣說的:「其後中山先生退職矣,欲率同志為純粹在野黨,專從事擴張教育,振興實業,以立民國國家百年根本之大計,而盡讓政權於袁氏,吾人又以為空涉理想而反對之,且時有干涉政府用人行政之態度,卒至朝野冰炭,政黨水火,既惹袁氏之忌,更起天下之疑,而中山先生謀國之苦衷,經世之碩畫,轉不能表白於天下而一收其效。」

按照陳其美的說法,「以上諸事,猶可曰一般黨人之無識,非美與足下之過也」。他在這裏雖然沒有明確提到宋教仁的名字,「一般黨人之無識」的矛頭所向,顯然是努力把秘密會黨式的同盟會改造成為議會選舉、陽光參政、和平競爭的國民黨的宋教仁一派人。但是,真正意義上的「純粹在野黨」,恰恰是在憲政民主的制度框架之內,通過民主選舉及議會競爭來切實監督和反對執政黨的公共

---

[24] 春雨:《龍蟠虎踞之南京》,《民聲日報》,1912 年 3 月 15、16 日。

權力的現代議會政黨。斥責宋教仁等人「無識」的陳其美，反而敗露了他自己對於現代文明常識的完全無知。

其四，國民黨人士「有負中山先生」的第四樁罪錯，是黃興連同陳其美自己在宋教仁案發生之後，違背孫中山的意志所犯下的戰略性錯誤。

據陳其美介紹，孫中山當時主要制訂了兩項討伐袁世凱的戰略計畫。第一項計畫是聯合日本：「聯日之舉，蓋所以孤袁氏之援而厚吾黨之勢也。『日國亞東，於我為鄰，親與善鄰，乃我之福，日助我則我勝，日助袁則袁勝』，此中山先生之言也。在中山先生認聯日為重要問題，決意親往接洽，而我等竟漠然視之，力尼其行，若深怪其輕身者。卒使袁氏伸其腕臂，孫寶琦、李盛鐸東使，胥不出中山先生所料，我則失所與矣。」

第二項計畫是速戰速決：「中山先生以為袁氏手握大權，發號施令，遣兵調將，行動極稱自由，在我惟有出其不意，攻其無備，迅雷不及掩耳，先發始足制人。且謂宋案證據既已確鑿，人心激昂，民氣憤張，正可及時利用，否則時機一縱即逝，後悔終嗟無及。此亦中山先生之言也。乃吾人遲鈍，又不之信，必欲靜待法律之解決，不為宣戰之預備。豈知當斷不斷，反受其亂，法律以遷延而失效，人心以積久而灰冷，時機坐失，計畫不成，事欲求全，適得其反。設吾人初料及此，何致自貽伊戚耶？」

其五，沿著上述思路說下去，陳其美所謂「有負中山先生」的第五樁罪錯，是黃興連同他自己在「二次革命」中的貽誤戰機。倒轉過來逆向反思，這樁罪錯恰好是國民黨方面單方面退出憲政民主的制度框架，挑起發動國內戰爭的自供狀。

按照陳其美的介紹，國民黨方面最早主張發動國內戰爭的只有孫中山一個人：「刺宋之案，牽於袁、趙之蔑視國法，遲遲未結。五國借款，又不經國會承認，違法成立。斯時反對之聲，舉國若狂，

乃吾人又以為有國會在，有法律在，有各省都督之力爭在，袁氏終當屈服於此數者而取消之。在中山先生則以為國會乃口舌之爭，法律無抵抗之力，各省都督又多仰袁鼻息，莫敢堅持，均不足以戢予智自雄、擁兵自衛之野心家，欲求解決之方，惟有訴諸武力而已矣。」

國民黨方面第二個階段的備戰情況是：「（孫中山）不得已令美先以上海獨立，吾人又以上海彈丸地，難與之抗，更不聽之。當此之時，海軍尚來接洽，自願宣告獨立，中山先生力贊其成。吾人以堅持海陸軍同時並起之說，不欲為海軍先發之計。尋而北軍來滬，美擬邀擊海上，不使登陸，中山先生以為然矣，足下又以為非計。其後海軍奉袁之命開赴煙臺，中山先生聞而欲止之曰：『海軍助我則我勝，海軍助袁則袁勝，欲為我助，則宜留之，開赴煙臺，恐將生變。』美與足下則以海軍既表同意於先，斷不中變於後，均不聽之。」

國民黨方面第三個階段的備戰情況是：「中山先生當時屢促南京獨立，某等猶以下級軍官未能一致諉，及運動成熟，中山先生決擬親赴南京宣告獨立，二、三同志咸以軍旅之事乃足下所長，於是足下遂有南京之役。」

作為上述五個方面的歸納總結，陳其美把政治清算的目標，更加明確地鎖定在黃興、譚人鳳，尤其是慘死之後依然被利用來充當戰爭藉口的宋教仁身上：

> 「夫以中山先生之智識，遇事燭照無遺，先幾洞若觀火，而美於其時貿貿然反對之，而於足下主張政見，則贊成之惟恐不及，非美之感情故分（厚）薄於其間，亦以識不過人，智暗慮物，泥於孫氏理想一語之成見而已。……美之所見如此，未悉足下以為何如？自今而後，竊願與足下共勉之耳。」

陳其美所謂的「共勉」，說穿了就是要求被他斥為「無識黨人」的黃興等人，放棄「平等自由主義」的價值底線，以及「孫氏理想，

黃氏實行」的角色定位，徹底拜倒在孫中山腳下充當黨魁崇拜加黨
魁專制的精神奴隸和馴服工具：「至於所定誓約有附從先生服從命
令等語，此中山先生深有鑒於前此致敗之故，多由於少數無識黨人
誤會平等自由之真意。……故遵守誓約，服從命令，美認為當然天
職而絕無疑義者，足下其許為同志而降心相從否耶？」

七、孫中山解釋「向主聯日」

　　1918 年，孫中山寫作《建國方略之一，孫文學說——行易知
難（心理建設）》時，專門附錄了這封「陳英士致黃克強書」。他所謂
的「行易知難」，其實是孔子「民可使由之，不可使知之」的愚民自
愚、自欺欺人的傳統理論的極端推演，借用胡適的話說：「中山先生
著書的本意只是要說：『服從我，奉行我的《建國方略》。』他雖沒有
這樣說明，然而他在本書的第六章之後，附錄〈陳英士致黃克強書〉
（頁 79-87），此書便是明明白白地要人信仰孫中山，奉行不悖。」[25]
　　對於陳其美所轉述的「日國亞東，於我為鄰，親與善鄰，乃我
之福，日助我則我勝，日助袁則袁勝」，孫中山在《建國方略》中
另有專門注解：「文按：民黨向主聯日者，以彼能發奮為雄，變弱
小而為強大，我當親之師之以圖中國之富強也。不圖彼國政府目光
如豆，深忌中國之強，尤畏民黨得志而礙其蠶食之謀，故屢助官僚
以抑民黨，必期中國永久愚弱，以遂彼野心。彼武人政策，其橫暴

---

[25] 胡適：《知難，行亦不易》，《新月》月刊第 2 卷第 4 號，1929 年 4 月。與
此相印證，居正在《中華革命黨時代的回憶》中介紹說，孫中山一直堅
持的主張是「同志要再舉革命，非服從我不行。我不是包辦革命，而是
畢生致力於國民革命，對於革命道理，有真知灼見；對於革命方略，有
切實措施。」見陳錫祺主編《孫中山年譜長編》，北京：中華書局，1991
年，第 885 頁。

可恨，其愚昧亦可憫也。倘長此不改，則亞東永無寧日，而日本亦
終無以倖免矣。東鄰志士，其有感於世運起而正之者乎？」

　　既然日本能夠「發奮為雄」，包括孫中山在內的中國人，同樣
應該像日本人那樣通過自我健全、自力更生來「發奮為雄」，而不
應該一廂情願地求助和依附於「發奮為雄」的日本人；更不應該因
為日本方面沒有提供足夠的援助，就加以「其橫暴可恨，其愚昧亦
可憫」、「亞東永無寧日，而日本亦終無以倖免」的詛咒威脅。與日
本駐上海總領事有吉明在「二次革命」前夕所留下的一系列文字記
錄相印證，日本政府希望於中國社會的是南北調和的和平統一，孫
中山所謂的「日助我則我勝，日助袁則袁勝」，卻是反其道而行之
的國內戰爭。「二次革命」的必然失敗，並不在於陳其美所謂的「我
等竟漠然視之，力尼其行」，而在於孫中山違背由他自己主持制訂
的「臨時約法」而發動國內戰爭的窮兵黷武。

　　1914 年 5 月 11 日，隱居東京的孫中山，在寫給日本首相大隈重
信的書信中，對於所謂「日助我則我勝，日助袁則袁勝」另有闡述：

　　其一，中國對日本，具有比印度殖民地之於英國更加重大的潛
在利益：「英國之區區三島，非甚廣大，然人莫不知其國力膨脹日
加者，以其得印度之大陸，為母國之大市場，世界列強始莫能與爭。
日本之發展已盡，殆無迴旋之餘地，中國則地大物博，尚未開發。
今日本如英國之於印度，無設兵置守之勞費，而得中國之大市場，
利且倍之，所謂一躍而為世界之首雄者此也。」只要日本方面幫助
孫中山奪取政權，中國的內政、外交、軍事、實業、司法等等可以
對日本全面開放：「可開放中國全國之市場，以惠日本之工商，日
本不啻獨佔貿易上之利益，……日本製造品銷入中國者免稅，中國
原料輸入日本者亦免稅。」[26]

26　王芸生著《六十年來中國與日本》第 6 卷，天津大公報社，1932 年，第 34、
　　36 頁。另見《孫中山全集》第 3 卷，第 84、85 頁。

其二，袁世凱及其中央政府與日本為敵，「佯與日本周旋，而陰事排斥。……或政府依違其間，而嗾使民間反對，或其權利已許日本，而翻授之他國。彼之力未足以自固，又憚民黨與日本親善，故表面猶買日本之歡心。……設其地位之鞏固過於今日，其對待日本必更甚於今日。」

其三，警告日本方面，在國民黨奪取政權之前，中國社會永遠不可能穩定和諧。「夫惟民黨握中國之政柄，而後中國始有治安可言也。」民黨「抱有主義，為求其之必達，生死以之，……民黨之志一日不伸，即中國一日不能安。」

其四，勸告日本方面「能助革命黨，則有大利」，所以要敢於超越國際社會所通行的常規法理。「助一國之民黨，而顛覆其政府，非國際上之常例。然古今惟非常之人，乃能為非常之事，成非常之功，竊意閣下乃非常之人物，今遇非常之機會，正閣下大煥其經綸之日也。」

這封書信當年曾被中外報刊廣為宣傳，而且有人傳說是由黃興洩露出去的。1914 年 8 月 18 日，遠在美國的黃興在致曹湯三的回信中，專門就此事申辯說：「中山先生是否有此函件與日本當道，尚屬疑問，袁賊陰險，派偵離間吾輩，亦時時有之，即令有此函件，中山先生從未與興閱過，興又何從宣洩？此種卑鄙手段，稍有人格者不為。興雖不德，自問生平未嘗有此敗行。」[27]

當時的黃興在依賴日本人的外力援助推翻顛覆袁世凱中央政府方面，與孫中山是高度一致的。1914 年 8 月，第一次世界大戰爆發，西方列強分裂成為兩個對立陣營：一方面是德、奧等國組成的同盟國集團；一方面是英、法、俄、美等國組成的協約國集團。8 月 23 日，日本政府以「承擔日英同盟的義務」為藉口，打著「保衛東亞和平」的幌子對德宣戰，派遣軍隊進攻被德國強行租用的中

---

[27] 《覆曹湯三書》（1914 年 8 月 18 日），湖南省社會科學院編《黃興集》，第388 頁。

國青島。為了擴大侵略範圍，日軍從遠離青島 240 公里的龍口登陸，先佔領萊州半島，接著又強佔濰縣車站，沿膠濟鐵路西進佔領濟南車站，至 11 月 7 日佔領青島，獲取了膠濟鐵路全線及其附近的礦產資源。革命黨人詹大悲、白逾桓等人為此做出決議：「決不利用外患劇烈之時機為革命活動」、「暫時力持鎮靜，使政府得以全力對外」。[28]

然而，黃興在 11 月 10 日寫給宮崎寅藏的密信中，對於日本方面的侵略行徑不但不予以譴責，反而給出極高評價，甚至寄希望於大隈重信內閣的顛覆倒臺：

> 「滔天先生足下：尊函日前方收得，……歐洲戰亂，擾及亞東，貴邦仗義興師，得收青島，均勢局面或有變遷。貴政府態度，得似海陸兩部。前已得青島後，於吾人可與便利，不知能實踐否？……近袁氏要好於美，已派員來運動，主張中、俄、美三國同盟，美人中多贊成之。此策乃袁氏利己主義，非真心愛國也。隈閣無識無才，殊難語及，能倒之派或可與圖。請速謀之，詳示方略為幸。……各知好致意。閱後付火。」[29]

明明是日本方面對於中國主權領土的公然侵略，黃興僅僅為了從日本方面得到一點趁火打劫的「便利」，不惜以逃亡者的身份越權從事既顛覆本國政府又顛覆日本政府的秘密外交。袁世凱以大總統身份合法履行職權從事國際外交，在自以為「真心愛國」的黃興眼裏，卻被全盤否定為「非真心愛國」。在 11 月 11 日寫給萱野長知的書信中，日本方面於 1937 年大舉侵略中國的大東亞共榮圈，在黃興筆下更是呼之欲出：「鳳梨尊兄大鑒：歐洲戰期刻未能了，

---

[28] 楊天石著《近代中國史事鉤沉：海外訪史錄》，社會科學文獻出版社，1998 年第 2 版，第 169 頁。

[29] 《復宮崎寅藏函》（1914 年 11 月 10 日），湖南省社會科學院編《黃興集》，第 393 頁。

青島已落，貴政府對於均衡局面主張如何？隈閣與袁氏親交，只顧目前小利，於黃種前途，毫不思及。」[30]

八、黃興等人的聯名通電

1914 年 2 月 19 日，寓居上海租界的鄭孝胥在日記中寫道：「楊壽彤來，云張堅伯明日與子益、夢旦同行。又云，北方軍隊驕橫，易一小隊官，亦必取兵士之同意。壽彤又示小冊，題曰《吳三桂》，有金甲武士像。其中文約三葉，乃袁世凱攻孫文、黃興辭。壽彤云，是袁自撰，印有數巨篋，將以散於兩廣。」[31]

1915 年元旦，袁世凱頒佈《亂黨自首特赦令》，規定凡在 1915 年年底以前犯有「附和亂黨罪」而能自首者，均可受到特赦，而且可以量才錄用、給以官職。與此同時，袁世凱還開動宣傳機器，指責孫中山等人於窮途末路中效法吳三桂勾引日本政府侵略中國。

同年 1 月 18 日，日本駐華公使日置益會見袁世凱，遞交了企圖把中國的領土、政治、軍事、財政都置於日方控制之下的二十一條無理要求，希望袁世凱「絕對保密，盡速答覆」。袁世凱政府在力量懸殊的情況下，故意通過媒體把「二十一條」的相關內容洩露出去，從而引起國際國內的強烈反應。一貫激進的中華革命黨人何海鳴首先離日返國，公開宣稱「政府以穩健誠國人，國人以大任託政府」；「苟政府不加海鳴以不利，海鳴且以首丘於祖國為安」。

同年 3 月，何海鳴回到上海創辦《愛國報》。隨後到廣東汕頭組織討袁起義未成，潛居香港。1926 年張宗昌組織直魯聯軍時，

---

[30] 《致萱野長知書》（1914 年 11 月 11 日），湖南省社會科學院編《黃興集》，第 394 頁。（31）《鄭孝胥日記》，中華書局，1993 年，第 1506 頁。

[31] 《鄭孝胥日記》，中華書局，1993 年，第 1506 頁。

何海鳴出任宣傳處長。1928 年，何海鳴退伍後窮困潦倒寄寓遼寧，
後落魄上海以賣文為生。所作小說多為鴛鴦蝴蝶派作品，主要有社
會言情小說《孤軍》、《黃浦血淚》、《琴嫣小傳》、《娼門紅淚錄》、《此
中人》等，為民國初年「鴛鴦蝴蝶派」重要人物。抗日戰爭後期，
何海鳴出任汪偽政府憲政實施委員會委員，有《海鳴叢書》行世。

　　1915 年 2 月 5 日，孫中山、陳其美、戴季陶、王統一在國家
存亡的危急時刻，與滿鐵株式會社的兩個重要人物犬塚信太郎、山
田純三郎，秘密簽訂《中日盟約》，其中明確規定：「為便於中日協
同作戰，中華所用之海陸軍兵器、彈藥、兵具等，宜採用與日本同
式。」「與前項同一之目的，若中華海陸軍聘用外國軍人時，宜主
用日本軍人。」「使中日政治上提攜之確實，中華政府及地方公署
若聘用外國人時，宜主用日本人。」[32]

　　在全面出讓軍政主權之餘，《中日盟約》還把事關經濟命脈的
金融、礦山、鐵路、航運，全部交由日本控制：「宜設中日銀行及
其支部於中日之重要都市。」「中華經營礦山，鐵路及沿岸航路，
若要外國資本，或合辦之必要時，可先商日本，若日本不能應辦，
可商他國。」「屬於前各項範圍內之約定而未經兩國外交當局者或
本盟約記名兩國人者之認諾，不得與他者締結。」

　　也就是說，袁世凱力爭倖免的關係中國的國家主權的重要條
款，幾乎全部被孫中山、陳其美通過秘密渠道，擅自奉送給了日本
人。假如這份《中日盟約》能夠兌現的話，中國就會像當年的朝鮮
一樣，完全淪落為日本人的殖民地和附屬國。

　　1914 年 8 月，聚集在日本東京的李根源、胡瑛、李烈鈞、熊
克武、陳炯明、柏文蔚、鈕永建、章士釗、殷汝驪、林虎、熊克武、
程潛、程子楷、李書城、張孝准、耿毅、沈鈞儒、張耀曾等 100

---

[32] 陳錫祺主編《孫中山年譜長編》，中華書局，1991 年，第 933、934 頁。

名國民黨人，為了應對第一次世界大戰爆發後的國內國際形勢，發起組織歐事研究會。遠在美國的黃興並沒有參與該會的發起活動，只是於9月3日在寫給李根源等人的回信中，答應了對方的入會邀請。不過，他與歐事研究會同人的密切關係，遠遠超出與孫中山、陳其美等人的關係。孫中山此前在5月29日致黃興信中所說的「兄之親信部下」，主要指的就是這些人。

1915年2月11日，歐事研究會的李根源、林虎、熊克武、程潛、張孝准、耿毅等11人聯名發表通電，公開表示：「吾人第一主見，乃先國家而後政治，先政治而後黨派。國苟不存，政於何有？政苟有成，何分於黨？……政府苟能推誠修政，舉國傾心，即吾人客死異鄉，亦所甚願。」並且不點名地指責孫中山、陳其美等人說：「然借異虐同之舉，引狼拒虎之謀，前為天良所不容，後為智計所不許。」[33]

同盟會元老劉師培，在〈告舊中國同盟會諸同志書〉中，更加義正辭言地表示說：「然據最近傳聞，則諸君之中，其有懷憤激之謀者，不惜為虎作倀，引外力以覆祖國」，「窮究諸君所蓄之隱謀，在舍個人逞憤外，雖復亡國滅種，亦所不惜。」[34]

流亡美洲的馮自由、林森、謝持（英伯）、鍾榮光等人，聯合致電孫中山，請示「可否暫停國內革命運動，實行一致禦侮，免為國人藉口」。柏文蔚等人此前曾就「二十一條」致函中華革命黨本部，在得不到答覆的情況下，他直接找到孫中山要求表態。孫中山解釋說，各同志可自行通電反對，他自己「另有對策」。

等到孫中山秘密簽訂《中日盟約》的所謂「對策」洩露之後，黃興、柏文蔚、陳炯明、鈕永建、李烈鈞等人於2月25日聯名通電，公開表達了他們的愛國立場：

---

[33] 上海《正誼》雜誌第7號，1915年2月15日。
[34] 楊天石著《近代中國史事鉤沉：海外訪史錄》，社會科學文獻出版社，1998年第2版，第169頁。

其一，承認國民黨在南北議和之後，雖然「遵守憲政常規」，對於政府「誠有所抨彈牽掣」；然而，「吾黨叫囂凌厲之氣，亦誠不免」，從而在 1913 年宋教仁發生之後，犯下「自棄於國人」的戰爭罪行，應當向國人謝罪。[35]

其二，「自棄於國人」的「二次革命」，主要是因為國政不修而被迫發動的。當時國民黨方面「可戰之卒且復累萬，可據之地何止一省」，只是不願意「以騾難克敵之師，重生靈塗炭之禍」，才「一擊不中，即復戢兵，……質之天良，尚無所歉。」

其三，關於「國家大義」，他們借用前清時期的平西王吳三桂裏通外國、引狼入室的前車之鑒，不點名地批評孫中山一派人說：「至言假借外力，尤為荒誕。興等固不肖，然亦安至國家大義蒙無所知？竊覽世界諸邦，莫不以民族立國，一族以內之事，縱為萬惡，亦惟族人自董理之。倚賴他族，國必不保，殷鑒不遠，即在平西。」

其四，汲取「二次革命」的沉痛教訓，公開表示此後不再輕言革命：「須知革命者，全國心理之符，斷非數十百人所能強致。辛亥已事，即為明徵。國人既懲興等癸丑之非，自後非有社會真切之要求，決不輕言國事，今雖不能妄以何種信誓宣言於人，而國政是否必由革命始獲更新，亦願追隨國人，瞻其效果。」

其五，這份電文的下半段主要是針對袁世凱政府的尖銳批評：「惟革命之有無，非可求之革命自身，而當求之政家良惡。故辛亥之役，乃滿洲政府成之，非革命黨所能自為力也。今者政治清濁，事業興廢，士氣盛衰之度，較之滿洲何如？此俱國人所聞見。當興等隨國人後與聞政事，當局者每籍口大權未一，強飾其非。此中是非，無取辯說。……興等流離在外，無力回天，遇有大事與吾徒有關者，亦惟謹守繩墨，使不危及邦家而已。」

---

[35] 黃興：《與陳炯明等聯名通電》（1915 年 2 月 25 日），湖南省社會科學院編《黃興集》，第 396 頁。

九、孫中山的「日中提攜」

　　1915 年 3 月 10 日，孫中山面對來自黨內黨外的輿論壓力，以黨務部名義發出《中華革命黨第八號通告》。其中一方面痛斥「夫己氏」袁世凱的賣國稱帝：「當交涉問題初見，此間同人，亦甚惶懼，因晉詢中山先生意見，乃俱釋然。先生蓋以為根本問題不解決，此等事乃無法對待。……且據個中消息，此次交談之由來，實由夫己氏欲行稱帝要求日本承認，日本政府欲先得相當之報酬，要求夫己氏。夫己氏隱許諾之，故有條件之提出。詎知所提出之條件，即使中國為朝鮮第二。」

　　另一方面也對國民黨內部何海鳴、林虎、黃興等人的所謂「投降自首」、「認罪告哀」，表示嚴厲譴責：「中日交涉事起，國人不明交涉之真相，實由夫己氏賣國而來，乃有與二次革命有關係者，藉此為舉國一致之美名，有迎機投降者，如何海鳴之自首是也。有恐為夫己氏分謗而急欲自白者，如林虎之通電各報館是也。有恐受借寇復仇之嫌疑而自供二次革命有罪（認革命有罪而不認私逃為罪），急向國人告哀者，如黃興之通電宣言是也。」[36]

　　關於中華革命黨的正面主張，這份通告中只有一句話：「且夫吾黨所處之地位，純係一秘密組織之團體，對於國際交涉，固未可立言者也。」

　　同樣是在 3 月 10 日，孫中山在寫給中華革命黨內部的美國華僑同志的書信中，高調表示了愛國救亡的積極態度：「余固深信驅除袁世凱為今時所當行之事，若謂借助於日本一說，雖至愚之人，亦足以知日本萬不可靠，稍有識者亦當知造謠者立說之謬妄矣。……職是之故，我國人當速即起事，以救危亡於未亡之際。否則，日本之吞併中國，如英之吞併埃及，同一破亡，永無復見天日之望矣。」

---

[36] 陳錫祺主編《孫中山年譜長編》上冊，第 939、940 頁。

3月13日,《大阪每日新聞》以〈歸順革命黨的宣言書〉為標題,摘要發表了黃興等人2月25日的聯名通電。與此同時,該報又以〈革命黨陸續歸順,僅餘孫逸仙一派〉為標題報導說:

「袁總統收買革命黨,近來著著奏效。……甚至傳說,由於在美國的有力人士的暗中斡旋,連黃興、李烈鈞、柏文蔚等革命黨的第一流人物也已發表宣言書,堂堂歸順。主要的歸順者為軍人派。人們稱為革命創始人的孫逸仙、陳其美等領袖仍然不肯歸順,正不斷鼓吹日中提攜論。」

接下來,這篇報導還記錄了該報記者對於孫中山的電話採訪:

「此次歸順袁氏的革命黨人主要為軍人派,彼等疏於世界大勢,不能明察將來的必然結果,過分誇大日本對華要求,視為不利於中國,基於此種誤解,遂敢於輕舉,與我等分手。參加二次革命的流亡軍人固然卑怯,以致失敗,真正之軍人,即意志堅強之無名之士尚充滿國中,吾人於將來達到目的方面不必有任何擔心。就彼等變節一派之私情而言,有可同情之處,但相信此等薄志弱行之輩與我等同志分手,乃他日實現偉大目的之好機會。日中兩國立國於亞細亞,倘不能相互提攜,則難以與列強共存於競爭場裏。中國與日本分離則國亡,日本與中國分離則陷於孤立境地。今日世界大勢,當促進日中提攜,以期保障東洋永久之和平。彼等一派之離散何足置意!(東京電話)」

正是為了「促進日中提攜」,孫中山在3月14日寫給日本外務省政務局長、「二十一條」起草者小池張造的書信中,附錄了《中日盟約》草案中的十一條內容,明確表達了對於「二十一條」的支持態度:「昔日,貴國政府曾向敝國政府提出日中交涉事宜。對其

詳細內容，固然無法窺知，但其主要內容必定以日中親善及東亞和平為目標。與敝人倡導之主張一致，不勝欣喜。」令孫中山感到不滿的是日本人不以他為主要合作對象，反而「對無誠意之敝國政府始終一貫持續執行強硬之交涉，……曠日持久，時至今日，實在可悲。……遠離日中提攜這一最終目的之手段，敝人等遺憾至極。」

孫中山在第二天即 3 月 15 日發給中華革命黨黨員周應時的回電中，卻完全否認了他自己所從事、所知道的中日交涉，從而把口是心非、言不由衷的話語策略，發揮到了一種極致：「中日交涉，想必無事，但無論如何，吾黨方針不變。」[37]

5 月 14 日，袁世凱在接到日本方面最後通牒的情況下，向各級官員發出「密諭」，其中有這樣一段真情表白：「日本利用歐洲列強之相持，乘中國新邦之初建，不顧公法，破壞我山東之中立，……其中最為難堪者，曰切實保全中國之領土，曰各項要政聘用日人為有力顧問，曰必要地方合辦員警，曰軍械定數向日本採買，並合辦械廠，用其工料。此四者，直以亡韓視我。如允其一，國即不國。……彼遂以最後通牒迫我承認，然卒將最烈四端，或全行消滅，或脫離此案；其他較重之損失，亦因再三討論得以減免，而統計已經損失權利頗多。」

6 月 22 日，袁世凱政府在頒佈《懲辦國賊條例》的同時，還專門發行《國賊孫文》一書，集中披露了孫中山與日本方面的一系列「日中提攜」的秘密協議。

總而言之，1915 年的孫中山，在喪權辱國的「二十一條」簽訂前後所主張的「日中提攜」，所要「提攜」的主要是日本人。他對於包括中國政府方面的袁世凱、國民黨內部的黃興以及中華革命黨內部的周應時等人，所表現出的完全是不予「提攜」的另一種態度。

---

[37] 陳錫祺主編《孫中山年譜長編》，第 941 頁。

十、孫中山對黃興的再次清算

　　由於黃興對於陳其美的長信置之不理,更由於黃興、陳炯明、柏文蔚、鈕永建、李烈鈞在聯名通電中,不點名地指責孫中山為「假借外力」的平西王吳三桂;孫中山只好親自出馬,於 1915 年 3 月給遠在美國的黃興寫下一封長信。其開場白是這樣寫的:「前由英士瀝陳近況,遲遲未得還云,甚悵甚悵。文關懷祖國,見於政府之專制,政治之不良,清夜自思,每用痛心!」[38]

　　關於黃興在 1913 年即癸丑年的「二次革命」中犯下的一系列戰爭失誤,孫中山再次清算說:

> 「癸丑之役,文主之最力,所以失敗者,非袁氏兵力之強,實同黨人心之渙散。猶憶鈍初死後之五日,英士、覺生等在公寓所討論國事及鈍初刺死之由。公謂民國已經成立,法律非無效力,對此問題,宜持以冷靜態度,而待正當之解決。時天仇在側,力持不可。公非難之至再,以為南方武力不足恃,苟或發難,必致大局糜爛。文當時頗以公言為不然。公不之聽。及其後也,烈武、協和等相繼被黜,靜山觀望於八閩,組安反覆於三湘,介人復盤據兩浙而分南方之勢,以掣我肘。文不勝一朝之忿,乃飭英士奮起滬濱,更檄章梓倡義金陵。文於此時,本擬親統六師,觀兵建康,公忽投袂而起,以為文不善戎伍,措置稍乖,遺禍匪淺。文雅不欲於兵戈擾攘之秋,啟兄弟同室之鬩,乃退而任公。公去幾日,馮、張之兵聯翩而下。夫以金陵帝王之都,龍蟠虎踞,苟得效死以守,則大江以北,決不致聞風瓦解,而英士、愓生亦豈至一

蹶不振。乃公以餉絀之故，貿然一走，三軍無主，卒以失敗，堯卿、海鳴難為善後，而如火如荼之民氣，於是殲滅無遺。推原其故，文之非歟？公之咎歟？固不待智者而後知之矣。」

談到流亡日本之後的分道揚鑣，孫中山進一步譴責說：

「東渡以來，日夕共謀，非欲雪癸丑之恥，實欲竟辛亥之功。而公又與英士等互相齟齬，溥泉、海鳴復從而煽之，公不維始終之義，遂作中道之棄。」

這裏的「烈武」，即前安徽都督柏文蔚。「協和」即前江西都督李烈鈞。「靜山」即前福建都督孫道仁。「組安」即前湖南都督譚延闓。「介人」即前浙江都督朱瑞。「章梓」為江蘇第一師師長。「馮、張」即北洋軍閥馮國璋和張勳。「英士」即陳其美。「鐵生」即鈕永建。「堯卿」即共進會副會長張堯卿。「溥泉」即前國民黨籍參議院議長張繼。在結束語中，孫中山語重心長地希望黃興浪子回頭、痛改前非：

「中國當此外患侵逼，內政紊亂之秋，正我輩奮戈飲彈，碎肉喋血之時。公革命之健者，正宜同心一致，乘機以起。若公以徘徊為知機，以觀望為識時，以緩進為穩健，以萬全為商榷，則文雖至愚，不知其可。臨紙神馳，祈公即日言旋，慎勿以文為孟浪而菲薄之。斯則革命前途之幸。」

孫中山所謂的「始終之義」，就是傳統男女關係中的夫唱婦隨、從一而終，以及劉備、關羽、張飛桃園三結義中的「不求同年同月同日生，只願同年同月同日死」。這種為傳統秘密會黨所奉行的只允許發誓入夥而不允許背盟退出，甚至於要以犧牲個人自由甚至於寶貴生命為代價效忠於黨魁及黨派的幫規道義，與黃興、宋教仁等人最初加入同盟會時所堅持的「個人自由」即「平等自由主義」，顯然是格格

351

不入、背道而馳的。從這個意義上說，主張政黨內閣的宋教仁與主張總統專制的袁世凱之間的政制分歧，遠遠小於他在國民黨內部與主張黨魁崇拜加黨魁專制的陳其美、孫中山之間的政制分歧。與袁世凱相比，更有可能指使縱容吳乃文、陳玉生、應夔丞、武士英等人謀殺宋教仁的，恰恰是一再對宋教仁案展開事後清算的陳其美及孫中山。

與孫中山這封清算書信相印證，當時的中華革命黨人還散發有一份匿名傳單，針對黃興進行人身攻擊。其中指責黃興在熊希齡組閣時，「日夜期望保皇妖黨得與袁賊抗衡，而己則居中斡旋，冀博彼黨之歡，而分一杯之羹」，於是就指使章士釗辦《甲寅》醜詆國民黨，諂媚熊希齡與梁啟超。黃興在「二次革命」期間的表現，是「大難既發，旗鼓方張，師正報捷於淮、徐，將已逋逃於海外，負全黨之囑託，辜國民之期望，是為不忠」。這次致電國內「自明心跡」，是「但求國人之見憐，不計立言之卑屈」。[39]

特別值得注意的是，這份傳單竟然把假借外力，認定為革命黨人的一項特殊的救國權力：「若夫假借外力與否，國人實無判斷是非之智能。吾黨既以二十餘年之苦心孤詣，取亡之滿室二百六十餘年者歸之國人，亦當然不致復斷送於他族。國人不能拒慣於賣國之官僚，自無煩其諒吾人救國之本意。國人既深願袁賊之執政，又何必訴吾人不滿之襟懷！」

十一、黃興的「革命」與「幸福」

1915 年 5 月 23 日，上海《申報》刊登黃興寫給孫中山的回信，針對孫中山及陳其美來信中的清算攻擊正面回應道：「興西來，兩

---

[39] 楊天石著《近代中國史事鉤沉：海外訪史錄》，社會科學文獻出版社，1998年第 2 版，第 163、165 頁。

奉英士君手翰並一讀先生書，慷慨沉鬱，令人悲痛。唯前因後果言之酸鼻，興之不幸，亦本黨之不幸也。」

關於孫中山、陳其美等人的「三次革命」，黃興基於「政治上之革命無非欲促進社會之幸福」的現代觀念批評說：

> 「英雄之舉事也，當先圖利害之如何，順逆之如何，強弱之如何，眾寡之如何。……癸丑以後，飄搖異邦者若干人，遁逃海外者若干人，以興所見，丘壑之填，陳蔡之厄，比比然也。石屏師自東來，為言同志之淪落於長崎、橫濱諸埠多至數千，甚有為東人執賤役、司奔走，以求一日之溫飽者，興聞而痛之。乃先生與英士諸君猶諄諄以革命相勸，並謂同志大半在東，正可利用，豈使之凍餒者不足，復將驅之炮火中耶！此興之期期以為不可者也。」

這裏的「癸丑以後」，指的就是 1913 年「二次革命」失敗之後。「石屏師」，就是在《石叟牌詞》中斥責黃興為「雄而不英」、「不足與謀」的「豎子」的譚人鳳。按照黃興的理解，政治革命的目的就是要促進所有個人的社會幸福，其中也包括數千名革命同志的幸福。在這些「同志」為了革命而背井離鄉、流離失所的情況，還要繼續利用他們去充當炮灰，無論如何是不人道的。

關於革命與愛國的關係，黃興分析說：有人主張「中日交涉未解決」的時候，我們這些革命黨人恰好可以趁機發動革命戰爭，「振臂一呼，援者立至，苟能乘時勃起，必能收疾風掃葉之效」。像這樣的觀點其實是似是而非之談。「我同志既以愛國為標幟，以革命相揭櫫，無論借他國以顛覆宗邦，為世界所竊笑，而千秋萬歲後，又將先生為何如人也？」

關於「二次革命」的失敗，黃興認為主要原因就在於違背了民意、失去了民心：「興非忘情於革命者，不過有時勢之不同，今昔

之各異。當壬癸之際,本黨之聲威若何,權力若何,然舉寧湘粵之
眾,猶不能抗少數之北軍,豈民黨兵力之不逮耶,亦以民心之向背
為之轉移耳。」現在的形勢比起 1912、1913 年來,對於革命黨人
更加不利,「既無穩固之根據,又無雄厚之財力,乃必欲以求一逞,
恐必有覆轍折足之虞」。

　　作為結論,黃興正告孫中山、陳其美等人說:「臥薪嚐膽,待
之十年,興與先生必有殉國之一日。若不此審,孟浪從事,則效果
何如,興不敢言。朱浮復彭通曰:凡舉事毋為親厚者所痛,而為見
仇者所快。願先生與英士諸君再三誦之。」

　　在此前後,黃興與柏文蔚、陳炯明、鈕永建、李烈鈞等人,另
有一份致海內外報刊的公開通電,其中正大光明地表白說:「吾人
痛思前失,自安放逐。現政府果以何道能得民心,作民政,吾人
正目視而手指之。吾人之神聖目的,在使吾最愛之國家莊嚴而燦
爛,最愛之同胞鼓舞而歡欣,至何人掌握政權有以致此,吾人不
問。」[40]

　　應該說,一直思維混亂、有勇無謀,以至於被譚人鳳斥為「雄
而不英」、「不足與謀」的「豎子」的黃興,直到 1915 年 5 月 23
日寫給孫中山的回信,以及相關的兩份電報中,才真正理順擺正了
「政治上之革命無非欲促進社會之幸福」的價值追求,從而初步具
備了一個現代政治家最低限度的精神素質和思想境界。

　　1916 年 10 月 31 日,黃興在上海因病去世。國民黨內部針對
他和宋教仁的政治清算卻並沒有因此停止。1923 年 11 月,孫中
山在廣州大本營對國民黨員的演說中,公開表示了自己當年不甘心
充當宋教仁、黃興一派人的「木偶」、「傀儡」和「假黨魁」的難言
隱痛:

---

[40] 楊天石著《近代中國史事鉤沉:海外訪史錄》,社會科學文獻出版社,1998
　　年第 2 版,第 178、179 頁。

「民國成立，即有政黨蜂起。其時有共和黨、統一黨，種種
色色，不勝縷述，大都皆以取得政權為目的；但完全未有革
命黨。於是宋教仁、黃興等一般舊革命黨人，以為別人既有
了黨，吾等尚未有黨，乃相率而組織國民黨。但當組織國民
黨之時，我已經辭了臨時大總統。我當時觀察中國形勢，我
已經承認吾黨立於失敗之地位。當是時極為悲觀，以為在吾
黨成功之時，吾黨所抱持之三民主義、五權憲法尚不能施
行，更復有何希望？所以只有放去一切，暫行置身事外。後
來國民黨成立，本部設在北京，推我任理事長，我決意辭卻。
當時不獨不願意參加政黨，且對於一切政治問題亦想暫時不
過問。但一般舊同志以為我不出而擔任理事長，吾黨就要解
體，一定要我出來擔任。我當時亦不便峻卻，只得答應用我
名義，而於黨事則一切不問，純然放任而已。」[41]

　　自辛亥革命後一直追隨在孫中山身邊的激進派國民黨人戴季
陶，在《三民主義之哲學的基礎》一書中，更是以背叛革命、背叛
黨魁之類的道德罪名，對宋教仁實施政治清算說：「用丟了革命性
和主義的一群政治勢力集團為基礎，去與反革命的官僚妥協，以圖
在短時期內掌握政權。公平的批判起來，革命黨的第一個罪人，實
在是桃源漁父。」[42]

---

[41] 孫中山：《在廣州大本營對國民黨員的演說》（1923 年 11 月），《孫中山全
集》，第 8 卷，中華書局，1986 年，第 432 頁。
[42] 戴季陶：《三民主義之哲學的基礎》，國民政府軍事委員會政治部編著，1938
年，第 15 頁。

第九章　宋教仁案的前臺與幕後

宋教仁案既不是中華民國第一案,也不是最後一案,卻是直接改變了中國社會的憲政路徑的關鍵一案。在即將過去的 100 年裏,人們議論的對象主要是被推到前臺充當替罪羊的武士英、應夔丞、洪述祖、趙秉鈞、袁世凱。躲藏在幕後操縱一切並且嫁禍於人的犯罪嫌疑人陳其美,以及已經浮出水面卻又很快銷聲匿跡的犯罪嫌疑人吳乃文、陳玉生、馮玉山、張漢彪等人,既沒有受到司法機關的依法追查,更沒有得到歷史研究者的足夠重視。這樣一樁百年舊案,迄今為止依然是一樁只知道前臺故事而不知道幕後陰謀的懸空案例。

一、譚人鳳敘述宋教仁案

在同盟會及國民黨內部,比宋教仁年長 22 歲的湖南同鄉譚人鳳,是年齡最大、閱歷最深的一個人,也是與宋教仁最為投緣的一個人。1913 年 4 月 2 日,譚人鳳在上海《民立報》發表〈哀宋教仁辭〉,其中介紹說,幾年前在日本東京,他與陰陽家也就是算命先生談論命相時,給宋教仁推算的是「三十年太平宰輔」的好命相。沒有想到「星命杳無憑,天道暗難問,被擊之後,僅閱十七點鐘而竟死矣」。

關於曾經擔任過哥老會首領的同盟會會員譚人鳳,另一位同盟會會員袁希洛回憶說:「記得 1909 年暑假後,大概在十月裏,攝政王載灃派他的兄弟載濤考察各國海軍,先到日本考察,日本皇室以國賓之禮相待,住在芝離宮。這時,我任中國留日學生總會的庶務

幹事，會長是憲政黨的人物，副會長是已加入同盟會的湖南哥老會
龍頭譚人鳳。因為會長是憲政黨方面的人，載濤對他具有好感，他
便約總會幹事十人連譚人鳳在內去見載濤，向載濤捐募會中經費。
在未去之前，幹事中有人擔心，譚人鳳是個革命黨人，怕他會演出
像吳樾行刺五大臣的舉動，最好勸譚人鳳不要參加。我說不要緊，
譚雖言論激烈，但他不是輕舉妄動的人，殺一載濤何濟於事，他決
不出此，勸他們放心。……當十人會見載濤時，譚人鳳赤面耿筋，
挺然而立，頗有緊張狀態，如果他一有舉動，我們大家都完了，幸
而載濤也很識相，一下子就捐出三千元來收買人心。」[1]

「二次革命」失敗後，譚人鳳遭受袁世凱的懸賞通緝，於 1913
年 10 月逃亡日本，避居九州福岡縣築紫郡太宰府町，改名林泉逸。
他在當時寫作的《石叟牌詞》中，結合著《易經》八卦的推演，提
供了國民黨方面關於宋教仁案較為完整的敘述演義：「國民黨中人
物，袁之最忌者惟宋教仁」。唐紹儀內閣辭職時，宋教仁出於對議
會政黨責任內閣制度的尊重，辭去農林總長之職，從國務院遷往西
直門外的農事試驗場居住。袁世凱「極力牢籠，餌以官，不受；啗
以金，不受。日奔走於各政黨間，發表政見，冀以政治策略，為有
次序之進行，改革一切弊政，一時聲望大嘩。及選舉揭曉，國民黨
又占多數，袁恐宋閣實現，乃於元年十二月，示意趙秉鈞圖對付。
趙秘書長洪述祖招長江匪首應夔丞晉京，賄謀暗殺。」[2]

譚人鳳為自己這種疑罪從有的推理猜測，提供了一項間接證
據：譚人鳳當時因為漢粵川鐵路方面的事情，委派比宋教仁大 12
歲的湖南桃源縣同鄉、哥老會首領陳猶龍（陶癡）前往北京，與到

---

[1] 袁希洛：《我在辛亥革命時的一些經歷和見聞》,《辛亥革命回憶錄》第 6 集,
   文史資料出版社, 1963 年 6 月, 第 286 頁。
[2] 譚人鳳：《石叟牌詞》第四十四首, 石芳勤編《譚人鳳集》, 湖南人民出版
   社, 2008 年, 第 391 頁。

北京拜會袁世凱、趙秉鈞的應夔丞、張堯卿等人一起住在前門外的中西旅館。陳猶龍得知應夔丞領有中央鉅款，擔心像他這樣的危險人物直接與政府交涉，必有意外之事發生，回到湖北就告訴了譚人鳳。剛好宋教仁從湖南來到武漢，譚人鳳勸告說：「高明之家，鬼瞰其室。日間陶凝在京，偵得一極可疑慮之事，弟負物望，袁必見忌，宜稍知戒備焉。責任內閣現實難望成功，勸權養晦，無急於覬覦總理。予若任巡閱，備一火車，相與載酒同遊，流覽長江風景，不較置身內閣萬幾叢脞之為愈乎？」宋教仁回答說：「總理我無冀望之心，載酒游江，亦誠樂事，惟責任內閣應時勢之必要，未便變其主張也。戒備之說，前在湖南亦有以此言相勖者，實則蛇影杯弓之事也，請毋慮。」沒有想到這次談話，竟然成了生死永訣。

而在事實上，內務部秘書洪述祖第一次南下招安應夔丞的時間，是國會選舉還沒有正式啟動的 1912 年 10 月，招安應夔丞的目的主要是解散作為江湖會黨聯合組織的中華國民共進會，而不是「賄謀暗殺」宋教仁。譚人鳳所說的「趙秉鈞、洪述祖與應往來函電」中，並沒有袁世凱「賄謀暗殺」宋教仁的確鑿證據。

宋教仁在上海遇害時，已經由漢粵川鐵路督辦改任長江巡閱使的譚人鳳正在北京，並且於第一時間給出了「事為中央主使」的主觀判斷。他為此專門謁見袁世凱「探其口氣」，兩個人之間有如下對話：

袁世凱故作惋惜之狀說：「鈍初，中國特出之人材也，再閱數年，經驗宏富，總理一席固勝任愉快者，何物狂徒，施此毒手！」

譚人鳳說：「外間物議謂與政府有關，不速緝獲兇犯，無以塞悠悠之口。」

袁說：「已懸重賞緝拿矣，政府安有此事！」

譚說：「甚願無事，不然笑煞世界各國矣。」

見過袁世凱，譚人鳳又去會見趙秉鈞。譚問：「鈍初被刺事，外間議論君聞之否？」

趙「坦然」回答說：「外間議論我不與辯，久後自當水落石出也。請先生靜待，勿惑浮言。」

譚說：「是否浮言，我將往滬一探情實。」

當時朱家寶在座，詢問譚人鳳說：「先生去後幾時來？」

譚說：「事與政府無涉則來，否則非披髮入山，即當為友雪恨。」

第二天，譚人鳳離開北京南下上海，在黃興家中遇到孫中山和陳其美。孫中山說：「此我錯認袁世凱之過也，若有兩師兵，當親率問罪。」

黃興說：「此事證據已獲，當可由法律解決。」

譚當場駁斥說：「孫先生之說空論也，兩師兵從何而來？黃先生之談，迂談也，法律安有此效力？愚見以為宜遣一使促湘、粵、滇三省獨立，再檄各省同興問罪之師，以至仁伐至不仁，必有起而應之者。」

黃興說：「先生議論雖豪爽，但民國元氣未復，仍不如法律解決之為愈。證據確鑿，俟國民大會發表後，可組織特別法庭，缺席裁決，何患效力不復生？」

在黃興「固執己見」的情況下，譚人鳳主動擔任宋教仁的「營葬主任」，「以宋之葬事為己任，電請中央撥款十萬，經營葬地，而彼等之籌畫，遂不復過問矣」。

譚人鳳所謂「國民黨中人物，袁之最忌者惟宋教仁」，並不意味著袁世凱忌恨宋教仁個人，而是不滿意依據「臨時約法」初步建立起來的過度限制總統權力的憲政民主制度，特別是宋教仁等人急於實現的議會選舉、陽光參政、和平競爭的完全政黨內閣。譚人鳳似乎明白這樣的事實，卻又不明白其中並不複雜深奧的道理：既然袁世凱最害怕的是憲政民主制度，以及議會政黨的政黨內閣，國民黨方面無論是為國家民族的前途命運著想，還是為黨派利益著想，甚至於僅僅為了繼承宋教仁的憲政遺願著想，都應該堅持不懈地沿

著宋教仁開闢的議會政黨責任內閣或者說是完全政黨內閣的憲政道路繼續前行，而不是借著替宋教仁復仇的旗號，公然違背「臨時約法」，主動倒退到憲政民主的制度框架之外，挑起發動所謂「至仁伐至不仁」的國內戰爭。

國民黨方面的譚人鳳、孫中山、黃興、宋教仁、陳其美、應夔丞、張堯卿、陳猶龍（陶癡）等人，都有過參與組織江湖秘密會黨的人生經歷。譚人鳳自己 16 歲就加入哥老會，後來在湖南家鄉自開臥虎山山堂充當山主。直到 1912 年 9 月 28 日，時任漢粵川鐵路督辦的譚人鳳，還在聯合陳猶龍、徐寶山，呈請內政部警政司准予成立洪幫聯合組織社團改進會。由於內務部一再以種種藉口不予立案，譚人鳳只好在湖南率先設立社團改進會湘省支部，並且於同年 11 月 9 日呈請湖南都督譚延闓，「飭財政司於公款項下，指拔銀二萬兩，作為本會湘支部開辦補助之費」。

譚延闓此前一直採取嚴厲手段鎮壓會黨勢力，沒有收到理想的效果，只好於 1913 年 3 月同意譚人鳳的立案請求。等到「二次革命」失敗之後，袁世凱於同年 10 月 3 日發佈命令：「湘中會匪素多，自叛黨譚人鳳設立社團改進會，招集無賴，分佈黨羽，潛為謀亂機關，於是案集如鱗之巨匪皆各明目張膽，借集會自由之名，行開堂放票之實，以致劫案迭出，民不聊生，貽害地方，不堪設想。……著湖南都督一律查明，分別嚴禁、解散，以保公安。至此等情形，尚不止湖南一處，並薦各省都督、民政長，一律查禁。」[3]

以這樣的人生經歷，譚人鳳是沒有資格貶斥中華國民共進會會長、青幫大佬應夔丞為「長江匪首」和「危險人物」的。即使應夔丞確實是「長江匪首」和「危險人物」，他既然可以充當陳其美的諜報科長、孫中山的衛隊司令、黃興的兵站下屬，為什麼不可以「直

---

[3] 來新夏主編中國近代史資料叢刊《北洋軍閥》（一），上海人民出版社，1988年，第 540 頁。

接與政府交涉」呢？！被袁世凱特任為漢粵川鐵路督辦的譚人鳳，一邊派遣洪幫首領陳猶龍與中央政府進行交涉，一邊容不得應夔丞「直接與政府交涉」，所展現的恰好是《阿Q正傳》中假洋鬼子不許阿Q革命的專制包辦思維。譚人鳳自己一邊充當著袁世凱特任的政府高官，一邊基於黨派思維和黨派利益，對袁世凱及中央政府充滿敵意，更是出於中國傳統的專制型秘密會黨既要「天下為公」又要化公為私包辦「天下」的人格分裂。

二、黃興嫁禍袁世凱

在當下通行的歷史文本中，黃興一直是功高蓋世、道德完美的正面角色，被稱之為「竊國大盜」的袁世凱，只能是禍國殃民的罪魁禍首。但是，即使是禍國殃民的罪魁禍首，所要承擔的也是屬於他自己的一份罪責，而不應該是別人轉嫁給他的「莫須有」的罪責。從這個意義上說，「二次革命」後戰敗流亡的黃興，針對袁世凱的「莫須有」的嫁禍之辭，無論如何是不應該被歷史敘述所采信的。

1913年7月28日，上海《民立報》刊登黃興的〈致起義各省電〉，其中寫道：「頃據河南確報：白狼軍已將鐵路電線拆毀，張鎮芳已逃，討袁軍得手。」由此可知，在黃興的心目之中，是把白狼軍當作自己統率的討袁軍的一部分來看待的。

同年8月5日，河南開封的《時事豫報》刊登《黃興通匪之證據》，其中介紹說：「鄂北豫南一帶被白狼擾亂，確實係黃興主動。黃並派有逆黨數人參預白匪軍務，為之指揮籌畫，所以中央派王天縱招撫竟不獲效。而季雨霖之黨在武漢黃治江運動土匪響應白匪，已數次敗露，獲有白黃交通證據。設非鄂省防範嚴密，為禍曷堪設想。」

　　與此同時，該報影印刊登了黃興於 7 月 20 日親筆寫下的「致白朗書」，其中寫道：「現在東南各省均已宣佈獨立，江西戰勝袁軍，五次告捷，蘇軍在徐州與袁軍酣戰，亦獲勝利。現北有蒙警，蘇贛又合力進攻，袁軍以大兵分道南來，內地空虛，乘虛直搗，必獲優勝。足下佔領鄂豫之間，相機進攻，可以窺取豫州，斷彼後援。若能多毀鐵道，使彼進路阻礙，為功實非淺鮮。……現有閻潤蒼、夏煥三二君進謁臺端，希予接見，俾資進行。」

　　閻潤蒼名作霖，是河南鞏縣人。夏煥三名光明，是河南息縣人。他們於 1913 年 7 月進入南京第三陸軍預備學校學習，「二次革命」爆發後被編入江蘇討袁軍教導營。隨後，二人與楊體銳、於廣造、彭翼東、周景文等人一起，攜帶黃興密信到河南、陝西從事間諜活動。沒有間諜活動經驗的閻潤蒼，到洛陽見到鎮嵩軍統領劉鎮華後，當即交出黃興勸告劉鎮華回應討袁的密信，被捕後又從他身上搜出黃興致白朗的上述密信。閻潤蒼被押解到開封後，與已經於此前被捕的夏煥三一起，被河南都督張鎮芳處死。

　　白朗字明心，河南寶豐縣大劉莊人。1912 年 4 月，他帶人打劫了寶豐縣卸任回籍的縣知事張禮堂的財富，得到快槍 20 多支，從此以「打富濟貧」的口號，在舞陽以南的幾個山區縣聚眾抗官，人稱「白狼」。1913 年 6 月，國民黨方面不斷從武漢、南京、上海等地派人到白朗軍中進行聯絡，並且委任白朗為「湘鄂豫三省聯軍先鋒司令」。「二次革命」爆發後，白朗乘北洋軍主力調離豫西南之機，率眾攻破唐縣、禹州等縣城，同時分兵襲擊京漢鐵路，造成列車停運，有力地牽制了北洋軍隊的南下進度。他的隊伍也因此擴張到 6000 多人，被 7 月 31 日的《民立報》稱讚為「足以扶助南省獨立，將來不難分兵直搗北京」。

　　同年 9 月，白朗率部南下奪取湖北棗陽，同年 11 月攻佔寶豐縣城。1913 年 11 月 30 日，張鎮芳在致袁世凱電中介紹說，「黃興

刊刻豫都督印送與白狼，無數青年混入賊中代為籌畫。湘人鄒永成、豫人劉懷錫等皆在其內，此外，粵人、浙人、閩人尚有數名……」[4]

1914 年 1 月，白朗率領 2000 多人越過京漢鐵路，接連攻破光山、潢川、商城及安徽省六安、霍山等縣城，所到之處燒殺搶掠、姦淫婦女無所不為，白狼軍人數迅速擴張到數萬人。袁世凱為此把張鎮芳撤職，派陸軍總長段祺瑞兼任河南都督，調集兩萬多名精銳部隊進行圍剿。白狼軍從霍山突圍之後，先後轉戰湖北、陝西、甘肅、四川、河南等省，於 1914 年 8 月初戰死於河南魯山的石莊。

1914 年 6 月 30 日，黃興在秘書李書城、石陶鈞，翻譯徐申伯等人陪同之下，由日本橫濱啟程前往美國。7 月 9 日，他在赴美途中接受檀香山《太平洋商業廣告人》記者登輪採訪，以嫁禍於人的方式公開出賣了白狼軍：

> 「本人直接奉孫先生之命向美國轉達他的意見，我們認為美國公民必須知道真相。……袁世凱花錢製造謊言，隱瞞其政府與中國現況的真相，幾乎所有外人在華設立的報紙和外國通訊員都有津貼，以致大家無法明瞭自由在我國被扼殺的情形。而孫先生在世人面前被誣為自私自利、貪贓枉法、捲款潛逃，這些都是謊言。袁世凱更下令製造另一項謊言，說『白狼』與革命黨勾結，掠奪殘殺，為革命黨謀利。『白狼』和我們可沒有絲毫關係。」[5]

7 月 15 日，黃興一行人抵達三藩市，恰逢美洲國民黨支部召開「二次革命」紀念大會。黃興在演講中一邊宣傳國民黨的主張是「以人道主義自持者，以建設完全政府為責任者也」；一邊指責袁

---

[4] 李新、孫思白主編《民國人物傳》，中華書局，1980 年，第 160 頁。
[5] 美國檀香山《太平洋商業廣告人》，1914 年 7 月 10 日。湖南省社會科學院編《黃興集》，中華書局，1981 年，第 363 頁。

世凱「罪惡甚多，而其最甚者，可分作五類說之：一、棄滅人道；二、違背約法；三、破壞軍紀；四、混亂財政；五、擾亂地方。」作為例證，黃興再一次談到白狼軍：

> 「今閱各報，白狼之行蹤，忽然而陝西，忽然而山東，所過之地，多被攪擾，是為吾民之大賊者，似不能不目白狼矣。不知為白狼之大賊頭者，更有一袁世凱也。白狼河南人，與袁氏同鄉，不過巡防營之哨官耳。袁氏因欲殺黎元洪之勢力，因而溝通白狼，使之搖動湖北軍隊。同時更有九龍匪遍於長江一帶，只為朱瑞、程德全等軍所擊敗，故不成功。此外更有一共進會，即袁氏密令應夔丞等所組織，以擾亂南方各省之軍隊也。然亦旋舉而旋僕，今所存者僅白狼一股耳。」[6]

正是在這次演說中，黃興第一次完整敘述了宋教仁案：

> 「宋君主張政黨內閣，當時與袁所主張者不同。袁氏去宋之謀益急，於是運用其金錢、其勳位，示意趙秉鈞，先由趙指使洪述祖賄通應夔丞，由應夔丞轉購武士英。當暗殺宋君時，兄弟在車站與宋君並肩而行，而凶徒突向宋君轟擊，凶星驟至，兇手在逃。後用敏捷手腕，始將應夔丞、武士英拿獲。而袁氏以此案發生時，恐事機不密，終至敗露，即設計將應、武諸人，陸續置之死地，為滅口計。惟趙秉鈞一人尚知底細，趙不死終恐破案，故卒又置趙於死地而後已。其明殺暗殺之手段如此，亦可見袁氏之棄滅人道，無所不用其極也。」

事實上，宋教仁主張的政黨內閣與袁世凱主張的總統專制之間，雖然存在著很大分歧，卻是可以在憲政民主的制度框架之內進

---

[6] 黃興：《在美洲中國國民黨支部召開「二次革命」紀念大會上的演講》，湖南省社會科學院編《黃興集》，第 365 頁。

行磨合調整的。而國民黨代理理事長宋教仁所主張的議會選舉、陽光
參政、和平競爭的議會政黨，與該黨理事長孫中山所主張的黨魁專制
加黨魁崇拜的專制型革命會黨之間，卻是完全沒有調和空間的。黃
興之所以離開孫中山遠走美國，正是因為他完全不能接受中華革命
黨的黨魁專制加黨魁崇拜。假如袁世凱非要殺人滅口的話，他更應
該殺掉的是躲到青島租界的第一知情人洪述祖，而不是與自己關係更
加密切的趙秉鈞。退一步說，既然「惟趙秉鈞一人尚知底細」，逃亡
海外的黃興又是從哪裡得知袁世凱「明殺暗殺之手段如此」的呢？！

　　1914 年秋天，黃興在另有一篇〈在三藩市民國公會宴會上的
演講〉中，再一次談到宋教仁案：「蓋當時國民黨之代理理事長宋
教仁君，才具甚好，以一身斡旋其間，尚足以制袁氏之死命，故袁
氏去宋之謀又生矣。語云：財神用事，有錢何所不為？於是袁氏密
遣趙秉鈞，由趙密結洪述祖，再由洪以三十萬金、勳位等購通應夔
丞，復由應買兇手武士英，乘宋附車往京，即在車站將宋殺死。越
日，應、武皆獲。袁氏自知不了，即用厚金賄賂守兇犯者暗將武兇
毒死以滅口。復星夜秘密簽字，大借外債，金錢到手，而打消民黨
之毒謀，更日急一日矣。」[7]

　　三藩市民國公會的前身是孫中山曾經置身於其中的秘密會黨
洪門致公堂。黃興當時幾乎所有的公開言論，都由鄧家彥等人秘密
彙報給遠在日本的孫中山。在這篇演講稿中，黃興對於袁世凱與「白
狼軍」之間的關係，還有更加離奇的演義發揮：「時袁氏與黎元洪
尚未契合，於是暗令其表弟張鎮芳以河南都督之名義，密授白狼以
擾害湖北軍隊之機宜。白狼迷於利祿，慨然任之。自此黎元洪所轄
之湖北地面，遂無寧日，人民困苦，無可言狀。袁氏藉口，而北兵
於是入鄂境矣。同時暗派方某召集九龍匪應夔丞組織共進會，以擾

---

[7]　湖南省社會科學院編《黃興集》，第 377 頁。

亂大江以南各省。當時浙江都督朱瑞、江蘇都督程德全不知個中竅要，頗以地方之治安為懷，遂竭力將九龍會匪、共進會次第平服。」

　　連兵痞武士英的一粒子彈都難以抵擋的國民黨代理理事長宋教仁，所追求的是依據憲政民主的制度框架、法律條款和選舉程序，通過參、眾兩院的議會選舉及政黨內閣，來正大光明地與袁世凱分享國家政權，而不是以「才具甚好，以一身幹旋其間」的「人治」魅力，「制袁氏之死命」。所謂「三十萬金、勳位」，只是洪述祖私自預約給應夔丞的空頭支票，並沒有進入正式的審核報批程序。

　　在已經公開的宋案證據中，有應夔丞 1913 年 3 月 13 日寫給洪述祖的密信，其中談到黃興「將私存公債六十萬（外有各種股票，時值四十餘萬）」，由應夔丞經手轉到義豐銀行五十萬元，供宋教仁充當競選政黨內閣總理的經費；另外十萬元轉到應夔丞名義，「昨被撥去二萬，專任蘇、浙兩部暨運動徐皖軍馬之需」。黃興始終沒有就此事做出解釋說明。他在逃亡美國之後的上述表態，反而起到了自證其罪的作用：中央政府方面的袁世凱、趙秉鈞，派遣內務部秘書洪述祖南下招安應夔丞的主要目的，是解散由前滬軍都督陳其美批准立案，並且公開登報發起的江湖會黨聯合組織中華國民共進會。黃興所說的「暗派方某召集九龍匪應夔丞組織共進會，以擾亂大江以南各省」，只能是拿錢給應夔丞「專任蘇、浙兩部暨運動徐皖軍馬之需」的他自己，以及前滬軍都督陳其美等國民黨人。1913年 5 月 24 日，駐紮在揚州的第二軍軍長徐寶山，正是因為妨礙了國民黨方面的軍事佈局，被陳其美派人用古董花瓶裏面安裝炸彈的方式予以暗殺。真正導致「北兵」進入「黎元洪所轄之湖北地面」的，並不是白狼的土匪武裝，而是季雨霖、熊秉坤、蔡濟民、詹大悲、王憲章等國民黨人，在孫中山、黃興等人遙控指揮下秘密策劃的一系列武裝暴動。由在中央政府與上海國民黨之間充當雙面間諜的應夔丞，向洪述祖提議暗殺國民黨代理理事長宋教仁，恰好是

國民黨方面先「擾亂大江以南各省」進而發動「二次革命」的關鍵
所在。

　　1915 年 12 月 26 日，黃興以讀者來稿的方式在《費城新聞》
發表用英文寫作的《辯奸論》，其中為了駁斥袁世凱政府的美國籍
法律顧問古德諾的帝制言論，所採用的依然是信口開河的誣衊話
語：「袁世凱……盤踞大位，首逼國民將總統任期同五年展為為十
年，繼又展至終身。詎壑慾未厭，今不特欲專利於一身，且思以其
二十一妻妾、三十二子女晉為後妃皇子。」

　　事實上，最早以私相授受的方式提出把袁世凱的總統任期延長
為十年的，是應邀赴京的孫中山。袁世凱家裏共有一妻九妾而不是
二十一妻妾。於 1915 年 12 月 14 日宣佈稱帝的袁世凱，所要建立
的君主立憲制度，無論如何都要比孫中山設計的黨魁崇拜加黨魁專
制的一黨訓政，要更加民主也更加寬容。退一步說，即使袁世凱確
實是罪大惡極的竊國大盜，梁啟超、蔡鍔等人可以依據「臨時約法」
發動護國戰爭，黃興卻不可以採用「莫須有」的不實之辭嫁禍於人。

三、陳其美暗殺夏瑞芳

　　1914 年 1 月 6 日，商務印書館與日本合資方簽訂退股協議。
四天後的 1 月 10 日，《申報》刊登商務印書館廣告：「公司為完全
由國人集資營業的公司，已將外國人股份全數購回。」就在同一天，
當商務印書館創始人、總經理夏瑞芳走出位於上海河南路的發行所
準備回家時，被等在門口的兇手槍擊身亡，時年 43 歲。

　　夏瑞芳，字粹芳，1871 年出生於江蘇春浦（今上海市），1897
年與鮑咸恩、鮑咸昌、高鳳池等人集資創辦小型印刷工廠商務印書
館，任經理。1901 年，商務印書館改組為股份制公司，資本增至 5

萬元，由考取進士並且當過京官的著名學者張元濟入股主持編譯工作，從此成為中國出版史上最早編印新式中小學教科書的出版機構。

1903 年，商務印書館改為中日合辦，資本各十萬元，在引進日本先進印刷技術的同時，分別設立印刷所、編譯所和發行所，先後網路了蔡元培、梁啟超、林紓、嚴復、郭秉文、章士釗等一大批著名學者。該館於 1904 年編印的《最新國文教科書》，數月之間便風行全國。此後，商務印書館陸續編印修身、算術、史地、英語等教科書，並且興辦師範講習班、附屬小學、養正幼稚園及函授學校，出版各種中外文工具書、刊物和學術著作。1907 年，該館在上海閘北寶山路建成印刷總廠和編譯所新址。1909 年將編譯所收藏古籍善本和參考書籍的圖書館定名為涵芬樓，後改名為對外開放的東方圖書館。1914 年，商務印書館清退日方股份後資本增至 150 萬元，職工達 750 人，成為國內最大規模的現代化出版企業。

關於夏瑞芳案，當年的商務印書館董事鄭孝胥，在日記中保存了較為完整的記錄。

1913 年 7 月 18 日，陳其美宣佈獨立並就任上海討袁軍總司令，以黃郛為參謀長，設司令部於上海南市。7 月 21 日，鄭孝胥在日記中寫道：「雨晦。日來袁軍守製造局，黨人軍欲戰，調停未定，氣象甚惡，將有浩劫。……報言，廣東宣佈獨立，數袁十二罪。陳炯明遣兵助戰，福建孫道仁、許崇智應之。至印書館，薩鎮冰來，欲托夏瑞芳往勸岑春煊勿助孫、黃。」[8]

7 月 25 日，鄭孝胥寫道：「秀伯又來，雲南軍已攻入局，為船炮擊殞前隊幾盡，又不克。各報紛紛皆言，南軍經此痛創，決不能振。……葉揆初、夏瑞芳皆言，孫、黃、岑、陳驅出租界，已定議；印錫璋云，未決。」

8　《鄭孝胥日記》，中華書局，1993 年，第 1475 頁。

7月28日，鄭孝胥寫道：「至印書館，見閘北請萬國商團協同保衛章程三條：一、不干預員警權，二、不干涉商團機關，三、事平後退出。後，又加一條，謂外國商團因此事所有費用由閘北業主擔任；均照辦。萬國商團於廿七號整隊至南海會館、湖州會館，查出大炮、來福槍、子彈無數，即由萬國商團封鎖看管。」

8月28日，鄭孝胥寫道：「至印書館，夏瑞芳示投書者言：黨人惡虞洽卿、張菊生及夏等，將加害，可慎出入。虞洽卿宅今早有投炸彈者，未中。」

1914年1月10日即臘月十五日，鄭孝胥寫道：「夢旦約晚飯。出訪俞恪士、張讓三，皆不遇。至寶山路夢旦新宅，甫坐進食，有走報者曰：『夏瑞芳於發行所登車時，被人暗擊，中二槍，已入仁濟醫院。』夢旦、拔可先行，余亦繼至，知夏已歿，獲兇手一人。此即黨人復閘北搜扣軍火之仇也。眾議，夏卒，公司鎮如常，菊生宜避之。余與菊生同出，附電車送至長吉里乃返。」

1月11日，鄭孝胥寫道：「至印書館。拔可來。夜，赴商務印書館董事會，舉定印錫璋為總經理。」

1月12日，鄭孝胥寫道：「往視夏粹芳入斂。」

鄭孝胥所說的「黨人復閘北搜扣軍火之仇」，指的是1913年7月27日清晨，公共租界工部局以中國商民夏瑞芳、虞洽卿、張元濟等人要求保護生命財產為由，派遣總巡捕卜羅斯率領馬隊30餘人，會同萬國商團來到閘北南海會館，驅逐討袁軍駐滬總司令部的武裝人員。陳其美此時已經前往吳淞，設總司令部於吳淞炮臺附近的中國公學內，與分別就任吳淞要塞總監和司令的白逾桓、居正會合。留守閘北南海會館的蔣介石所部207人，被外籍武裝人員繳械驅逐。就是這次公開要求驅逐國民黨討袁軍的行動，給夏瑞芳帶來了殺身之禍。

據張元濟（菊生）的公子張樹年回憶，在此之前，有人給張元濟的寓所送來舊書一包，張元濟當天回家較晚，第二天早晨又匆匆出

門，沒有來得及打開觀看。送書的人只好把書取回。幾天後，巡捕房前來調查，說是書包內藏有炸彈，送書的人回去查看時被當場炸死。

1914年2月19日，與夏瑞芳同為暗殺對象的張元濟，在寫給遠在法國遊學的老朋友、國民黨黨員蔡元培的親筆書信中，卻給出了這樣的解釋：

> 「夏粹翁於一月十日被凶人在本店門首狙擊，當即殞命，兇手被獲，審係出資雇來。說者謂原因由於閘北一役，以私見揣之，未必盡確，大約主因皆由於同行嫉妒，未知卓見以為然否？本館之事照常進行，繼任總經理，已推定印君錫璋，亦公司中之大股東，……」[9]

隨後，張元濟又在致蔡元培的另一封信中介紹說：「夏粹翁猝遭慘害，實出意外。差幸凶徒就棘，夫復何言？開吊尚未定期，可否乞賜銘誄，尤所禱盼。」

到了1918年12月，蔡元培在《夏瑞芳傳》中介紹說：「君信仰基督教，內行甚修，接人甚和易，宜若可以盡其天年，而卒被暗殺，倘所謂天道無知者邪？然君雖歿，而君所創設之事業，方興未艾，其於教育之影響，則輾轉流布而不能窮其所屆，雖謂永永不死可也。」[10]

夏瑞芳被陳其美（英士）派人暗殺，在當時並不是什麼秘密。江蘇武進人許指嚴，在1918年由上海清華書局出版的《新華秘記》中明確指出：「英士未得志時，為所暗殺者如汪雲卿、金琴孫等。既得志後，又殺陶煥卿、夏瑞芳等。稍知滬上舊史者，皆能道之，……當陳被刺後，滬人大半數均稱快意，絕不為之鳴冤，蓋因被害者多，久犯眾怒也。」

---

[9]　張樹年主編《張元濟年譜》，商務印書館，1991年，第117頁。
[10]　魯莊編《古今名人家庭小史》，中華圖書集成公司，1918年12月。

但是，隨著國民黨掌握政權，陳其美被他的結拜兄弟蔣介石尊奉為一黨訓政的精神偶像，關於夏瑞芳案的事實真相，在此後幾十年的時間裏再也無人提起。直到 1991 年，由張樹年主編的《張元濟年譜》，才給出了如下說明：

> 「時夏出門行將登上馬車，一刺客向夏開槍，子彈從左肩射入，左胸穿出。夏當即倒在大門前石階上。小馬夫胡有慶奮力追捕兇手，受輕傷，追至泗涇路口，兇手被員警捕獲。夏被送至仁濟醫院，七時去世。兇手王慶餘供係有人出鉅資雇用。後經租界會審公廨審問，背景複雜，王犯被槍決後，商務方面亦不敢追究。」[11]

在該年譜的頁下注解中，另有這樣的說明：「夏瑞芳被刺原因，乃因先前出於維護商界利益，曾聯合諸商抵制滬軍督陳其美駐兵閘北，陳嫉恨之，嗾使人暗殺。」「有關夏瑞芳被刺經過、追捕審詢兇手等消息，1 月 11 日起《申報》有連續詳細報導。」

即使在「二次革命」失敗之後，因遭受通緝而負罪逃亡的陳其美，依然可以出鉅資雇用兇手王慶餘，陰謀暗殺在全國範圍內擁有巨大影響力的商務印書館總經理夏瑞芳。商務印書館在兇手王慶餘向租界當局供述「背景複雜」的況下，竟然不敢依法追究。陳其美一派人當年在上海地區所擁有的黑社會性質的恐怖勢力可想而知。由此可知，假如沒有陳其美等人的默許甚至參與，國民黨代理理事長宋教仁在上海滬寧火車站遭遇暗殺，幾乎是不可能的事情。也正是由於陳其美、蔣介石、陳立夫、陳果夫一派人所擁有的黑社會性質的恐怖勢力過於強大也過於持久，才導致了比夏瑞芳案更加

---

[11] 張樹年主編《張元濟年譜》，商務印書館，1991 年，第 116 頁。

黑暗也更具有破壞性的宋教仁案，迄今為止依然是一樁只知道前臺故事而不知道幕後陰謀的懸空案例。

四、陳其美的人生末路

　　1915 年 2 月，陳其美由日本秘密返回上海策劃革命活動。同年 10 月，他被孫中山任命為淞滬司令長官，在上海法租界霞飛路漁陽裏五號設立總機關部，並招攬蔣介石、楊庶堪、丁仁傑、余祥輝、韓恢等人回上海協助。當時的上海已經成為袁世凱的嫡係親信、鎮守使鄭汝成的地盤，陳其美奪回自己舊地盤的第一步，就是密謀刺殺鄭汝成。

　　11 月 8 日，陳其美得知日本新天皇將於 10 日舉行登極典禮，上海鎮守使鄭汝成按照國際通行的外交禮節，將要參加日本領事館召開的慶祝會。他便於 9 日召集楊虎、孫祥夫等革命黨人密謀刺殺。經過商議，陳其美決定在鄭汝成可能經過的道路上設立五道關卡，其中最為關鍵的第五卡是位於英租界的外白渡橋，由孫祥夫指揮吉林人王曉峰、山東人王明山（銘山）、奉天人尹神武等人具體實施。當天晚上，陳其美專門召見王曉峰和王明山，並且由他的親信周淡游出示鄭汝成照片給兩人辨認，然後交給每人一支駁殼槍和一枚炸彈。

　　11 月 10 日早晨，周淡游趕到王曉峰、王明山位於寶昌路寶康里 34 號的居所，同他們一起前往外白渡橋。上午 11 時左右，在孫祥夫、周淡游現場指揮下，王曉峰、王明山當場擊斃鄭汝成及其總務處長舒錦繡。由陳其美擔任總指揮的暗殺鄭汝成的行動計畫，與宋教仁此前於 1913 年 3 月所遭遇的暗殺行動如出一轍。王曉峰、王明山被外國巡捕逮捕之後，在會審公堂的慷慨陳詞，也與武士英的法庭供述口徑一致：「鄭汝成輔袁世凱叛反民國，余等為民除賊，

使天下知吾人討賊之義，且知民賊之不可為。事之始末，皆余二人為之，勿妄涉他人也。」[12]

1915 年 12 月 5 日，陳其美、居正等人策動海軍肇和艦起義，因後援不濟而失敗。12 月 25 日，唐繼堯、任可澄、蔡鍔、李烈鈞、戴戡等人宣佈雲南獨立，維持共和，推唐繼堯為雲南都督，並組織約 2 萬人的討袁護國軍。武裝討袁的護國戰爭由此爆發。作為配合與響應，陳其美在江蘇、浙江、上海等地加緊活動，就在護國戰爭接近勝利的時候，一直致力於暗殺活動的陳其美反而遭到更加殘酷的暗殺。

1916 年 5 月 18 日傍晚五時三十分左右，陳其美乘坐一輛黃包車，從法租界的漁陽里總機關部，來到日本僑民山田純三郎位於薩坡賽路 14 號的寓所，與鴻豐煤礦公司如約前來的許國霖、程子安和居間介紹的國民黨人李海秋，商談把一處礦產典押給日本商人。主客雙方剛剛坐定，李海秋突然站起來，說是忘記帶合同底稿，拔腿往外就走。他剛一出門，就從門外闖進兩名大漢，對準陳其美頭部舉槍亂射。陳其美的親信丁景梁（人傑）、吳忠信、蕭紉秋、余建光等人聽見槍聲急忙趕到，陳其美已經倒在血泊之中，出賣陳其美的王介凡也死在道路一側。租界巡捕聞訊後迅速趕到，當場拘捕了許國霖、宿振芳。

據孫中山在 1916 年 5 月 20 日致黃興信中介紹：「李海秋與王介凡為英士素識，許國霖與一程起鵬則是日始問姓名。許被獲，已認兇手，並云王、程、李皆兇。王已死，程未獲。李之介紹鴻豐公司人來，謂有礦產將抵押與中日實業公司，借五十萬，而請英士擔保，可借二十萬與革命黨。英士固常聞人云，鴻豐為偵探機關，然不料其有大不測之舉動。」[13]

據被捕的首犯許國霖供述，他受朱光明指使，替袁世凱政府辦事，賞格是 13 萬元，「介紹見陳者可得三萬元」。於是，他通過與

[12] 鄒魯著《中國國民黨史稿》第 1 冊，商務印書館，1947 年，第 1054 頁。
[13] 《孫中山全集》第 3 卷，中華書局，1985 年，第 287—290 頁。

陳其美熟識的革命黨人王介凡、李海秋認識了陳其美,「程子安本為張秀全、韓恢、胡俠魂等部下」。[14]

據宿振芳在法國巡捕房供認,「程子安奉張宗昌命令,暗殺陳先生」。為實施暗殺,許國霖、程子安奉命在上海設立鴻豐煤礦公司,與日商中日實業公司商議押礦借款事宜,由王介凡轉告李海秋約請陳其美出面擔保。5月18日,由杜福生租賃汽車、馬車作為交通工具,由程子安率領王殿章、任子廣、王潤甫以及張宗昌在上海的代表王甫庭等人,各持手槍、石灰包負責謀殺,宿振芳在弄堂口擔任瞭望。

該案後來由法國租界引渡到上海地方審判廳,許國霖被以「教唆」程子安等人暗殺的罪名判處死刑,擔任瞭望的宿振芳「屬於消極進行行為」,判處一等有期徒刑15年。江蘇省審判廳複審時,以許國霖「雖係同謀,究非主動」為由,改判為無期徒刑。該案的幕後主凶張宗昌、程子安等人,一直沒有被抓獲歸案。

素以「四捷」即口齒捷、主意捷、手段捷、行動捷著稱的青幫「大」字輩大佬陳其美,是借著1911年7月31日成立於上海的同盟會中部總會,逐漸進入同盟會核心團隊的。辛亥革命期間不擇手段的爭權奪利、陰謀暗殺,造就了他在政治舞臺上的迅速崛起和短暫輝煌。這個憑藉陰謀暗殺迅速崛起的前滬軍都督,最終也是在報復性的陰謀暗殺中喪失生命的。陳其美之死,堪稱是宋教仁案怨怨相報的大結局。

陳其美遇害後,遺體寄存上海。直到1917年5月18日一周年時,才由上海運回湖州,安葬於城南碧浪湖畔的峴山。墓碑上刻有孫中山的題字「陳公英士之墓」,墓道入口處所建石坊上,另有孫中山「成仁取義」的題字。1931年,陳其美墓在蔣介石主持下得以改建,「文化大革命」期間遭到破壞。現在的陳其美墓重新修復於1984年。

---

[14] 蔡寅:《英公被刺案情概要》,引自朱宗震《陳其美與民初遊民社會》,浙江文史資料選輯第三十六輯《陳英士》,浙江人民出版社,1987年,第151頁。

五、宋教仁案的另類解釋

張宗昌主使謀殺陳其美的原因大致有兩種說法，一種說法是奉老上司李徵五的派遣；另一種說法是奉袁世凱、馮國璋的命令。

張宗昌，字效坤，山東掖縣人。因父親早亡，他從小頑劣好鬥，18 歲時赴東北，先在撫順挖煤，後至哈爾濱充當賭場守衛，再後來又到了符拉迪沃斯托克。他因為體格高大，精於騎射，得到當地會黨遊民的擁戴。由於會說俄語，他還拉攏了一批流亡中國的白俄軍人。辛亥革命爆發後，上海青幫「大」字輩大佬、被孫中山授予少將軍銜的光復軍總司令李徵五（厚禧）派人到東北徵兵，正在千金寨煤礦吃「好漢飯」的張宗昌，率領五百多人和三百多匹馬，分乘三艘海船由符拉迪沃斯托克來到上海，被陳其美任命為光復軍騎兵獨立團團長。後經整編調往徐州歸江蘇第三師冷遹指揮。「二次革命」爆發後，時任江蘇陸軍第三師騎兵團長的張宗昌先是臨陣叛降，隨後在師長冷遹離開部隊的情況下自任師長，再後來又擔任了江蘇督軍馮國璋的副官長兼軍官教導團團長。

據張子漢、周永亮編《中國幫會大揭秘》介紹，「據說當年袁世凱派洪述祖來滬時，首先是找到了上海青幫湖州幫的巨頭李徵五。李當時的兩個高徒，一個是應桂馨，一個是張宗昌。當下李就選擇了他認為最合適的應桂馨，介紹給洪述祖。同時，因李徵五已得知宋教仁與陳其美因權利之爭而矛盾激化，他想到還可用刺宋一事再作一筆交易，就又跑到陳其美那裏拍胸脯擔保他將刺宋擁陳，代價是 50 萬元和一支手槍。陳答應條件，很快將錢、槍送到。案發後，陳先佈置手下設法取回槍支，然後將應桂馨捉拿歸案。李徵五原想萬一事情敗露還可把陳其美推出，現在眼看就要弄到他的頭上，趕緊將武士英殺了滅口。據史料載，武士英暴死獄中，死因是

偶感風寒，殊為可疑。應桂馨越獄逃走，後為袁世凱雇人刺殺。從此，刺宋案證據確鑿之真凶均已身亡，袁大總統又無法捉拿歸案，只能了結此案。幾年後，李徵五為報一箭之仇，派其另一高徒刺殺了陳其美，這位高徒正是後來的大軍閥張宗昌。……陳其美也是青幫李徵五系統中的人物，與李有深交。」[15]

　　在北京國務院檔案中，關於宋教仁疑案另有一份聲明，抄錄如下：

「宋在南方主張袁為總統，而己任內閣，陳其美一派深忌之，黃亦惡其不舉己為總統，且疑其為親袁派也，亦欲排而去之。陳於是乘其隙，日喚其徒，唱為舉黃之說，以離間黃、宋之交，而使他日內閣總理之庶歸之於己。宋、陳之間暗潮已極激烈，應本陳舊部，武又黃之私人，適洪述祖因宋爭內閣，恐趙不能安於其位，欲敗宋之名譽，以全趙之位置，託應求宋之劣跡，應以之告陳，陳乃利用此時機，假應、武之手以殺宋，而歸其罪於中央。其用心之狠毒，實為意料所不及。其破案之速，亦由於陳者。蓋應、武初不料主使之人忽為反陷之舉，遂毫不設備，亦不遁逃，而陳事前既為間接唆使之人，故一索即得也。既獲之後，武士英在法公堂已經供出，陳以廿餘萬之鉅款賄通法公堂，將供詞全數抽改，復以威嚇應謂，能誣趙、洪則其罪決不至死，且能以鉅資相贈，若直供不諱必置之死地而後已。及移交檢察廳後，陳慮武仍如前供，乃毒殺之以滅口，而以巨金賄西醫剖驗以為病死，於是應益有所憚而不敢言。此皆應親告其所延之律師，且謂非轉移他處不在若輩範圍以內，則此案真象，必不可得。渠在監內日夜防護，以巨金賂典獄者，每食必與人共座，俟人先嚐，然後下箸，否則不食，其危險之狀已可想見。黃克強前此主張組織特別法庭，實欲以一

15 張子漢、周永亮編《中國幫會大揭秘》，湖北人民出版社，1995年，第79頁。

手掩盡天下耳目也。既為法部所扼，計不得售，則以暗殺之說要脅廳長，必欲其入趙以罪。日前竟有要求審判官下缺席裁判，宣佈趙、洪死刑之請。幸廳長尚未允諾，然聞若輩之意，非辦到此層不可。裁判所移轉之事，不知是否為法律所許，若能辦到，但移至湖北，則此案不難水落石出矣。」[16]

作為一面之辭，這份聲明自然不可能完全屬實。但是，其中所說的「應親告其所延之律師」，卻有相對可靠的資訊來源。在袁世凱所存署名「雷」的一份密件中，就有這樣的情況介紹：「滬函已抄交錢錫霖呈閱總理。今早錢晤由滬派來之愛律師，閱滬電，謂引渡後，桎梏極虐，防範尤嚴，決以強力鍛煉成獄，急危萬分。愛又詢商能否設法交徐寶山等語。錢謂雷云，滬地彼力最強，無從下手，奈何？雷告以或用共進會名義，向中央控其強權鍛煉，指請發交中立之公正人裁判；一面再曝陳其美之不法，並致函恐嚇法官以為牽制，或勸洪直認為國除奸，延律師代表赴訴。錢贊成前一策，並囑來人回滬照辦，明日即行。」[17]

「雷」就是當時的京師軍政執法處處長雷震春。錢錫霖是趙秉鈞的親信，時任北京軍警總稽查。應夔丞於 1912 年 12 月下旬到北京拜會袁世凱、趙秉鈞期間，曾經與錢錫霖密切交往。「愛律師」就是在公審公堂為應夔丞出庭辯護的外籍律師愛禮思。在上海方面無從下手的情況下，應夔丞的外籍律師愛禮思專程來到北京，通過公私關係向中央政府反映情況，要求「發交中立之公正人裁判」。中央政府為了避免應夔丞屈打成招的「鍛煉成獄」，在公開聲明中依據相對可靠的資訊來源做出解釋，並且希望把案件移交給上海之

---

[16] 吳相湘著《宋教仁傳——中國民主憲政的先驅》，臺北傳記文學出版社，1985年 9 月 15 日新版，第 267 頁。

[17] 《袁世凱為宋案內幕敗露陰謀鎮壓黨人之密件》，章伯鋒、李宗一主編：《北洋軍閥（1912-1928）》，第二卷，武漢出版社，1990 年，第 133 頁。

外的湖北進行審理，以期「水落石出」。這在法理上還是立得住和講得通的。

國民黨方面的陳其美等人，所習慣的是利用奉天承運、替天行道、天下為公、改朝換代的神聖名義，自相矛盾、自欺欺人地從事公天下、救天下、打天下、坐天下、治天下、私天下的專制型革命的傳統路徑；而不是宋教仁所選擇的在憲政民主的制度框架內從事議會政黨的民主選舉、陽光參政、和平競爭的現代路徑。隨著憲政民主制度的逐步確立和不斷完善，陳其美等人連同他們所選擇的革命道路，必將會逐步退出歷史舞臺。對於不甘心自動退出歷史舞臺的陳其美等人來說，最為便捷的辦法就是殺害即將成為政黨內閣總理的宋教仁，從而把整個中華民國捆綁到「二次革命」的戰車之上倒行逆駛。關於這一點，老同盟會員梁漱溟在 1922 年 1 月的公開演講中表示說：「現在很清楚擺在外面的就是武人勢力的局面。……至於說到助長這種武人勢力的原因，卻不能不責備革命先輩，他們無論如何不應用二次革命那種手段。二次革命實在是以武力為政爭的開端。從此以後，凡是要為政治活動的，總要去奔走武人的門下。……武人的威權從此一步一步的增長，到現在而達極點。」[18]

六、趙秉鈞的病死與洪述祖的絞刑

1913 年 7 月 16 日，袁世凱正式批准自請免職並且一直請假病休的趙秉鈞辭去總理職務，由陸軍總長段祺瑞代理總理。第二天，趙秉鈞被袁世凱任命為步軍統領兼管京師巡警。21 日又擔任北京警備地域司令官。同年 12 月 16 日，趙秉鈞接替馮國璋出任直隸都

---

[18] 梁漱溟：《在晉講演筆記》，《梁漱溟全集》第 4 卷，山東人民出版社，1991年，第 673 頁。

督，1914年2月18日又兼任直隸民政長。2月27日，趙秉鈞「腹瀉頭暈，厥逆倒地」，七竅流血而死。

1914年3月3日，上海《申報》在〈趙秉鈞病死之詳情〉中報導說：「直隸都督趙秉鈞，數日以來心患怔忡，時對左右云：我心甚覺空軟，速為我物色名醫。遂延請中西醫生診治。而病亦忽發忽止。二十六日下午，猶傳見各司長於都督府中，會議要政，指示機宜。晚間，回河北仁壽星私宅，服藥一劑。晚餐後，仍伏案作書，並閱視緊要文件。其夫人某氏勸之云：新病未瘥，不可過於勞累，總以保重身體為要。趙曰：我現在精神尚能支持，勿庸過慮。半夜時，又服藥一劑。二十七早五鐘起入廁，忽覺頭暈眼昏，趕即伏於公子肩頭，一陣心酸涕淚交流。⋯⋯醫等見無法拯治，遂各辭去。旋有參謀長陸繡山、警長楊敬林等相繼馳至，商議後事。」

袁克文在《辛丙秘苑》中，以歷史見證人的身份，把毒死趙秉鈞的兇手認定為天津員警廳廳長楊敬林（以德）：「天津兵變，警卒多與匪結合，恣意行掠。警廳長楊以德原為天津之賤流，曾為車役，及官，用其徒丁某，尤卑苟者也。復有縱下賄上之實，樞府聞之，欲罪而未發，趙秉鈞督直，屬其密察。趙固深惡楊。比至，楊入謁，趙初嚴詰，楊猶自辯，趙怒，作村婦之罵，且以足蹴之，楊慚懼而退。趙已擬窮究。越數日，趙訪客歸，猝病，不能言，未竟日卒。」[19]

丁中江在《北洋軍閥史話》中，卻以小說演義的手法，把毒死趙秉鈞的主凶認定為袁世凱：「趙秉鈞因宋案引嫌辭職，不久調任為直隸都督。應桂馨在火車中被殺時，他正在直督任上，他當然有兔死狐悲的感慨，因此當他一獲應死訊時，不請示袁就發出緝捕兇手的命令，並在長途電話中向袁發出哀鳴：『應桂馨如此下場，以

---

[19] 袁寒雲：《辛丙秘苑》，《稗海精粹・閒話民國》，四川人民出版社，1999年，第122頁。

後誰還敢替總統辦事呢！』袁聽了更感厭憎，不過卻裝做若無其事的樣子，承認緝凶。不到一個月，民國 3 年 2 月 27 日，這位袁的第一號親信，北洋係的智多星，清末民初政壇怪角趙秉鈞，竟在天津督署內中毒，七竅流血而亡。他死時才 51 歲。繼他出任天津都督的是朱家寶。趙死後袁表面上裝出非常悼惜的樣子，送了一幅祭幛，寫『愴懷良佐』四字，上款題『智庵上將千古』。另外還送有輓聯一副是：『弼時盛業追皋益；匡夏殊勳懋管蕭。』遜清皇帝博儀也給趙賜諡『文恭』，這位趙秉鈞當年是代袁逼宮的，『文恭』二字似諷其不『文』不『恭』！」

　　於 1913 年 3 月 24 日逃往青島德國租界區的洪述祖，化名「王蘭亭」以逃避懲罰，並且充分發揮自己的經營才能，在嶗山南九水一帶的山海相間處，建築了號稱觀川台的一座別墅，這座別墅時至今日依然是當地的一處著名景觀。

　　1914 年第一次世界大戰爆發後，中國政府宣佈「中立」，日本政府於 1914 年 8 月 23 日向德國宣戰。宣戰後的日本軍隊並沒有前往歐洲戰場，而是聯合英軍從德軍手裏搶佔了青島。為了幫助非戰鬥人員撤退到安全地帶，長住青島的德國傳教士衛禮賢，在宗社黨的領袖人物、恭親王溥偉等人幫助下，組織了一個紅十字機構。陸上交通斷絕後，經軍事當局批准，一名上海富商通過招商局包租客貨輪「安平輪」，在禪臣洋行設立臨時售票處公開售票。「安平輪」的額定載客量是一千人左右，為爭取離開青島的最後機會，有數千名乘客拼命往船上擁擠，其中就有化名「王蘭亭」的洪述祖及其家人的身影。出現在衛禮賢筆下的洪述祖，表現出的是一副既氣急敗壞又貪生怕死的怪模樣：

　　　「在逃難的人群中，有一些奇怪的人。我特別記得一個叫武
　　　士英的人。他被控危害了國民黨的南方領袖宋教仁，於是他

逃到了青島。他是一個腦肥體胖的傢伙。他迅速找了一所文
官的房子躲了起來，他認為那裏可能更安全些。他簡直就是
一幅被憤怒折磨著的罪惡良心的活畫面。他眼裏看不到任何
人，乾燥的舌頭不斷舔著乾裂的嘴唇，徒勞無益地想使它們
濕潤些。他生活在不斷擔心被驅逐的恐懼中。一旦被逐，他
也就死定了。而戰爭造成的恐懼要更強烈些。他到我那兒
來，要我給他搞張船票。我問他難道不覺得在青島更安全一
些嗎？他說他倒不那麼認為。他已經為各種可能發生的情況
做好了準備。一個德國醫生給他開了一份證明，說他因為脖
子上生了一個大瘤，所以不能砍頭。然而，命運的腳步最終
還是追上了他。宋教仁的兒子發現了他。隨即，他被起訴、
定罪，儘管有醫生的證明，他還是被絞死了。這種懲罰對他
來說可不是太合適，因為在行刑過程中，他的頭掉了下來，
沉重的屍體落在了地上。這帶來了一個巨大的法律難題。因
為根據中國人的觀念，頭與軀幹的分離是比僅僅把犯人吊死
更為嚴厲的刑罰，這將使死者在陰間遭受更大的苦難。受刑
者的家屬把此事訴諸法庭。據說他們獲得了賠償，那頭最後
也縫到了身體之上。」[20]

這裏的「武士英」顯然是對於洪述祖的誤記。逃亡青島的洪述
祖之所以會表現得如此氣急敗壞，與他在宋教仁案中聰明反被聰明
所誤、利用別人反被別人利用、欺騙別人反被別人欺騙的弄巧成
拙，以至於被莫明其妙地推到前臺充當替罪羊的角色錯位直接相
關。他在離開青島之前，以一萬五千兩白銀的價格把觀川台抵押給
德國商人韋而。日本人佔領青島後，把觀川台改造成一家料理店，
房產落空的韋而轉而向洪述祖討債。1917 年 4 月，韋而找到化名

---

[20] 衛禮賢著《青島的故人們》，青島出版社，2007 年，第 137 頁。

張畋庵隱居在上海公共租界北山西路棣隆里 621 號的洪述祖，隨後聘請律師控告洪述祖借款未還。《新申報》等多家媒體的跟蹤報導，把洪述祖的行蹤暴露在光天化日之下。1917 年 4 月 29 日，洪述祖剛剛從公共租界的會審公堂交保釋放，就被宋教仁 15 歲的兒子宋振呂及秘書劉白扭送到了巡捕房。

1919 年 3 月 27 日，60 歲的洪述祖被北京國民政府大理院以「教唆殺人」罪判處死刑，於同年 4 月 5 日被執行絞刑。他在獄中為自己題寫了兩副輓聯，其一為：「服官政，禍及其身，自覺問心無愧作；當亂世，生不如死，本來何處著塵埃。」其二為：「入地獄乃佛語，知天命是聖言。」

洪述祖死後，他的表弟、與他一樣在辛亥革命期間有功於中華民國的前江蘇都督莊蘊寬，在輓聯中給出了極高評價：「古來才大難為用，夙世因多可奈何。」

1927 年 4 月 24 日，38 歲的李大釗與另外 19 名國共兩黨的高層人士，經張作霖、張學良父子控制下的北京軍政府軍法審判之後，與洪述祖在同一座絞刑架上被執行絞刑，其罪名是「和蘇俄裏通外國」。

回顧歷史，無論是應夔丞、洪述祖等人的殺害宋教仁，還是張作霖、張學良父子的殺害李大釗，都是在救國救民、愛國愛民的神聖名義下進行的。慘遭殺害的宋教仁和李大釗，偏偏是比殺人者在精神境界方面更加高尚的愛國者。這種一方面的愛國者以救國救民的神聖藉口殺害另一方面的愛國者的人間慘劇充分說明，愛國並不是現代公民惟一的和最高的價值追求，而是現代公民以人為本的價值譜係中的價值要素之一種，與愛國既相輔相成又相互制約的價值要素中，還有更加重要的憲政、民主、自由、平等、寬容、和諧等必不可少的多種要素。

七、宋教仁案的前臺與幕後

1924 年 6 月，圈地百餘畝建造的宋公園，在國民黨方面的主持下正式落成。宋教仁墓在公園西側，占地約 9 畝。墓道入口處兩根飾有蘑菇雲狀的天藍色燈柱分列左右，中間是白色花崗石路面，墓呈半球形。墓前石碑鐫刻「宋教仁先生之墓」，墓頂安放一腳踩惡蛇的雄鷹雕塑。墓園正中立宋教仁全身坐像，坐像底座正面刻有章太炎的篆字手書「漁父」。坐像背面富於潛臺詞的銘文，由宋教仁案的知情人于右任撰寫：「先生之死，天下惜之。先生之行，天下知之。吾又何紀，為直筆乎？直筆人戮。為曲筆乎？曲筆天誅。嗟嗟九泉之淚，天下之血，老友之筆，賊人之鐵。勒之空山，期之良史，銘諸心肝，質諸天地，嗚呼！」

1924 年 6 月，是國共合作的國民黨在蘇俄方面的全面武裝之下，以廣東為根據地準備北伐的擴張壯大時期。當時的上海表面上是由蘇皖贛巡閱使齊燮元統治，在上海地區擁有最大潛勢力的恰恰是國共合作的國民黨。于右任所擔心的因為直筆書寫宋教仁案而遭受殺戮的恐怖勢力，顯然是來自他所從屬的國民黨內部，而不是已經去世多年的袁世凱方面。行文至此，有必要對於全書內容進行一個簡單的回顧與總結：

1913 年 3 月 13 日，應夔丞從上海文元坊家中致信北京椿樹胡同的洪述祖，主動提出籌資「去宋」的設想。

3 月 14 日晚上 7 時，應夔丞發給洪述祖應密寒電：「梁山匪魁頃又四處擾亂，危險實甚，已發緊急命令設法剿捕，乞轉呈，候示。夔。」

洪述祖接到電報後，並沒有在「轉呈，候示」方面給出明確答覆，而是在 3 月 18 日下午的川密電報中回應說：「寒電應即照辦。」

3月19日下午12時35分，洪述祖在川密電報中催促應夔丞「事速行」。

1913年3月20日晚上10時40分，宋教仁在上海滬寧火車站準備乘車時，被兇手武士英從背後開槍暗殺。陪同武士英執行暗殺任務的，是與國民黨方面的前滬軍都督陳其美關係密切的吳乃文、陳玉生、馮玉山、張漢彪。到火車站為宋教仁送行的，是國民黨方面層級較高的吳頌華、拓魯生、黃興、陳策、宋教仁、廖仲愷、于右任、吳鐵城等人。

3月21日凌晨2時10分，應夔丞在川密號電中通知洪述祖：「廿四十分鐘，所發急令已達到，請先呈報。」

3月21日上午9時20分，應夔丞給洪述祖發去川密個電：「號電諒悉。匪魁已滅，我軍一無傷亡，堪慰，望轉呈。」

上述內容，主要是上海方面的應夔丞與北京方面的內務部秘書洪述祖，圍繞宋教仁暗殺案所留下的紙上談兵的前臺資訊。隱藏在這些紙上談兵的前臺資訊背後的，是上海方面的吳乃文、拓魯生、馮玉山、陳玉生、張漢彪、陸惠生等人，具體實施的一項十分周密的行動計畫：他們一方面安排武士英充當在滬寧火車站槍殺宋教仁的兇手；一方面安排王阿法充當到公共租界巡捕房舉報應夔丞涉嫌犯罪的虛假線人。負責制訂這項十分周密的暗殺計畫的最高層級的犯罪嫌疑人，顯然不是被當作替罪羊出賣犧牲的應夔丞，而應該是應夔丞與吳乃文、陸惠生等人的共同上司、前滬軍都督陳其美。

就是這樣一件並不十分複雜的刑事案件，通過國民黨方面嫁禍於人、疑罪從有的宣傳造勢，直接導致了號稱是「二次革命」的國內戰爭。由於軍政實力過於懸殊，「二次革命」很快像落花流水一般歸於失敗。流亡日本的孫中山在陳其美等人的支持下，另行創建了黨魁崇拜加黨魁專制的中華革命黨。一舉消滅國民黨軍隊的袁世凱，在沒有強有力的政治反對派監督制衡的情況下，一步步走向了

他所夢想的皇帝寶座。1916 年 5 月 18 日，宋教仁案的第一嫌疑人陳其美，死在了張宗昌、程子安等人組織的另一場暗殺行動之中。其中的張宗昌是與陳其美之間有著許多恩怨的青幫大佬李徵五的老部下。程子安是曾經被陳其美犧牲出賣過的張秀全、韓恢、胡俠魂等人的老部下。

這本書的最初成果，是發表於臺北《傳記文學》2008 年 2、3 月號的將近 4 萬字的長文〈國民黨與宋教仁案〉，我在這篇文章的開場白中寫道：「寫作關於宋教仁案的一系列文章的最初動因，是依據幾張老照片簡單介紹洪深的影劇傳奇，沒有想到由洪深的父親洪述祖牽扯出一直在以訛傳訛的宋教仁案。動筆之後又逐漸產生向彼岸臺灣新一輪的選舉活動公開喊話的衝動：無論選舉結果如何，國民黨與民進黨都應該接受宋教仁血案的歷史教訓，在民主憲政的制度框架之內通過非暴力的陽光參政方式解決政黨爭端，而不應該像當年的國民黨領袖人物孫中山、黃興、陳其美等人那樣，倒退到憲政民主的制度框架和人人平等的法律程序之外去從事暴力革命。正如足球比賽一樣，參賽雙方都難免要犯規失誤，對方的犯規失誤以及裁判的錯誤判罰，並不是自己一方攪局翻盤的正當理由。擁有決勝實力的優秀球隊，最終應該通過遵守公平公正的遊戲規則和程序正義來贏得比賽，而不是憑藉足球流氓式的變踢球為踢人的攪局翻盤來敗壞比賽。暫時處於劣勢的一方，也應該在遵守遊戲規則的前提下，通過比賽提升自己的技術水平和競爭實力，而不是通過自以為是的道德高調與暴力革命，以換取被逐出賽場的可悲結局。」

這篇文章發表後，我通過網路讀到思公的搜狐博客，從他的系列長文〈宋教仁謀殺之謎〉中深受啟發，隨後又見到了本名彭紅的思公本人。圍繞宋教仁案，我們曾經反覆交流過心得體會，在此向一貫誠懇親切的彭紅先生表示感謝。

　　2009 年 5 月 21 日，我在陪同於建嶸教授到湖南農村考察基督教家庭教會期間，專程前往現在已經改名為湖南省桃源縣八字路鄉漁父村的上坊村香沖，在宋教仁的遠房侄孫宋福安先生的陪同下，實地察看了宋教仁的故居舊址。同年 9 月 20 日，我又與李玉女士一起前往湖南省張家界市，專程拜訪了一直在收集整理宋教仁資料的宋教仁嫡親侄孫宋忠雄先生，從宋忠雄先生那裏印證了自己的許多學術判斷。在此向宋忠雄先生、宋福安先生和李玉女士表示感謝。

　　作為一件百年懸案，與宋教仁案直接相關的許多第一手的文獻資料已經被人為滅失，在此過程中偏偏湧現出不計其數既政治正確又以訛傳訛的小說演義式的歷史回憶及歷史研究，從而給真正意義上的學術研究與歷史還原製造了許多難以擺脫的話語圈套與誤導陷阱。在這種情況下，即使如履薄冰般認真查證、小心比對，也難以避免某些低級錯誤和學術硬傷的存在。因此，我對於一切善意的批評指教，都將報以感恩之情。

新鋭文學叢書　PC0126

新鋭文創
INDEPEDENT & UNIQUE

懸案百年
——宋教仁案與國民黨

作　者	張耀杰
主　編	蔡登山
責任編輯	邵亢虎
圖文排版	鄭伊庭
封面設計	蕭玉蘋

出版策劃	新鋭文創
發行人	宋政坤
法律顧問	毛國樑　律師
製作發行	秀威資訊科技股份有限公司
	114 台北市內湖區瑞光路76巷65號1樓
	電話：+886-2-2796-3638　傳真：+886-2-2796-1377
	服務信箱：service@showwe.com.tw
	http://www.showwe.com.tw
郵政劃撥	19563868　戶名：秀威資訊科技股份有限公司
展售門市	國家書店【松江門市】
	104 台北市中山區松江路209號1樓
	電話：+886-2-2518-0207　傳真：+886-2-2518-0778
網路訂購	秀威網路書店：http://www.bodbooks.com.tw
	國家網路書店：http://www.govbooks.com.tw

出版日期	2010年12月　初版
定　價	450元

國家圖書館出版品預行編目

懸案百年：宋教仁案與國民黨 / 張耀杰著. -- 初
版. -- 臺北市：新銳文創, 2010.12
　面； 公分. --（史地傳記類；PC0126）
ISBN　978-986-86815-0-7（平裝）

1.宋教仁 2.傳記 3.民國史

628.21　　　　　　　　　　99023128

讀者回函卡

感謝您購買本書，為提升服務品質，請填妥以下資料，將讀者回函卡直接寄回或傳真本公司，收到您的寶貴意見後，我們會收藏記錄及檢討，謝謝！
如您需要了解本公司最新出版書目、購書優惠或企劃活動，歡迎您上網查詢或下載相關資料：http:// www.showwe.com.tw

您購買的書名：＿＿＿＿＿＿＿＿＿＿＿＿＿＿＿＿＿＿＿＿＿＿＿

出生日期：＿＿＿＿＿年＿＿＿＿＿月＿＿＿＿＿日

學歷：□高中 (含) 以下　　□大專　　□研究所 (含) 以上

職業：□製造業　□金融業　□資訊業　□軍警　□傳播業　□自由業
　　　□服務業　□公務員　□教職　　□學生　□家管　　□其它＿＿＿

購書地點：□網路書店　□實體書店　□書展　□郵購　□贈閱　□其他

您從何得知本書的消息？

　　□網路書店　□實體書店　□網路搜尋　□電子報　□書訊　□雜誌

　　□傳播媒體　□親友推薦　□網站推薦　□部落格　□其他＿＿＿＿＿

您對本書的評價：（請填代號　1.非常滿意　2.滿意　3.尚可　4.再改進）

　　封面設計＿＿＿　版面編排＿＿＿　內容＿＿＿　文／譯筆＿＿＿　價格＿＿＿

讀完書後您覺得：

　　□很有收穫　□有收穫　□收穫不多　□沒收穫

對我們的建議：＿＿＿＿＿＿＿＿＿＿＿＿＿＿＿＿＿＿＿＿＿＿＿

＿＿＿＿＿＿＿＿＿＿＿＿＿＿＿＿＿＿＿＿＿＿＿＿＿＿＿＿＿＿＿

＿＿＿＿＿＿＿＿＿＿＿＿＿＿＿＿＿＿＿＿＿＿＿＿＿＿＿＿＿＿＿

＿＿＿＿＿＿＿＿＿＿＿＿＿＿＿＿＿＿＿＿＿＿＿＿＿＿＿＿＿＿＿

11466
台北市內湖區瑞光路 76 巷 65 號 1 樓

秀威資訊科技股份有限公司 收

BOD 數位出版事業部

....

（請沿線對折寄回，謝謝！）

姓　　名：＿＿＿＿＿＿＿＿＿　年齡：＿＿＿＿　性別：□女　□男

郵遞區號：□□□□□

地　　址：＿＿＿＿＿＿＿＿＿＿＿＿＿＿＿＿＿＿＿＿＿＿

聯絡電話：(日) ＿＿＿＿＿＿＿＿＿　(夜) ＿＿＿＿＿＿＿＿＿

E-mail：＿＿＿＿＿＿＿＿＿＿＿＿＿＿＿＿＿＿＿＿＿